정복의 조건

WHY DID EUROPE CONQUER THE WORLD?

정복의 조건

유럽은 어떻게 세계 패권을 손에 넣었는가

필립 T. 호프먼 지음 · 이재만 옮김 · 김영세 감수

책과함께

차례

일러두기

1. 이 책은 Philip T. Hoffman의 *WHY DID EUROPE CONQUER THE WORLD?*
   (Princeton University Press, 2015)를 완역한 것이다.
2. 각국의 인명과 지명은 외래어 표기법에 따라 표기하였다. 다만 널리 알려져 익숙
   해진 표현이나 용례를 적용하기 어려운 경우에 예외를 두었다.

당신이 타임머신을 타고 서기 900년으로 돌아가 지구상 어디서든 오랫동안 머물 수 있다고 상상해보자. 어디로 가서 살고 싶은가?

　이곳저곳을 고려할 때 당신은 유용한 조언을 하나쯤 듣고 싶을 것이다. 나의 조언은 무슨 수를 써서라도 서유럽은 피하라는 것이다.[1] 서유럽이 빈곤하고, 폭력이 난무하고, 정치적 난장판인데다가 거의 어떤 척도로 보아도 가망 없이 뒤떨어진 곳이었던 시절에 무슨 이유로 거기서 거주하겠는가? 당시 서유럽에는 코르도바를 빼면 도시가 없었거니와, 이 도시마저도 무슬림 세계의 일부였다. 사치품(비단과 향수, 서유럽의 단조로운 요리법에 풍미를 더해주고 당대의 건강식품 역할을 한 향신료)은 진귀하고 무지막지하게 비쌌다. 사치품을 얻으려면 중동 상인들과 거래를 해서, 모피나 노예처럼 그들이 황송하게도 구입해주는 몇 가지 안 되는 서유럽산 상품을 팔아야 했다. 게다가 정신을 바짝 차리지 않으면, 가령 이리저리 헤매다가 이탈리아의 해변까지 내려갔다가는 생포되어 노예로 팔리기 십상이었다.

간단히 말해 900년의 유럽을 선택한다면 당신은 오늘날의 아프가니스탄에서 살겠다고 하는 꼴이다. 그보다는 무슬림 중동을 고르는 편이 훨씬 나을 텐데, 900년에는 중동이 유럽보다 부유할 뿐 아니라 문화로 보나 기술로 보나 앞서는 한결 매력적인 목적지였을 것이기 때문이다. 중동에는 도시들이 있었고, 시장은 인도산 백단향(白檀香)부터 중국산 도자기에 이르기까지 세계 각지에서 들여온 상품들로 넘쳐났으며, 학자들은 아직까지 서유럽에 알려지지 않은 고대 그리스 학문의 성과를 확장하는 일을 하고 있었다.[2] 아니면 중동 대신 중국 남부를 고를 수도 있겠다. 중국 남부에서는 여러 정치체제가 격변기를 겪은 후에 오래지 않아 안정기가 도래하여 농업이 발달하고 차와 비단, 자기(磁器) 교역이 번창할 터였다. 그에 반해 서유럽인의 지평에는 유망한 전조가 전혀 보이지 않았다. 그러기는커녕 약탈하러 돌아다니는 바이킹이 거듭 습격해왔을 뿐이다.[3]

이제 타임머신이 당신을 삽시간에 1914년으로 데려왔다고 치자. 당신은 한때 가엾기 짝이 없던 유럽인이 그사이에 세계를 장악했음을 알고서 화들짝 놀랄 것이다. 타임머신이 어디서 멈추든 당신은 유럽인의 영향력을 도처에서 감지할 것이다. 어찌 된 일인지 그들은 지표면의 84퍼센트를 통제한 전력이 있고, 인간이 거주하는 다른 모든 대륙에서 식민지를 통치하고 있다(〈삽화 1-1〉).[4] 유럽인의 속령들 중 일부는 미국처럼 독립을 쟁취했지만, 그곳 사람들은 유럽의 여러 언어와 이념을

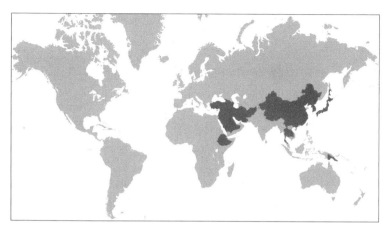

〈삽화 1-1〉 짙은 회색은 1914년까지 유럽인의 통제를 받은 적이 없는 지역이고, 옅은 회색은 1914년까지 유럽인이 통제하거나 정복한 적이 있는 영토(독립을 쟁취한 식민지 포함). Fieldhouse 1973, 지도 9를 수정했음.

지구 각지로 퍼뜨렸고 어디서나 군사력을 휘두르고 있다. 유럽의 복사판인 미국을 빼면, 유럽의 육군과 해군에 감히 대적할 비유럽 강국은 유럽인의 기술과 군사적 노하우를 차용하느라 분주한 일본밖에 없다. 천 년 전에는 아무도 이런 결과를 예견하지 못했으리라.

왜 결국 세계를 종속시킨 이들은 유럽인이었을까? 어째서 중국인, 일본인, 중동의 오스만 인, 남아시아인이 아니었을까? 이들은 한때 강력한 문명을 가졌음을 자부했고, 아프리카 인과 아메리카 토착민, 오스트레일리아와 태평양 섬의 주민들과 달리 일찍부터 유럽인과 동일한 무기를 사용할 수 있었다. 당신이 과거로 돌아간다면, 이들 모두가 유럽인보다 더 유력한 후보로 보일 것이다. 그런데도 어째서 이들은 통제력을 손에 넣지 못했는가?

그 이유를 알아내는 것은 분명 중요하다. 결국 그 이유가 누가 식민제국을 얻고 누가 노예무역을 운영할지를 결정했기 때문이다. 더 나아가, 그 이유는 누가 맨 먼저 산업화했는지를 설명하는 데에도 도움이 된다. 그러나 지금까지 이 물음은 풀리지 않은 수수께끼로, 그것도 몹시 괴로운 수수께끼로 남아 있다.

그런데 당신은 다음처럼 이 물음의 답이 명백하다고 생각할지도 모른다. 유럽이 세계를 차지할 길을 닦은 것은 산업화 자체였다. 산업혁명은 유럽에서 시작되었고, 유럽인에게 군사적 우위를 확보할 도구들 —연발총부터 증기 포함까지—을 주었다. 그러고 나자 세계 정복은 '누워서 떡 먹기'가 되었다.

그러나 상황이 그렇게 간단하지만은 않다. 대략 한 세기 전인 1800년만 해도 산업혁명은 영국에서 겨우 진행되고 있었을 뿐이고 나머지 유럽 지역에는 산업혁명이 도달하기 전이었다. 그럼에도 유럽인은 이미 지표면의 35퍼센트 이상을 장악하고 있었고, 그들의 선박은 저 멀리 동남아시아까지 이르는 해상 교역로에서 이미 300년 동안이나 이익을 짜내고 있었다.5 산업혁명이 일어나기 한참 전부터 모든 대양에서 무장선을 거느리고 인간이 거주하는 모든 대륙에 해외 요새와 식민지를 건설한 이들은 어째서 유럽인이었는가?

이 물음은 당신이 골똘히 생각하자마자 대단히 흥미로운 지적 수수께끼가 된다. 표준 답변들이 이 물음의 근본 이유를 밝혀내지 못하기 때문이다. 혹은 면밀히 검토하기 시작하면 곧잘 허물어지기 때문이다.

그렇다면 그러한 답변들로는 어떤 것들이 있는가? 실은 두 가지 답변밖에 없다. 하나는 질병이요, 다른 하나는 화약 기술이다.

질병

첫 번째 표준 답변은 유럽인이 해안에 도착한 후 아메리카, 오스트레일리아, 태평양의 섬들에서 토착민의 떼죽음을 초래한 천연두와 홍역 같은 전염병과 여타 집단성 질병(crowd disease)을 지적한다. 유럽인들은 그전에 이런 질병들에 노출된 경험이 있어서 이미 저항력을 갖추고 있었고, 면역력을 가진 덕분에 아메리카 대륙, 특히 아스텍 제국과 잉카 제국을 정복할 수 있었다는 것이다.[6]

그러나 유럽인만이 생물학적 강점을 누렸던 것은 아니다. 중동과 아시아의 모든 주요 문명은 동일한 이점을 가지고 있었다. 유럽인만이 아니라 그들 역시 집단성 질병들에 노출되었던 이유는 무엇일까? 생물학자 재레드 다이아몬드(Jared Diamond)가 설명했듯이, 그 이유는 그저 아메리카보다 유라시아에서 더 쉽게 재배화·가축화할 수 있는 동식물 종들이 있었고, 작물과 가축, 농업 기술의 확산을 가로막는 지리적·생태적 장벽이 더 적었기 때문이다. 이는 유라시아에서 농업이 먼저 시작되었고, 그와 더불어 마을과 가축 무리가 출현했고, 궁극적으로 도시가 출현했음을 의미하며, 이것들 모두는 질병의 온상으로, 아울러 전염병을 퍼뜨리는 교역의 온상으로 기능했다.[7] 따라서 중국이나 일본, 남아시아, 중동의 침략자가 아메리카에 도달했다면 그들 역시 살아남았을 것이고, 이 경우에도 아메리카 토착민은 떼죽음을 당했을 것이다. 간단히 말해, 질병이 문제의 핵심이라 할지라도 우리는 다른 유라시아인이 아니라 유럽인이 정복을 추구한 이유를 설명해야 한다.

질병에 관한 주장들은 어떻게 포르투갈 인이 16세기 초엽에 남아시아에서 거점을 확보할 수 있었는지, 그런 뒤에 어떻게 대양 무역에서 성공리에 착취할 수 있었는지를 설명하는 데에도 실패한다. 남아시아인 역시 면역력을 지니고 있었으므로 질병은 포르투갈 인만의 강점이 아니었다. 그들은 다이아몬드가 강조한, 쉽게 재배화·가축화한 동식물을 이용해 우위를 점할 수도 없었다. 중국인과 일본인, 오스만 인, 남아시아인도 일찍부터 그런 동식물을 보유하고 있었다.

설령 아스텍 제국과 잉카 제국에 초점을 맞춘다 해도, 질병 논증에는 다른 문제들도 있다. 이 논증은 유럽 정복자들이 도착한 이후 두 제국을 파멸시킨 유일한 원동력이 전염병, 특히 천연두와 홍역이었다고 가정한다. 전염병이 아메리카 토착민 인구 대다수를 말살했다면(그래서 질병 논증을 뒷받침한다면), 분명 토착민 사회가 교란되어 정복이 수월했을 것이다. 이런 논증을 지지하는 증거가 있다. 에르난 코르테스(Hernán Cortés)가 아스텍 제국의 수도 테노치티틀란(Tenochtitlan)을 함락하기 불과 몇 달 전인 1520년 말에 천연두가 이 도시를 덮쳤던 것으로 보인다. 희생자 다수와 함께 아스텍 왕이 사망한 결과, 생존자들은 미처 권위를 공고히 다지지 못한 미숙한 신임 통치자 휘하에서 코르테스를 상대해야 했다. 프란시스코 피사로(Francisco Pizarro)가 잉카 제국을 정복할 때의 상황도 이와 비슷했다고 할 수 있다. 어떤 전염병이 잉카 통치자의 목숨을 빼앗았고 그리하여 잉카 제국을 약화한 내전을 유발하는 데 일조했던 것이다. 이 내전은 피사로가 도착하자마자 종결되었다.[8]

곤란한 문제는 아스텍 제국과 잉카 제국에 닥친 인구학적 재앙의 원인이 천연두와 홍역만이 아니라 여럿이라는 것이다. 원인이 질병 하나였다면 제국에 전염병이 거듭 돌았더라도 토착민 인구가 다시 늘어났을 것이다. 홍역과 같은 새로운 질병으로 인구가 급감한 뒤 어떻게 변동하는지를 계산하는 인구학적 분석에 따르면 적어도 이런 결론이 나온다. 그리고 아메리카 토착민 인구의 회복을 막은 것은 그들의 가정생활을 엉망진창으로 만든 정복 자체였다. 인디언들은 전쟁을 피해 달아났고, 생존자들은 대개 집에서 멀리 떨어진 곳에서 유럽인을 위해 일하도록 강제된 탓에 가족에게 식량을 제공할 수 없었다. 인디언 여자들도 정복자의 가정으로 끌려가 대개 성적 파트너가 되어야 했다. 간단히 말해서, 아메리카 토착민은 아이를 갖기가 훨씬 어려워졌다. 이는 인구 감소가 주로 질병이 아닌 잔혹한 정복 자체의 결과였음을 뜻한다.[9] 정복자들이 토착민 인구에게 입힌 참화를 비롯하여 인구 급감을 야기한 다른 원인들이 있으니만큼, 잉카 제국과 아스텍 제국이 정복된 이유를 전염병이 불러온 사회적 혼란으로 소급하는 질병 논증은 지나치게 편협하다.

천연두가 잉카 내전까지 촉발했을지 모른다는 주장도 의심스럽기는 마찬가지인데, 피사로가 도착하기에 앞서 천연두가 잉카족을 덮쳤을 가능성은 적기 때문이다.[10] 천연두가 아스텍족을 강타한 것은 사실로 보이지만, 이 질병이 코르테스의 인디언 동맹들의 목숨도 앗아갔다는 점을 유념해야 한다(나중에 코르테스가 사망한 인디언 지도자들을 자신에게 충성하는 개인들로 대체하기는 했지만). 우리는 아스텍족 다수가 천연두를 견디고 살아남았다는 점도 기억해야 한다. 특히 전사들이 생존할 공산이 컸으며, 그들의 수가 많았던 까닭에 코르테스는 마침내 테노치티틀란을 점령하기까지 3개월간 격렬한 포위전을 치러야 했다. 천연두가 잉카족을 얼마나 괴롭혔든 간에 잉카 정복도 험난하기는 마찬가지였다. 천연두로 잉카족 사람들이 숱하게 사망했지만, 유럽인의 처지에서는 토착민 동맹들이 있었음에도 아군보다 규모가 훨씬 큰 적군 부대들을 상대해야 했다. 1532년 피사로가 잉카 제국에 진입하여 맞닥뜨린 병력은 특히 벅찬 상대였다. 피사로는 부하가 고작 167명뿐이었고 토착민 동맹이 전혀 없었는데도 용케 잉카 황실 호위대 5000~6000명을 기습하여 격파하고 황제 아타우알파(Atahualpa)를 생포했다. 그런 다음에 피사로는 황제의 몸값으로 은 13톤과 6톤 이상의 금(대부분 토착 예술품을 녹여서 마련했다)을 갈취한 뒤, 1533년 아타우알파를 처형했다. 그가 역경을 딛고 얻어낸 승리의 보상은 막대했다. 그것은 그와 그의 부하들이 에스파냐로 돌아가 노동자로 250년간 고되게 일해야만 벌 수 있는 임금 총액보다도 많았다. 압도적인 규모의 적군에게 맞서 승리를 거둔 정복자는 피사로만이 아니었다. 1536년 잉카족이 반란을 일으켰을 때, 도시 쿠스코의 정복자 190명은 10만이 넘는 잉카 군의 포위를 1년간 성공적으로 막아냈다.[11]

화약 기술

유럽인은 어떻게 그런 수적 열세를 이겨낼 수 있었는가? 질병 하나만으로는 이 물음에 답하지 못한다. 그리고 유럽인은 어떻게 뒤이어 1800년까지 세계의 35퍼센트를 정복하고 1차 세계대전에 이를 때까지 더 넓은 영토를 정복할 수 있었는가? 그들이 획득한 영토의 태반은 아시아와 아프리카의 영토였고, 아시아 인구는 집단성 질병에 면역되어 있었으며, 아프리카에서 유럽인은 열대병에 취약했는데도 말이다.[12]

일부 군사사가(軍事史家)들은 분명한 답을 제시한다. 그저 유럽인의 기술이 더 뛰어났다는 것이다. 아메리카, 오스트레일리아, 태평양의 섬들에서 전염병과 토착민의 내분이 유럽 쪽에 도움이 되기는 했지만, 특히 중앙집권화된 아스텍 제국과 잉카 제국을 상대하는 유럽인에게 우위를 안겨준 것은 기술이었다. 유럽인이 인도양에 무장선을 보내고 아시아에서 발판을 마련하기 시작했을 때, 기술은 그들에게 한층 더 도움이 되었다. 그리고 그들이 궁극적으로 남아시아와 북아시아의 대부분과 사실상 아프리카 전역을 장악할 수 있었던 것도 기술 덕분이었다(9쪽 〈삽화 1-1〉).

그 기술은 무엇이었는가? 다른 무엇보다도 근대 초기 유럽(1500년에서 1800년 사이의 유럽)을 휩쓸며 전쟁의 양상을 바꾸어놓은 군사 혁명의 산물인 공격 수단과 방어 수단, 예컨대 화기(火器)와 화포(火砲), 포로 무장한 함선(艦船), 포격을 견디는 방어 시설 등이었다. 중세를 거치며 갈고닦은 기존의 찌르고 베는 무기들도 이런 화약 기술에 속했다. 적어도 16세기 말까지, 혹은 그 이후까지도 검과 갑옷, 기병용 랜스(lance), 돌격하는 기병을 저지하기 위한 보병용 장창(長槍) 등은 화약을 사용하는 전투에서 필수 요소였다. 그리고 이런 공격 수단과 방어 수단을 점점 더 쥐어짤 수 있게 해준 것은 전술과 병력 편성법이었다. 이를테면 육해군 병사를 의연한 전투 부대로 바꾸는 방법, 그들에게 보급품을 효율적으로 공급하는 방법, 포화 속에서도 빠르고 절도 있게 작전을 수행하도록 그들을 훈련시키는 방법 등이었다. 여기서 내가 말하는 화약 기술에는 많은 것들이 포함된다. 무기부터 훈련과 행정에 이르기까지, 승리 확률을 높여주는 모든 것이 화약 기술에 포함되어야 하기 때문이다. 무기에만 초점을 맞춘답시고 화약 기술의 일부를 배제하는 것은, 하드웨어만 고려하고 소프트웨어와 인터넷은 무시한 채 컴퓨터의 영향을 분석하려는 시도와 비슷하다. 컴퓨터의 경우와 마찬가지로, 화약 기술의 다양한 부분들은 저마다 유럽의 정복 과정에서 제 역할을 했고, 서로를 보완했으며, 시간이 흐름에 따라 계속해서 변했다. 일례로 장창은 기병의 돌격에 맞서 머스킷 총병(musketeer)을 방어했지만, 18세기 초반에 이르러서는 결국 총검으로 대체되어 전장에서 사라졌다. 이러한 모든 변화는 중세 후기부터 줄곧 유럽인이 화약 기술 일체를 더 치명적이고 더 효과적으로 개선하고 19세기에 들어와서는 이 기술을 더욱 발전시킨 덕분에 생겨났다.[13]

포르투갈 인은 16세기 초엽에 남아시아로 항해하면서 이 기술을 효과적으로 사용했다. 화약 기술을 가진 그들은 체계적 폭력(또는 폭력의 위협)을 행사하여 상인을 갈취했고, 통치자로부터 양보를 얻어냈고, 동맹을 끌어들일 수 있었다. 그들의 무장선은 도시를 포격하고 더 큰 함대를 무찌를 수 있었다. 그들은 거의 20 대 1로 수적으로 열세였음에도 믈라카〔Melaka, 옛 이름은 말라카(Malacca)〕에서 상륙 작전을 감행했고, 공격해오는 전투 코끼리들을 장창으로 격퇴하여 이 지역의 전략적 항구를 어렵사리 함락했다(〈삽화 1-2〉). 그리고 믈라카를 손에 넣자마자 공격에 대비해 유럽식 요새를 건설했다. 결국 포르투갈 제국 전역으로 확산된 그런 요새 덕분에 그들은 식량, 상인의 상품, 포르투갈 함선을 위한 물자를 보관할 수 있었다. 또 해로를 통해 보급품과 병력을 조달할 수 있게 된 뒤로 요새는 난공불락이었다. 일례로 1568년 믈라카 요새는 포르투갈 인과 그 동맹들을 합한 것보다 열 배나 많은 무슬림 상륙 부대의 포위를 견뎌냈다.[14]

코르테스와 피사로도 이와 동일한 기술 요소들에 의지하여 훨씬 큰 규모의 아메리카 토착민 군대를 격파할 수 있었다. 피사로의 병력은 절반 이상이 아메리카 토착민과 싸워본 경험이 있었을 것이다. 그들의

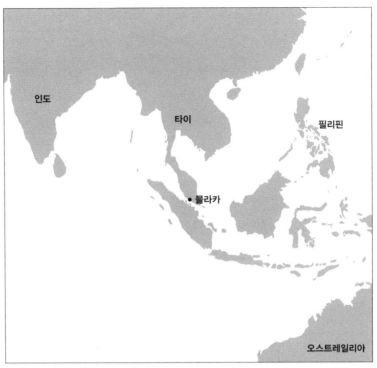

〈삽화 1–2〉 16세기 초엽, 포르투갈은 무장선과 화약 기술을 이용하여 남아시아의 믈라카를 함락했다.

규율, 경험과 더불어 피사로의 최대 이점은 찌르고 베는 무기들, 특히 기병들 손에 들린 검과 랜스였다. 피사로의 기병들은 잉카 보병들을 흩어지게 만든 다음에 손쉽게 베어 넘길 수 있었다.[15]

베는 무기와 규율뿐 아니라 화약 기술의 다른 요소들, 특히 테노치티틀란을 점령하기 위해 건조한 열세 척의 소형 무장 갤리선(브리건틴선) 역시 코르테스에게 도움이 되었다. 그에게 브리건틴선이 필요했던 이유는 아스텍의 수도가 호수 중앙의 섬 위에 자리한데다 호숫가까지 좁은 둑길들로만 연결되어서 무력으로 점령하기가 어려웠기 때문이다(〈삽화 1-3〉). 이 도시를 함락하는 일은 보기보다 훨씬 어려웠다. 둑길을 따라 이동하는 공격군이 카누에서 활을 쏘는 아스텍 궁수들의 공격에 취약했고, 둑길에 놓인 목재 다리들을 쉽사리 제거하여 공격군을 저지하거나 호숫가로 되돌아가지 못하게 막을 수도 있었기 때문이다. 코르테스는 1519년에 수도에 들어갔을 때 이 문제를 곧바로 간파했다. 아스텍 황제를 인질로 잡은 코르테스는 자칫 자신이 호숫가에서 떨어진 섬 안에 갇힌 채 '굶주려…… 죽을' 사태를 두려워하여 '황급히 브리건틴선 네 척을 건조했다.' 각기 대포를 탑재했고 75명까지 탑승할 수 있었던 이 브리건틴선들은 아스텍의 카누를 저지했으며, 코르테스의 병사와 말을 병력이 필요한 곳 어디로든 수송할 수 있었다. 군사적 우위를 똑똑히 보여주고자 코르테스는 사로잡은 황제를 배에 태우고 다니면서 대포를 발사했다.[16]

결국 아스텍족은 반기를 들어 코르테스를 몰아내고 그의 브리건틴선을 파괴했다. 그러나 코르테스는 다시 오겠다고 맹세했고, 수도 탈환을 위해 우선 브리건틴선 열세 척을 더 건조했다. 이 배들이 중요했던 만큼 코르테스는 수도에서 약 80킬로미터 떨어진 안전한 곳에서 건조한 뒤에 분해한 상태로 험준한 지형을 가로질러 운반한 뒤, 호수 근처에서 재조립했다. 이렇게 수고한 보람이 있었다. 갤리선은 아스텍의 카누를 물리치고 사람과 물자를 실어 날랐고, 둑길을 엄호한 데 더해 테노치티틀란으로 들어가는 식량을 차단했으며, 마지막 전투를 치르는 동안 도시를 통과하는 수로에서 건물들을 포격했다.[17]

브리건틴선 외에 다른 요소들도 코르테스의 승리에 이바지하긴 했지만, 코르테스가 마음껏 사용한 화약 기술에서 브리건틴선이 중요한 요소였음은 분명하다. 그럼에도 일부 역사가들은 화약 기술이 실은 그

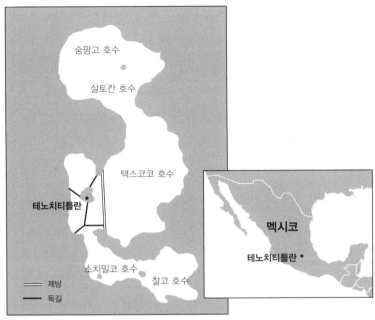

숨팡고 호수

살토칸 호수

텍스코코 호수

테노치티틀란

소치밀코 호수   찰코 호수

━━━ 제방
━━━ 둑길

멕시코

테노치티틀란 •

〈삽화 1-3〉 아스텍 제국의 수도 테노치티틀란.

다지 중요하지 않았다고 주장할 것이다. 그들은 코르테스가 브리건틴 선이나 다른 무기 덕분이 아니라 다른 토착 부족들이 아스텍족에게 품었던 적대감 덕분에 승리했다고 본다. 코르테스가 그런 적대감을 이용해 동맹들을 구하고 결국 최정상의 황제 자리를 차지했다는 것이다. 그들은 이와 비슷한 논증을 피사로와 잉카에, 그리고 남아시아의 포르투갈 인에게 적용할 것이다.[18]

아스텍 제국과 잉카 제국의 내분과 마찬가지로, 분명 토착민 동맹은 대단히 중요했다. 테노치티틀란과의 마지막 전투에서 에스파냐 편에 선 아메리카 토착민의 수는 약 7만 5000명으로, 코르테스 휘하의 유럽인 904명에 비해 엄청나게 많았다. 이 토착민들은 육지뿐 아니라 호수

위 카누에서 싸웠고, 브리건틴선과 보급품을 호숫가까지 운반했으며, 전투 도중에 브리건틴선이 지나갈 수 있도록 둑길을 뚫었다.[19] 그러나 코스테스 편에 가담한 선택이 토착민 동맹들의 전략적 결정이었음을 잊어서는 안 된다. 그들은 한 가지 간단한 이유 때문에 코르테스 편에 합류했다. 코르테스와 함께 싸워야만 아스텍족을 격퇴할 수 있으리라는 것 말이다. 그들 자력으로는 아스텍 군을 패퇴시키거나 테노치티틀란을 빼앗을 수 없었으나 코르테스와 함께라면 가능했다. 이는 코르테스의 강력한 기술 덕분으로, 화약 기술로 아스텍 군의 전열에 틈을 만들고 나면 막대한 수의 토착민 동맹군이 그 틈을 이용할 수 있었다.[20] 간단히 말해서, 코르테스의 기술과 동맹들의 병력은 서로를 보완했고, 그 두 가지가 함께 작용하여 코르테스를 승리자처럼 보이게 했다. 코르테스와의 동맹을 선택한 토착민의 결정은 화약 기술과 동맹 결정이 무관했음을 보여주는 표지가 아니라, 실은 기술의 힘을 보여주는 뚜렷한 증거다.

이 말은 포르투갈의 아시아 동맹들에도 적용된다.[21] 근대 초기에 유럽인이 이용한 분열은 피정복 정치체만이 아니라 모든 정치체에서 공히 나타났다. 피정복민이 역으로 유럽인 승리자들을 분열시키기도 했다. 예컨대 피사로는 결국 동료 유럽인들에게 암살당했다. 이론상으로는 누구든 그런 긴장 상태를 활용할 수 있었고, 그 전술이 유럽인의 전유물은 아니었다. 그러나 그렇게 하려면 스스로를 승리자로 보이게 해서 동맹을 끌어들여야 했다. 더구나 소규모 침략군이나 소형 함선의 수병들을 거느린 처지에서 승리자로 인정받으려면 더 뛰어난 기술을 가져야만 했다.

유럽인은 바로 이 폭넓은 화약 기술 덕분에 그렇게 할 수 있었다. 한

줌에 불과한 포르투갈 인은 화약 기술에 힘입어 남아시아를 겁박한 다음, 향신료 무역에 비집고 들어가 이익을 얻고 아시아 상인들로부터 보호 비용을 받아냈다. 소수의 유럽인은 이 기술 덕분에 아스텍 제국과 잉카 제국의 통치자들을 생포하고 결국 그들의 최고의 자리를 차지했다. 정치권력의 정점에서, 유럽인은 다수의 식민지 개척자도 없고 어떠한 점령군도 없이 토착민의 공물과 강제노동에서 자원을 짜낼 수 있었다. 화약 기술에는 틀림없이 한계가 있었다. 아프리카에서 에스파냐 인과 포르투갈 인은 은동고 왕국을 정복하는 데 실패했고, 19세기까지 각종 열대병이 유럽인 대다수의 접근을 막았다. 그리고 아메리카에서 유럽인은 유목 생활을 하는 평원 인디언처럼 덜 위계적인 토착민 집단들을 상대할 때 훨씬 더 어려움을 겪었다. 이들의 경우, 유럽 기술의 요소들을 직접 받아들여 19세기 들어서까지 게릴라전을 성공적으로 수행했기 때문이다.[22] 그러나 유럽인은 화약 기술을 계속해서 개선했고 그 기술로 결국 유목민까지 격파했다.

군사사가들, 특히 제프리 파커(Geoffrey Parker) 같은 경우는 산업혁명 훨씬 전부터 유럽인이 화약 기술을 선도했음을 분명하게 밝혔다.[23] 무역 패턴을 보아도 유럽인이 화약 기술에서 비교 우위였음이 입증된다. 16세기부터 줄곧 유럽인이 화기와 화포를 나머지 세계에 수출했고, 유럽인 전문가들이 아시아와 중동 곳곳에서 고용되어 총기 제작을 돕고 화약 무기를 발사하는 전술을 지도했다. 17세기 중국에서는 예수회 선교사들마저 더 우수한 대포를 생산하려는 중국 황제를 도우라는 압박을 받았다.[24]

그러나 폭넓은 화약 무기 기술을 답변으로 내놓는다 해도 설명해야 할 것들이 산더미처럼 남아 있다. 유럽인이 그렇게 일찍부터 이 기술에서 우위를 점한 것은 사실 아주 놀라운 일이기 때문이다. 찌르고 베는 무기들은 유럽뿐만 아니라 유라시아 전역에서 흔했고, 유럽인들은 일본산 검과 단검의 품질에 경탄하여 '칼날을 거의 다치지 않고도 유럽산 철을 산산조각' 낼 수 있다고 주장했다.[25] 화기와 화약에 관해 말하자면, 이것들은 중국에서 유래하여 유라시아 곳곳으로 퍼져나갔으며, 적어도 한동안은 서유럽 외부의 국가들이 이 신무기를 제작하거나 활용하는 데 능숙했다. 예를 들어 오스만 인은 16세기 전반기에 고품질 화포를 만들어냈다.[26] 중국인, 어쩌면 일본인까지도 유럽인보다 한참 앞서서 중대한 전술적 혁신, 즉 보병들이 장전이 느린 머스킷을 사용하면서도 거의 끊이지 않고 발사할 수 있는 혁신(순차적 일제사격)을 발견했다.[27] 그럼에도 (그 이전은 아니라 해도) 17세기 후반에 중국과 일본, 오스만은 군사 기술과 전술 면에서 서유럽에 뒤진 상태였다. 그들은 최신 군사 혁신을 받아들일 수 있었고, 이따금 화약 기술을 자력으로 개선하기까지 했다. 그러나 유럽인이 끊임없이 추진하는 군사 혁신의 속도를 따라잡지는 못했다.[28]

이 강력한 비유럽 국가들은 왜 산업혁명이 시작되기도 전에 뒤처졌는가? 그리고 유럽인은 왜 19세기 내내 다른 누구보다도 화약 기술을 밀어붙였는가? 다른 누군가가 아니라 유럽인이 세계를 정복한 이유를 이해하려면 이 물음들에 반드시 답해야 한다.

이제까지 최고의 답변은 유럽 내 군사 경쟁이 유럽인에게 우위를 선사했다는 것이다. 이 논증을 가장 설득력 있게 정식화한 폴 케네디(Paul Kennedy)는 유럽의 경쟁 시장과 끊임없는 군사 경쟁을 지적한다. 케네디에 따르면, 군사 경쟁은 군비 경쟁을 유발하고 경쟁 시장은 군사 혁신을 촉진해, 어느 한 나라가 유럽 대륙을 장악하여 경쟁을 중단시키지 못하게 만들었다.[29] 지속적인 혁신이 유럽인에게 일찍이 기술 우위를 안겨주었고 결국 그들이 세계를 지배하는 데 기여했다는 것이다.

경쟁이 부단한 군사 혁신에 박차를 가했다면, 유럽의 군사 부문은 일찍부터 빠르고 지속적인 생산성 증가를 경험했을 것이다. 실제로 산업혁명 한참 전부터 그런 생산성 향상이 이루어졌음이 밝혀졌다.[30] 그러나 경쟁이 최종 답변은 아니다. 설명하지 못하는 의문점들을 너무나 많이 남겨놓기 때문이다. 우선 경쟁 시장이 언제나 혁신을 자극하는 것은 아니다. 가장 분명한 실례는 근대 초기 유럽의 농업으로, 이 시기 농업은 경쟁이 치열한 시장이었으나 생산성 증가를 보이지는 않았다.[31] 근대 초기 유럽에서 농민은 무엇 때문에 육해군 병사의 생산성 증가분에서 이익을 얻지 못했는가? 간단히 말해, 군사 부문은 경쟁 외에 어떤 점에서 달랐는가?

지속적인 군사 경쟁이 언제나 혁신을 촉진하는 것도 아니다. 실제로 18세기 인도와 동남아시아에서 군사 경쟁은 혁신을 촉진하지 못했다. 앞으로 살펴볼 인도의 경우는 특히 이 점을 분명하게 보여준다. 유럽과 마찬가지로 인도에는 시장과 끊임없는 전쟁이 존재했으며, 전투원들은 최신 무기와 전술을 재빨리 받아들였다. 그렇지만 혁신은 대체로 서양에서 비롯되었다.

토너먼트

그렇다면 우리의 근본적인 물음에 대한 만족스러운 답은 아직 나오지 않은 것으로 보인다. 그러나 이 수수께끼를 해결할 방법이 있다. 그 해결책은 유럽 국가들이 관여한 군사 경쟁의 특수한 형태에 있다. 경제학자라면 '토너먼트'라고 부를 그 경쟁은, 적절한 여건이 갖추어져 있다면 상(賞, prize)을 차지하기 위해 막대한 노력을 기울이도록 경쟁자들을 몰아갈 수 있다. 현대의 예를 하나 들자면, 도미니카공화국에서 메이저리그에 진출하고자 무진 애쓰는, 재능 있고 젊은 야구 선수들을 떠올려보라. 다른 선수들보다 조금이라도 앞서고자 그들은 학업을 포기하고 온종일 운동을 하고, 건강에 해롭더라도 우리가 상상할 수 있는 온갖 스테로이드제를 사용한다. 오로지 메이저리그 선수복을 입을 실낱같은 가능성 때문에.

중세 후기(1300~1500년)부터 19세기까지 유럽은 이 선수들의 경쟁만큼이나 전력을 다하는 격렬한 토너먼트를 목격했다. 그렇지만 유럽의 토너먼트가 훨씬 더 치열했다. 유럽 통치자들과 지도자들은 서로 거듭 격돌하여, 전 세계 사람들의 삶에 영향을 미치는 전쟁을 일으켰다. 이 엄혹한 경쟁에 참가한 통치자들은 재정적 이득, 영토 팽창, 신앙 수호, 승리의 영광 등을 상으로 얻었다. 그런 상을 잡아채고자 그들은 세금을 인상하고 육군과 해군에 자원을 아낌없이 투입했다. 군대는 화약 기술을 사용했고, 시행착오를 통해, 또는 특히 19세기를 거치는 동안은 연구를 통해 그 기술을 발전시켰다. 19세기 들어서까지, 심지어 나머지 경제에 해로운 영향을 미칠 때조차 자원은 줄기차게 전쟁으로 쏟아져 들어갔다. 유럽의 정치적 조건은 육군과 해군을 위해 막대한 액수를 동원하는 일을 가능하게 해주었고, 군사적 조건은 화약 기술에 유리했다. 화약 기술은 신기술이었던 까닭에 1800년 이전부터 유럽에서 진행해온 실행학습(learning by doing)을 통해 개선될 엄청난 잠재력을 품고 있었다.

유럽 밖에서는 심지어 전쟁이 빈발하는 시기에도 정치적·군사적 유인이 화약 기술 발달에 불리하게 작용했다. 그리하여 유럽인은 화약 기술을 다른 누구보다도 멀리까지 밀고 나갈 수 있었다. 19세기에 유럽인은 더욱더 앞서갔다. 유럽 내에서 전쟁이 줄었음에도 정치적 변화가 일어나고 유용한 지식이 축적된 덕분에 연구를 통해 군사 기술을 개선하기가 한결 수월해졌기 때문이다. 그러는 동안 나머지 세계는 무기와 군사 용역을 거래하면서도 유럽보다 한참 뒤떨어졌다. 화약 기술 일체를 이전받고 유럽과 같은 규모로 자원을 동원하기에는 경제적·정치적 장애물이 너무 많았던 것이다.

그 이유를 이해하려면 유럽에서, 그리고 중국과 인도, 일본, 오스만 제국에서 통치자들이 마주했던 정치적·군사적·재정적 유인(誘因)들을 살펴봐야 한다. 또한 화약 외에 다른 군사 기술들도 검토해야 한다. 나는 우선 2장에서 1800년 이전의 유럽을 검토하여 반복 토너먼트라는 간단한 모델을 도출하고 간략하게 설명한 다음, 3장에서 이 모델을 아시아와 중동에 적용할 것이고, 이 책의 뒷부분에서 1800년 이후의 유럽과 19세기 식민주의에 적용할 것이다. 이 모델은 유럽이 정치적·군사적 조건에서 나머지 세계와 달랐음을 분명하게 보여준다. 이 조건 때문에 유럽의 토너먼트는 특수한 경로를 따르게 되었다. 또한 이 조건은 유럽인이 화약 기술을 지배하게 된 이유, 다른 누군가가 아니라 그들이 세계를 정복한 이유를 설명해준다. 세계 정복은 식민주의부터 노예무역에 이르기까지, 더 나아가 산업혁명에 이르기까지 여러 가지 결과를 수반했다.[32]

그렇다면 유럽의 정치적·군사적 조건과 중국과 일본, 인도, 오스만 제국의 정치적·군사적 조건이 왜 그토록 달랐느냐 하는 점이 문제가 된다. 이것이 4장의 주제다. 다양한 답변들, 그중에서도 지리와 친족 유대가 일견 그럴듯해 보일지 몰라도 증거에 부합하는 답변은 정치사(政治史) 단 한 가지뿐이다. 바꾸어 말하면, 유라시아의 여러 지역에서 저마다 독특한 정치적 경로를 열어젖힌, 과거 사건들의 특수한 연쇄다. 여기서 정치사는 동아시아에서 일찍이 강력한 중국 제국이 형성된 사건부터, 수백 년 후 서유럽에 고도로 발달한 국가가 없던 시절에 로마 제국이 몰락한 사건까지 아우른다. 정치사는 유럽에서 토너먼트를 촉발하고 지속한 반면에 유라시아의 다른 지역에서는 그와 비슷한 결과를 저지했다. 또 5장에서 보여주겠지만, 정치사는 유럽 전쟁에서 활용하기 위해 창안된 군사적 수단들을 유럽인 사업가들의 수중에 쥐어주었고, 그들은 화약 기술을 활용하여 정착지나 식민지를 건설하고 해외 무역을 착취할 수 있었다. 여기서 궁극 원인이란 정치사를 가리키지만, 결과가 미리 정해져 있었다는 뜻은 결코 아니다. 몇몇 중차대한 순간에 사태가 전환되었더라면 다른 세력이 세계의 유력한 주인이 되었을 공산이 크다. 샤를마뉴의 후손들이 서로 싸움을 벌이지 않았다면, 혹은 몽골족이 중국 제국을 복속시키지 않았다면, 우리는 중국이 세계를 정복한 이유를 묻고 있을지도 모른다. 그리고 오늘날 우리의 세계와는 완전히 다른 세계를 빚어냈을 가능성을 담은 그럴듯한 시나리오가 이 한 가지만은 아니다(이 부분은 5장에서 살펴볼 것이다).

18세기에 유럽인은 화약 기술의 우위에 의존해 오스만 제국을 강대국 반열에서 밀어내고 인도 정복에 착수했다. 19세기에 유럽인은 격차를 더욱 벌리며 아프리카를 집어삼켰고, 아메리카의 옛 식민지들과 함께 중국과 일본을 괴롭혀 마침내 무역 이권을 얻어냈다. 갈수록 벌어진 이 격차 이면의 정치적·경제적 이유들을 분석하기 위해 6장에서는 토너먼트 모델을 확장하고, 그렇게 확장한 모델을 이용하여 이른바 유럽 내부의 냉전을 이해하고자 한다. 이 냉전은 과중한 군사비 지출과 군사 기술의 놀라운 진전을 수반했다.

두 차례 세계대전을 치른 유럽은 군사적 활력을 소진했고, 러시아를 뺀 유럽 국가들은 군사 무대에서 단역으로 전락했다. 7장에서는 토너먼트 모델을 사용해 그 이유를 설명한다. 그런 다음, 유럽의 정복에서 누가 이익을 얻었는지, 산업혁명이 진행되고 서양이 엄청나게 부유해지는 과정에서 이 정복이 어떤 역할을 했는지를 묻는다.

2장

근대 초기
유럽에서 토너먼트는
어떻게 정복을 가능하게 했는가

오늘날 정치 지도자들은 번영과 안보, 재앙 이후의 안녕, 그리고 평화를 가져올 것으로 기대된다. 그러나 근대 초기 유럽에서 권력을 휘두른 군주들은 그와는 확연히 다른 기대를 받았다. 군주는 "전쟁 말고는 어떠한 목표도 생각도 직업도 없어야 한다." 정치가 겸 정치철학자 마키아벨리는 시종일관 이렇게 조언했다. 마키아벨리가 말한 다른 조언들의 비도덕적 현실주의가 16세기 초에 사람들에게 충격을 주기는 했지만, 그의 동시대인 가운데 통치자의 본분이 전쟁이라는 데 동의하지 않은 이는 거의 없었을 것이다. 보기 드문 사상가—그런 고립된 사상가들 중에서 인문주의자 에라스뮈스와 토머스 모어가 두드러졌다—라면 군주들이 가담하는 모든 싸움을 통렬히 비난했을지 몰라도, 그들의 외로운 비판은 냉혹한 정치 현실을 한결 더 강조했을 뿐이다. 적어도 유럽에서는 전쟁이 군주들의 본업이었다.[1]

그렇지만 세계의 반대편에서는 주권자들의 호전성이 훨씬 약해 보였다. 마키아벨리 시대로부터 대략 한 세기 후에 이탈리아의 예수회 수사 마테오 리치는 이런 결론을 내렸다. 중국에서 선교사로서 이 나라의 문화·정치 엘리트층을 개종시키려 애쓴 근 30년 세월을 회상하며 내린 결론이었다. 리치가 보기에, 중국은 이웃 국가들을 쉽사리 정복할 수 있었지만 황제도 중국 관료들도 그렇게 하는 데 전혀 관심이 없었다. 리치는 "확실히 이 점은 우리 나라들〔유럽〕과는 판이하다"라고 보았는데, 유럽 왕들은 "자신의 영토를 넓히려는, 만족을 모르는 욕구에 휘둘렸기" 때문이다.[2]

리치의 대비는 수사(修辭)에 불과한 것이 아니었다. 근대 초기 서유럽 국가들은 전쟁에 자원을 펑펑 썼다. 우리가 국내총생산(GDP)을 계산할 수 있는 가장 이른 시기인 1780년대에 프랑스는 GDP의 7퍼센트 이상을 썼고, 영국은 12퍼센트를 썼다. 현대의 기준으로 보면 아직 빈곤했던 나라들에서 이런 수치들은 막대한 액수로, 당시 중국 수치의 두 배를 훌쩍 넘는다.[3] (비교하자면, 냉전 말기에 미국은 GDP의 5퍼센트만 군사비로 썼고, 소련은 10퍼센트를 썼을 것이다.[4]) 서유럽 국가들은 군사비를 유럽 최초의 상비 해군들에, 그리고 최대 인구 동원률이 과거 로마 제국보다도 높았던 육군들에 투입했다.[5]

근대 초기 유럽에서 전쟁에 그토록 많은 돈을 쏟아붓도록 통치자들을 다그친 것이 무엇인지 이해하려면 경제학자들이 사용하는 모델이 필요하다. 적절한 모델이라면 유럽인이 싸움을 하고 전쟁에 거액을 들인 이유뿐 아니라, 길게 보아 그들이 다른 누구보다도 화약 기술을 멀리까지 밀고 나간 이유도 설명해야 한다. 간단히 말해, 그 모델은 오늘날 세계사 태반의 심각한 결점을 보완해야 한다. 하나 이상의 시공간에 적용할 수 있는 일반적 논증을 제공해야 한다는 뜻이다.

토너먼트 모델은 그러한 논증 외에도 많은 것들을 갖추고 있다. 이 모델은 서유럽 정치와 군사 경쟁의 뚜렷한 특징들―유럽 통치자들의 재정 운영을 좌우하고 유럽 대륙이 화약 기술에서 결국 우위를 점하도록 추동한 힘―을 훤히 드러낸다. 또한 유럽의 기술 우위를 유럽 대륙의 끊임없는 전쟁이나 정치적 파편화로 단순히 소급할 수 없는 이유를 규명한다. 이 논증은 본질적으로 보아 폴 케네디가 주창했다. 재레드 다이아몬드 역시 이 논증을 근거로 드는데, 쉽게 작물화·가축화한 동식물과 질병 면역력에 관한 한, 다른 대다수 유라시아인보다 유리한 점이 서유럽인에게 전혀 없었기 때문이다.[6] 그러나 세계의 다른 지역들에서 일어난 사태에 그들의 논증을 그대로 적용할 수는 없다. 특히 인도는 유럽처럼 전쟁과 정치적 분열을 계속 겪었는데도 화약 기술을 발달시키지 못했다. 토너먼트 모델은 그 이유를 알려줄 것이다.

이 모델을 구축하는 첫 단계는 유럽 통치자들이 왜 싸웠는지 묻는 것이다. 그런 다음 우리는, 전쟁을 개시하겠다는 그들의 결정 이면의 정치, 전쟁이 군사 기술에 미친 영향을 고찰함으로써 토너먼트 모델을 구축할 수 있다. 우리는 우선 서유럽에서 모델을 구축한 다음, 이 모델의 통찰을 역사적 기록이 입증하는지 따져볼 것이다. 그렇지만 이 모델은 일반적이므로 유라시아의 나머지 지역들에도 적용할 수 있다. 그 지역들에서 토너먼트 모델은 유럽인이 장기간 화약 기술을 지배한 궁극 원인들을 드러낼 것이다.

통치자들은 왜 싸웠는가?

전쟁은 근대 초기 서유럽 국가들이 추구하던 그야말로 유일한 목표였다. 적어도 그들이 무엇을 위해 세금을 물리고 돈을 빌렸는지를 기준으로 판단하면 그렇다. 사법과 궁정에 자금이 쓰이고 운송과 기근 구호에 소액이 할당되었던 것은 사실이다. 그러나 지출 총액은 미미했다. 적어도 주요 열강에게는 푼돈에 지나지 않았다. 국왕들의 처소 가운데 가장 으리으리한 베르사유 궁전이 잡아먹은 금액만 해도 루이 14세의 세수에서 2퍼센트 이하였다. 반면에 정부 예산의 40~80퍼센트는 바로 군대에, 다시 말해 거의 끊이지 않고 싸운 육군과 해군의 비용을 부담하는 데 쓰였다(〈표 2-1〉). 정부의 연간 지출에서 전비(戰費)의 비중은 동맹에 보조금을 지급하거나 이전 전쟁의 부채를 상환하느라 지출한 총액을 더할 경우 더 올라갔다(〈삽화 2-1〉. 잉글랜드와 프랑스, 프로이센에서는 90퍼센트를 상회했다). 그 비중은 우리가 수치를 도표로 제시할 수 있는 기간 내내 높았다.[7]

근대 초기 유럽에서 전쟁 관련 결정은 으레 국왕이나 군주 같은 통치자의 소관이었다. 물론 통치자는 고문관에게 자문을 구하고 엘리트층의 영향을 받곤 했으며, 간혹 유력한 각료(17세기 초에 에스파냐 왕의 재상이었던 백작 겸 공작 올리바레스나, 동시대 프랑스 군주국의 재상이었던 리슐리외 추기경 같은)가 대다수의 전쟁 결정을 지시하기도 했다. 그러나 국왕이나 군주가 전쟁 결정을 내렸다는 가정은 역사적 현실과 크게 다르지 않다. 내각이 전쟁 수행 방식에 영향을 미치고 의회가 외교 사안에 개입할 수 있었던 18세기 영국에서조차 '외교 정책은 여전히 국왕의 대권'이었고, 국왕은 의회의 동의를 얻어낼 각료를

<표 2-1> 유럽의 전쟁 빈도

기간	유럽 주요 열강의 평균 교전 기간 (백분율)
1550–1600	71
1600–1650	66
1650–1700	54
1700–1750	43
1750–1800	29
1800–1850	36
1850–1900	23

* 출처: Wright 1942, vol. 1: tables 29, 45, 46. Levy 1983도 비슷한 결과를 도출한다.
* 주: 여기서 규정한 유럽의 주요 열강은 오스트리아, 덴마크, 프랑스, 영국, 네덜란드, 오스만 제국, 폴란드, 프로이센, 러시아, 에스파냐, 스웨덴이다.

고를 수 있었다.[8]

　분명 절대 군주라도 전투에 필요한 세금을 물리거나 자원을 동원하려면 적어도 유력한 엘리트들로부터 어느 정도 지지를 얻어야 했다. 국왕은 전쟁을 감행할지 말지 결정할 때마다 세수나 병력을 늘리는 데드는 정치적 비용을 고려해야만 했다. 보통 그 비용은 지방에 따라 달랐다. 프랑스나 에스파냐 같은 왕국들의 재정 제도가 균일성과는 거리가 멀었거니와, 19세기까지는 모든 지역에 동일한 세법이 적용되지는 않았기 때문이다. 세금 부담 또한 사회집단마다 달라서 특권층은 흔히 과세를 피했다. 하지만 앞으로 살펴볼 것처럼, 귀족은 대개 전쟁에 찬성했으며, 적어도 중상주의 시대 해양 강국들에서는 상인층 역시 찬성했다. 군사적 승리가 상업적 이점이나 독점이윤의 지분을 어느 정도는 가져다줄 수 있었기 때문이다. 요컨대 유럽 통치자들은 전쟁 개시를 원할 경우 대개 정치적 지지를 얻어냈다.

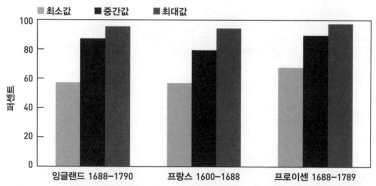

〈삽화 2-1〉 연간 정부 예산에서 전비가 차지한 비중(잉글랜드, 프랑스, 프로이센, 1600~1790년). 프로이센을 뺀 잉글랜드와 프랑스의 수치는 동맹들에 지급한 보조금과 부채 상환액(반드시 전액인 것은 아니고 일부)을 포함한다. 잉글랜드의 지출은 순 공공 지출이다.

* 출처: Mitchell and Deane 1962, 389-391(영국); 유럽 국가재정 데이터베이스, http://esfdb. websites.bta.com, 2011년 5월 5일 접속(Rochard Bonney와 Martin Köner가 프랑스와 프로이센의 데이터를 제공).

그렇다면 유럽 왕들로 하여금 무기를 들게 한 원인은 무엇인가? 토너먼트가 어떠했는지 이해하려면 이 물음에 답해야 한다. 서유럽의 주요 열강에서 통치자들은 중세 후기나 16세기에 국가를 결집하는 과정에서 대개 전쟁통제권을 쟁취했다. 국가를 결혼과 상속을 통해 구성했든 국내외 경쟁자들을 꺾어서 구성했든, 그들은 세수를 대가로 으레 피정복 지방에서까지 외적으로부터의 보호를 제공했다. 요즘 표현을 쓰자면 그들은 세금을 받고서 방위라는 공공재를 제공했다.

그 공공재는 귀중했다. 프랑스에서 일어난 백년전쟁이나 중부 유럽에서 일어난 30년전쟁의 참상을 겪은 사람이라면 누구든 그 귀중함을 증언할 수 있었다. 그러나 근대 초기 유럽의 통치자들이 제공한 방위는 평균적인 신민이 원하는 수준을 훌쩍 넘어설 공산이 컸다. 그들은 선제공격까지 했고, 자기 왕국을 보호하는 데에서 멈추지 않았다.[9]

그 이유를 이해하기란 어렵지 않다. 우선 국왕들과 왕자들은 아동기에 장난감 병사와 창, 화기를 가지고 싸우는 연습을 했고, 청년기에 들어서면 실전 훈련을 받았다. 장차 에스파냐 국왕이 될 펠리페 4세는 일곱 살에 아버지가 에스파냐령 네덜란드에서 유지하는 대군의 모형으로 장난감 요새를 포위할 수 있었다. 프랑스에서 미래의 루이 13세는 여덟 살에 장난감 무기와 전함을 졸업하고 실제 머스킷을 쏘기 시작했다. 국왕은 성장하는 왕자에게 친히 전쟁이란 영광에 이르는 길이자, 루이 14세가 아들에게 말해준 것처럼 '[국왕을] 구별 짓고…… 민중 사이에서 높아지는…… 엄청난 기대에 부응하는' 방법이라고 가르치곤 했다. 그 이후 왕자들이 마침내 왕위에 앉고 나면 마키아벨리 같은 고문들이 다른 것 말고 전쟁만 생각하셔야 한다고 조언하곤 했고, 그들의 종교적 열성이 무슬림에게 맞서, 세계의 먼 지역에 사는 이교도에게 맞서, 그리고 종교개혁 이후로는 다른 종파의 기독교도에게 맞서 싸울 이유를 더해주곤 했다. 그러므로 서유럽 군주들에게 전쟁이 방어의 필요성을 넘어서는 일, 갈릴레오의 말마따나 '왕의 스포츠'가 된 것은 그리 놀라운 결과가 아니었다.[10]

17세기를 지나는 동안 전쟁의 동기들 가운데 종교의 중요성은 약해졌고, 18세기 들어 분쟁의 다른 이유인 왕위 계승을 둘러싼 쟁투 역시 잠잠해졌다. 18세기에는 영광의 중요성 역시 약해졌는데, 이 시기에 주요 열강들은 그저 평판을 지키기 위해, 상업 이익을 얻기 위해, 또는 약한 이웃으로부터 영토를 빼앗기 위해 싸우기도 했다. 그러나 전쟁은 여전히 '통치자들이 하는…… 일', 그들 야망의 정상적인 표적이었다. 전쟁은 오랫동안 서유럽 귀족 다수를 끌어당겼던 것과 마찬가지로, 통치자들을 계속해서 유혹했다. 어쨌거나 전쟁은 오랫동안 유럽 귀족의 전통적인 사명이었고, 18세기 내내 대다수 귀족 가문에는 군인 아들들이 있었다. 병역은 귀족에게는 명예를 가져다주었고, 고귀한 신분을 열망하는 평민에게는 사회적 사다리를 올라갈 방편을 제공했다.[11] 잉글랜드나 네덜란드 같은 해양 강국들에서 전쟁은, 특히 정치적·종교적 적에 대한 공격과 상업 이익이 결합할 경우, 상인 엘리트층에게도 호소력을 발휘했다. 그러므로 근대 초기 유럽 군주국의 정치 엘리트층에게는 국왕의 군사적 모험을 지지할 유력한 이유가 있었으며, 이는 국왕이 개전을 선택할 때 중대한 정치적 반대에 직면할 위험성이 낮아졌음을 의미한다.

근대 초기 유럽의 주요 군주들에게 승리는 영광의 원천이거나 명성을 높이는 길이었다. 그들은 약소국에게서 영토를 빼앗아 자원을 늘리고 전략적 이점을 얻기도 했지만, 영광을 차지하려는 갈망과 입지를 강화하려는 충동에 이끌려 작은 땅에 거액을 쓰기도 했다. 그들의 목표, 특히 비금전적 목표는 기이하게 보일지도 모르지만, 분명 현대에도 유사한 사례들이 있다. 이를테면 인간을 달에 먼저 착륙시키려는 경쟁이 있었고, 정부와 무관한 사례를 들자면 대학의 육상 경주가 있다. 그리고 그들의 야망이 당대인 모두에게 이상하게 보였던 것은 아니다. 토머스 홉스는 《리바이어던》(1651년)에서 전쟁을 일으키는 세 가지 원인 중 하나로 영광(glory)을 꼽았다. 15세기 인문주의자들까지 거슬러올라가는 다른 예리한 관찰자들도 이와 엇비슷한 말을 했다.[12] 주요 열강의 통치자들이 전쟁에 내재한 위험 요소 때문에 개전을 단념했던 것도 아니다. 그들은 일부 영토는 잃을지어정 왕위를 잃을 가능성은 적었다. 적어도 1500~1790년에 서유럽의 주요 군주가 내전 외에 어떤 전투에서 패해 실각한 경우는 없었다(〈표 2-2〉).

〈표 2-2〉 유럽의 주요 주권자가 패전한 뒤 퇴위당한 확률

	패하고 퇴위당한 주권자의 백분율			
	내전 제외		내전 포함	
	1498-1789	1790-1920	1498-1789	1790-1920
오스트리아령	0	14	0	14
프랑스	0	25	0	38
영국	0	0	29	0
호엔촐레른 가문령	0	25	0	25
네덜란드	0	50	0	67
에스파냐[a]	0	20	0	33
스웨덴	0	50	0	50

* 출처: Langer 1968; Darby and Fullard 1970; Levy 1983; Clodfelter 2002.

* 주: 전쟁 목록은 Clodfelter의 책에서 가져왔고, 각 전쟁의 기간은 종전일 기준이다. 강대국이 관여하지 않은 전쟁은 배제했고, 강대국 목록과 강대국 지위를 유지한 기간은 Levy의 책에 근거했다. 퇴위는 추방당한 경우, 투옥된 경우, 불구가 된 경우, 처형당한 경우, 자살을 강요당한 경우를 포함했다. 전투 중 사망한 경우는 포함하지 않았는데, 포함했더라도 표가 크게 달라지진 않았을 것이다. Clodfelter와 Langer의 주장에 따라, 영토를 양도한 경우, 군대가 달아난 경우, 적군이 명백히 승리한 경우는 주권자가 패전한 경우로 보았다. 주권자에는 절대 군주든 입헌 군주든 모든 군주를 포함했다. 공화국의 경우, 주권자는 의회이거나 입법부라고 보았다. 입법부가 대통령을 비롯한 행정 수반과 주권을 공유한 경우에는 그 행정 수반과 입법부를 합해서 주권자라고 보았다.

* a: 오스트리아 합스부르크가의 영토를 상속했으나 에스파냐의 국왕이기도 했던 신성로마 황제 카를 5세를 어디로 분류해야 하느냐 하는 문제가 있다. 이 표에서는 그를 오스트리아령의 통치자들 중 한 명으로 분류했다. 카를 5세가 동생 페르디난트를 오스트리아 합스부르크령 전체의 섭정으로 임명했으므로 카를 5세가 에스파냐에 속한다고 주장할 수도 있지만, 중요한 점은 그를 어디에 집어넣든 이 표가 전혀 달라지지 않는다는 점이다.

이제 근대 초기 통치자들이 그토록 많이 싸운 이유를 더 분명하게 밝혀보자. 교전에 가담하도록 국가들을 다그치는 요인은 적어도 다수의 경제학자와 정치학자에게는 일종의 미스터리다. 그들은 올바로 묻는다. 어째서 지도자들은 승리가 유력한 다른 지도자에게 어차피 그가 싸워서 차지할 전리품을 바쳐서 각자의 생명을 지키고 전투에서 허비될 자원을 아끼는 방안에 합의하지 않는가? 그러나 대개 그런 합의에 이르기가 불가능하다는 사실이 드러나며, 지도자들은 전쟁이 초래하

는 참화에도 불구하고 합의하는 대신 전쟁을 결행한다.[13] 그런 일이 일어나는 이유에 관해 정치학과 경제학은 몇 가지 설명을 제시한다. 모두 근대 초기 유럽에 적용되는 설명이지만, 그중에서 두 가지가 유럽의 역사에 꼭 들어맞는 것으로 보인다.

첫째 설명은 전쟁 결정을 내리는 지도자들, 즉 근대 초기 유럽의 국왕들과 왕자들이 전비를 완전히 부담하지 않으면서도 전리품에서 지나치게 많은 몫을 가져갔다는 것이다. 군대가 승리했을 때 영광을 누리거나 군사적 명성을 떨친 쪽은 신민들이 아니라 지도자들이었다. 그러나 지도자들은 비용을 별로 부담하지 않았다. 그 비용을 지나치게 많이 짊어진 쪽은 신민들, 그중에서도 세금을 내거나 징집되면서도 정치적 발언권을 거의 갖지 못한 비엘리트층 신민들이었다. 이처럼 전쟁의 유인들이 지도자들에게 편중되어 있을 때는, 설령 그들이 자원을 거래하여 서로 부족한 부분을 채워줄 수 있다 할지라도, 전쟁을 피하자는 합의에 도달하기가 불가능할 수 있다.[14]

평화로운 합의를 가로막은 두 번째 장애물도 있었다. 근대 초기 군주들과 국왕들이 싸워서 차지하려 한 전리품을 나누는 어려운 문제였다. 영광은 분배할 수 없었다. 사실 영광은 전투가 없으면 그냥 사라졌고, 그렇게 되면 평화로운 자원 교환이 오히려 전투를 할 때보다 비용을 더 많이 초래할 가능성이 있었다.[15] 명성도 마찬가지였다. 명성 또한 전장에서만 얻을 수 있었다. 무역 독점이 걸려 있으면 상업 이점도 공유하기가 쉽지 않았을 텐데, 그런 경우는 흔했다. 영토와 왕위 계승을 둘러싼 분쟁도 주권이나 종교적 차이, 전략적 우위와 연계될 때면 이와 비슷한 문제를 일으켰다. 그럴 때면 다른 자원들마저 거래가 중단되곤 했다. 예를 들어 1715년에 표트르 대제는 대북방전쟁을 끝내려던 러시아와 스웨덴의 협상에서 자신의 사절에게 리가와 스웨덴령 리보니아를 돌려주는 선택지를 고려할 의향이 없다고 말했다. 만약 그 영토들을 돌려줄 경우, 가까운 상트페테르부르크를 비롯해 전쟁 중에 정복한 모든 영토가 위태로워질 것이고, 따라서 스웨덴이 무엇으로 답례를 하든지 간에 자신의 잠재적 비용이 더 클 것이었기 때문이다.[16] 마지막으로 협상이 신앙의 적과 거래하는 것을 의미하는 경우, 종교적 반목 탓에 협상 자체가 불가능해질 수 있었다.[17]

평화를 가로막은 이런 장애물들이 근대 초기 서유럽에만 있었던 것은 아니며, 따라서 유럽이 화약 기술을 지배하게 된 이유일 리가 없다. 이 장애물들은 다른 곳에서도 평화를 가로막았다. 유라시아의 다른 지역들에서도 외교 정책은 대개 국왕이나 황제, 군벌의 수중에 있었고, 그들은 유럽의 통치자들만큼이나 영광에 사로잡히기 십상이었다. 그러나 유럽 군주들이 마주하고 있던 편향된 유인들과 서로 나눌 수 없었던 전리품은 적어도 근대 초기 유럽이 사실상 끊임없는 교전으로 만신창이가 된 이유를 설명해준다. 모든 통치자가 무기를 들지는 않았을 것이다. 일부 나라들은 너무 작았고, 18세기 거의 내내 네덜란드가 그랬듯이 다른 일부 나라들은 충분히 싸울 만큼 크면서도 싸움에 끼지 않으려 했거나, 특정한 분쟁에는 끼어들지 않았다.

토너먼트 모델

이제 우리는 통치자들이 왜 싸웠는지 이해할 수 있지만, 더 깊이 파고들려면 토너먼트 모델을 구성해야 한다. 서유럽 통치자들이 화약 기술을 발전시킨 이유, 나머지 유라시아의 통치자들이 궁극적으로 뒤떨어진 이유를 이 모델이 설명해줄 것이다. 토너먼트 모델 자체는 수학적 모델이지만 말로 쉽게 설명할 수 있기에 모든 수식을 '부록 A'에 모아 놓았다. 경제 모델에 익숙한 독자는 거기서 상세한 내용을 정확히 확인할 수 있다. [핵심 아이디어를 간단한 대수(代數)로 바꾼 주석을 살펴봐도 된다.] 수식을 싫어하는 독자는 말로 요약한 설명만 읽어도 된다. 그렇게만 해도 이 모델이 근대 초기 유럽과 나머지 세계를 어떻게 조명하는지 알 수 있을 것이다.

우리에게 필요한 모델은 전쟁 개시 및 군사비 지출과 관련한 결정을 설명해야 한다. 그렇지 않으면 서유럽에서 일어난 온갖 전투와 그런 전투들에 투입된 온갖 자원을 이해할 수 없다. 또한 그 모델은 군사 기술의 개선을 설명해야 하고, 서유럽만이 아니라 나머지 유라시아에도 적용할 수 있어야 한다. 그렇지 않으면 유럽과 아시아의 결정적 차이점들을 골라내는 데 도움이 안 된다.

분쟁과 토너먼트를 다루는 경제학 문헌에서 도출한 간단한 모델은 우리가 다루기 쉬운 출발점을 제공한다.[18] 더 복잡한 모델들은 근대 세계의 전쟁과 평화의 패턴 및 군사비 지출 패턴을 더 잘 설명한다. 그러나 근대 초기에 유럽뿐 아니라 아시아의 일부 지역들까지 황폐하게 만든, 사실상 끊임없이 벌어진 전쟁에 관해, 또는 군사 기술에 관해서는 그만큼 잘 설명하지 못한다.[19] 이에 반해 단순한 모델은 유럽이 결국 화약 기술을 지배한 궁극 원인들을 충분히 골라낼 수 있다. (여기서 경제학에 익숙한 독자는 그냥 '부록 A'로 건너뛰고 싶을지도 모른다.)

우선 상황을 이상화하여, 전쟁을 할지 말지 고민 중인 근대 초기의 통치자 두 명을 고찰해보자. (외교 정책 결정권이 각료나 관료, 선출된 대표의 수중에 있더라도 추론은 똑같을 것이다. 그저 '통치자'를 결정을 내리는 지도자—총리, 수석 고문, 의회나 행정부의 중추적 인물 등 —로 바꾸는 데 지나지 않는다. 여기서는 편의를 위해 단순하게 통치 자들에 관해 말하겠다.) 전쟁의 승자는 영광, 영토, 상업 이익, 왕위 계 승권, 신앙의 적에 대한 승리 등을 상으로 얻는다.[20] 상황의 단순성을 위해 패자는 아무것도 얻지 못한다고 가정하지만, 패하거나 자기 왕국 을 방어하는 데 실패한 통치자가 대가를 치른다고 해도 모델은 본질적 으로 동일하다.[21]

통치자들은 상을 얻을 기회를 잡으려면 근대 초기 통치자들이 승전 하기 위해 취했던 조치들을 실행해야 한다. 첫째, 육군이나 해군을 창 설해야 하고, 자금을 조달하고 군대의 비용을 지불할 재정 제도를 수 립해야 한다. 이 조치는 전투를 시작하기도 전에 지불해야 하는 재정 적·정치적 비용을 수반한다. 예를 들어 처음으로 세리들을 임명하는 통치자는 그들이 전쟁 자금으로 쓰일 동전 한 푼을 모으기도 전에 정 치적 압박을 받기 마련이다. 단순성을 위해 우리는 이 비용이 고정되 어 있고 두 통치자의 비용이 똑같다고 가정한다.[22]

이 고정비용 외에 통치자들은 승리하기 위해서도 자원을 써야 한다. 우리는 무기, 함선, 방어 시설, 보급품, 장병에 지출하는 돈을 합산하여 그 자원의 가치를 측정한다. 그리고 그 총액에 징집병과 징발 자원의 가치를 더해야 한다. 양쪽 다 근대 초기 유럽에서는 대체로 덜 중요했 지만, 그 금전적 가치는 같은 수의 용병(유럽에서 구하기 쉬웠다)을 고 용하고 유럽의 수많은 민간 납품업자로부터 징발 자원을 구입할 때의 비용을 계산하여 추정할 수 있다.

여기서 그 총계는 일정한 금액이지만, 통치자에게 중요한 것은 자원 동원에 드는 정치적 비용이다. 상 자체(예컨대 영광 또는 신앙의 적에 대한 승리)가 꼭 금전일 필요는 없는 것과 마찬가지로, 정치적 비용도 꼭 금전일 필요는 없다. 납세자들이 반란을 일으킬 우려가 있다면(근대 초기에 유럽은 물론 아시아에서도 흔했던 일이다), 정치적 비용이 많이 들 것이다. 그렇지만 예컨대 근대 초기 유럽의 귀족처럼, 또는 현대의 예를 들자면 진주만 공습 이후 입대하고자 몰려든 미국인처럼 잠재적 관료들이나 군인들이 전투에 열렬히 자원한다면, 정치적 비용이 적게 들 것이다. 이 점을 우리의 모델에 포함하기 위해 특정한 통치자가 자원 한 단위씩을 동원하면서 부담하는 정치적 비용(경제학 용어로는 한계비용)은 변하지 않고 일정하다고 가정하자. 그러면 그 통치자가 직면하는 정치적 비용의 총액은 이 상수와, 그가 무장시키는 육해군 병사와 장비의 금전적 가치 총액을 곱한 값이다. 이 상수를, 자원을 동원하는 통치자의 가변비용(동의어로 그의 정치적 비용)이라고 부른다. 그 비용은 특정한 국왕이나 군주 한 사람에게는 고정비용이겠지만, 통치자에 따라 서로 달라서 누구는 많이 들고 누구는 적게 들 것이다. 또한 우리는 각 통치자가 모을 수 있는 자원에 한계가 있다고 가정한다. 그 한계는 조세 기반, 왕국의 크기, 통치자의 차입 능력 등에 따라 정해질 것이다.[23]

분쟁을 다루는 경제학 문헌에 나오는 단순 모델과 마찬가지로, 우리는 각 통치자가 전쟁에서 승리할 확률은 그가 동원하는 자원에 비례한다고 가정한다. 따라서 두 통치자 모두 싸우기로 결정한다면, 한 통치자가 이길 확률은 그의 군사비에 비례하여 높아질 것이다.[24] 두 통치자는 이길 확률, 상의 가치, 가변비용과 고정비용을 저울질하여 전쟁을 할지 말지 결정한다. 그런 다음 어떤 자원을 지출할지 선택한다.[25]

비용이 너무 많이 들거나 승리해서 얻을 기대 이익이 너무 적다면,

통치자는 굳이 전쟁을 할 가치가 없다고 결정할 것이다. 그럴 경우 18세기에 네덜란드가 여러 차례 전쟁을 관망한 것처럼(또는 적어도 관망하려 했던 것처럼), 통치자는 사태를 지켜볼 수 있다.[26] 이런 식으로 발을 빼는 통치자는 자원을 소비하지 않고 고정비용도 지불하지 않지만, 상을 얻을 기회도 갖지 못한다. 자신을 방어하지 않는 통치자는 일정한 대가를 치른다고 가정하더라도 고정비용만 낮아질 뿐 모델의 기본 속성은 변하지 않는다.

양쪽 중에 한 통치자만 전쟁을 벌일 의향이 있다면, 그 통치자는 육군과 해군, 재정 제도를 마련하기 위해 고정비용을 지불해야 하지만, 저항에 부딪히지 않으므로 상을 확실히 획득하게 된다. 그러므로 그 통치자는 고정비용을 제외하고는 군대에 자원을 지출하지 않으며, 전쟁을 관망하는 다른 통치자는 고정비용과 군사비 둘 다 지출하지 않는다. 따라서 실제 전투는 일어나지 않을 것이며, 한 통치자가 군사·재정 제도를 수립하기 위해 쓰는 비용을 빼면 둘 다 군사비를 지출하지 않을 것이다. 비록 한 통치자가 자금을 들여 군사·재정 제도를 수립한다 해도 우리는 이런 결과를 평화로 간주할 것이다. 분쟁이 일어나지 않고 군사 자원을 동원하지 않으니 말이다.

이런 평화로운 결과〔경제학 용어로는 '균형(equilibrium)'〕는 어떠한 상황에서 일어날까? 고정비용이 상당히 크거나(그러나 상보다 가치가 크지는 않아야 함), 한 통치자가 다스리는 나라 내지 경제가 경쟁 통치자의 그것을 압도할 경우, 평화 균형이 나타난다. 또한 한쪽 통치자가 훨씬 낮은 정치적 비용으로 자원을 동원할 수 있을 때에도 평화 균형이 나타난다. 그 이유는 분명하다. 자기보다 훨씬 큰 적수, 또는 낮은 비용으로 인력과 자원을 모을 수 있는 적수와 싸우려는 통치자는 없기 때문이다.[27] 물론 어떤 모델에나 예외가 있듯이, 현실에는 예외가 있을 것이다. 그렇지만 두 통치자의 체급이 다를 때는 평화로 귀결될 공산이 크다.[28]

통치자들은 언제 전쟁을 할까? 토너먼트 모델에 따르면, 몇 가지 조건이 성립할 때 전쟁을 한다. 우선 두 통치자가 자원을 동원할 때 드는 가변비용이 서로 비슷해야 하고, 그들이 싸워서 차지하려는 상의 가치가 재정 제도와 군사 기구를 수립하는 데 드는 고정비용보다 커야 한다. 또한 그들이 통치하는 나라나 경제가 규모 면에서 현저히 다르지 않아야 하며, 차입 능력의 차이가 크지 않아야 한다. 예외가 생길 여지가 조금 있기는 하다. 작은 나라의 통치자가 자금을 쉽게 빌릴 수 있다면, 국내 자원에 의존할 뿐 차입이 불가능한 더 큰 나라의 통치자와 싸울 수 있다.[29]

여기서 제시한 전쟁 조건들(귀중한 상, 재정·군사 제도를 수립하는 낮은 비용, 인력과 장비를 동원하는 규모나 능력의 차이가 크지 않을 것)은 빤해 보일지 몰라도, 화약 기술에서 동아시아가 결국 서유럽에 뒤진 주된 이유를 설명한다.

토너먼트 모델에는 다른 중요한 함의도 있다. 이 모델은 두 통치자가 언제 군사비를 많이 지출하는지를 보여준다. 그리고 앞으로 보겠지만, 높은 군사비는 군사 기술의 발전에 필수다. 이 모델에서 거액의 군사비를 지출하려면 전쟁이 필요하다. 전쟁이 없으면 두 통치자 모두 어떤 자원도 동원하지 않기 때문이다. 그렇지만 전쟁만으로는 거액의 군사비 투입을 보장하지 못하는데, 지출을 제한하는 전쟁으로 귀결될 가능성도 있기 때문이다. 전쟁에 거액을 지출하려면 상이 귀중해야 할 뿐 아니라, 두 통치자 모두 자원을 동원할 때 직면하는 정치적 비용이 적어야 한다. 이 모델에 따르면 그 이유는, 두 통치자가 군사에 지출하는 총액은 상의 가치를 두 통치자가 치르는 정치적 비용들의 합계로 나눈 값이기 때문이다. 이 값을 크게 만들려면 분자(상의 가치)가 크고 분모(정치적 비용들의 합계)가 작아야 한다. 그러므로 인력과 장비를 모으는 두 통치자의 가변비용들이 서로 비슷하다는 점만으로는 충분하지 않다. 거기에 더해 두 가변비용이 작아서 그 합계(두 통치자의 자원 동원 총비용이라고 부를 것이다)가 충분히 작아야 한다.[30] 그리고 앞으로 밝히겠지만, 이 조건은 화약 기술의 발전에서 남아시아가 결국 뒤떨어진 이유를 설명하는 데 크게 도움이 된다.

토너먼트 모델에는 언급할 만한 함의가 한 가지 더 있다. 전시에 두 통치자가 동원하는 자원들의 비(比)는 그들 각자의 정치적 비용에 반비례한다.[31] 그러므로 정치적 비용이 더 낮은 통치자는 인력과 장비를 더 많이 동원하고, 그에 따라 (우리가 예측하는 대로) 승전할 확률이 더 높다.

토너먼트 모델에 의문 제기하기

다른 모든 모델과 마찬가지로 우리의 토너먼트 모델은 현실을 단순화한다. 단순화의 미덕은 모델을 다루기 쉽게 해주고, 그리하여 무엇이 정말로 중요한지를 훤히 드러낸다는 것이다. 그러나 독자들은 단순화를 주저할지도 모른다. 이 모델을 더 개진하여 군사비가 화약 기술에 어떤 영향을 미쳤는지 살펴보기에 앞서, 몇 가지 단순화를 따져보고 그와 관련하여 떠오르는 어떠한 의문이든 제기해보자.

한 가지 단순화는, 두 통치자가 자신의 치세 초기에 전쟁을 할지 말지 한 번만 결정하고서 그 결정을 바꾸지 않는다는 것이다. 우리는 그들의 개전 결정을 특정한 분쟁이 아니라 그들의 호전성과 관련된 선택으로 해석하고, 그들이 치세 내내 개전을 두고 고민한다고 여기지 않는다. 토너먼트 모델의 전쟁 조건들이 유지된다면, 양쪽 통치자는 재위기 내내 서로 싸울 것이다. 그게 아니라면 그들의 치세는 평화로울 것이다. (다른 나라 또는 다른 시대의) 다른 통치자 쌍들 역시 토너먼트를 치르겠지만, 상황을 복잡하게 만들지 않기 위해 우리는 통치자들이 동맹을 맺지 않는다고 가정한다. 또는 자신의 치세 이후의 사태를 고려하지 않는다고 가정한다.

인정하건대 우리의 토너먼트 모델은 무장과 전투의 더 복잡한 패턴들은 배제한다. 더 정교한 모델이라면 그런 패턴들을 포함할 수 있을 것이다.[32] 우리 모델에서 통치자들은 호전적이든지 전혀 싸우지 않든지, 둘 중에 하나다. 싸우지 않는 이유는 저항에 부딪히지 않거나 사태를 관망하기 때문이다. 그렇지만 이 뚜렷한 패턴은 중국 황제들부터 서유럽 왕들에 이르기까지 근대 초기 세계의 많은 통치자들에게 들어맞는다.

또 다른 의문은, 가령 두 통치자가 아들들이 한 세대 후에 토너먼트를 벌이며 서로 격돌하리라고 내다본다면 행동을 바꿀 수도 있지 않느냐는 것이다. 이론적으로 볼 때 후계자와 연관된 이러한 우려는 근본적으로 다른 결과로 이어질 수 있지만, 실제로 그렇게 될 공산은 크지 않다. 특히 영광이나 신앙의 적에 대한 승리 같은 상이 다른 무엇보다 중요했던 근대 초기 유럽에서는 후계자를 고려해 행동을 바꿀 가능성이 낮았다.[33] 게다가 어쨌거나 외교 정책은 단기 이익에 따라 결정되었고 통치자마다 천차만별이었다.[34] 그러므로 통치자들이 자신의 치세 이후를 내다보지 않았다는 가정은 그다지 비현실적이지 않다.

그렇다면 동맹을 배제하는 가정은 어떤가? 이 가정 역시 겉보기만큼 큰 문제는 아닌 것으로 드러난다. 기본적인 토너먼트 모델을 통치자 두 명 이상으로 확대할 수 있고, 그렇게 해도 모델의 통찰은 그대로 유지된다. 사실 중요한 것은, 싸우려는 통치자가 한 명 이상, 적어도 두 명은 있는 상황이다. 두 명을 넘는 것은 중요하지 않다.[35] 동맹에 관해 말하자면, 때때로 동맹은 전투에 한참 앞서 결혼을 통해 미리 정해지곤 했다. 그런 동맹은 외생변수(exogenous), 즉 모델 외부의 변수로 다루는 편이 타당하다. 다른 동맹은 그저 자원을 동원하는 수단으로 여길 수 있으며, 그럴 경우 자원을 동원하는 가변비용이 일정하게 유지되기만 하면 모델은 변하지 않는다.[36]

이 가변비용에 의문을 제기할 수도 있겠다. 문제는 가변비용이 금전적 비용이 아니라 정치적 비용이어서 직접 관찰할 수 없다는 것이다. 그러나 조세 저항, 전쟁 자원을 동원할 때 반대하거나 변절했던 엘리트 등은 가변비용이 높았다는 정황의 증거다. 이런 반발은 전시에 조세 수준이 낮았던 이유이기도 하다. 전시에 정치적 비용은 통치자가 지출하는 군사비에 반비례하기 때문이다. 차입금과 더불어 조세로 군사비를 대부분 조달하니만큼, 전시에 세금을 적게 걷는 통치자는 틀림없이 가변비용이 높을 것이다. 만약 정치적 비용이 낮았다면, 세율을 올리고 인력과 장비를 더 많이 동원했을 것이기 때문이다.[37]

한 통치자가 전쟁 중에 자금을 빌려서 자원을 동원하고, 세금 인상을 전쟁 이후로 미룰 수 있었던 것은 사실이다. 그러나 근대 초기에 거액을 빌린 국가들, 적어도 유럽 국가들은 1인당 세수가 많은 나라들이기도 했다. 그렇지 않았다면 대금업자들이 대부를 망설였을 것이다.

요컨대 거액의 차입과 무거운 세금은 밀접한 연관성이 있었다.[38] 징집을 하고 통치자의 개인 재산에서 나오는 수입으로 군사비를 지불할 수도 있었지만, 대부분의 경우에 이런 방법들은 과세와 차입보다 훨씬 덜 중요했다. (근대 초기 서유럽에서 주된 예외는 스웨덴과 프로이센이었다. 스웨덴 국왕들은 제법 많은 병사들을 징집했고, 프로이센 통치자들은 개인 재산에서 얻는 수입이 상당했다.[39]) 그리고 더 일반적으로 말하면, 설령 통치자들이 서로 싸우고 있지 않았을지라도, 전시에 가변비용이 더 높다는 것은 세수가 더 적었음을 의미한다. 물론 상의 가치가 낮거나 경쟁자들끼리 가변비용이 서로 다른 까닭에 세수가 더 적은 경우도 있기는 했지만 말이다.

가변비용들이 일정하다는 가정을 우려하는 독자도 있을 것이다. 한계 없이 동원량을 늘리면 분명 가변비용들이 증가할 것이다. 우리처럼 각 통치자가 동원할 수 있는 자원에 제한을 두는 것이 이 문제를 어느 정도 해결하는 방법이다. 나중에 우리는 이 정치적 비용들(통치자 쌍마다 고정되어 있다고 가정한 비용) 자체가 시간이 흐름에 따라 변할 수 있다면 무슨 일이 일어나는지 고찰할 것이다.

(가변비용과 마찬가지로 통치자 쌍마다 일정하다고 가정한) 상의 가치와 고정비용에 대해서도 비슷한 우려를 제기할 수 있겠다. 그렇지만 우리는 다른 시대에 유라시아의 다른 지역에 있었던 통치자 쌍들을 고찰하면서 상의 가치와 고정비용에 변화를 줄 것이고, 마침내 이 두 가지가 어떤 곳에서는 높고 어떤 곳에서는 낮았던 이유를 설명할 것이다.

마지막으로, 전쟁 비용 전액을 부담하지는 않았던 근대 초기 통치자들이 자원을 낭비했을 거라고 우려할 법하다. 사회복지의 관점에서 보면 그들은 틀림없이 자원을 낭비했다. 승리하기 위해 애쓰다가 경제 전체에 곧잘 해를 입혔다. 그러나 세수나 휘하 병력을 허비하는 경우는 좀처럼 없었을 것이다. 그런 일은 자신의 자원 동원 비용을 늘리는 것이나 마찬가지였기 때문이다. 그들은 군사적 목표를 추구하는 동안 자신에게 이익이 돌아오도록 인력과 물자를 신중히 사용했을 것이다. 모든 점을 고려할 때, 그들은 정확히 그렇게 했다. 군납업자와 군수품을 조달하는 관리는 장비 가격을 세심히 관찰했다. 장교들이 이따금 포위전을 신속히 끝내기 위해 인명을 낭비하긴 했지만, 통치자들에게는 육군과 해군을 유력한 병력으로 만들어주는 노련한 병사들을 살려두어야 할 강력한 유인이 있었다. 그것이 무엇이었을까? 제프리 파커가 지적한 대로, '보충병을…… 훈련시키는 것보다' '부상당한 베테랑을 치료하는 편이 훨씬 싸기' 때문이었다. 기독교 역시 부상병에게 자선을 베풀라고 요구함으로써 통치자들을 그와 같은 방향으로 떠밀었다. 기독교는 포로의 몸값을 지불하고 군대를 위한 병원과 상이군인을 위한 집을 지으라고 통치자들을 다그쳤다.[40]

토너먼트는 어떻게 군사 기술을 발전시켰는가?

우리는 이상과 같이 모델을 세웠다. 이 모델은 언제 전쟁이 일어날지(적어도 언제 일어날 공산이 큰지), 언제 군사비가 치솟을지, 그리고 언제 평화가 우세할지, 즉 언제 한 통치자가 저항에 부딪히지 않아 실제 싸움에 자원을 쓰지 않고서 상을 차지할지를 설명해준다. 그러나 지금까지 토너먼트 모델은 군사 기술의 개선에 관해 아무것도 말해주지 않았다. 이 모델은 기술 개선을 어떻게 설명하는가?

어떤 기술을 사용할지는 통치자의 적이 누구냐에 따라 결정되었다.

서유럽에서는 화약 기술이 지상은 물론이고 해상에서도 주효했다. 그러나 근대 초기 세계에서 화약 기술은 유일한 군사 기술이 아니었고, 사실 어떤 적을 상대로는 거의 쓰이지 않았다. 예를 들어 중국, 남아시아 일부, 중동, 심지어 유라시아 스텝 지대와 경계를 접하는 동유럽의 일부까지 위협한 유목민에게 화약 무기는 적어도 17세기까지는 비교적 효과가 없었다. 기마 유목민은 포위당할 도시를 가지고 있지 않았고, 기동력이 워낙 뛰어나 성벽 뒤에서 포를 발사할 때를 빼면 그들을 조준하기가 어려웠다. 유목민은 그저 스텝 지대로 달아나 거기서 자급할 수 있었기에, 보병으로 유목민을 추격하려면 식량이 너무 많이 필요했다. 머스킷은 말 등에 앉아서 쏘기가 여간 어렵지 않아 이점이 별로 없었고, 피스톨은 말 등에 앉아 쏠 수야 있었지만 사정거리가 제한적이었다.[41] 꽤 오랫동안 유목민과 싸울 때 최선의 선택지는 그저 궁기병(弓騎兵)을 급파하는 것이었다. 궁기병의 활은 유목민이 활용한 무기와 본질적으로 같았기 때문이다. 활은 대략 기원전 800년까지 거슬러 올라가는 오래된 기술로, 근래의 발명품인 화기 및 화포와 대비되는 무기였다.[42] 앞으로 살펴보겠지만, 다른 오래된 군사 기술들도 근대 초기 세계에서 쓰였다.

군사 기술의 발전을 모델에 포함하기에 앞서 우리는 그런 발전이 어떻게 이루어졌는지 살펴봐야 한다. 19세기 이전에는 화약 기술이든 다른 어떤 기술이든, 군사 기술의 발전은 대부분 실행학습의 결과였다. 통치자들은 전쟁을 개시하고서 적에게 유효한 기술을 사용했다.[43] 실행학습은 전쟁 중이나 전쟁이 끝난 후에 이루어지기도 했고, 전후에 패자가 승자를 모방하기도 했으며, 승자와 패자 양측 모두 기존 기술을 수정하기도 했다.

예컨대 15세기 후반에 서유럽의 분쟁으로 포가(砲架)에 얹어 발포할 수 있으면서도 꽤 강력하며 더 가볍고 더 기동성 좋은 화포가 개발되었다. 특히 프랑스 왕 샤를 7세(1422~1461년)의 군대는 백년전쟁 기간에 대단히 효과적인 화포 운용법을 개발하여 프랑스 안에서 근거지를 점유하고 있던 잉글랜드 군을 몰아내는 데 일조했다. 기술 발전은 종전 후에도 멈추지 않았다. 백년전쟁 중에는 주로 병참과 포위전 편제가 개선되었다. 그렇지만 전후에, 또는 전쟁 막바지에 프랑스 군은 더 적절한 화약을 채택했고, 발사할 때 화포를 지탱할 수 있는 포가와 주철(鑄鐵) 포탄을 사용하기 시작했다. 포가를 쓰면 화포를 지면에 놓거나 별도의 받침대에 올려놓지 않아도 되었다. 백년전쟁 이후에 혁신을 추동한 요인 한 가지는 다른 세력(부르군트 인)과의 군사적 경쟁이었지만, 그 최종 결과는 프랑스 군이 1494년 이탈리아를 침공할 때 가져간 극히 강력한 화포였다. 침공의 충격은 이탈리아에서 대응을 촉발했다. 이탈리아의 축성가들은 포격을 견디고 공격군을 향해 대포를 계속 발포할 수 있도록 방어 시설을 재설계했다.[44]

이와 비슷하게 프랑스 군은 7년전쟁(1756~1763년)에서 참패한 뒤 야포를 재설계하여 더 가볍고 더 기동성 좋으며 전장에서 더 효과적인 포를 만들었다. 포의 경량화 과정은 실험을 통해 느리게 진행되었다. 이 과정은 그저 전체 이야기의 일부에 불과했다. 기동포는 프랑스혁명기에 이르러서야 나폴레옹 같은 지도자들의 새로운 전술 및 전략과 결합하여 결실을 맺었다.[45]

학습은 편제와 무기 제작으로 확대되었고, 개선점은 장교, 병사, 행정관, 직인, 상인에서 시작해 위쪽으로 퍼져나갔다. 예컨대 16세기에 에스파냐와 싸운 프랑스와 잉글랜드의 사령관들은 에스파냐 보병 부

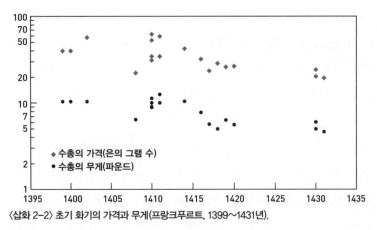

〈삽화 2-2〉 초기 화기의 가격과 무게(프랑크푸르트, 1399~1431년).

* 출처: Rathgen 1928.

대의 훈련, 군율, 소단위의 단결력 같은 장점을 알아보았다. 그들은 자
국에 그와 동일한 편제를 채택하라고 촉구했다.[46] 15세기 전반에 프랑
크푸르트에서 유럽 최초의 화기를 만든 포 주조공들은 금속 사용량을
줄여서 무기(본질적으로 보아 손으로 쥐고서 쏘는 작은 포)의 무게와
가격을 절감하는 방법을 알아냈다(〈삽화 2-2〉). 오늘날 우리에게는 이
혁신이 명백해 보일지 몰라도, 15세기 전반은 보통 크기의 포가 시험
발포를 하는 도중에 걸핏하면 폭발하던 시절이었던 만큼(〈삽화 2-3〉,
폭발을 우려하여 언제나 사용하기 전에 시험 발포를 했다) 포 제작자
들은 자신의 화기가 정말로 안전한지 실험을 통해 확인해야만 했다.[47]
지침으로 삼을 이론이 없던 시절에 그들이 달리 어떻게 자신의 포가
발포자의 손에서 박살 나지 않을 거라고 장담할 수 있었겠는가.

일부 개선점은 전시의 학습이 아니라 민간 경제에서 유래한 것이 사
실이다. 안성맞춤인 사례로 청동포 제작에 쓰이는 기법들을 제공한 종

〈삽화 2-3〉 폭발하는 대포(1411년경). 이 필사본은 발포자에게 대포의 옆에 서지 말고 열 걸음이나 스무 걸음 뒤에 서라고 경고한다.

* 출처: 오스트리아 국립도서관, 빈, Codex 3069, folio 10r. 이 필사본 자체에 관해 더 알고 싶다면 Leng 2002, vol. 1: 172~178, 195~197; vol. 2: 439 참조.

(鐘) 주조공을 들 수 있다.[48] 다른 일부 개선점은 우리가 의식적인 연구라고 부를 만한 실험에서 유래했다. 예를 하나 들자면, 18세기에 영국 해군이 채택한 선체의 구리 피복법(被覆法)이 있다. 이 피복법은 열대 바다에서, 특히 카리브 해에서 좀조개(shipworm)가 목선의 선체를 갉아먹는 피해를 방지하고자 개발되었다. 16세기 이래 시도된 한 가지 해결책은 선체에 외판을 한 겹 추가로 덧대고서 못을 박는 것이었지만, 좀조개는 그 외판에까지 구멍을 내고 파고들었다. 납 피복도 시도

했으나 좀조개를 막아내지 못했고, 설상가상으로 화학반응을 촉발해 선체의 철제 부품과 못, 철제 키를 부식시켰다. 그런 작용의 결과는 바다에서 재앙이 될 수 있었다. "내 키는 선미에서 파도에 휩쓸렸고, 선미재의 철제 부품들은 부서졌다." 1675년 납으로 피복한 어느 선박의 함장은 이렇게 탄식했다. "나는 키를 구하기 위해 선상으로 옮겨 갈 수밖에 없었고, 키를 갑판에 올려놓은 채로 사흘간 바다에서 배를 몰았다." 그 대안인 구리 피복 실험은 18세기 중엽에 시작되었고, 이내 좀조개를 막아줄 뿐 아니라 선체에 해초와 따개비가 붙지 않게 해주고 배의 속도를 올려주는 장점까지 있다는 점이 드러났다. 그러나 구리 피복 역시 철제 부품을 녹슬게 했다. 이는 해결하기가 쉽지 않은 문제였는데, 어떤 과학적 원리로 녹이 스는지가 그 당시에는 풀리지 않는 수수께끼였기 때문이다. 그러나 종이를 비롯한 재료들을 겹겹이 끼워 넣어 구리와 선체를 분리하려 시도한 이후, 1780년대에 영국 해군은 피복한 구리와 반응하지 않으면서도 부품으로 쓰기에 충분히 강한 구리 합금으로 철제 부품을 대체함으로써 마침내 문제를 해결했다.[49]

일각에서 연구를 진행하기도 했으나, 18세기에 들어서도 한참 동안 기술 개선을 좌우한 것은 실행학습이었고, 연구는 1800년 이후에야 실행학습을 밀어냈다. 그러므로 근대 초기 유럽에서 이루어진 기술 발전을 다룬다면 실행학습에 초점을 맞추어야 한다. 실행학습에 관해 생각하는 한 가지 타당한 방법은 실행학습의 효과가 전쟁에 투입하는 자원에 달려 있다고 가정하는 것이다. 통치자가 군사비를 많이 지출할수록 학습할 기회가 늘어나며, 이는 통치자가 어디에 있든 마찬가지다. 다시 말해 세계의 어느 한 구석이나 어떤 특수한 군사 기술에만 국한되는 이야기가 아니다. 실제로 메소아메리카의 토착민은 분명히 에스파

냐 인이 도착하기 이전에 석기 시대의 군사 기술을 가지고서 실행학습을 했다.[50]

우리는 전쟁에 투입하는 자원의 각 단위가 통치자에게 군사 혁신을 발견할 기회를 한 번 준다고 가정함으로써 군사비와 실행학습의 관계를 모델화할 수 있다. 전문 용어를 쓰면, 이 과정은 혁신 분포에서 혁신을 무작위로 고르는 과정에 해당하지만, 통계에 익숙하지 않은 독자는 길이가 각기 다른 묶음에서 제비를 뽑는 과정과 얼추 비슷하다고 생각해도 된다. (여기서도 경제학에 익숙한 독자는 '부록 A'로 곧장 건너뛰고 싶을지 모른다.) 제비뽑기의 목표는 가장 긴 제비를 얻는 것이고, 그 제비를 우리는 최고의 혁신으로 여길 수 있다. 군사에 투입하는 자원의 각 단위는 또 다른 제비를 뽑아서 최고 혁신을 개선할 기회를 통치자에게 한 번 준다. 물론 제비들의 가능한 길이에는 상한이 있으며, 제비들의 길이는 최고 길이부터 아주 짧은 길이(0이라고 가정하자)까지 다양하다. 그렇다면 군사비를 더 많이 지출한다는 것은 제비를 더 많이 뽑고, 그리하여 더 긴 제비를 뽑을 가능성—바꾸어 말하면 혁신을 더 많이 할 가능성—이 크다는 것을 뜻한다. 수학적 용어로 말하면, 제비들의 길이들—혁신들—은 0부터 최고 제비 길이까지의 숫자들이며, 더 큰 숫자는 더 많은 혁신을 뜻한다. 한 단위의 군사비는 이 숫자들 중 하나를 무작위로 뽑을 독립적 기회를 한 번 준다. 따라서 어느 통치자가 군사에 돈을 더 많이 쓴다면 숫자들을 더 많이 뽑을 것이고, 그가 가진 최대 숫자가 더 커질 것이다.[51] 그러므로 더 많은 군사비 지출은 더 많은 혁신을 의미한다.

통치자 혼자서 싸울 수는 없는 노릇이지만, 두 통치자가 동일한 군사적 기술을 이용해 서로 싸우고 있다면 그들이 동일한 묶음에서 제비를(더 정확히 말하면 동일한 분포에서 숫자를) 뽑는다고 가정하는 것이 타당하다. 그렇다면 그들의 전쟁에서 최고의 혁신(두 통치자가 뽑는 제비들 중 제일 긴 것)은 두 사람이 군대에 지출하는 총액에 달려 있을 것이다.[52] 알다시피 이 총액은 상의 가치와 함께 증가할 것이고, 그들의 자원 동원 비용의 합계(총비용)가 감소해도 증가할 것이다. 그러므로 군사비 총액이 증가함에 따라 이 최고 혁신의 가치도 증가할 테지만, 그 가치에는 상한—제비들의 가능한 최대 길이—이 있을 테고, 우리는 그 상한을 이용 가능한 지식의 한계로 해석할 수 있다.[53] 더 많은 지식은 더 많은 혁신을 낳을 것이다. 지식이 더 많은 통치자가 더 긴 제비를 뽑을 기회를 가질 테니 말이다. 마지막으로, 전쟁이 없으면 지출이나 학습도 없고, 따라서 이 경우에 우리는 통치자들이 가능한 가장 짧은 제비, 즉 길이가 0인 제비를 얻는다고 가정할 수 있다.

그렇다면 혁신은 전쟁의 의도하지 않은 부산물인 셈이다. 그런데 통치자들이 군사 기술을 의도적으로 개선하고자 한다면 어떻게 될까? 전비를 지출하는 과정에서 실행학습을 통해 혁신이 이루어진다면, 최고 혁신을 얻을 확률은 토너먼트 모델에서 승전할 확률과 정확히 같을 것이다.[54] 최고 혁신을 차지하기 위해 토너먼트에서 승리하는 것은 전쟁에서 승리하는 것과 동일할 것이고, 유인도 서로 같을 것이며, 따라서 혁신이 실행학습에서 비롯된다면 둘 사이에 차이가 없을 것이다.

이렇게 해서 우리는 혁신에 관해 생각할 방법을 찾았다. 전쟁이 한 번 일어날 때마다 통치자들은 실행학습을 통해 혁신을 발견하며, 그중 최고의 혁신(교전하는 두 통치자가 뽑는 가장 긴 제비, 숫자로 말하면 그들이 고르는 가장 큰 숫자)은 기술 수준을 나타낸다. 그런데 한 번의 전쟁에서 최고 혁신은 미래의 군사 기술에 어떤 영향을 미치는가? 그리고 군사적 발전은 어떻게 퍼져나가고 기술 선두는 어떻게 등장하는가? 바꾸어 말해보자. 유럽인과 화약 기술의 사례가 보여준 것처럼, 과거의 군사비 지출에서 미래의 군사적 지배로 나아가는 경로는 무엇인가?

토너먼트 모델을 조금 손보면 이 물음들에 답할 수 있다. 우선 특정한 두 나라의 통치자 쌍들이 재위기마다 한 번씩 대대로 교전한다고 가정한다. 또한 (상황을 이상화하여) 각 쌍이 전회(前回)에 이루어진 최고 혁신을 모방할 수 있다고 가정한다. 달리 말해 그들은 자신의 전임 통치자가 두 나라 중 어느 나라를 통치했건 간에, 전회의 군사 혁신을 채택할 때 장애물을 맞닥뜨리지 않는다. 뒤에서 혁신이 어떻게 확산되는지 고찰하면서 이 가정을 완화하겠지만, 근대 초기 유럽에는 이 가정이 상당히 잘 들어맞는 것으로 보인다. 이 시기 유럽에서 군사 혁신은 첩보 활동, 성공적인 혁신을 모방하려는 노력, 무기와 군사술을 거래하는 유럽의 오래된 시장 등을 통해 퍼져나갔다. 아울러 직업군인들은 가장 효과적인 전술과 병기, 편제를 받아들일 다양한 동기가 있었다.

두 통치자가 전회에 이루어진 최고 혁신을 받아들일 때, 그들의 군대는 더욱 효과적으로 바뀔 것이다. 이 변화를 우리 모델에 집어넣는 가장 쉬운 방법은(여기서 경제학에 익숙한 독자는 '부록 A'로 넘어가도 된다) 그 혁신이 군사비 지출 효과를 높인다고 가정하는 것이다. 혁신을 채택함으로써 군사비의 각 단위가 지닌 효과가 갑자기 증가한다고 생각하는 것이다. 거칠게 말하면, 화약 기술의 개선은 실제로 그런 결과를 불러왔다. 일례로 총검이 발명되자 머스킷에 총검을 장착한 보병 한 명이 군인 두 명, 즉 머스킷 총병 한 명과 장창병 한 명을 대체할 수 있게 되었다. 전회의 최고 혁신은 그저 숫자(통치자들이 실제로 제비를 뽑았다고 하면 전회의 가장 긴 제비의 길이)이므로, 우리는 이 숫자를 통치자들이 동원하는 군사 자원이 가진 효과성의 증가율로 간주할 수 있다.[55] 숫자가 크면(전회에 중대한 혁신을 이루었으면) 군사 자원 효과성의 증가율이 크겠지만, 혁신이 없었다면(전회의 숫자가 0이면) 효과성이 전혀 증가하지 않을 것이다.

이 점을 토너먼트 모델에 더하면, 군사 혁신에 관한 몇 가지 중요한 예측을 할 수 있다(세부 내용은 '부록 A'에 있다).

- 신기술(근대 초기의 화약 기술처럼 사용한 지 오래되지 않은 기술)은 실행학습을 통해 개선될 막대한 잠재력을 품고 있다. 더 오래된 기술들(유목민에게 맞서 활용한 궁기병 같은)과 연관된 혁신은 실행학습이 이용할 수 있는 지식의 한계에 부딪혀 중단될 것이다.[56]
- 구기술과 신기술(예컨대 궁기병과 화약 기술)에 자원을 나누어 지출하는 통치자는 신기술에 전부 지출할 때보다 신기술을 덜 발전시킬 것이다. 자원을 나누어 쓰는 탓에 실행학습을 통해 신기술을 개선할 기회가 그만큼 줄어들 테니 말이다.
- 지식이 증대되면 실행학습의 상한이 더 높아질 뿐 아니라, 실제로 실행학습의 효과가 강화될 것이다. 혁신과 마찬가지로, 더 많은 지식은 군사 자원을 더욱 효과적으로 만들어줄 것이고, 지식이 계속 늘어나면 실행학습은 쇠퇴하지 않을 것이다. 말하자면 기술은 젊음을 유지할 것이다.
- 혁신은 자원 동원 비용 하락과 동일한 영향을 미칠 것이다. 그런

까닭에 선진 기술을 가진 자는, 코르테스와 피사로가 아스텍 제국과 잉카 제국에 도전했던 것처럼, 대군을 거느리는 통치자에게 도전하려 들 것이다. 그리고 더 효과적인 인력과 장비를 동원해 수적 열세를 극복하고 승리할 수 있을 것이다. 그렇지만 기술로 할 수 있는 일에는 한계가 있으며, 특히 고국에서 먼 곳에서는 더 그러하다.

이 예측들은 우리의 모델에서 이미 얻은 통찰들과 어우러진다. 적어도 실행학습을 통한 군사 혁신에는 전쟁이 필요하지만, 전쟁만으로는 충분하지 않다. 교전에 거액을 지출해야 하는데, 그러려면 상의 가치가 커야 하고 자원 동원 총비용이 적어야 한다.

토너먼트 모델이 함축하는 예측은 여기서 그치지 않는다. 이제껏 우리는 두 통치자 모두가 전회의 최고 혁신을 받아들일 수 있다고 가정했다. 그러나 그 과정에는 대개 장애물이 있었으며, 적어도 근대 초기 세계에서 주된 장애물은 나라들 사이의 거리였다. 보통 최신 혁신을 습득하려면 더 우수한 머스킷과 같은 개량된 군수품을 구입하거나, (이쪽의 확률이 더 높았는데) 노련한 군인부터 축성가, 선박 및 무기 제작자에 이르기까지 그 혁신을 잘 아는 전문가들을 고용해야 했기 때문이다. 운송 사정이 열악하던 시절이므로 거리가 멀면 군수품과 전문가를 구하기가 더 어려웠고 비용도 더 많이 들었다. 방해물은 거리만이 아니었다. 뒤에서 살펴볼 다른 방해물들(무역 금지령, 문화적 걸림돌, 동업 조직, 상보적 솜씨를 갖춘 직인들의 부족 등)도 있었다. 여하튼 이런 장벽들 탓에 통치자들이 최신 군사 혁신을 이용하지 못할 경우, 다음 두 가지 결과가 발생할 수 있다.

- 기술 격차가 생겨날 것이다. 장벽에 부딪힌 통치자는 어떤 장애물도 없이 최신 군사 혁신을 받아들일 수 있는 통치자보다 혁신을 적게 할 것이다. 그 이유는 간단하다. 그들이 (특히 전회의 적수로부터) 배우는 혁신이 더 적을 것이기 때문이다.
- 뒤진 지역의 통치자가 앞선 지역의 전문가를 고용하거나 앞선 통치자의 병력과 싸운다면 그 격차가 좁혀질지 모르지만, 최신 혁신의 학습이나 습득을 방해하는 장애물들이 돌연 없어지지 않는 한 격차가 하루아침에 사라지진 않을 것이다. 그리고 뒤진 통치자가 최신 지식에 접근하지 못하거나 그 지식을 활용하는 데 필요한 군과 민간의 다양한 숙련 인력을 고용하지 못한다면, 격차가 더 크게 벌어질 것이다.

우리는 다른 무엇보다 화약 기술의 혁신을 설명하고 유럽인이 왜 화약 기술을 다른 누구보다 멀리까지 밀고 나갔는지 이해하고자 한다. 이 주제에 관해 토너먼트 모델로 설명할 때 우리는 실행학습을 통해 화약 기술을 개선하는 데 필수적인 네 가지 조건으로 나누어 살펴볼 수 있다.

1. 전쟁이 잦아야 한다. 그러려면 통치자들이 자원을 동원하는 정치적 비용이 서로 비슷해야 하고, 재정 제도와 군사 기구를 수립하는 데 드는 고정비용에 견주어 상의 가치가 커야 한다. 그리고 나라 내지 경제의 규모, 차입 능력 등에서 통치자들 간의 격차가 크지 않아야 한다. 다만 작은 나라의 통치자가 신용에 의지해 더 큰 나라의 통치자와 싸울 수는 있다.

2. 그렇지만 잦은 전쟁으로는 충분하지 않다. 통치자들은 전쟁에 거액을 써야 한다. 첫째 조건에서처럼 상이 귀중해야 하지만, 거기에 더해 자원 동원에 드는 통치자들의 정치적 비용이 서로 비슷해야 할 뿐 아니라 절대 수준 자체가 낮아야 한다.
3. 통치자들이 더 오래된 다른 군사 기술들이 아니라 화약 기술을 중점적으로 사용해야 한다.
4. 통치자들이 군사 혁신을 채택할 때, 설령 적의 혁신을 채택할 경우일지라도 장애물이 거의 없어야 한다.

위의 네 조건 각각은 필요조건일 확률이 높다. 다시 말해 넷 중에서 하나가 유지되지 않으면 화약 기술이 발전하지 않을 공산이 크다. 그렇지만 네 조건 전체는 충분조건이다. 다시 말해 네 조건이 모두 유지되면 실행학습을 통해 실제로 화약 기술이 발전할 것이다. 관련 지식이 늘어나면 (역시 우리 모델이 함축하는 대로) 혁신 속도가 더욱 빨라질 것이고, 화약 기술이 나이를 먹어가더라도 혁신은 잦아들지 않을 것이다.

근대 초기 서유럽에서 네 가지 조건은 유지되었는가?

네 가지 조건은 언제, 어디서 유지되었는가? 당분간 근대 초기로 기간을 한정하고(6장에서 19세기를 검토할 것이다) 먼저 서유럽을 고찰해보자. 나머지 유라시아를 검토하는 과제는 다음 장으로 미루겠다.

서유럽에서 제1조건은 분명히 근대 초기 내내 충족되었다. 주요 열강의 통치자들은 부단히 싸웠다(33쪽 〈표 2-1〉). 이는 별로 놀랄 일이 아니다. 알다시피 그들은 싸우는 존재로 자랐고, 영토든 상업 이익이든 신앙의 적을 상대로 거두는 승리든 홉스가 말한 영광이든 간에 자신이 추구하는 군사적 상을 소중히 여겼다. 그 상은 분명 가치가 컸다.

그들이 개전 여부를 결정할 때 직면한 고정비용도 낮았다. 그들 중 일부의 고정비용이 낮았던 것은 전임자들이 징세관을 파견하는 일, 해군 공창(工廠)을 건설하는 일, 병사를 징집하거나 선박을 징발하거나 식량을 공급하는 제도를 수립하는 일 등을 미리 해놓은 덕분이었다. 그들은 전임자들이 만들어놓은 것들을 물려받았고, 이는 고정비용의 많은 부분, 경제학 전문 용어를 쓰자면 '매몰비용'을 이미 지불했음을 뜻한다.

서유럽에서 고정비용이 낮았던 더 중요한 이유는 나라들 간의 거리가 비교적 가까웠기 때문이다. 여기서 말하는 거리는 서유럽 주요 강국들 간의 거리이지, 이 나라들과 식민지 전초 기지들 간의 거리가 아니다. 적어도 근대 초기 제국들의 척도로 보면, 서유럽의 주요 강국들 모두 작았기에 그 국가들 사이의 거리는 가까웠다.[57] 따라서 그 국가들의 통치자들은 보통 싸우기 전에 대규모 침공군을 배치할 필요가 없었다(배치했다면 고정비용이 올라갔을 것이다). 물론 예외—그중에서도 에스파냐의 아르마다(Armada)와의 전쟁, 그리고 에스파냐-네덜란드 전쟁〔합스부르크가의 지배를 받던 네덜란드가 1568년부터 1648년까지 80년에 걸쳐 독립한 전쟁으로, 1618년부터 30년전쟁의 일부가 되어 국제전으로 변모했다—옮긴이〕—가 있었으나, 그것은 예외일 뿐 통례는 아니었다.

아울러 그들이 자원을 동원하는 가변비용 역시 서로 비슷했다. 우리의 모델에 따르면, 통치자들이 서로 싸울 때 거두어들인 세수를 비교하여 가변비용 수준을 확인할 수 있는데 두 통치자의 세수가 서로 엇비슷해야 한다. 실제로 16세기와 17세기 전반 프랑스와 에스파냐 사이의 전투, 또는 18세기 프랑스와 영국 사이의 전투처럼 주요 강국들이 벌인 전투에 관한 한, 세수는 엇비슷했다. 대다수 주요 강국들은 크기도 고만고만했으며, 네덜란드와 영국처럼 더 작은 국가들은 1인당 세액을 늘려준 경제력과 강력한 대의 기구를 바탕으로 크기의 열세를 상쇄했다.[58] 또한 대다수 강국들은 전쟁 자금을 쉽게 빌릴 수 있었고, 작은 국가들은 대의 기구에 힘입어 더 낮은 비용으로 그렇게 할 수 있었다.[59]

사정이 이러했기에 근대 초기 유럽이 끝없는 전쟁에 시달렸고 제1조건이 시종 유지되었다는 것은 이해할 만하다. 그러나 끊임없는 전쟁은 화약 기술의 생산성이 증가하는 데 필요한 네 가지 조건 중 하나일 뿐이다. 나머지 세 조건 역시 유지되어야 한다.

제2조건은 거액의 전비 지출을 요구하는데, 그런 일은 통치자들이 귀중한 상을 두고 싸울 때, 그리고 낮은 가변비용으로 자원을 동원할 수 있을 때 일어날 것이다. 서유럽 지도자들이 가치가 큰 상을 차지하고자 교전했다는 것을 우리는 이미 알고 있다. 그런데 가변비용도 낮았을까?

전시에 무겁게 거둔 세금은 가변비용이 낮았다는 분명한 신호다. 세금을 척도로 삼아 비교하면, 서유럽의 세금은 실제로 유라시아의 일반적인 세금보다 훨씬 과중했다. 가장 명백한 증거는 서유럽 국가들의 세수와 오스만 제국의 세수를 비교하여 얻을 수 있다. 오스만 황제들은 유럽 국가들과 싸웠으므로 동일한 상을 두고 다투었던 셈이다. 그러나 18세기까지 오스만의 세수는 유럽 주요 열강의 세수의 중위값보다 적었고, 그들의 주적들 중 하나였던 오스트리아의 세수보다 적었으며, 프랑스와 잉글랜드, 에스파냐의 세수와 비교하면 훨씬 적었다.[60] 따라서 유럽인이 오스만 인보다 낮은 가변비용으로 자원을 동원했다는 결론이 나온다.

유럽의 가변비용은 중국과 비교해도 낮았을 가능성이 크다. 그 증거는 전시의 1인당 세율에서 나오는데, 중국보다 유럽에서 그 세율이 한층 높았다(〈표 2-3〉). 노동 일수로 세금을 측정하고 기간을 더 길게 비교해도 같은 결론이 나온다. 단순히 중국에서 더 작았던 상의 가치 또는 중국이 상대한 적들의 성격이 가변비용의 차이에 반영되었을 가능성도 있지만, 중국에서 세수를 제약한 요인은 실은 반란 위협과, 더 큰 제국에서 세수를 더 쉽게 횡령한 엘리트층이었다는 주장도 있다.[61] 요컨대 모든 증거가 유럽에서 가변비용이 낮았다는 점, 따라서 주요 열강이 막대한 전비를 동원할 수 있었다는 점을 함축한다.

이제 제3조건과 제4조건만 검토하면 된다. 제3조건은 서유럽 주요 열강의 통치자들이 화약 기술을 중점적으로 사용해야 한다는 것, 제4조건은 그들이 화약 기술의 최신 혁신을 쉽게 획득할 수 있어야 한다는 것이었다. 그들이 거의 화약 기술에만 의존했다는 점은 분명하다. 그들은 중국의 경우와 달리 유목민을 걱정할 필요가 없었고, 동유럽이나 중동, 남아시아의 경우와 달리 기병대의 심각한 위협에 시달리지 않았다.[62] 그들은 화약에 초점을 맞출 수 있었고, 실행학습을 통해 개선할 잠재력이 더는 남아 있지 않은 오래된 기술에 집중할 필요가 없었다.

분명히 그들 중 일부는 개선할 잠재력이 한정된, 오래된 다른 기술에도 돈을 썼다. 바로 갤리선 교전이었다. 고전기까지 거슬러올라가는 갤리선은 지중해의 미풍을 받으며 상륙전을 실행하기에 안성맞춤이

<표 2-3> 1578년과 1776년 중국·잉글랜드·프랑스의 연간 1인당 과세액(은의 그램 수)

		1578	1776
중국	총액	6.09	8.08
중국	중앙정부가 통제한 세액	3.56	7.03
잉글랜드	중앙정부가 통제한 세액	10.47	180.06
프랑스	중앙정부가 통제한 세액	16.65	61.11

* 출처: 프랑스: Hoffman and Norberg 1994, 238-239. 잉글랜드: Richard Bonney가 취합한 유럽 국가재정 데이터베이스(http://www.le.ac.uk/hi/bon/ESFDB/dir.html, 2014년 3월 14일 접속), Global Price and Income History Group의 웹사이트(http://gpih.ucdavis.edu/, 2014년 3월 14일 접속)에 Mark Dincecco가 게시한 데이터와 Dincecco 2009의 설명, Wrigley, Schofield, et al. 1989, table A3.1의 인구 수치. 중국: Huang 1998; Myers and Wang 2002; Liu 2009; Global Price and Income History Group의 웹사이트에 게시된 중국의 단위, 은의 등가물, 곡물 가격.

* 주: 잉글랜드와 프랑스의 수치들은 10년간의 평균치다. 중국의 수치들은 다음과 같은 몇 가지 가정에 따라 추정한 수치들의 상한이다. 중국의 인구는 1578년에 1억 7500만 명, 1776년에 2억 5900만 명이었다. 1578년의 곡물세를 은화로 환산하면 1섬에 은화 0.6냥(兩)이었다. 1578년 요역의 가치는 연간 1000만 냥이었다. 1578년 중앙정부가 관리한 조세에는 베이징이나 난징으로 상납한 세금과 요역의 25퍼센트가 포함되었다. 1776년 조세의 87퍼센트는 중앙정부가 관리했다. 평시였다면 세 나라 모두 세금을 감면했을 테지만, 비교한 두 기간은 모두 전시였다. 중국은 1578년과 1776년에 전쟁 중이었다. 잉글랜드는 1570년대 내내, 1770년대 10년 중 7년간 분쟁에 관여했다. 프랑스는 1570년대 10년 중 3년간, 1770년대 10년 중 5년간 싸웠다. 평시와 전시를 더 오랜 기간 비교해도 중국보다 서유럽에서 1인당 세액이 훨씬 많았다는 결론은 변하지 않는다. 미숙련 노동의 일수를 기준으로 조세 부담을 측정해도 같은 결론이 나온다. Brandt, Ma, et al. 2014, table 3 참조.

었고, 흑해와 발트 해에서도 중요했다. 갤리선은 중세에 한결 더 효과적인 함선이 되었고, 16세기 전반에 선체를 박살 낼 수 있는 함포를 장착했다. 그러나 그 후로 이 연로한 기술은 개선의 한계에 도달했다. 노잡이들의 부담을 가중하지 않으면서 갤리선에 추가할 수 있는 포는 기껏해야 몇 문에 불과했고, 노잡이들의 식수를 저장할 공간이 부족해 항해 가능한 범위가 심각하게 제한되었다. 더욱이 갤리선은 중무장한 범선에 취약했는데, 한 가지 이유는 현측(舷側)을 빼고 선수(船首)나 선미(船尾)에만 '살선(殺船)' 포를 탑재할 수 있었기 때문이다. 그렇지만 서유럽 주요 열강에게는 갤리선 병력의 규모가 아주 작다는 사실이 중요했다. 그런 열강들 중에서 프랑스가 가장 큰 갤리선 함대를 보유했겠지만, 그마저도 프랑스의 훨씬 값비싼 범선 함대에 비하면 왜소했다.[63]

마지막으로 제4조건은 유지되었는가? 서유럽 통치자들은 화약 기술의 최신 혁신을 손에 넣을 수 있었는가? 이 물음에 대한 답변 역시 '그렇다'이다. 장벽은 낮았다. 금수 조치로는 최신 무기와 기법, 전술 혁신이 퍼져나가는 것을 막을 수 없었다. 근대 초기 유럽에서는 금수 조치를 시행하기가 어려웠다. 예컨대 16세기에 신성로마 황제 카를 5세는 뉘른베르크 출신 총포공들이 자신의 적인 프랑스 왕에게 화기를 팔아넘기는 행태를 막을 수 없었다. 그의 판매금지령은 효력이 없었다.[64] 그러므로 확산의 주된 장애물은 거리였지만, 거리가 걸림돌이 되지 않을 정도로 서유럽 국가들은 서로 가까웠다. 게다가 수많은 사례가 입증하는 대로, 군수품과 군사 용역을 사고파는 시장이 최신 혁신의 확산을 도왔다. 카를 5세의 아들인 에스파냐 국왕 펠리페 2세는 자신의 이탈리아 통치령에서 재능 있는 축성가들을 모집하고 플랑드르와 프랑스, 독일에서 숙련된 포수들을 영입했다. 두 세기 후에 프랑스는 영국의 대포 제작술을 획득하려는 노력의 일환으로 영국인 철기 장인 윌리엄 윌킨슨(William Wilkinson)에게 보조급을 지급했다.[65] 더 효과적으로 혁신을 전파한 방법은 모방이었을 것이다. 특히 전쟁이 끝나고서 전쟁 중에 무엇이 유효했고 무엇이 실패했는지가 분명해졌을 때, 그리고 육군과 해군이 재무장과 재조직에 필요한 돈과 시간을 가지고 있었을 때, 모방을 통해 혁신이 퍼져나갔다. 앞서 살펴본 대로, 프랑스는 이런 식으로 학습함으로써 백년전쟁(1337~1453년) 이후, 그리고 7년전쟁(1756~1763년)에서 패한 뒤 화포 개선에 박차를 가했다. 혁신적인

선박 설계와 해군 전술도 동일한 과정을 따라 확산되었다.[66]

거리 외에 한 가지 장애물이 더 있었다. 대개 혁신에는 서로를 보완하는 여러 기술이 필요했으며, 통치자는 혁신을 원한다면 그런 기술들을 전부 손에 넣어야 했다. 일례로 18세기 프랑스 화포에서 개선된 점 중 하나는, 속이 빈 심형(心型)과 주형(鑄形)을 사용하지 않고 고형(固形) 주물을 천공(穿孔)하는 방법으로 화포 제작법을 바꾼 것이었다. 이 천공법 덕분에 대포가 더 정교해졌고, 초기 시험 발사에서 불합격하는 포의 수가 줄었다. 그러나 천공법을 채택하려면 숙련공들로 이루어진 작업조 전체를 세심하게 훈련시키고 감독해야 했다. 이 공정을 완성한 스위스인 대포 주조공은 사업이 기울어 피고용인 중 일부가 그만두고 나면 훗날 수요가 다시 오를 때 대체 인력을 구하고 훈련시키느라 고생할 게 뻔하다고 불평했다. 그런 이유로 그는 프랑스의 동맹인 에스파냐에 천공법을 수출해달라는 요청을 받았을 때, 에스파냐가 숙련공 작업조 전체를 수입하는 조건으로 계약을 맺었고, 작업을 그만두는 어떤 숙련공에게든 중벌을 내릴 권리까지 얻었다.[67]

요컨대 스위스인 대포 주조공을 고용하는 것만으로는 불충분했다. 에스파냐 국왕은 그 주조공을 뒷받침할 기술 일체를 갖추어야 했고, 그러지 못하면 숙련된 작업조를 모아서 공정을 정상화할 때까지 기다려야 했다. 민간 경제에 드문 기술들(항해술이나 금속 가공술 같은)에 의존할 경우, 혁신을 이전하는 속도는 더욱 느렸을 것이다.

적어도 서유럽의 통치자는 그런 작업조를 모을 수 있었다. 노련한 병사와 장교, 직인, 건축가가 유럽 대륙 전역에서 자신의 용역을 팔았다. 숱한 민간 직인들도 마찬가지였다. 따라서 전반적으로 보아 서유럽에서는 혁신이 퍼져나갔을 것이고, 아시아의 경우보다 혁신의 확산을 가로막는 장애물이 적었을 것이다. 아시아에서 전문 기술을 갖춘 직인들은 친족이나 종교, 거주지의 유대로 얽혀 있어서 유럽의 경우보다 이동에 제약을 받았을 공산이 더 컸기 때문이다.[68]

지금까지 살펴본 대로, 우리 모델의 네 조건은 모두 서유럽에서 근대 초기 내내 유지되었다. 따라서 우리는 화약 기술이 꾸준히 개선되었으리라고 예측할 수 있다. 중세 후기에도 비슷한 개선이 이루어졌으리라 예측할 수 있다. 이 시기에도 군수품과 군사 용역을 활발히 거래하는 시장들이 있었고, 통치자들이 근대 초기처럼 귀중한 상을 차지하려 서로 싸웠으며, 화약 기술(특히 이 기술에 대한 우리의 넓은 정의를 고려하면)을 중점적으로 사용하기 시작했기 때문이다. 더욱이 중세 후기 통치자들 중 일부는 각자의 영역에서 (대개 대의 기구의 도움을 받아) 최초로 영구 조세—수출세, 염세(鹽稅)와 아궁이세, 소득세나 자산세—를 확립했고, 잦은 분쟁에 필요한 자원을 낮은 가변비용으로 동원할 수 있었을 것이다.[69] 네 조건이 모두 마련되어 있었으니만큼 우리는 14세기와 15세기에도 유럽에서 혁신이 이루어졌으리라 예측할 수 있다.

근대 초기 유럽에서의 토너먼트 모델 검증하기

전술한 대로, 서유럽인은 중세 후기부터 화약 기술을 혁신했을 것이다. 그리고 온갖 혁신과 더불어 서유럽의 군사 부문은 14세기부터 꾸준히 생산성 향상을 경험했을 것이다. 이 예측은 역사적 기록과 합치하는가?

적어도 군사사에 따르면 확실히 그렇다. 중세 후기에 처음 쓰인 화포는 이내 성벽을 때려 부수어 방어 시설의 급격한 재설계를 촉발했으며, 그에 대응하여 고안된 새로운 포위 전술이 결국 성채를 함락할 가능성을 대폭 키웠고 난공불락처럼 보이는 요새마저 공격에 취약하게 만들었다.[70] 17세기 초에 스웨덴 국왕 구스타부스 아돌푸스(Gustavus Adolphus)는 야포(野砲)의 효과를 높였으며, 18세기 후반에 프랑스 육군은 야포의 무게를 줄여 기동성을 높임으로써 훗날 나폴레옹이 야포 전술을 과감히 변혁할 길을 열었다. 1400년경 유럽에 불쑥 출현한 초창기 화기는 장대에 장착한 소구경 화포였다(〈삽화 2-4〉). 그 이후 화승을 점화하여 발사하는 화승총이 등장했고(〈삽화 2-5〉), 17세기 들어 더욱 믿을 만한 수발총(燧發銃)이 나타났다. 16세기 중엽부터는 기병용 피스톨도 쓰였다. 함포는 일찍이 14세기에 함선에 처음 탑재되었을 것이다. 그다음 400년 동안에 포문에서부터 알맞은 선박 설계에 이르기까지 혁신이 잇따른 덕분에 가장 큰 전함에는 포를 74문이나 우겨 넣을 수 있게 되었고, 화력과 더불어 해군 함정의 가항(可航) 범위와 내항성(耐航性), 악천후에 항해하는 능력이 향상되었다. 해군이든 육군이든 전술과 훈련, 편제 역시 개선되었다. 순차적 일제사격(특히 공격당할 때 머스킷 총병들로 하여금 일제사격을 지속하게 하려면 대규모 반복 훈련이 필요했다)은 한 가지 사례에 지나지 않는다. 이 과정을 거치는 동안 성공적인 군주국들은 전비를 지불하고 육군과 해군에 물자를 보급하는 데 갈수록 능해졌고, 민간 군납업자를 고용하는 쪽에서 자국 관료를 활용하는 쪽으로 점차 옮겨 갔다.[71] 잉글랜드(군비를 조달하고 군수품을 보급하는 과제에 관한 한, 18세기 후반까지 이 군주국들 가운데 선두였을 것이다)는 물품세로 거액을 조달하는 재정적 관료제를 창설했고, 잉글랜드 해군은 선상 위생을 개선하여 수병에게

〈삽화 2-4〉 초기 화기(1411년경).

* 출처: 오스트리아 국립도서관, 빈, Codex 3069, folio 38V.

더 건강한 식량과 깨끗한 옷을 제공하고자 체계적으로 노력했다. 해군의 노력 덕분에 괴혈병, 티푸스, 천연두의 발병률과 사망률이 낮아졌고, 노련한 선원들이 병원에 가지 않고도 계속 항해할 수 있었다.[72]

이처럼 산업화 이전 군주국들에서 화약 기술의 생산성이 꾸준히 증가했다는 점, 그리고 그 증가율이 다른 경제 부문들의 생산성 증가율보다 단연 높았다는 점을 입증하는 강력한 양적 증거도 있다. 예를 들어 화기가 활을 대체하고 나자 보병의 화력이 극히 중요해졌으며, 총검이 장창병을 대체하고 꽂을대와 약포(藥包)를 사용하는 수발총이 화승총을 대신함에 따라 1600년에서 1750년 사이에 프랑스 병사들이

〈삽화 2-5〉 화승총을 발사하는 모습(1607년).

* 출처: Gheyn 1607, 미국 의회도서관의 호의로 수록.

탄환을 발사하는 속도가 열 배로 껑충 뛰었다(〈표 2-4〉).[73] 이렇게 발사율이 증가한 것은 연간 노동생산성이 1.5퍼센트 증가한 것이나 마찬가지였고, 1.5퍼센트면 근대 경제권(經濟圈)들의 전반적인 생산성 증가율에 필적할 뿐 아니라 산업혁명 초기의 증가율을 훌쩍 웃도는 수치다.[74] 게다가 발사율은 분명히 과소 추정치인데, 화약 기술의 필수적인 요소들인 전술과 보급, 편제의 발전을 고려하지 않기 때문이다. 사례를 하나 들자면, 17세기 전반에 순차적 일제사격이 완성된 후에도 사격 전술의 개선은 중단되지 않았다. 18세기 전반에 수발총병들은 한 대대에 속하는 소대들에 분산 배치되었고, 한 소대의 모든 대원은 동

〈표 2-4〉 프랑스 육군의 군 노동생산성(보병 1인당 성공적 발사율, 1600~1750년)

근사(近似) 연도	화기 1개당 성공적 발사율 (발사 횟수/분)	보병 1인당 화기 개수	보병 1인당 성공적 발사율 (발사 횟수/분)	가정
1600 (보병 1인당 화기 개수는 1620년)	0.50	0.40	0.20	화승총으로 분당 1회 발사, 불발률 0.50
1700	0.67	1.00	0.67	수발총으로 분당 1회 발사, 불발률 0.33, 총검이 장창병 대체
1750	2.00	1.00	2.00	수발총, 꽂을대, 약포로 분당 3회 발사, 불발률 0.33

* 출처: Lynn 1997, 454-472.
* 주: 계산할 때 장창병과 화기로 무장한 보병만을 고려했고 군악대의 드러머 같은 비무장 병사는 무시했다. 이 표가 함의하는, 1600년부터 1750년까지 150년간의 노동생산성 증가율은 연간 1.5퍼센트다.

시에 사격할 수 있는 전투 대형 즉, 일부는 서서, 일부는 무릎을 꿇고 서 쏘는 대형을 갖추었다. 소대들 중 3분의 1이 먼저 발사하고 나면 나머지 3분의 2가 잇따라 발사하곤 했다. 그 결과는 더 강한 화력, (병사들이 소집단의 일부로서 일치단결했으므로) 더 높은 사기, (같은 이유로) 더 뛰어난 통솔력이었다.[75]

해군 또한 꾸준한 생산성 증가를 경험했다. 유럽이 해군에서 격차를 가장 크게 벌리며 선두를 달렸다는 사실을 감안하면 그리 놀라운 일은 아니다. 해군의 생산성을 측정하는 것은 쉽지가 않은데, 전함마다 목표가 가지각색이었던데다 그마저도 시간이 흐르면서 변했기 때문이다. 18세기를 지배한 것은 화력이지만, 속도와 가항 범위, 악천후 속에서 싸우는 능력도 중요했고, 특히 근대 초기에 대다수 해전의 초점이었던 경제적 소모전을 치를 때 중요했다.[76]

그러나 전함들의 목표가 다양했다 할지라도, 근대 초기에 유럽 해군들의 생산성이 확실히 높아지고 있었다는 증거가 있다. 예컨대 해군들이 추구한 다른 목표들은 무시한 채, 해군의 생산성을 가늠하는 우리의 유일한 척도가 포환의 무게로 측정한 화력이라고 가정하자. 그러면 우리는 해군의 생산성을 선상 노동의 생산성과 자본의 생산성으로 나누어 계산함으로써 총요소생산성—바꾸어 말하면, 노동만의 생산성이 아니라 모든 생산요소들의 생산성—이라는 지표를 얻을 수 있다. 잉글랜드 해군에서 이 지표는 화력이 갈수록 중요해진 1588년에서 1680년 사이에 연간 0.4퍼센트 속도로 증가했다.[77] 그런 급증세는 산업화 이전 경제권에서 유례가 없는 일이었다. 산업화 이전에는 경제의 주요 부문들에서 총생산성이 설령 증가하더라도 보통 연간 0.1퍼센트 이하로 증가했다.[78] 잉글랜드 해군이 속도나 가항 범위를 줄이면서 그저 화력에 주력한 꼴 아니냐고—전문 용어를 쓰자면, 생산성은 그대로인 채 생산가능곡선을 따라 이동한 것 아니냐고—우려하는 사람이 있을지 모르겠다. 그러나 잉글랜드 해군은 통상 해전에서 적선에 기어 올라가 육박전을 벌이는 전략을 추구하던 다른 해군들과 달리, 일찍이 16세기 후반부터 포격에 역점을 두기 시작했다. 실제로 1588년의 데이터는 이미 화력에 주력하고 있던 함정들—에스파냐의 아르마다를 격퇴한 잉글랜드의 중무장한 소함대—에서 얻은 것이다.

군사 부문의 생산성이 급증했음을 나타내는 또 다른 뚜렷한 표지는 중세 후기부터 무기의 가격이 다른 제조품들의 가격보다 더 빠르게 하락했다는 사실이다. 예를 들어 피스톨의 상대가격은 16세기 중엽부터 18세기 전반까지 6분의 1로 떨어졌다(〈삽화 2-6〉). 다른 무기들, 예컨대 대포, 머스킷, 피스톨의 가격도 생산과 관련된 요소들의 가격에 비

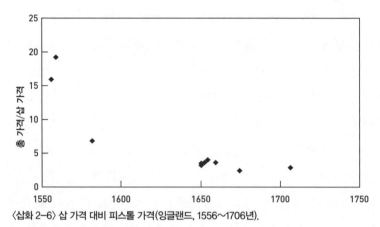

〈삽화 2-6〉 삽 가격 대비 피스톨 가격(잉글랜드, 1556〜1706년).

* 출처: Rogers and Rogers 1866-1902(피스톨 가격); Greg Clark(삽 가격).

해 큰 폭으로 낮아졌다. 앞서 계산한 근대의 군사비와 마찬가지로, 곤 두박질치는 무기 가격은 생산성 증가의 표지였다. 게다가 이 표지 역시 전술과 보급, 편제의 개선을 무시하는, 과소 추정치다.

우리는 근대 초기 프랑스와 잉글랜드에서 무기 제조의 생산성 증가율이 실제로 어떠했는지를 추정할 수 있다. 그 방법은 포, 머스킷, 피스톨의 가격과 생산요소들의 비용이라는 지표를 비교하는 것이다. (14세기 후반부터 18세기 후반 사이의 여러 기간에) 총요소생산성 증가율의 중위값은 0.6퍼센트로 밝혀졌는데, 이 정도면 산업혁명 초기에도 빠른 증가세였다(〈표 2-5〉). 다른 방법으로 가격들을 분석하면 이 수치보다도 높은 중위값—산업혁명기 직물업과 철공업의 증가율에 필적하는 연간 1.1퍼센트(〈표 2-6〉)—이 나온다.

이 추정치들은 유럽 군사 부문의 시장 구조에 관한 가정들을 내포하지만('부록 B'에서 세세히 밝힌다), 그 가정들이 지극히 타당함을 시사하는 증거가 있다. 이 가정들의 결과로 나온 수치들이 통계상 요행수

〈표 2-5〉 생산요소 비용과 무기 가격을 비교하여 얻은 총요소생산성 증가율 추정치(잉글랜드와 프랑스의 무기류)

| 기간 | 요소 비율 추정치 | | | | | 총요소생산성 증가율 추정치 (연간 %/ t-통계량) |
	숙련 노동	자본	철	구리	목재	
프랑스						
포	1463-1785	0.5	0.125	0.125	0.125	0.125	0.6/16.35
머스킷	1475-1792	0.5	0.167	0.167	—	0.167	0.1/0.96
잉글랜드						
포	1382-1439	0.5	—	0.250	—	0.250	1.4/5.37
머스킷	1620-1678	0.5	0.167	0.167	—	0.167	0.6/2.48
피스톨	1556-1706	0.5	0.167	0.167	—	0.167	0.8/4.08

* 출처: 프랑스 국립기록보관소, Marine, Armaments D/3/34 (Compte fonderie d'Indret); 프랑스 국립도서관, Manuscrits français 2068 (Prothocolle pour servir d'avertissement) and 3890 (Jehan Bytherne, Livre de guerre); Rogers and Rogers 1866-1902; Guyot 1888; Levasseur 1893; Nicollière-Teijeiro and Blanchard 1899-1948; Tout 1911; Phelps Brown and Hopkins 1955; Beveridge 1965; d'Avenel 1968; Clark 1988; Rogers 1993; Clark 2002. 더 상세한 전거와 가격 계산법은 Hoffman 2011, table 1 참조.
* 주: 추정치들은 '부록 B'의 등식 (2)를 사용하는 회귀분석을 통해 얻었다. 데이터가 부족해서 회귀분석에서 어떤 요소를 배제한 경우, 그 요소의 추정치는 제시하지 않았다.

일 가능성은 거의 없다.[79] 설령 그럴 가능성이 있다 해도, 화기의 발사율과 마찬가지로 오히려 과소 추정치일 공산이 크다. 추정치들은 (화승총에서 수발총으로의 이행 같은) 질적 개선을 무시하는데, 그런 혁신은 가격 인상을 수반했을 테고, 따라서 생산성 증가율 추정치를 인위적으로 감소시켰을 것이다. 또한 추정치들은 민수품 생산의 기술 변화도 무시하는데, 그런 변화도 동일한 영향을 미쳤을 것이다. 무엇보다도 추정치들은 생산성이 가장 빠르게 증가했을 법한 기간, 즉 무기가 발명된 직후의 시기를 간과한다. 그런 시기에 실행학습에 힘입어

〈표 2-6〉 무기 가격과 비군수품 가격을 비교하여 얻은 총요소생산성 증가율 추정치

군수품	비군수품	기간	총요소생산성 증가율 (연간 %/t-통계량)	숙련 노동 이외의 생산요소	N
프랑스					
포	외(桅) 고정용 못	1463–1785	0.7/4.95	구리, 자본	25
머스킷	외(桅) 고정용 못	1475–1792	0.4/1.34	철, 자본	37
잉글랜드					
포	삽	1382–1439	2.4/8.65	없음	10
머스킷	삽	1620–1678	1.6/3.49	없음	7
피스톨	삽	1556–1706	1.1/4.85	철, 자본	12

* 출처: 〈표 2-5〉에서 열거한 출처 외에 Guyot 1784-1785, vol. 15, sv "Rente"를 참조했으며, 잉글랜드의 삽 가격은 Greg Clark가 친절하게 제공해주었다. 출처와 가격 계산법에 관해 더 상세히 알고 싶다면 Hoffman 2011, table 2 참조.

* 주: '부록 B'의 등식 (3)에서 사용한 회귀분석을 토대로 회귀분석을 했다. N은 군수품 가격을 관찰한 횟수다. 10회 이상 관찰한 기록이 있으면 숙련 노동 외에 다른 생산요소들에 대한 회귀분석을 했다. 다른 생산요소들은 가격을 알 수 있었고, 비교 대상인 군수품과 비군수품에서 요소 비율이 다를 가능성이 높았다.

생산비가 가장 빠르게 하락했을 공산이 크지만, 수치 추정에 필요한 무기 가격은 보통 시간이 한참 흘러서 무기가 널리 판매되기 전까지는 역사 기록에 등장하지 않는다.[80] 초기 무기들의 가격(프랑크푸르트에서 생산된 초기 화기들의 가격)을 알 수 있는 한 가지 사례는 추정치들이 실상보다 훨씬 작게 나타나는 하향 편향을 시사한다. 이 사례에서 1399년부터 1431년까지 총요소생산성 증가율은 3.0퍼센트로 밝혀졌다. 3.0퍼센트는 근대의 기준으로 보아도 인상적인 수치이고, 중세 말의 기준으로 보면 깜짝 놀랄 수치다.[81]

중세 후기와 근대 초기를 거치며 총포공들이 무기 제작에 갈수록 능숙해짐에 따라 보병과 전함의 화력이 부단히 강해졌다. 그 밖에도 우

리 모델의 예측에 들어맞는 발전이 이루어졌다. 일부 혁신은 극적인 이득을 가져왔다. 예컨대 18세기에 영국 전함들은 구리로 피복을 한 덕분에 속도가 20퍼센트 가까이 빨라졌거니와 청소하고 수리하는 시간이 줄고 항해하는 시간이 늘어나, 함대의 유효 규모가 3분의 1가량 커지기까지 했다. 구리 피복법에 비해 주목을 덜 받았으나 그 못지않게 중요했던 더 나은 위생과 보급 역시 항해 시간을 늘려주었다. 또 프랑스의 제정 제도와 상반된 영국의 한층 강력한 제정 제도는 선박들이 계속해서 취항할 수 있도록 뒷받침해 주었다. 그리고 선박이 해상에서 더 오래 머물 수 있게 되자 선원들은 팀을 이루어 더 효과적으로 협력하는 법을 배울 수 있었다.[82]

대니얼 벤저민(Daniel Benjamin)과 안카 티프리(Anca Tifrea)의 분석에 따르면, 그동안 영국 해군의 함장들은 전법(戰法)을 연마했다. 1660년에서 1815년 사이에 유럽에서 영국이 지배적인 제해력(制海力)으로 부상하는 동안, 영국 함장들의 사망률은 가파르게 떨어졌다. 해병들의 사망률 역시 떨어졌을 것이다. 18세기 후반에 영국이 바다를 지배했다는 사실 자체로는 사망률 급감을 설명할 수 없다. 영국이 압도적 우세를 점하기 이전인 1710년경에 이미 사망률은 뚝 떨어졌다. 오히려 사망률 급감은 영국 함장들이 전임자들의 실수로부터 어떻게 싸우고 어떤 전략을 선택할지—예를 들어 언제 싸우고 언제 달아날지—를 배운 결과였다. 함장이 직접 키를 잡기 전까지 사망한 부함장들의 수에 근거하여 이 학습의 효과를 측정하면, 지난날의 오판으로부터 배운 지식이 사망률을 낮춘 힘이었음이 드러난다. 이는 함장이 직접 겪은 전투의 강도나 양을 고려해도 마찬가지다. 전투의 강도와 양이 일정했다고 보면, 과거의 잘못에서 배운 지식이 축적된 결과로 함장의 사망률

은 1670~1690년 16퍼센트에서 1790~1810년 0.1퍼센트로 뚝 떨어졌다.[83]

육군 또한 병력의 효과를 높였다. 목숨이 위태로운 때에 병사들을 명령에 복종시키는 것은 결코 쉬운 일이 아니다. 포화 속에서 규율을 유지하기란 더 어려운 일이다. 이 문제를 극복하기 위해 현대의 육군들은 병사들을 대규모로 훈련시키고 그들을 소집단 단위로 편성하여 강한 충성심을 이끌어내고자 한다. 훈련을 받아 동료 분대원들에게 헌신하는 병사들은 전투가 한창일 때 자신이 맡은 임무를 수행할 것이고, 근거리에서 살인을 꺼리는 인간의 뿌리 깊은 망설임을 극복할 것이다. 증거에 따르면 이런 망설임은 유서 깊은 것으로, 지나치게 소심한 근대의 특징이라고 보기는 어렵다.[84] 근대 초기 육군들은 분명 현대의 집단역학(集團力學, group dynamics) 연구를 활용하지 못했는데도 이 문제에 대해 비슷한 해결책들을 용케 찾아냈다. 예컨대 16세기에 에스파냐 병사들은 10여 명 단위로 편성되어 함께 생활했고 도움이 필요할 때면 서로에게 의지했다. 결국 병사들은 한 집단으로서 임무를 잘 수행했고, 전우들에게 수치스러운 모습을 보이지 않고자 극단으로 치닫곤 했다. 에스파냐 육군은 고참병에게 신병 훈련을 맡기기도 했다. 이 두 가지 관행은 유럽의 종교 전쟁에서 에스파냐와 싸운 개신교 병사들에게서도 칭찬을 받았고, 결국 유럽 대륙의 다른 육군들도 그것을 모방했다.[85] 이처럼 집단 조직화와 같은 무형의 증거들까지도 서유럽에서 화약 기술에 이롭도록 생산성이 꾸준히 증가했음을 보여준다.

정치사의 역할

14세기 이래 서유럽에서 계속해서 이루어진 혁신은 토너먼트 모델의 예측에 꼭 들어맞는다. 중세 후기부터 근대 초기까지 줄곧 서유럽에서는 화약 기술 발전의 네 가지 조건이 모두 유지되었다. 토너먼트 모델이 시사하는 결과는, 서유럽 군사 부문에서 생산성이 부단히 증가했으리라는 것이다. 그리고 바로 그런 일이 산업화 이전 경제에서 전례가 없는 속도로 일어났다.

생산성 증가와 관련한 증거는 토너먼트 모델을 뒷받침한다. 다음 단계는 동유럽부터 저 멀리 일본까지 나머지 유라시아에 이 모델을 적용할 수 있는지 확인하는 것이다. 유라시아의 다른 주요 문명들이 서유럽인만큼 화약 기술을 발전시키지 못한 이유도 토너먼트 모델로 설명할 수 있을까? 바꾸어 말하면, 그 문명들이 이상적인 정복 수단인 군사 기술에서 종국에 뒤처진 이유를 설명할 수 있을까?

이 물음과 씨름하기에 앞서 한 가지 강조할 점이 있다. 유럽에서 지속된 혁신은 결코 예정된 결과가 아니었다는 것이다. 실제로 우리는 서유럽에서 일어났을 법한 매우 다른 결과를 상상할 수 있다. 서유럽의 정치사가 다르게 흘러갔다면 결과는 지금과 달라졌을 것이다.

그 가능성은 토너먼트 모델 자체에서 분명하게 나타난다. 실행학습이 꽃을 피우려면 (모델의 처음 두 조건이 요구하는 대로) 재정 제도와 군사 기구를 수립하는 데 드는 고정비용에 견주어 귀중한 상을 두고서 통치자들이 서로 싸워야 하고, 자원을 동원하는 그들의 정치적 비용이 서로 비슷해야 하며 또 적어야 한다. 여기에 더해 그들이 통치하는 나라들의 규모가 크게 다르지 않아야 한다. 유럽에는 화약 무기를 사용하는 전쟁에 막대한 자금을 투입할 수 있었고 실제로 투입한 통치자들 (16세기와 17세기의 합스부르크가, 발루아가, 부르봉가, 그리고 18세기의 영국, 프랑스, 프로이센)이 언제나 있었다. 그러나 이 군주들 중 한 명이 어떻게 해서든 나머지를 완파하고 유럽 패권자가 되었더라면 실행학습에 제동이 걸렸을 것이다. 감히 패권자에게 도전할 사람은 아무도 없었을 테니까. 그렇게 되었다면 유럽은 평화로웠겠지만 군사 혁신은 중단되었을 것이다. 적어도 토너먼트 모델은 그렇게 예측한다. 또한 유럽의 주요 권력자들이 세금을 인상할 때 더 완강한 저항에 직면했다면, 혹은 그들이 처음 징세 능력을 획득했을 때 화약이 오래된 기술이었다면, 혁신은 거의 또는 전혀 이루어지지 않았을 것이다.

여기서 정치사는 토너먼트 모델의 외부에 있다(경제학 용어로 말하면 정치사는 외생변수다). 이 모델은 그 자체로는 유럽의 일부 군주들이 조세 저항에 덜 직면했던 이유, 또는 화약 기술이 천 년 앞서 발견되지 않은 이유를 설명할 수 없기 때문이다. 그리고 분명히 이 모델은 유럽에서 패권자가 없었던 이유를 해명하지 못한다. 그러므로 왜 유럽인이 세계를 정복했는지 파악하려면 결국 토너먼트 모델만으로는 불충분하다. 우리는 정치사, 그것도 유럽의 정치사만이 아니라 나머지 세계의 정치사까지 알아야 한다.

3장

나머지 유라시아는
왜 뒤처졌는가

중세 후기부터 18세기까지 서유럽인은 화약 기술을 연이어 발전시켰다. 전쟁에 거액을 펑펑 쓰는 통치자들에게 고무되어 그들은 화약 기술을 부단히 개선했다. 그런 개선은 서유럽 대부분이 나머지 세계보다 부유해지기 전에 이루어졌다. 1800년만 해도 영국과 저지대 국가들만이 아시아의 가장 부유한 지역들보다 높은 임금을 뽑낼 수 있었고, 세계에서 오직 영국만이 산업화를 시작한 지역이었다.[1]

유라시아의 다른 주요 강국들은 서유럽만큼 한결같은 속도로 화약 기술을 발전시키지 못했다. 그들의 문제는 화약 기술에 무지했다는 것이 아니다. 16세기 무렵 그들 모두 일찍이 중국에서 발명된 화약 무기를 가지고 있었고, 그 무기를 제작할 수 있는 총포공과 화포 주조공을 보유하고 있었다. 그리고 서유럽 밖의 강국들은 자력으로든 유럽인에게 배워서든, 분명 화약 기술을 혁신할 수 있었다. 그렇지만 그들의 혁신은 빠르기가 일정하지 않았다. 한동안 혁신의 속도가 빨라지기도 했으나 이내 느려지다가 결국 중단되곤 했다. 그리하여 1400년부터 1800년까지 400년에 걸친 기간에 적어도 화약 기술에 관한 한 중국에 뒤처졌다. 그렇다고 해서 그들이 반드시 서유럽인 대다수보다 가난했거나 다른 부문에서 열등했던 것은 아니다.

토너먼트 모델은 그들의 고르지 않았던 속도 이면의 이유를 밝히고, 길게 보아 그들 모두가 서유럽인에게 뒤진 까닭을 설명할 수 있다. 우리는 이 모델을 중국, 일본, 인도, 러시아, 오스만 제국에 적용하기만 하면 된다. 또한 이 모델은 유럽이 화약 기술에서 우세를 점한 이유를 밝히려는 다른 설명들, 예컨대 유럽에서의 잦은 전쟁에 관한 케네디와 다이아몬드의 설명, 중국의 혁신이 단속적(斷續的)이었던 주된 원인으로 유목민의 위협을 꼽는 케네스 체이스(Kenneth Chase)의 논증 등이 면밀한 검토를 견뎌내지 못하는 이유를 분명하게 보여줄 것이다. 그런 설명들은 모두 첫걸음은 경쾌하게 내딛지만, 중국, 일본, 인도, 러시아, 오스만 제국에서 일어난 사태를 설명하지는 못한다. 토너먼트 모델은 설명할 수 있다.

분명 유라시아에는 토너먼트 모델을 적용할 만한 다른 강국이나 지역도 있다. 그중에서도 페르시아에서 나디르 샤(Nadir Shah)가 건설하여 1736년부터 그가 사망한 1747년까지 통치한 중앙아시아의 거대한 제국이 있다. 그러나 나디르 샤의 제국은 그의 사후에 오래지 않아 와해되었다. 간단히 말해 그 제국은 오래 존속하지 못한 까닭에 유럽이 장기간에 걸쳐 확립한 화약 기술의 우위를 해명하는 데 별로 도움이 되지 않는다. 그 우위를 해명하려면 근대 초기에 장수한 국가들을 비교해야 한다.

중국의 명조와 청조, 일본의 도쿠가와 막부, 러시아 제국, 오스만 제국은 모두 장수했으므로 우리의 목적에 안성맞춤이다. 그렇다면 문제는 유럽인과 달리 어째서 그들은 1400년부터 1800년까지 화약 기술을 꾸준히 혁신할 수 없었느냐 하는 것이다. 400년간 줄기차게 혁신하는 것이 너무 벅찬 일이라면 최신 혁신을 발 빠르게 수용하기라도 해서 유럽인의 보조라도 맞추었어야 했거늘, 그러지 못한 이유가 무엇이냐고 물을 수도 있겠다. 다이아몬드와 케네디가 주장하는 대로 그 이유가 끊임없는 전쟁이라면, 이 요인이 일부 지역(예컨대 도쿠가와 이전 일본)에서는 화약 기술의 혁신을 가져온 반면에 다른 지역에서는 그러지 못한 이유는 무엇인가? 특히 무굴 제국이 붕괴한 이후 18세기 인도에서는 왜 혁신을 일으키는 데 실패했는가?

토너먼트 모델은 우리에게 그 이유를 말해주거니와 더 많은 부분까지 설명할 수 있다. 이 모델은 중국인, 일본인, 인도인, 러시아 인, 오스만 인이 뒤처진 이유만이 아니라 그들이 혁신에 성공했을 때 왜 성공했는지까지 설명할 수 있다. 간단히 말해, 이 모델은 서유럽의 오랜 우위만이 아니라 유라시아 전역에서 화약 기술의 혁신이 이루어진 시기까지도 설명할 수 있다. 토너먼트 모델에서 화약 기술을 개선하는 데 필요한 네 가지 조건이 모두 충족된 때에는 중국에서든 일본에서든, 혹은 유라시아의 다른 지역에서든 통치자들이 모두 혁신에 성공했거나 서유럽을 따라잡았지만, 네 조건이 충족되지 않은 때에는 혁신이나 따라잡기가 중단되었다. 서유럽이 다른 지역들과 달랐던 점은 1400년부터 줄곧 이 네 조건이 유지되었다는 것이다. 앞으로 살펴보겠지만,

나머지 유라시아에서는 그렇지 않았으며, 그것이 서유럽이 장기간 앞서간 이유였다.

여기서 토너먼트 모델을 언급한다고 해서 중국, 일본, 인도, 러시아, 오스만 제국이 균질한 실체였다는 뜻은 전혀 아니다. 서유럽이 균질하지 않았듯이, 이 나라들도 당연히 균질하지 않았다. 그러나 토너먼트 모델은 균질성—정치적 균질성이든 경제적·사회적·문화적 균질성이든—을 가정하지 않으며, 사실 우리 이야기에서 중요한 역할을 하는 것은 이질성이다. 그리고 우리가 '중국인'이나 '일본인'이나 '유럽인'에 대해 말하기는 해도 이것이 균질성을 함축하지는 않는다. 이런 표현은 간편한 약칭일 뿐인데, 우리 모델에서 핵심 행위자는 통치자와 군 지도자, 그리고 이들과 가깝고 정치적 발언권을 지닌 사람들이기 때문이다. 이를테면 제정 중국에서는 황제와 영향력 있는 관료가, 도쿠가와 이전 일본에서는 다이묘(大名)가, 근대 초기 유럽에서는 왕과 군주가 핵심 행위자였으며, 그들의 열정은 신민들과 부하들의 이해관계와 상충하기도 했다. '인도인' '러시아 인' '오스만 인'이라고 말할 때도 마찬가지다. 이런 약칭은 어떠한 정치적·경제적·사회적 균질성도 가정하지 않으며, 토너먼트 모델 역시 그렇다. 그러니 이 모델을 유라시아의 다른 다섯 지역에 적용하기로 하고 우선 중국부터 살펴보자.

중국

토너먼트 모델에서 화약 기술이 발전하려면 네 가지 조건이 충족되어야 한다. 전쟁이 잦아야 하고, 막대한 군사비를 지출해야 하고, 기존 기술들보다 화약 기술을 중점적으로 사용해야 하고, 설령 적이 달성한 혁신일지라도 군사 혁신을 채택할 때 장애물이 적어야 한다. 이 조건들이 중국에서 유지되었는가? 유지되었다면 언제 그랬는가?

근대 초기에 중국은 제1조건을 충족하는 데 별로 어려움을 겪지 않았다. 중국 황제들은 서유럽 군주들만큼이나 많이 싸웠다(〈표 3-1〉). 둘째 조건인 군사비를 따져보면, 중국은 1인당 세율이 낮았던 탓에 적어도 18세기 전반에는 군사에 투입하는 자금이 제한되었다. 알다시피 중국의 세율은 반란의 위협 탓에, 그리고 드넓은 제국에서 세수를 한결 쉽게 착복할 수 있었던 엘리트들 탓에 제약을 받았다. 이 나라의 막대한 인구가 1인당 낮은 세율을 일부 상쇄하긴 했지만, 장기적으로 중국 황제들의 세수는 서유럽 통치자들이 징수해서 전쟁에 아낌없이 쏟아부은 거액의 세수에 필적하지 못했다. 18세기 후반에 프랑스와 잉글랜드는 인구 면에서 중국의 10분의 1에도 미치지 못했는데도 중국보다 총세수가 많았다.[2] 따라서 중국은 적어도 서유럽에 견주어 낮은 세율 탓에 1750년 이후 군사 혁신에 지장이 생겼다. 또한 중국 정부가 유럽 국가들보다 세수 중 더 적은 부분을 전쟁에(그리고 더 많은 부분을 민간 복지에) 지출한 까닭에 군비 격차가 더 커졌을 것이다.[3]

그러나 중국과 유럽의 군비 차이는 두 지역이 상대한 적의 부류의 차이에 비하면 아무것도 아니다. 근대 초기에 중국 황제들은 서유럽 통치자들만큼이나 전쟁을 자주 치렀지만, 전시의 약 97퍼센트에 해당하는 기간에 그들이 상대한 적은 화기를 무력하게 만들곤 했던 유목민이었다(〈표 3-1〉). 유목민을 상대하는 데는 오래된 기술인 궁기병과 더불어, 그들의 습격을 방어하는 데 보탬이 된 만리장성을 비롯한 방어 시설과 변경의 군사 식민지가 더 효과적이었다. 그에 반해 서유럽인은 유목민과 전쟁을 치르지 않았다.

〈표 3-1〉 중국과 유럽의 대외전 빈도(1500~1799년)

국가	1500~1799년에 외적과 전쟁한 기간의 백분율
중국:	
모든 전쟁	56
유목민과의 전쟁을 제외한 전쟁	3
프랑스	52
잉글랜드/영국	53
에스파냐	81
오스트리아령	24

* 출처: Wright 1942; Stearns 2001; Clodfelter 2002; James Kung(사적으로 중국 관련 수치 제공).
* 주: 서유럽 국가들은 유목민과 싸우지 않았으므로 유목민과의 전쟁을 제외해도 수치가 변하지 않는다. 이 표는 외적이 관여하지 않은 내전이나 반란은 셈에 넣지 않았다. 중국의 경우 해적과의 분쟁 역시 제외했다. 해적의 절대다수가 일본인이 아닌 중국인이었고, 그런 해적은 외적으로 분류되지 않았기 때문이다. 그 해적에 관해 더 알고 싶다면 Kung and Ma 2012를 참조하라. 이 표의 데이터는 Margaret Chen이 수집했다. 다만 중국 데이터는 James Kung이 친절하게 제공해주었다. Chen은 중국어 전거들에서 중국 수치도 수집했는데, Chen의 수치는 Kung의 수치와 비슷했다.

〈표 3-1〉에서 중국 내 반란과 중국 연안에 가해진 해적의 공격을 고려하지 않은 것은 사실이다. 그런 분쟁에서 중국 황제의 병력은 화약무기를 사용했을 것이다.[4] 또한 앞으로 살펴보겠지만, 유목민과의 싸움에도 총포가 점점 더 많이 쓰였다. 그러나 중국에 줄곧 최대 위협이었던 유목민과 대적할 때에는 대개 궁수의 기존 기술이 여전히 최고의 무기였다. 이처럼 중국의 군사적 문제는 서유럽의 문제와는 달랐다. 그리고 앞으로 보겠지만, 중국만 달랐던 것도 아니다.

최대 위협을 가하는 존재가 유목민이었으므로, 중국 황제들과 관료들은 화약 기술을 사용하든 그렇지 않든 해군을 위해 자원을 동원할 이유가 없었다. 해군은 비용이 많이 들었으며, 자금은 유목민을 상대로 더 유효하게 쓰였을 것이다. 실은 이것이 정화(鄭和)의 지휘를 받으며 남아시아와 아프리카까지 항해했던 대선단을 1433년 이후 명의 황제들이 멈춰 세운 주된 이유였다. 대선단의 항해 목표는 탐험이 아니었다. 오히려 지역 통치자들에게 강한 인상을 심어주는 한편, 교역할 권리를 전략적으로 배분하고 그 대가로 조공과 사대를 요구하는 중국의 관행을 확대하고 강요하는 것이었다. 그런데 대선단은 수차례 항해에 나서는 동안 막대한 보조금을 잡아먹었다. 그러니 진짜 위협은 내륙의 유목민에게서 비롯되는 마당에 대선단에 돈을 쏟아부을 이유가 있었겠는가.[5]

유목민이 그도록 중대한 위협이었으므로, 케네스 체이스가 중국이 화약 기술을 발전시키는 데 실패한 원인으로 유목민을 지목한 것은 놀랄 일이 아니다. 그러나 유목민은 온전한 답이 되지 못한다. 한 가지 이유를 들자면, 유목민을 상대로 마상에서 머스킷을 활용할 수는 없었을지라도, 만리장성을 따라 늘어선 방어 시설들에서 유목민을 향해 발사한 화기와 대포는 주효했기 때문이다. 더욱이 유목민들도 17세기 후반에는 대포를 사용하기 시작했다. 중국 황제들도 대포로 응수하긴 했지만, 18세기 내내 유목민에게 맞선 중국인의 주요 무기는 궁기병이었다. 이 시기까지도 스텝 지대에서 화약 기술을 사용하는 경우에는 보급선이 한계에 봉착했기 때문이다.[6]

중국 황제들은 화약 기술을 사용해야 할 다른 이유도 있었다. 특히 16세기 후반과 17세기에 동아시아에서 화약 기술을 사용하는 전쟁은 격렬한 군비 경쟁을 촉발했다.[7] 1590년대에 일본이 조선을 두 차례 침략하자 명나라의 만력제(萬曆帝: 재위 1572~1620년)와 관료들은 동맹인 조선을 방어하기 위해 병사 수만 명을 동원하여 육상과 해상에서 화약 무기를 들고 싸웠다. 또한 그들은 1592년에 서북부 도시 닝샤(寧夏)에서 일어난 한 부대의 반란[발배의 난—옮긴이]과 1599~1600년에 서남부에서 일어난 묘족의 반란[양응룡의 난—옮긴이]을 진압할 때도 화약 기술을 빈번히 사용했다.[8] 그들과 그 후계자들은 명조(1368~1644년)의 쇠락기에 만주족 침략군에 대항할 때도 화약 기술에 의존했다. 빈발하는 봉기와 명나라 군부의 결정적인 변절 덕에 유리해진 만주족은 결국 명을 쓰러뜨리고 새 왕조인 청(1644~1911년)을 창건했으며, 그 과정에서 변절자들이 넘겨준 대포와 포위 부대의 도움을 받았다. 혼란스러운 왕조 교체기에 화약 무기를 발사하는 전투는 1644년이 훨씬 지나서까지 계속되었다.[9]

항청(抗淸) 투쟁을 이어간 명의 주요 충신들 가운데 한 명인 정성공(鄭成功)은 해전에서 화약 기술을 이용하는 데 능통한 가문의 자손이었다. 그의 아버지 정지룡(鄭芝龍)은 부유한 밀수업자 겸 해적으로, 네덜란드 동인도회사를 습격하고, 명조를 위해 중국 연안을 방어하고, 포문(砲門)과 중포(重砲)를 갖춘 서양식 전함을 건조하고, 1633년에 기발한 전술로 화력의 열세를 상쇄하여 한때 자신의 고용주였던 네덜란드 인들을 물리치기까지 한 인물이었다. 정지룡은 1646년 청에 귀순했으나, 정성공은 중국 동남부와 타이완을 기반으로 항쟁을 이어갔고, 타이완의 젤란디아(Zeelandia) 요새를 장기간 포위한 끝에 1662년에 네덜란드 인들을 몰아냈다. 같은 해에 정성공이 죽자, 그의 가문은 1683년에 마침내 청이 타이완을 침공하여 병합하기 전까지 이 섬을 계속 통치했다.[10]

요컨대 중국 황제들은 유목민을 주적으로 삼으면서도 적어도 16세기 후반과 17세기에는 전투에서 화약 기술을 빈번히 사용했다. 화약 전쟁은 1644년에 명조가 멸망한 후 적어도 정성공이 사망한 때까지는 분명히 계속되었고, 아마도 청조가 타이완을 병합한 1683년까지 이어졌을 것이다. 예전처럼 유목민이 주된 위협이긴 했으나 17세기 후반 들어 그들 자신이 화약 무기를 사용하기 시작했던 까닭에, 청조는 18세기 중반 마침내 유목민을 토벌하기 전까지 화약 기술에 자금을 계속 지출했다.[11] 그리고 이처럼 화약을 다량 사용한 일련의 전투 외에 명조 초기의 전쟁과 그에 앞선 내전에서도 화약이 쓰였다. 당시 육군과 해군은 대포와 초기의 단순한 화기를 가지고 있었으며, 명나라 태조 주원장(朱元璋)은 화약 무기를 사용해 원 왕조(1279~1368년)를 무너뜨리고 내전에서 각지의 군웅들을 굴복시켰다.[12]

그러므로 중국 황제들과 그 적수들이 화약 기술을 사용하며 전쟁을 벌인 기간이 두 번 있었던 셈이다. 첫 번째는 14세기 후반과 15세기 전반이고, 두 번째는 16세기 후반부터 17세기 전반까지, 어쩌면 18세기 중반까지였다. (토너먼트 모델에 따르면) 황제들과 그 적들이 화약 기술에 자금을 많이 지출하고 혁신을 채택하는 데 장애물이 없었다면, 두 기간 모두가 화약 기술을 개선하기에 적기였을 것이다. 그렇지만 이 두 기간을 빼면 혁신이 더디게 이루어졌거나 멈추었을 것이고, 중국은 화약 무기를 사용하는 전투를 결코 멈추지 않은 유럽에 뒤떨어졌을 것이다. 따라서 우리는 중국이 15세기 중반부터 16세기 후반 사이에, 그 후 다시 대략 17세기 후반부터 계속 뒤처졌으리라고 짐작할 수 있다. 설령 서유럽인과의 격차가 17세기 후반 이후로 더 커지지 않았다 해도 1750년 이후에는 분명 더 벌어졌을 것이다. 그 무렵 중국 황제들은 유럽인보다 화약 기술만이 아니라 전쟁 자체에도 돈을 덜 썼으니 말이다.

유럽과 비교해 중국이 장기간 뒤진 데에는 적은 세수와 유목민 말고도 다른 이유가 있었다. 바로 중국 제국의 거대한 규모였다. 동아시아 강국들 중에서 단연 최대인 중국의 인구와 경제에 견주면 적국들은 화약 무기를 가졌다 한들 왜소해 보였으며, 중국의 1인당 세금이 적었다 할지라도 중국 황제는 자신보다 규모가 작은 적들이 직면했던 것과 같은 인력과 자금의 한계에 맞닥뜨리지 않았다. 유목민은 규모에서 밀리더라도 멈추지 않았지만(어쨌거나 그들은 중국군의 사정권 밖으로 후퇴할 수 있었다), 화약 무기를 가진 잠재적 적수들 중 일부는 중국에 도전할 의지가 꺾였거나, 적어도 중국과 대결해야 하는 상황을 유감스럽게 여겼을 것이다. 1590년대에 조선을 침공한 일본 지도자 도요토미 히데요시가 바로 그런 상황에 처했다. 그는 중국도 침공하기를 바랐지만 결국 조선에서 승리하는 데 필요한 '자원이 부족했고', '병력이 부족해서 중국을 정복할 수 없는' '소국에서 태어난' 것을 한탄했다.[13] 장기적으로 중국의 규모는 잠재적 적수들로 하여금 전투를 망설이게 함으로써 동아시아 전역에서 화약 기술을 사용하는 전쟁의 횟수를 줄였을 것이다(그렇다고 화약 기술이 사라졌던 것은 아니다). 결국 화약 무기의 혁신(중국의 혁신만이 아니라 잠재적 적수들의 혁신까지도) 역시 그저 중국이 너무 벅찬 상대였던 까닭에 더욱 느려졌을 것이다.

다른 예측처럼 토너먼트 모델에서 도출되는 이 예측은 중국 황제들이 화약 기술을 대규모로 사용한 두 기간에도 적용할 수 있다. 일부 도전자들, 예컨대 만주족이 황제와의 대결을 단념하지 않았던 것은 사실이지만, 다른 이들은 중국 제국이 통일되어 있는 한 도전을 주저했을 것이다. 이는 중국이 그토록 거대하지 않았다면 전쟁이 더 자주 발발했을 것임을 시사한다. 제국이 통일되어 있고 내전으로 마비되어 있지 않을 때, 중국은 대국이자 사실상 패권국이었다. 그럴 때 중국과의 전쟁에 돌입하는 위험을 무릅쓴 도전자는 거의 없었을 것이다. 이는 명조 후기처럼 중국이 약했다고 간주된 시기에도 마찬가지였을 것이다(명조 후기에 관한 군사사가들의 전통적 견해가 바뀌고 있기는 하지만).[14] 명나라가 이웃 나라들을 쉽게 정복할 수 있다는 마테오 리치의 의견 이면에는 잠재적 도전자들을 을러멜 수 있는 대제국의 힘이 있었을 것이다.[15]

문제는 중국이 한바탕 화약 전쟁을 치른 두 기간 사이에, 즉 15세기 전반부터 16세기를 지나는 동안 벌어졌던 화약 기술의 격차를 조금이라도 좁힐 수 있었느냐 하는 것이다. 16세기 무렵 화기와 대포, 전함을 비교할 때 중국과 서양의 격차가 더 벌어졌다는 분명한 표지들이 있다. 중국 관료들이 유럽의 함선과 무기가 더 우수하다는 점을 일찍부터 인정했다는 것이다. 16세기 초에 광둥의 무역감독관 대행은 포르투갈의 함포에 대해 이렇게 말했다. "이 무기를 가진 함선은 공해(公海)에서 마음대로 항해할 수 있고, 다른 나라의 함선들은 이 무기에 필적할 수 없다."[16] 가정제(嘉靖帝, 재위 1521~1567년)는 포르투갈의 대포에 깊은 인상을 받아 그것과 비슷한 대포를 제작하고 병사들에게 그 사용법을 훈련시키는 관청을 신설했다. 그리고 17세기에 더 우수한 유럽산 포들이 도착하자 중국 관료들은 그것들을 채택했고, 난파한 유럽 선박들에서 수습한 포 모델을 '분해하여 모방하는' 수고도 마다하지 않았다.[17] 여기서 중국인과 서양인 관찰자들이 남긴 말이나 의견보다 중요한 것은 중국 정부의 행동이며, 그 행동은 실제로 군사 기술에 격차가 있었다는 강력한 증거다.

그렇지만 쟁점은 그 격차를 빠르게 좁힐 수 있었느냐다. 중국인은 두 번째 화약 전쟁 기간에 진입했을 때 유럽인을 재빨리 따라잡을 만

큰 신속히 혁신할 수 있었는가? 그게 아니면 서양의 혁신을 삽시간에 채택하기라도 했는가? 앞서 말한 대로 중국이 유목민의 위협에 대처하느라 비용을 지출했다면, 그리고 중국의 규모에 주눅이 들어 적수들이 개전을 단념했다면, 혁신의 속도가 느려졌을 것이다. 최신 혁신의 채택을 가로막은 장애물도 동일한 결과를 초래했을 것이고, 분명 유럽인을 따라잡기 어렵게 만들었을 것이다. 장벽이 높았다면 토너먼트 모델이 예측하는 대로 중국은 간극을 줄일 수 없었을 것이다.

사실 도무지 넘을 수 없는 장애물은 아니었다. 서유럽보다 동아시아에서 적수들 간의 거리가 반드시 더 멀었던 것은 아니며 혁신이 전파되기도 했다. 예컨대 일본이 조선 침공에 실패한 이후 일본인 포로들을 통해 더 우수한 화기 기술이 중국에 전해졌다. 그리고 그에 앞서 첫 번째 화약 전쟁 기간과 그 이전에 동아시아 곳곳으로 화약 기술 자체가 전파되었다.[18]

그러나 16세기부터는 유럽의 혁신을 학습하는 것이 관건이었다. 이 무렵에 유럽인은 이미 우위를 굳힌 상태였으니 말이다. 유럽과의 거리(문화적 차이, 상보적인 온갖 기술을 익혀야 할 필요성은 말할 것도 없고) 때문에 학습하기가 어렵긴 했지만 불가능하지는 않았다. 동아시아인은 학습을 위해 군사 조약을 번역하기도 했고, 17세기 전반부터 18세기 후반까지 동아시아에 체류한 유럽인—그중에서도 예수회 선교사들—에게 무기 설계, 총포 주조, 군사 전문 지식을 지원해달라고 거듭 호소하기도 했다.[19] 그렇지만 가장 큰 차이를 만들어낸 것은 서양의 군사 혁신을 채택하려는 중국 정부의 일치단결한 노력이었을 것이다. 적어도 16세기와 17세기에 중국 관료들은 앞장서서 혁신을 받아들이려 애썼고, 일부 역사가들의 통념과 반대로 [토니오 앤드라데(Tonio

Andrade)가 논증하듯이〕 유교 경전을 익혔다고 해서 그런 노력을 방해하려 하지는 않았다.[20]

그럼에도 장애물은 학습을 중단시키거나 늦출 가능성이 있었다. 군사 개혁을 지지한 관료들은 서양 기술이 불필요하다는 이유로, 혹은 중국이 약하다는 신호로 해석될지 모른다는 이유로 기술 수용을 반대하는 경쟁 파벌 관료들에게 밀려날 가능성이 있었다.[21] 더 중요한 사실은 학습에 시간이 걸렸다는 것, 그리고 특히 암묵적 지식이나 직접 전수하는 지식이 필요한 신기술의 경우, 그 기술을 어떻게 사용하는지 보여줄 수 있는 중개인에게 의지해 학습해야 했다는 것이다. 그런 중개인이 사라지거나 혁신을 채택할 유인이 시들해지면 혁신이 서서히 멈출 가능성이 있었다.

서양의 군사 혁신을 학습하는 데 필요했던 정성공과 그 가문의 사례에서 그런 식으로 혁신이 중단된 상황을 확인할 수 있다. 앞서 말했듯이, 정성공의 아버지는 네덜란드 동인도회사를 위해 싸우면서 서양식 해전을 직접 몸에 익힌 사람이었다. 정성공 자신은 타이완의 요새를 포위하여 네덜란드 인들을 내쫓았다. (토니오 앤드라데가 이 분쟁을 다룬 통찰력 있는 역사서에서 밝혔듯이) 그의 군대는 동인도회사 못지않게 좋은 대포를 가지고 있었고, 규율 잡힌 병사들이 네덜란드 인 머스킷 총병들을 물리칠 수 있었다. 정성공은 네덜란드 군과 싸우면서 학습을 했을 뿐 아니라, 동아시아의 군사 전통에 기대어 자력으로 군사 기술을 혁신할 수도 있었다. 예컨대 그는 청조의 병력에 대적하기 위해 수심이 얕은 곳에서 공격하는 보트를 고안했다. 무엇보다 중요한 점은, 그가 이 모든 지식을 활용할 수 있었다는 것이다. 그는 네덜란드 인들을 타이완 요새에서 걷어찼을뿐더러 청에 맞서 대규모 침공군을

동원하기까지 했다.[22]

문제는 정성공과 그 가문조차 17세기에 중국이 여전히 뒤져 있던 두 영역인 해전과 포위전에서 하루아침에 군사 기술의 격차를 좁히지는 못했다는 것이다. 정성공과 그의 아버지가 학습한 그 모든 기술에도 불구하고, (앤드라데가 논증하듯이) 여전히 네덜란드의 무장선이 중국의 전투용 정크선보다 우수했고, 방어 시설과 포위 전술 면에서도 서양이 더 뛰어났다. 정성공 자신도 타이완의 네덜란드 요새에서 교차 사격에 대응하지 못했고, 네덜란드 편에서 변절한 독일인이 유럽식 공성 보루를 어떻게 쌓는지를 그에게 보여주고 나서야 네덜란드 군을 가까스로 패퇴시킬 수 있었다.[23]

더 심각한 문제는, 정성공과 그의 가문이 구축한 학습 방법이 정성공이 죽은 1662년 이후로 무너질 공산이 컸다는 것이다. 정성공의 계승자들은 불과 4년 만에 네덜란드가 타이완 북부에 건설한 새 요새를 함락하지 못하는 무능을 드러냈다. 그들은 유럽식 공성 보루를 쌓는 법을 잊은 것처럼 보였다(아울러 유럽식 포위전에 숙달하지 못했음이 분명하다). 네덜란드 인들은 그들의 건망증에 경악했겠지만, 이는 군사 혁신 사용법을 배우기가 얼마나 어려운지를 잘 보여주는 사례일 뿐이다. 정성공과 그의 아버지가 그 과제를 수월하게 해낸 이유는 그들이 동양의 군사 세계와 서양의 군사 세계에 양다리를 걸치고 있었던 덕분이다. 하지만 그들은 대체되기 어려운 비범한 인재였고, 그들 없이는(청조는 1661년에 정지룡을 처형했다) 유럽의 혁신을 채택하기가 더더욱 어려웠을 것이다. 해전 영역에서는 아마도 그 이전부터 학습이 중단되었을 것이다. 정지룡이 네덜란드 인들과 타협을 했고, 그러고 나자 바다에서 그들과 싸울 필요가 없어졌으니 말이다.[24] 중국 전함이 네덜란드 전함보다 줄곧 열등했다는 사실도 해전 학습이 중단되었을 것임을 시사한다.

서양의 포위 전술을 채택할 유인 역시 한참 전부터 한정되어 있었다. 중국식 포위 전술은 국내 방어 시설을 공략하기엔 충분히 유효했으므로, 중국으로서는 네덜란드를 비롯한 유럽 열강이 협정을 맺기만 한다면 그들과 구태여 싸울 이유가 없었고, 따라서 유럽식 요새를 상대로 유효한 포위전에 숙달할 이유도 없었다.[25] 유럽인은 이역만리에 있었고 중국은 동아시아의 패권국이었으므로, 유럽인이 중국인과 평화롭게 공존하는 방안에 합의한 것은 이해할 만한 일이었다. 그러나 그 합의로 말미암아 유럽식 포위전을 학습할 유인은 시들해졌다.

이처럼 중국인이 유럽인을 재빨리 따라잡지 못하게 막은 장애물들이 있었다. 거리는 서유럽 안에서도 군사 혁신에 관한 학습을 방해했으며, 정성공을 비롯한 열성적인 관료들, 동아시아의 서양인들은 장애물 일부를 치울 수는 있었으나 싹 쓸어버릴 수는 없었다. 토너먼트 모델에 따르면, 15세기 중반 이후 벌어진 화약 기술 격차는 16세기 후반부터 중국인이 이루어낸 그 모든 진보에도 불구하고 적어도 일부 군사 영역에서는 지속될 공산이 컸다. 포와 화기 같은 일부 영역에서는 격차가 없어졌을지 몰라도, 방어 시설과 포위 전술, 해전처럼 학습을 훼방하는 장애물이 더 공고하고 혁신할 유인이 더 약한 영역들에서는 격차가 유지되었을 것이다. 17세기 후반 이후로는 격차가 더 크게 벌어지기 시작했을 테고, 18세기 중반에 유목민이 완패한 뒤로는 확실히 더 그러했다. 그 무렵 중국은 한층 더 강한 패권국이 되어 유럽 열강보다 전쟁에 돈을 훨씬 덜 쓰고 있었기 때문이다.

이것이 토너먼트 모델이 예측하는 결과이자 실제로 일어난 사태다.

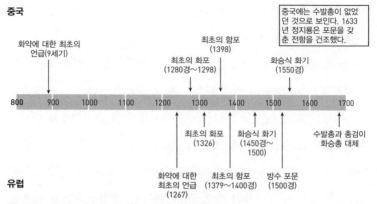

중국

화약에 대한 최초의
언급(9세기)

최초의 함포
(1398)

최초의 화포
(1280경~1298)

화승식 화기
(1550경)

중국에는 수발총이 없었
던 것으로 보인다. 1633
년 정지룡은 포문을 갖
춘 전함을 건조했다.

800   900   1000   1100   1200   1300   1400   1500   1600   1700

최초의 화포
(1326)

화승식 화기
(1450경~
1500)

수발총과 총검이
화승총 대체

화약에 대한
최초의 언급
(1267)

최초의 함포
(1379~1400경)

방수 포문
(1500경)

유럽

〈삽화 3-1〉 중국과 유럽에서 이루어진 초기 화약 기술의 혁신.

*출처: Guignes 1808; Mundy 1919, 203; Needham 1954; Franke 1974; Hall 1997; Lynn 1997; De Vries 2002; Guilmartin 2002; Chase 2003; Sun 2003, 497–500; Lorge 2005; Lorge 2008; Andrade 2011, 37–40; de Vries and Smith 2012; Andrade의 근간. Needham은 중국의 혁신을 아주 상세히 열거하지만 방수 포문은 언급하지 않는다. 1633년 정지룡은 유럽의 설계에서 영감을 받아 서양식 포문을 갖춘 전함을 건조했다.

중국인은 화약 기술의 사용이라는 면에서 대단히 유리하게 출발했지만 결국 서유럽인에게 따라잡혔고 역전되었다. 초기에는 분명 중국이 앞서갔다. 화약은 유럽에서보다 400년 이른 9세기에 중국 문헌에서 처음 언급되었고, 초기의 조야한 화약 무기들을 장기간 실험하여 13세기 후반에 최초의 화포를 고안해낸 곳도 중국이었다. 그런 화포에 상응하는 무언가가 서유럽에서 불쑥 '나타날 징후는 적어도 한 세대 동안은 없었다. 유럽인은 함선에도 화포를 뒤늦게 장착했다(〈삽화 3-1〉). 그러나 15세기 중엽에 중국에서 화약 전쟁이 잠잠해진 후로는 유럽인이 앞서기 시작했다. 최초의 화기인, 손으로 쥐고서 발사하는 소형 총통(銃筒)을 대체하기 위해 그들은 중국인보다 50여 년 앞서 화승총을 발명했고, 한 세기 먼저 전함에 방수 포문을 설치했다(결국 함포도 유럽의 전함에 더 많이 탑재되었다). 국내에서 화약전이 전개된 16세기 후반과 17세기에 중국인은 포위전이나 해전의 격차는 좁히지 못했을지언정 화약 기술의 격차는 따라잡았다. 그렇지만 17세기 후반 들어 다시 기술 격차가 벌어지기 시작했다. 서유럽인과 달리 중국인은 17세기에 화승총을 수발총으로 대체하지도 않았고, 18세기에 포를 신식으로 개량하지도 않았다.[26] 18세기 후반에 이르러 중국에서 그 격차에 주목한 박식한 서유럽인들은 부실한 방어 시설과 구식 화기 및 포를 유심히 관찰하여 기록으로 남겼다. 그런 관찰을 그저 틀에 박힌 문화적 정형화로 보거나, 혹은 중국이 군사적 약체임을 동료 유럽인에게 납득시키려는 의도로 기록한, 일방적 주장이라고 일축할 수는 없다.[27] 분명 중국은 화약 기술을 발전시켰으나, 장기적으로 서유럽을 따라가지 못했다.

일본

16세기 일본은 화약 기술 발전에 필요한 토너먼트 모델의 조건들과 관련하여 교과서적인 사례를 제공한다. 일본에서 다이묘들은 15세기 중엽부터 휘몰아친 내전에 말려들었다. 인구 대비 군대의 규모를 척도로 삼아 유럽의 표준과 비교하면, 그들은 막대한 양의 자원을 동원하고 있었다.[28] 그들은 화약 기술에도 의존했다. 발 빠르게 화기를 채택한 다이묘들은 재빨리 포를 활용하고 함선을 무장하기 시작했고, 마침내 유럽식 요새처럼 보이는 신형 요새까지 건설했다.[29]

분명 다이묘들은 끊임없이 싸우면서 거액을 지출하고 화약 기술을 사용했다. 나머지 필요조건은, 혁신 채택을 방해하는 장애물에 부딪히지 않아야 한다는 것이었다. 일본에서 (총포 제조술을 포함하는) 화약 기술이 급속히 확산되었다는 사실은 그 조건이 충족되었음을 시사한다. 일본 내전에서 교전군들 간의 거리 역시 멀지 않았다.[30]

그러므로 토너먼트 모델이 예측하는 결과는 다이묘들이 화약 기술을 개선했으리라는 것이며, 실제로 그들은 그렇게 했다. 다이묘들은 순차적 일제사격을 (아마도 유럽인보다 앞서) 독자적으로 발견한 데 더해 보급을 개선했고, 절묘한 포위 전술을 고안했으며, 도로의 폭을 넓히고 가교(假橋)를 설치하여 군대의 기동성을 높였다.[31]

그 후 16세기 후반과 17세기 전반에 세 다이묘〔오다 노부나가, 도쿠가와 이에야스, 도요토미 히데요시—옮긴이〕가 조각난 국토를 통합하여 도쿠가와 막부(1603~1867년)를 수립하는 데 성공했다. 도쿠가와 막부는 반대파를 척결하고 충성파에게 보상하는 방법으로 17세기 중엽까지 내분을 잠재우고 체제를 구축했다.[32] 전란으로 도탄에 빠졌던 서민층은 평화가 찾아오자 형편이 나아졌지만, 쇼군은 적어도 국내에서는 싸울 상대가 남아 있지 않게 되었다. 지방에서 권세를 떨치는 다이묘들이 여전히 있기는 했지만, 17세기 중엽에 이르면 그들 중 아무도 감히 쇼군에게 도전하려 들지 않았다. 우리 모델의 관점에서 보면 일본 통치자는 자국 내에서 패권자가 되었던 셈이다.

토너먼트 모델은 쇼군이 더는 전쟁에 자원을 투입하지 않고 화약 기술 개선도 중단할 거라고 예측할 것이다. 그러므로 비군사 부문의 지출이 대폭 증가하지 않는 한, 세금이 인하될 것이다. 유일한 예외는 일본을 통일하여 도쿠가와 막부를 수립한 쇼군이나 다이묘들이 국내의 적들을 토벌한 이후 외국 정복에 나서는 경우였을 것이다.[33]

알다시피 전국을 통일한 다이묘들 중 한 명인 도요토미 히데요시는

집권한 뒤 조선을 침공했다. 그는 자신의 영광, 추종자들에 대한 보상, 일본의 무역 특권, 궁극적으로는 중국을 밀어내고 일본이 정상에 서는, 동아시아의 새로운 국제질서를 추구했다. 그러나 그의 두 차례 침략(1592년과 1597년)은 모두 실패로 끝났다. 조선만이 아니라 그 동맹인 동아시아의 패권국 중국까지 상대하기엔 자원이 부족했기 때문이다.[34] 그 이후 중국의 분명한 크기 우위는 (우리 모델이 시사하듯이) 중국이나 그 동맹들을 상대로 전쟁할 의욕을 꺾었을 것이고, 심지어 명조의 쇠락기에도 일본에 그런 효과를 발휘했던 것으로 보인다. 그리고 청조가 통치 권력을 공고히 다진 후로는 확실히 효과를 발휘했을 것이다. 물론 일본은 더 작은 먹잇감을 노릴 수 있었고, 실제로 그러했다. 일본은 1609년과 1616년에 타이완을 침공하려 했고, 1637년에 에스파냐령 마닐라를 네덜란드와 합동 공격하는 방안을 고려했으며, 1609년 류큐 제도를 복속시켰다.[35] 그러나 중국과의 전쟁을 실행하기가 불가능해진 이후, 대체로 보아 일본은 막대한 지출을 수반하는(따라서 실행학습을 많이 할 수 있음직한) 대규모 원정은 고려하지 않았다.

중국이나 그 동맹들에 도전할 때 문제가 되었던 것은 중국의 규모만이 아니었다. 그들과 전쟁하려면 십중팔구 일본의 해군을 확대해야 한다는 점도 문제였다. 조선을 급습하기 위해 일본은 두 차례 대규모 해상 침공을 감행했지만 일본 해군은 중국과 조선의 해군 공격으로부터 보급선을 방어할 만큼 강하지 않았으며, 이것이 일본이 패한 주된 이유 중 하나였다.[36] 우리 모델의 관점에서 보면, 더 큰 규모의 해군은 더 많은 고정비용을 의미할 것이고, 그럴 경우 중국이나 그 동맹들과의 전쟁에서 얻을 수도 있는 잠재적 이익이 사라질 터였다. 중국보다 작은 적들과의 전쟁을 고려할 때도 결국 고정비용과 관련하여 비슷한 우려가 제기되었다. 이것이 1637년 에스파냐령 마닐라를 공격하려던 계획을 취소하는 데 영향을 미친 것으로 보인다. 필리핀의 이 도시는 유럽식 방어 시설을 갖추고 있었으며, 일본으로서는 네덜란드의 도움을 받더라도 원정에 나서려면 감당하기 버거운 규모의 침공군이 필요했을 것이다.[37]

전국을 통일한 이후 일본 지도자들이 해외 원정을 피한 마지막 이유는 국내에서 자원을 동원하는 데 드는 정치적 비용이었다. 1598년 도요토미 히데요시가 죽은 뒤, 조선에서 낭패를 당한 일본은 나머지 동아시아 나라들과의 관계를 정상화할 필요가 있었다. 어쨌든 다이묘들은 일본 내 경쟁에 주력했던 까닭에 조선이든 다른 어디든 외국에서 싸우는 데 관심이 없었다. 대외 원정에 대한 관심은 도쿠가와 가문이 집권한 후로도 줄곧 낮았다. 이는 대외 원정에 필요한 인력과 물자를 모으는 가변비용이 그만큼 높았음을 의미한다. 정치적 불안정이라는 위험 요인 때문에 가변비용은 더욱 증가했고, 도쿠가와 쇼군이 마침내 반대파를 제거한 17세기 중엽까지 계속 높게 유지되었다.[38] 적국들이 인력과 물자를 모으는 비용을 일본보다 적게 쓰는 한, 가변비용이 높은 일본은 외국과 전쟁을 하는 데 불리했을 것이다.

따라서 우리는 도쿠가와 쇼군들이 전쟁에 더는 자원을 투입하지 않았고, 세금을 낮추거나 적어도 낮게 유지했고, 화약 기술 개선을 중단했을 거라고 예측할 수 있다. 이번에도 우리 모델의 예측은 실제로 일어난 사태와 일치한다. 도쿠가와 가문 이전에 일본인은 절묘한 포위 전술을 고안했고, 독자적으로 순차적 일제사격을 발견했으며, 군대의 보급과 기동성을 개선했다. 그러나 도쿠가와 막부가 전국을 통일하고 나자 전쟁이 멈추었고 덩달아 혁신도 멈추었다.[39] 시간이 지나면서 농업 수확량의 일부인 세수가 감소했지만, 쇼군들은 상업과 도시 부동산 같은 경제의 다른 부문들에, 또는 다이묘들에게 무겁게 과세하는 방안을 실행하지 않았다.[40]

문화적 설명은 분명 이 갑작스러운 변화를 해명하지 못한다. 일본인은 무예의 가치에 계속 강한 애착을 보였으니 말이다.[41] 지금 이 논변이 도쿠가와 쇼군들이 총포를 일소한 이야기를 단순히 되풀이하는 것이라고 생각하는 독자가 있을지 모르겠다. 그러나 사실 쇼군들은 화기를 금지하지 않았다. 그들은 인구 대다수의 무장을 해제하긴 했지만, 그들 자신의 총포는 계속 보유했고, 다이묘들이 보유할 총포도 필요했기 때문이다.[42] 여기서 토너먼트 모델은 문화로는 설명하지 못하는 부분을 설명한다.

인도

인도, 특히 18세기 인도는 토너먼트 모델의 힘을 가장 뚜렷하게 실증하는 사례일 것이다. 끊임없는 전쟁(설령 전쟁 중에 화약 무기를 사용한다 해도)이 화약 기술을 개선하는 데 충분조건이 아닌 이유를 이 시기의 인도가 입증하기 때문이다. 케네디와 다이아몬드의 설명은 서유럽에만 적용할 수 있다. 그들의 논증이 옳다면 18세기 인도에도 적용할 수 있어야 한다. 그런데 그들의 논증은 18세기 인도를 설명하지 못하며, 토너먼트 모델은 그 이유를 드러낸다.

분명 18세기 인도는 실제로 끊이지 않은 전쟁으로 몸살을 앓았다. 무굴 제국이 해체되는 와중에 세력을 키운 지도자들과 국가들이 치고받은 전쟁이었다. 군대들은 화약 무기를 써가며 전투를 치렀고, 군수품과 군사 용역을 활발히 사고파는 시장에서 주요한 혁신을 서로에게서 쉽게 획득할 수 있었다.[43] 그러므로 인도는 케네디가 강조한 군수품과 군사 용역 시장을 비롯해 케네디와 다이아몬드가 요구한 모든 것을 갖추고 있었던 셈이며, 그들의 논증에 따르면 인도에서 화약 기술이 발전했으리라고 예측할 수 있다.

알다시피 토너먼트 모델은 더 많은 것을 요구한다. 다시 말해 전쟁이 끊이지 않아야 한다는 점 말고도 추가 조건, 즉 전쟁에 거액을 지출해야 한다는 조건까지 요구한다. 그러므로 전쟁이 제공할 상이 귀중해야 하고 자원 동원 총비용이 낮아야 한다. 바꾸어 말하면 지도자들은 각자 소중히 여기는 무언가를 위해 싸워야 하고, 과세할 때, 혹은 사람이나 물자를 징발할 때 정치적 비용을 적게 치러야 한다. 이 마지막 조건을 적용하지 않는다면, 전쟁은 끊이지 않을지 몰라도 전쟁에 지출하는 액수가 상대적으로 적을 것이고, 전투를 해도 실행학습이 이루어지지 않을 것이며, 화약 기술은 개선되지 않을 것이다. 이 결과는 우리가 케네디와 다이아몬드의 논증에 근거하여 예측하는 상황과 현저히 대비된다.

그렇다면 이 마지막 조건은 18세기 인도에 적용되는가? 답은 아주 간단하다. 안 된다. 우선 자원 동원에 정치적 비용이 많이 들었다. 인도의 세수에 관한 자료는 부족하지만, 18세기에 이 아대륙(亞大陸)에 등장한 신생국들이 지역에서 가지고 있던 자원을 통제하려 분투했다는 점은 분명하다.[44] 행정 문제와 정치 문제는 해결이 난망했다. 예컨대 마이소르 왕국은 17세기 후반에 재정 개혁을 시작해 남아시아에서 가장 효과적이었음직한 재정 제도를 가까스로 개발했다. 그러나 아직도 갈 길이 멀었다. 1725년까지도 마이소르 왕국은 정기적인 세수가 없었고, 지역 엘리트들과 전통적 지도자들로부터 돈을 받아내려던 시도는 번번이 좌절당했다. 18세기 후반 마이소르의 통치자 티푸 술탄은 오랫동안 세금을 착복해온 지역 세리들(주민 다수가 힌두교도인 마이소르에서 세리들은 대부분 지역의 유력한 브라만이었다)을 대체하려 했다. 그러나 티푸 술탄과 마찬가지로 무슬림이었던 신임 세리들에게 토지의 가치와 수입에 관한 필수 정보가 없었던 탓에 그의 노력은 실패로 돌아갔다.[45]

이런 행정 문제와 정치 문제를 해결하기가 난망했던 이유는 다음 장에서 다룰 논제다. 뒤에서 살펴보겠지만, 그 문제들은 지역 엘리트층의 권력, 무굴 제국의 정치적 분권화, 나디르 샤의 인도 침공이 초래한 불안정을 반영했다. 쉽게 말해 그 문제들은 인도의 정치사(史)에서 비롯되었다. 여하튼 그런 문제들 때문에 인도의 신생국 지도자들은 전투에 자원을 대규모로 동원하지 못했다.

전투에 걸린 상의 가치가 더 작았던 점도 같은 결과를 초래했다. 상의 가치는 왕위 내지 통치권의 계승을 노린 인도 세도가들의 내분으로 한층 더 떨어졌다.[46] 중세 이후 서유럽에서는 이런 식의 쟁투가 줄어든 반면, 인도에서는 권력 쟁탈전으로 군주나 통치자가 승리의 열매를 누리지 못할 확률이 높아졌고, 그리하여 승리자가 차지할 상의 가치가 감소했다.[47] 여전히 상은 통치자들이 다툼을 벌일 만큼 값어치가 있었지만, 그들이 막대한 자원을 동원하느라 지출한 가변비용을 고려하면 그 가치가 충분히 크지 않았다.

따라서 토너먼트 모델은 18세기 인도에서 혁신이 거의 이루어지지 않았을 거라고 예측하며, 역사적 기록은 이 예측이 옳음을 확인해준다. 인도의 군사 지도자들은 끝없는 전쟁 중에 분명 새 무기와 전술을 채택했지만, 전에 없던 사용법을 개척한 경우는 많지 않았다. 대체로 혁신은 서유럽으로부터, 즉 변절한 유럽인 전문가들, 수입한 신무기들, 토착민 병력을 훈련시킬 수 있는 용병 장교들(그중 다수는 프랑스인이었다)에게서 유래했다.[48]

이처럼 인도는 부단한 전쟁과 고도로 발달한 군수품 시장이 화약기술 개선에 충분하지 않은 이유를 보여주며, 그런 까닭에 토너먼트 모델을 뒷받침하는 뚜렷한 사례다. 이 두 가지 조건만으로 충분했다면, 18세기 인도는 실제로 낙후자가 아니라 혁신자가 되었을 것이다. 그렇지만 토너먼트 모델은 정반대 결과를 예측한다. 즉, 높은 총비용과 통치권 분쟁을 마주했던 인도 통치자들은 군사 자원을 조금밖에 동원하지 못했을 테고, 그 결과 자력으로 혁신하지 못했을 것이라고 예측한다.

우리 모델은 더 많은 일을 할 수 있다. 이를테면 왜 동인도회사가 인도에서 지배적 군사력이 되었는지, 그리고 영국 외교 정책의 대리인으로서 왜 이 회사가 결국 인도 아대륙을 대부분 장악했는지를 설명할 수 있다.[49] 그 이유는 그저 군사 자원을 동원하는 동인도회사의 가변비용이 인도 적수들의 가변비용보다 낮았다는 것이다. 따라서 동인도회사는 싸워야 할 때 장비, 병사, 노련한 장교를 더 많이 동원할 수 있었다.

무엇보다 동인도회사는 본국의 자금에 기대는 한편, 영국이 인도에서 프랑스 군과 싸우기 위해 소집해놓은 병력(영국 해군의 지원을 포함해)에 의지할 수 있었다. 또한 적어도 초기에는 인도 지도자들이 가진 기술보다 효과적이었을 화약 기술에 의존할 수 있었다. 토너먼트 모델에서 기술의 효과성이 더 크다는 것은 자원을 동원하는 가변비용이 더 적게 든다는 것이나 마찬가지다. 이런 이점들에 힘입어 동인도회사는 인도 북동부에서 갠지스 강이 흐르는 부유한 벵골 지역과 그 인근 영토를 장악하고서 지역 세수를 거둘 권리를 획득했고, 지역 엘리트층과 흥정하여 그들에게 군사 안보를 제공함으로써 세금 인상에 대한 지지를 얻었다. 그 이후 동인도회사는 엘리트층의 협력과 벵골의 부(富) 덕분에 자원을 동원하는 정치적 비용을 더 낮추고 인도의 다른 곳에서 군사 작전에 필요한 자금을 얻을 수 있었다.[50]

낮은 가변비용 덕에 동인도회사는 (우리의 모델이 예측하는 대로) 승산이 있었을 것이고, 실제로도 승리했다. 이 회사는 가장 뛰어난 장교들과 병사들을 다른 세력들로부터 영입하여 규율과 편제 면에서 이기기 어려운 우위를 점하는 간단한 방법으로 인도 아대륙 대부분을 정복했다. 그리고 다른 지역에서도 벵골에서와 비슷하게 인도 경쟁자들보다 낮은 가변비용으로 (지역 통치자들을 포함해) 지역 엘리트들에게 군사적 방어를 제공함으로써 그들과의 합의를 이끌어냈다. 벵골에서처럼 공물이나 세수를 징수하여 가변비용을 더 낮춘 동인도회사는 인도의 다른 세력들에게 매력적인 동맹이 되었다.

왜 동인도회사의 경쟁자들은 벵골을 직접 장악하고 그곳의 부를 착취하여 자기 군대에 자금을 대지 않았는가? 몇 가지 이유가 있었다. 첫째, 영국이 프랑스와 싸우기 위해 투입한 돈과 군사 자원 덕분에 동인도회사는 자원 동원 비용을 낮출 수 있었다. 동인도회사의 더 효과적인 군사 기술(규율과 편제의 우위를 포함해)도 같은 결과를 가져왔고, 경쟁자들이 그 기술을 하룻밤 사이에 모방하기란 불가능했다. 달리 말해 동인도회사는 더 낮은 비용으로 방어라는 공익을 제공할 수 있었다. 경쟁자들이 동인도회사와 대등하게 겨루려 했다면 이 회사보다 세금을 더 많이 거두어야 했을 것이다. 그러므로 엘리트들은 동인도회사와 동맹을 맺는 편을 선호했고 그들 다수가 이미 이 회사와 상업적 유대 관계를 맺고 있었던 까닭에 더더욱 그러했다. 마지막으로, 장수한 조직인 동인도회사는 인도 경쟁자들과 달리 권력 계승을 둘러싼 분쟁을 우려할 필요가 없었다. 이는 마치 서로 싸우더라도 동인도회사가 경쟁자들보다 더 귀중한 상을 차지하는 상황과 같았다. 그로써 동인도회사가 성공할 확률은 더 높아졌을 것이고, 잠재적 적수들 중 일부는 도전장을 내밀 생각을 단념했을 것이다.[51]

러시아와 오스만 제국

18세기 인도와 마찬가지로, 화약 기술 혁신에 필요한 조건이 끊임없는 전쟁뿐이었다면 러시아와 오스만 제국은 혁신을 일구기에 비옥한 토양이었을 것이다. 차르와 오스만 황제는 모두 근대 초기에 시종일관 교전했고, 둘 다 통치령을 크게 넓혔다. 오스만의 영토는 15세기 후반에서 17세기 후반 사이에 네 배 이상 넓어졌고, 시베리아를 포함한 동부를 향해 팽창한 러시아의 영토는 1500년에서 1800년 사이에 더 많이, 구체적으로 여섯 배 이상 넓어졌다.[52] 그러나 러시아와 오스만 제국 둘 다 화약 기술을 사용하긴 했으나 기술 발전을 선도하진 못했다. 끊임없는 전쟁에 관한 케네디와 다이아몬드의 논증이 예측하는 바와 반대로, 두 나라는 기술 혁신의 선발 주자가 아니라 후발 주자였다. 이번에도 토너먼트 모델은 그 이유를 설명할 수 있고, 더 나아가—이것이 더 중요한데—근대 초기에 러시아는 강대국 대열에 진입한 반면에 오스만은 탈락한 이유도 해명할 수 있다.

두 나라 모두 선두권에 속하지 못했던 한 가지 이유는 금세 알 수 있다. 그들은 화약 기술에 전력을 집중하지 못하게 방해하는 적들을 마주하고 있었다. 17세기 중엽까지 육상에서 러시아의 주적은 유목민인 타타르족이었다. 그들을 상대로 요새화된 방어선 뒤에서 활용할 경우에는 화기가 특히 효과를 발휘했지만, 더 효과적인 무기는 중국에서 그랬듯이 활과 사브르(기병도)로 무장한 기병이었다. 오스만 역시 기병에 역점을 두었는데, (타타르족이나 페르시아 인을 상대한) 분쟁의 태반이 변경에서의 소규모 접전과 습격이었기 때문이다. 16세기 전반에 오스만 육군의 60~75퍼센트는 기병이었다. 기병과 화약 무기로 무장한 보병의 균형은 당연히 적이 누구이고 전장이 어디인지에 따라 달라졌고, 오스만과 러시아 모두 점점 더 서유럽의 적들과 빈번히 교전한 까닭에 시간이 지날수록 보병에 역점을 두었다. 그러나 17세기 말에 오스만 육군의 40~50퍼센트는 여전히 기병이었던 데 반해 프랑스는 30퍼센트에 불과했다. 게다가 오스만과 러시아 모두 실행학습을 통해 개선할 잠재력이 한정되어 있었던 낡은 기술, 다시 말해 지중해와 흑해, 발트 해에서 안성맞춤이었던 갤리선 전투에 자원을 투입해야 했다.[53] 따라서 우리는 러시아와 오스만이 (특히 서유럽 국가들과 대적할 때) 전투에서 화약 무기를 사용했더라도, 화약 기술과 옛 기술들에 자원을 나누어 써야 해서 혁신에 지장을 받았을 거라고 예측할 수 있다.

18세기에 오스만 황제들의 발목을 잡은 적은 세수도 그들의 혁신을 더욱 저해했을 것이다. 18세기에 그들의 세금 수령액은 유럽 주요 열강의 중위값 아래로 떨어졌다. 그 액수는 주적들 중 하나였던 오스트리아가 징수한 세수보다 적었고, 프랑스·잉글랜드·에스파냐의 세수와 비교하면 훨씬 적었다. 여기서 조세 수치는 틀림없이 중앙정부로 흘러든 액수만 집계한 것이므로 지역에서 거두어들인 수입과 여타 자원은 집계에 포함되지 않았을 텐데, 이런 지역 세수는 서유럽보다 오스만 제국에서 더 중요했을 것이다. 그렇다 할지라도 18세기 무렵 오스만 황제들은 서유럽 군주들보다 자원을 현저히 적게 동원했을 것이고, 지역의 자원 태반이 그들의 통제력 밖에 있었기에 더더욱 그러했을 것이다.[54] 더욱이 황제들은 자금을 차입할 수야 있었지만, 조세가 조금씩 새어 나간 통에 감당할 수 있는 부채의 액수에 제약을 받았다. 그 결과 군사비가 한정되었고 자력으로 화약 기술을 혁신할 기회도 한정되었다.[55] 이런 이유로 18세기에 그들은 기술적으로 뒤떨어지기 십상이었을 것이다. 다만 그 격차가 얼마나 클지는 전쟁에 자원을 아낌없이 투입할 수 있는 유럽의 적수들로부터 그들이 얼마나 수월하게 배우느냐에 달려 있었을 것이다.

더 적은 세수는 (토너먼트 모델이 함축하는 대로) 다른 결과도 불러왔을 것이다. 다시 말해 18세기에 오스만 제국은 특히 서유럽 국가들과 싸울 때면 패전할 가능성이 더 컸을 것이다. 설령 오스만이 학습에 지장을 받지 않았고 유럽으로부터 최신 무기와 전술을 신속히 수입할 수 있었다 해도 이 예측은 유효하다. 오스만 황제들의 경우, 세수가 한정되었고 전쟁에 지출할 자금이 더 적었기 때문이다. 또한 우리 모델은 적어도 유럽 지도자들에게 견줄 때 오스만 황제들의 문제가 무엇이었는지도 지적한다. 그들은 자원을 동원하는 정치적 비용이 더 많이 든다는 문제를 안고 있었다. 여하튼 오스만 황제들과 유럽 지도자들이 싸워서 차지하려던 귀중한 상은 동일했고, 따라서 황제들의 더 적은 군사비는 틀림없이 더 많은 정치적 비용을 의미했을 것이다.[56] 18세기에 그들의 가변비용이 더 높았던 이유는 다음 장에서 다룰 쟁점인데, 그 원인은 오스만 제국의 정치사에 뿌리박고 있었다. 그러나 높은 가변비용은 분명 오스만 제국이 1700년 이후 점차 약해진 이유를 설명하는 데 도움이 될 것이다.

러시아 차르들은 적어도 18세기에는 이러한 약점을 안고 있지 않았다. 그들 역시 서유럽 통치자들과 교전하고 있었고, 1인당 세수에서 서유럽에 밀리긴 했지만 표트르 대제(재위 1682~1725년)가 개혁을 단행한 덕분에 농노를 군에 징집함으로써 군대를 전장에 배치하는 가변비용을 낮출 수 있었다.[57] 그에 반해 서유럽 지도자들은 프랑스혁명 전쟁이 발발한 무렵이 되어서야 러시아 정도의 규모로 병력을 징집할 수 있었다. 그런 이유로 차르들은 기병과 갤리선 전투에 자원을 쓰느라 화약 기술을 혁신하는 과제에서 서유럽에는 뒤졌겠지만, 적어도 1700년 이후 오스만은 앞질렀을 것이다. 또한 그들은 유럽을 꺾을 가능성도 더 컸을 것이다. 그 이유는 유럽 열강이 더 탄탄한 경제를 토대로, 또는 낮은 비용으로 자금을 차입하는 능력을 바탕으로 어떤 이점을 누렸다 해도, 러시아가 규모 면에서 그 이점을 상쇄했을 것이기 때문이다.

러시아와 서유럽의 격차가 얼마나 될지는 화약 기술의 최신 혁신을 러시아가 얼마나 수월하게 채택할 수 있는지, 특히 적수인 서유럽인에게서 혁신을 얼마나 빨리 배울 수 있는지에 달려 있었을 것이다. 이 점은 오스만 제국도 마찬가지였을 것이다. 유럽과의 거리는 남아시아나 동아시아에서만큼 학습에 큰 장애물은 아니었을 텐데, 서유럽이 더 가깝기도 했거니와 러시아와 오스만이 서유럽과 직접 대결하고 있었기 때문이다. 그럼에도 혁신 채택이 하루아침에 이루어지진 않았다. 러시아와 오스만 둘 다 상보적인 기술 일체를 필요로 했고, 그중 일부는 민간 경제의 기술이었다. 예컨대 1600년에 러시아는 국내 금속 산업이 태부족했다. 그래서 러시아 군대를 강화하는 일에 주력하던 차르들은 서유럽 출신 포 장교와 군사 엔지니어뿐 아니라 숙련된 금속공까지 고용해야 했다. 이와 비슷하게 표트르 대제는 러시아 해군을 위해 네덜란드, 잉글랜드, 베네치아에서 조선공을 구해 와야 했다.[58] 그런가 하면 오스만 황제들은 차르들과는 다른 장애물에 부딪혔다. 종교적 보수주의자들이 서양 기술을 수입하는 데 반대했던 것이다. 유럽 지도자들과의 성전(聖戰)을 명분으로 내세워 서양 전문가를 고용하고 서양 무기를 구입하는 것은 정당화할 수 있었지만, 그럴수록 군수 산업에 필요한 자체 숙련공을 양성하기가 더 어려웠다.[59]

그렇다면 러시아 차르들과 오스만 황제들은 최신 혁신을 채택하거나 자력으로 화약 기술을 개선하기 위해 무얼 했을까? 오스만 황제들은 상당한 규모의 포 산업을 보유하고 있었음에도 대포를 만들기 위해 서유럽에서 전문 지식을 계속 수입했다. 군사사가들도 17세기 후반에 오스만 제국이 특히 포위술과 야전에서 서유럽에 뒤졌다고 주장한다. 18세기 무렵 오스만은 유럽 강대국 대열에서 떨어져 나갔고 (토너먼트 모델의 예측대로) 전쟁에서 패할 가능성이 더 높아졌다.[60] 그에 반해 러시아는 장교, 조선공, 포 주조공, 군사 엔지니어를 수입한 끝에 18세기에 강대국 반열에 올라섰다. 그런 다음 러시아는 서유럽 열강과의 전쟁에서 차츰 승리를 거두기 시작했다.[61]

군사 경쟁이라는 한 가지 조건만 충족된다 해도, 화약 혁신으로 귀결되었다는 논증으로는 러시아의 경로와 오스만의 경로가 갈라진 결과를 설명하기 어렵다. 두 나라 모두 분쟁에 자주 휘말렸으니 말이다. 반면 토너먼트 모델의 예측은 18세기 인도의 사례에 들어맞았던 것처럼, 이 두 나라의 사례에도 들어맞는다. 인도에서처럼 러시아와 오스만 제국에서도 토너먼트 모델이 요구하는 조건들은 적어도 한동안은 충족되지 않았다. 길게 보면, 두 나라는 아마도 서유럽의 화약 기술 발전을 따라잡느라 애를 먹었을 것이다.

서유럽의 기술 우위

서유럽은 화약 기술 발전에 필요한 네 조건 모두를, 그것도 1400년 이래 중단 없이 충족한 이례적인 지역이었다. 유라시아의 다른 어느 지역도 그렇게 하지 못했다. 간혹, 이를테면 도쿠가와 막부 이전 일본이나 16세기 후반과 17세기 중국 등에서 한동안 네 가지 조건이 충족되기도 했지만, 그 후에는 한두 가지 조건이 채워지지 않았다. 예컨대 전국 통일 이후의 일본이나, 적들을 토벌하고 동아시아의 패권국이 된 청나라에서 그런 경우가 생겼다. 다른 경우에는 통치자가 적을 상대하느라 화약 기술에 쓸 자원을 다른 데로 돌려야 했던 까닭에 기술 개선의 속도가 느려졌다. 중국, 러시아, 오스만 제국의 경우가 그러했다. 실행학습을 막은 장벽들—그중에서도 서유럽과의 거리—도 같은 결과를 초래했다. 그리고 화약 기술을 사용하는 부단한 전쟁은 혁신의 도화선이 되기에는 충분하지 않았다. 18세기 인도에서, 그리고 러시아와 오스만 제국에서 발발한 끊임없는 전쟁은 혁신을 낳지 못했다.

이런 이유로 서유럽은 화약 기술에서 우위를 점한 반면에 유라시아의 다른 강국들은 뒤떨어졌을 것이다. 1800년 한참 전은 아닐지라도 적어도 1800년경까지 서유럽의 우위는 확실히 공고해졌다. 유라시아의 다른 강국들은 화약 기술을 개선할 수 있었고, 이따금 유럽인을 따라잡거나 그들과의 전쟁에서, 특히 유럽에서 멀리 떨어진 지역의 전투에서 승리를 거두기도 했다.[62] 그렇지만 그 강국들은 혁신의 속도를 서유럽만큼 꾸준히 유지할 수 없었고, 그 결과 먼저 유라시아의 일부 지역들이, 결국에는 유라시아 전역이 뒤처지기 시작했다.

그렇게 뒤처졌다는 논증을 뒷받침하기 위해 우리가 제시한 증거는 중국과 오스만 제국의 경우에 확실해 보인다. 우리가 인용한 역사 저작들은 도쿠가와 막부 시대의 일본, 러시아, 18세기 인도에도(러시아와 인도는 어렵사리 서유럽의 혁신을 채택했음에도) 같은 논증이 적용된다는 것을 시사한다.

그 외에 전쟁, 군사적 대비, 그리고 특히 군수품과 군사 용역을 거래한 국제 무역에 관한 기록들도 추가 증거를 제공한다. 토니오 앤드라데의 논증에 따르면, 정성공의 계획은 네덜란드의 전함과 방어 시설 때문에 무산되었고, 1662년 휘하 병력이 훨씬 많았음에도 하마터면 네덜란드 군을 물리치지 못할 뻔했다. 그러나 정성공의 사례는 유럽에서 이루어진 지속적인 혁신으로 말미암아 유럽의 함선, 방어 시설, 포위 전술의 우위가 입증된 사례들 중 하나에 지나지 않았다.[63]

예를 들어 포르투갈 인이 1511년에 요새를 건설한 남아시아의 항구 도시 믈라카를 생각해보자. 시간이 흐르면서 그들은 포를 갖춘 능보(稜堡)를 더하는 등 방어 시설을 확장하고 개축했다. 이런 개선점들은 1568년 아체(Aceh)의 무슬림 술탄이 그들을 포위했을 때 무슬림 군을 격퇴하는 데 도움이 되었다. 포르투갈의 동맹까지 합해도 10대 1의 수적 열세를 딛고 이루어낸 승리였다. 술탄이 200문 이상의 대포와 1만 5000명 이상의 병사를 대동한 채 침공을 개시했는데도 그의 병력은 (포르투갈 측에 따르면) 약 3500명의 사상자―그중에 술탄의 아들이 있었다―를 내고서 한 달 만에 포위를 포기해야 했다. 술탄의 문제는 병사들에게 공성용 중포가 부족했다는 것, 그리고 요새 방어군의 포격을 막기 위해 참호를 지그재그로 파면서 전진하는 유럽식 전술을 병사들이 숙달하지 못했다는 것이다. 그런 까닭에 포르투갈 인은 방어 시설 뒤에서 버틸 수 있었고, 1568년 이후에도 방어 시설에 계속 공을 들였다. 그런 개선점들이 없었다면 결국 포르투갈 인은 1568년에, 또는 믈라카에서 견뎌낸 다른 아홉 차례의 포위전을 벌이는 사이에 아체에 백기를 들었을지도 모른다.[64] 그리고 아체가 만일 뒤지지 않았다면—대호(對壕)를 파면서 요새에 접근하는 최신 전술이나 공성포가 그들에게 있었다면—1568년이나 그 이후에 이어진 아홉 차례의 전투 도중에 요새를 함락했을 것이다.

네덜란드령 바타비아(Batavia) 요새, 포르투갈령 도시 차울(Chaul) 같은 다른 사례들도 있다. 후자의 경우, 1570~1571년에 유럽인 약 1100명이 함선과 더 우수한 화기, 서둘러 축조한 방어 시설에 힘입어 인도인 병사 14만 명의 포위를 격퇴했다.[65] 물론 유럽인의 승리에 이바지한 요인이 기술 한 가지만은 아니었다. 대개 지역 동맹들의 도움이 결정적이었다.[66] 그러나 중요해서 거듭 말하건대, 유럽인이 어떤 이점을 제공하지 않았다면 동맹들이 그들 편에 서지 않았을 테고, 그 이점이 유럽인의 보잘것없는 숫자였을 리는 만무하다. 그 이점이란 틀림없이 화약 기술의 우위였다.

이 사례들 말고도 유럽인은 남아시아와 동아시아에서 요새들을 개조하면서 뚜렷한 패턴을 보였다. 시간이 지날수록 유럽인은 아시아 지역 세력의 공격이라는 위협이 아닌 다른 요인 때문에 요새를 보강하기 시작했다. 바로 유럽인의 위협 말이다. 17세기에 포르투갈 인이 믈라카 요새에 계속 공을 들인 주된 이유는 당시 네덜란드 동인도회사가 그들을 연거푸 공격했기 때문이다. 최첨단 포와 전함으로 포르투갈의 요새를 봉쇄할 수 있었던 네덜란드 인들은 인근 아시아 통치자들보다 훨씬 더 위협적인 존재였다. 네덜란드 인들은 1641년에 다섯 달 동안 믈라카를 포위하고 포격한 끝에 포르투갈의 요새를 함락한 이후 심각하게 손상된 방어 시설을 재빨리 재건했고, 17세기 후반에는 보강 작업에 착수했다. 그들은 함락한 다른 도시들에서도 믈라카에서와 비슷하게 방어 시설의 내구성을 강화했다. 이번에도 다른 유럽인이 공격해올 위험에 대비해 보강한 것이었다. 아시아의 지역 세력들이 유일한 위협이었다면 비용이 덜 드는 기존 성벽만으로도 충분했을 것이다.[67] 이런 사실은 아시아가 포위 전술과 방어 시설에서 뒤처져 있었다는 명백한 증거이며, 해군력도 열세였을 공산이 크다.

무기와 군사 전문 지식을 거래한 패턴 역시 화약 기술에서 유럽의 우위가 갈수록 공고해졌음을 알려준다. 병기와 (더욱 중요한) 군사 전문 지식은 한쪽 방향으로만, 그러니까 유럽에서 외부로만 흘러갔다. 오스만 인과의 교역이 금지되었는데도 유럽인은 오스만 인들에 무기를 팔았으며, 오스만 제국, 남아시아, 동아시아의 통치자들은 용병, 장교, 총포 주조공, 군사 엔지니어 등으로 일할 유럽인 전문가를 찾았다.[68] 그리고 앞서 말했듯이, 명조의 황혼기에는 예수회 수사들마저 대포를 설계하고 시험하는 일을 도우라는 요구를 받았다.

그에 반해 서유럽은 외부에서 군사 전문가를 고용하지 않았다.[69] 서유럽 내부에서 병기와 전문 지식이 거래되었던 것은 사실이지만, 서유럽이 나머지 세계와 거래한 군수품 및 군사 용역과 달리 서유럽 내부 거래는 일방통행이 아니었다.

상대가격도 같은 결론을 뒷받침한다. 증거가 드물긴 하지만, 적어도 우리는 17세기 전반 중국과 서유럽에서 각각 화기 가격과 식량 가격이 어떠했는지 비교할 수 있다. 그리고 동일한 비교를 1800년경 유럽과 인도를 대상으로 할 수 있다. 17세기 전반에 식량 대비 머스킷의 가격은 잉글랜드나 프랑스보다 중국에서 세 배에서 아홉 배 더 비쌌다. 19세기 벽두에 식량 대비 머스킷의 가격은 영국보다 인도에서 거의 50퍼센트 더 높았다(표 〈3-2〉).

장기간 군사 부문(적어도 화약 기술에 관한 한)의 생산성이 아시아

〈표 3-2〉 유럽과 아시아에서 화기의 상대가격

연도	국가	화기		식량		화기 가격/ 식량 가격 (1620~1621년 잉글랜드=100)	가루를 고려한 보정
		유형	가격 (은의 그램 수)	유형	가격 (1000칼로리당 은의 그램 수)		
1619	중국	화승식 머스킷	150	쌀	0.108	549	345
1630	중국	조총(鳥銃)	374	쌀	0.174	852	535
1601– 1625	프랑스	화승식 머스킷	86	밀가루	0.353	96	96
1626– 1650	프랑스	화승식 머스킷	117	밀가루	0.471	98	98
1620– 1621	잉글랜드	머스킷	76	밀가루	0.302	100	100
1819	인도	총	54	밀가루	0.426	50	50
1796– 1807	영국	아프리카로 수출된 총	74	밀가루	0.861	34	34

* 출처: Hoffman 2011, table 5.
* 주: 복수의 가격을 구할 수 있을 때 나는 중국과 인도의 무기 상대가격이 더 비싸게 나오게 하지 않는 가격을 선택했다. 식량은 유럽에서 상대적으로 비쌌고, 특히 가루처럼 가공을 거친 식량이 그랬다. 가루를 고려한 보정은 밀가루 가격 대신 통밀 가격을 사용했다면 상대가격 차이가 어떠했을지 보여주기 위해 중국 수치를 조정했다. 출처에 관한 상세한 논의와 이 표를 작성하면서 설정한 가정에 관해서는 Hoffman 2011 참조.

보다 서유럽에서 더 빠르게 증가했을 경우에 예측되는 결과가 바로 그런 가격 차이다. 가격 차이는 서유럽에서 자본의 금리가 더 낮았던 데에서 기인했을 가능성도 있다. 무기와 화약 기술은 대개 자본집약적이었으니 말이다. 그러나 이 못지않게 유력한 가능성은, 그 차이가 서유럽의 규모의 경제—서유럽에서 화약 기술에 아낌없이 투입한 온갖 자원과 그에 수반된 온갖 실행학습에서 기인한 경제—를 반영했을 가능성이다.[70] 어쩌면 그저 서유럽에서 관련 전문가들을 양성하여 더 많이 공급한 결과, 장교, 총포 주조공, 군사 엔지니어, 조선공 등을 더 싸게 고용할 수 있었는지도 모른다. 이 가설을 검증할 가격 자료가 부족하지만, 전문가들이 유럽에서 외부로 흘러나가기만 했다는 사실은 가설이 옳다는 것을 함의한다.

화약을 처음 발견하고 화포를 처음 사용한 중국의 이점이 사라진 근대 초에 접어든 후로는 화약 기술과 관련한 군사 혁신도 사실상 한쪽 방향으로만 확산되었다. 인도에서 발명된 중요한 예외인 화전(火箭)을 빼면 나머지 혁신은 모두 유럽에서 유래했다. 이 또한 유럽의 우위가 공고해지고 있었다는 증거다.[71]

요컨대 장기간을 살펴보면 서유럽 국가들과 나머지 유라시아 강국들 사이에 군사적 격차가 크게 벌어졌다. 그런데 어째서 중국, 일본, 인도, 오스만은 간단히 최신 기술을 차용하여 격차를 재빨리 따라잡지 못했을까? 알다시피 동아시아와 남아시아에서 주된 장애물은 거리였고, 종교적 차이 탓에 특히 오스만 제국에서는 기술을 수용하는 문제가 더욱 악화되었을 것이다.

거리는 문제가 되지 않았다고 반박하는 사람이 있을지 모르겠다. 어떻게 해서든 저 멀리 남아시아와 동아시아까지 가서 일거리를 구한 유럽인 용병들이 수두룩했으니 말이다. 일례로 1565년 남인도에는 포르투갈에서 온 유럽인 용병만 해도 2000명가량 있었다.[72] 그러나 군사 기술 이전에는 사수(射手)와 용병 말고도 많은 것들이 필요했다. 다시 말해 군사 부문과 민간 경제의 상보적인 기술 일체가 필요했다. 민간 노하우(예컨대 금속 가공이라든지, 서양의 범선이 진화하는 가운데 축적되어 해군에 이바지한 전문 지식)가 부족하면 기술 이전이 더뎠을 것이다.[73] 육군과 해군을 훈련시킬 장교들이 부족해도 마찬가지였을 것이다. 그리고 어떤 혁신을 어떻게 사용하는지를 눈앞에서 보여줄 수 있는 핵심 전문가나 중개인을 잃으면 기술 이전이 아예 중단될 수도 있었다. 18세기에 포를 천공하는 새로운 방법을 발명한 스위스인 포 주조공이 프랑스에서 에스파냐로 천공 기술을 이전해달라는 요청을 받았을 때, 그가 얼마나 걱정이 컸는지 상기해보라. 이 경우는 그나마 이웃한 동맹국들 사이의 기술 이전이었다. 더 적절한 예로, 정성공이 사망하고 독일인 변절자의 도움을 얻지 못하게 되자 정성공의 계승자들이 네덜란드 요새를 포위하는 방법을 급속도로 망각한 예를 떠올려보라. 그들이 유럽식 포위 전술을 사용해 네덜란드 인들을 물리친 지 불과 4년 만에 벌어진 사태였다. 거리가 멀면 그처럼 전수받은 기술과 중개인을 상실할 공산이 더 컸을 것이고, 기술 일체를 모으는 과정이 더 복잡했을 것이다. 종교와 문화의 차이도 그와 비슷한 영향을 미쳤을 것이다. 그렇다면 아시아인뿐 아니라 오스만 인까지 서유럽과의 격차를 순식간에 따라잡지 못했다고 해서 놀랄 일은 아니다.

거리와 종교적·문화적 차이 같은 장벽들은 동아시아와 남아시아로 화약 기술이 이전되는 과정을 늦추었다. 그 영향을 가장 분명하게 확인할 수 있는 곳은 18세기와 19세기 전반의 인도다. 이 시기 인도에서

홍기한 세력인 마이소르, 마라타, 칼사 왕국은 그러한 장벽들 때문에 유럽인 장교를 넉넉하게 고용하지 못했다. 유럽 출신 장교는 병사들에게 서양식 전법을 가르치기 위해 반드시 필요했다. 그들이 없으면 규율이 흐트러지고 보병과 기병의 공조가 어그러졌다. 그러나 인도 세력들은 결코 유럽인 장교를 충분히 모집하거나 그들을 대체할 토착민을 충분히 훈련시킬 수 없었다. 그 결과 그들은 탄탄한 자금력을 바탕으로 유럽인 장교를 고용하여 인도까지 데려온 동인도회사에 취약했다. 더 나쁜 점은 인도 세력을 위해 싸우는 것이 동인도회사에 대적하는 것을 뜻할 경우, 유럽인 장교가 일하기를 거부하기도 했다는 점이다. 이는 동인도회사가 남아시아를 정복한 또 다른 이유였다.[74]

우위는 중요한가?

서유럽이 화약 기술 발전에서 앞서간 사실은 증거로 뒷받침되며, 토너먼트 모델은 나머지 유라시아가 결국 뒤떨어진 이유를 말해준다. 그 이유는 간단하다. 서유럽은 유라시아에서 근대 초기 내내 전쟁이 빈발하고, 막대한 군사비를 지출하고, 화약 기술을 중점적으로 사용하고, 군사 혁신(적의 혁신일지라도)의 채택을 막는 장애물이 거의 없는 유일한 지역이었다.

그러나 토너먼트 모델의 장점은 이뿐만이 아니다. 이 모델은 오스만 제국의 쇠락, 러시아가 강대국 반열로 올라선 이유, 중국과 일본에서 군사 혁신이 일어난 시기를 이해하는 데에도 기여한다. 그리고 케네디와 다이아몬드의 논증이 예측하는 바와 달리, 인도에서 전쟁이 끊임없이 일어났는데도 혁신이 부족했던 까닭을 설명한다. 요컨대 토너먼트 모델은 서유럽이 화약 기술의 혁신을 선도한 이유를 훨씬 깊게 이해하게 해준다. 단, 유라시아에서 서유럽만이 토너먼트 모델의 조건들을 충족시킨 이유를 알려면 정치사를 면밀히 살펴봐야 한다.

그런데 서유럽의 우위가 정말로 중요했을까? 유럽이 아메리카를 정복하고 대서양 노예무역을 장악한 이유를 설명하는 데 우위는 확실히 도움이 된다. 더욱이 유럽인이 제조한 화기를 아프리카로 수출해 노예 값을 치를 수도 있었다.[75] 그러나 아메리카 정복에는 구식 요새와 초기 화기로도 충분했고, 경쟁 관계인 유럽 열강이 완력으로 끼어들 때를 빼면 노예무역을 하는 데에도 충분했을 것이다.[76] 그런데도 서유럽인이 화약 기술을 계속 발전시킨 것이 정말로 중요했을까? 서유럽만 고려하면(그리고 러시아가 시베리아와 중앙아시아에서 요새와 화포, 화기를 활용해 막대한 토지를 강탈한 사건을 고려하지 않으면), 18세기 후반에 영국이 인도를 정복하기 전까지만 해도 아메리카 외부에서 서유럽인은 비교적 작은 영토를 보유하고 있었다.[77] 화약 기술이 실제로 어떤 차이를 만들어냈기에 서유럽인이 다른 유라시아인보다 앞섰던 걸까?

당대인들이라면 큰 차이를 만들어냈다고 말했을 것이다. 그들은 16세기 포르투갈의 함선부터 18세기 영국의 함선까지 서유럽의 전함이 시종 우세했음을 지적했으리라. 혹은 방어 시설을 거듭 개조하여 현지 세력들의 공격을 수차례 좌절시킨 플라카 같은 요새들에서의 경험을 거론했으리라.

유럽인은 자기네 기술 우위가 중요하다고 굳게 믿었다. 어떠한 말보다도 그들의 행동이 그 믿음을 여실히 보여준다. 예산이 허용하는 한, 그들은 방어 시설을 최신식으로 유지하려 분투했다. 예컨대 이탈리아인 축성술 명수들이 유럽을 주름잡던 16세기 후반에 포르투갈은 그들 중 한 명인 조반니 바티스타 카이라토(Giovanni Battista Cairato)를 제국의 수석 축성가로 임명해 아시아로 파견했고, 카이라토는 고아, 오르무즈, 믈라카의 요새를 점검하여 필요한 경우에는 개조했다.[78]

물론 아시아에서 포르투갈이 경계를 게을리하지 않았던 이유가 적대적인 현지 세력들 때문만은 아니었다. 앞서 말했듯이, 17세기 아시아에서 갈수록 큰 위험 요소가 된 것은 다른 유럽인이 가하는 위협이었다. 아메리카에서도 마찬가지였다. 에스파냐령 아메리카의 연안 정착지와 상선은 16세기부터 잉글랜드, 프랑스, 네덜란드에서 온 사략선과 침략자의 공격에 시달렸다. 에스파냐는 1586년 한 이탈리아인 축성가를 카리브 해로 파견했다. 하지만 돈이 부족해서 실제로 요새들을 장기간에 걸쳐 크게 개조하진 못했다. 아메리카에 정착한 네덜란드 인들은 잉글랜드 인들에게 맞서 스스로를 지켜야 했고, 영국인들은 인도에서 프랑스 인들을 몰아내기 위해 함대를 파견해야 했다.[79] 모든 서유럽 열강은 예산의 제약을 받기는 했으나 전초 기지의 방어 시설을 최신식으로 유지할 유인이 있었다. 따라서 구식 화약 기술로 현지 통치자를 충분히 상대할 수 있었다 해도, 세계 도처에서 다른 유럽인을 상대할 때는 최신 혁신만이 효과를 발휘했을 것이다.

물론 유럽인이 기술 우위로 성취한 것에는 한계가 있었다. 19세기까지 유럽인은 아프리카를 정복하지도 못했고, 중국이나 일본에 이래라저래라 하지도 못했다. 포르투갈과 네덜란드는 중국과 일본이 정한 조건대로 교역해야 했고, 동아시아에서 유럽인이 장악하고 있던 작은 영토는 정성공이 네덜란드 인들을 쫓아낸 타이완의 영토처럼 군사적 측면에서 계속 취약했다.[80] 서유럽인은 남아시아와 동남아시아에서도 한계에 직면하여 기술 우위를 점하고도 18세기 전까지는 영토를 거의 획득하지 못했다. 사실 그들이 얻은 것이라곤 쪼가리 땅들과 요새화된 무역항들이 전부였으며, 이는 아메리카에서 정복한 드넓은 영토와는 딴판이었다.

그럼에도 남아시아와 동남아시아의 요새들은 전함과 결합할 경우 수익성 좋은 무역을 착취하고 다른 유럽 열강의 공격을 모면할 방도를 유럽인에게 제공했다. 그렇다면 그 요새들이 유럽 국가들 간의 종전 협정에서 중요한 협상 카드였다 해도 놀랄 일은 아니다.[81] 화약 기술의 나머지 요소들과 더불어 요새 또한 아시아에서, 그리고 18세기 인도의 실제 식민지들에서 유럽인이 발판을 마련하는 데 이바지했다. 그리고 아프리카에서는 유럽인이 노예무역을 장악하도록 해주었다. 여기에 더해 유럽인이 아메리카에서 정복한 드넓은 영토를 감안하면, 화약 기술이 엄청난 경제적 영향을 미쳤음이 분명하다.[82]

유럽이 화약 기술 덕분에 나머지 유라시아보다 부유해지지는 않았다. 1800년까지도 서유럽 대다수 국가들의 임금은 아시아의 부유한 지역들의 임금보다 높지 않았다. 그리고 분명 화약 기술은 사람들의 형편을 나아지도록 하지도 않았다. 그럴 리가 만무했다. 인도양에서 교역하기 위해 포르투갈 인에게 통행료를 내는 것은 (그들을 뺀 관련자 모두에게) 무기를 소지할 필요 없이 평화롭게 해상 교역을 하는 것보다 명백히 나쁜 결과였다. 그러나 화약 기술을 가진 포르투갈 인으로서는 평화롭게 교역을 하기보다는 강탈을 전문으로 하는 편이 더 쉬웠다. 그리고 앞으로 살펴보겠지만, 화약 기술이 불러온 경제적 결과는 이것이 전부가 아니었다.

4장

궁극 원인들

서유럽과 나머지 유라시아의 차이 설명하기

중세 후기와 근대 초기 내내 서유럽은 화약 기술 발전에 필요한 조건들을 모두 충족시켰다. 유라시아에서 그렇게 주장할 수 있는 다른 지역은 없었다. 중국도 일본도 인도도 러시아도 오스만 제국도 그럴 수 없었다. 그들이 자력으로 화약 기술을 개선했고, 이따금 서유럽인을 따라잡았고, 이 기술의 몇몇 측면에서는 앞지르기까지 했던 것은 사실이다. 그러나 그들은 부단한 혁신의 속도를 일정하게 유지할 수 없었다. 길게 보면 그들은 모두 뒤떨어졌다.

뒤졌다고 해서 그들이 더 가난했다는 뜻은 아니다. 오히려 그들 인구의 형편이 서유럽 인구의 형편보다 나았을 가능성이 있다. 그들의 지도자들이 화약 기술을 멀리했다거나, 교전 또는 영토 정복을 삼갔다는 뜻도 아니다. 실상은 딴판이었다. 중국 황제들은 화약 기술을 사용했고, 유럽 통치자들만큼이나 많이 전쟁을 치렀고, 근대 초기에 북쪽과 서쪽에서 광대한 영토를 빼앗았다. 러시아 차르들도 화약 무기에 힘입어 드넓은 영토를 집어삼켰다. 그러나 1800년 무렵의 중국은 화약기술을 발전시키는 일에서 유럽에 뒤져 있었고, 이는 일본과 인도, 오스만 제국, 러시아조차 마찬가지였다. 러시아는 규모를 바탕으로 서유럽의 혁신을 채택하려는 노력을 경주하여 주요 열강에 진입하긴 했으나, 기술 선두 주자는 아니었다.

서유럽의 기술 우위는 세계사를 바꾸었다. 그렇다면 그 변화 이면의 궁극 원인들은 무엇이었는가? 토너먼트 모델은 서유럽의 독특한 특징들을 분별함으로써 이 물음에 답한다. 첫째, 서유럽은 그리 크지 않은 교전국들로 조각나 있었으며, 그 통치자들은 귀중한 상을 두고 싸우는 가운데 서로 비슷하면서도 낮은 정치적 비용으로 자원을 동원할 수 있었다. 서유럽에는 다른 강성한 통치자들을 겁박하여 무기를 거두게 할 만한 패권자, 예컨대 동아시아의 중국 황제에 대응할 만한 인물이 없었다. 그리고 서유럽 주요 강국들은 비교적 크기가 작고 서로 엇비슷했던 까닭에 실행학습을 수행하기가 수월했고, 또 정치적 비용을 서로 비슷하게, 고정비용은 낮게 유지할 수 있었다. 아울러 정치적 파편화로 서유럽 통치자들은 유목민으로부터 격리되었고, 이는 그들이 대부분의 전쟁을 화약 무기를 사용하는 전쟁으로 치를 수 있었다는 뜻이다. 마지막으로, 유럽 통치자들만이 영광과 신앙의 적에 대한 승리를 위해 싸웠던 것은 아니지만, 이 두 가지 상에 대한 그들의 집착은 아주 중요했다. 영광을 얻고 종교의 적을 무찌른다는 것은 분쟁을 평화롭게 해결하기를 단념하고 전쟁을 이어간다는 뜻이었다. 그 두 상은 전쟁이 수반하는 물질적 피해를 상쇄하기도 했다. 특히 개전 결정을 내리면서도 비용을 직접 부담하지 않은 통치자들은 상을 획득하여 손실을 만회할 수 있었다.

따라서 유럽이 기술 우위를 점한 궁극 원인들을 알기 위해 우리가 정말로 설명해야 하는 것은 두 가지다. 첫째, 왜 서유럽은 작은 교전국들로 조각났는가? 왜 지속적인 패권자—중국이나 무굴, 오스만의 황제들, 도쿠가와 쇼군들 같은 통치자—가 등장하지 않았는가? 둘째, 왜 서유럽 토너먼트의 외생 조건들, 바꾸어 말하면 모델 외부의 조건들은 그토록 달랐는가? 특히 유럽 통치자들은 어째서 영광과 같은 상을 소중히 여겼는가? 그리고 그들이 무겁게 과세하거나 자금을 차입함으로써 낮은 정치적 비용으로 자원을 동원할 수 있었던 이유는 무엇인가? 같은 질문을 다른 식으로 표현하자면, 왜 나머지 유라시아에서는 외생 조건들이 그토록 달랐는가? 특히 18세기 인도와 오스만 제국에서는 어째서 가변비용이 훨씬 더 높았는가?

이 물음들에 대한 답은 정치사에, 바꾸어 말하면 일어난 사건과 일어나지 않은 사건을 모두 포함해 과거에 서유럽과 나머지 유라시아에서 일어난 정치적 사건들의 특수한 연쇄에 있다. 정치사는 단기로도 장기로도 작용하여 국가들의 크기와 토너먼트 모델의 외생 조건들을 결정했다. 단기적으로 정치사는 정치적 학습—달리 말하면 실행학습의 정치적 버전—을 통해 작용하여 지도자가 전쟁을 벌이고 자원을 동원할 때 직면한 비용을 변경했다. 그리고 장기적으로는 엘리트와 통치자가 직면한 유인들을 바꾸고 문화적 진화를 촉발함으로써 (정치적 학습과 더불어) 국가들의 크기를 정했다.

얽히고설킨 정치사의 결과를 풀어내기 위해 우리는 서유럽과 중국의 정치사에 초점을 맞출 것이다. 일본, 러시아, 인도, 오스만 제국의 과거 역시 토너먼트 모델의 외생 조건들에 정치사가 어떠한 영향을 미쳤는지 드러내겠지만, 이들 국가의 정치사에는 덜 주목할 것이다. 그리고 정치사를 이해하기 위해 진화인류학과 실험경제학의 도구들에 의존할 것이고, 정치적 학습이 가능하도록 토너먼트 모델을 확장할 것이다. 정치적 학습은 다시 군사 행동에 드는 고정비용과 자원 동원에 드는 가변비용에 영향을 미칠 것이고, 군사 혁신과 마찬가지로 두 비용을 바꿀 수 있게 해줄 것이다.

그 결과는 경로 의존적인 과정이 될 것이다. 달리 말하면, 초기 조건들, 즉 과거의 정치사가 중요하다.[1] 서유럽에서나 나머지 유라시아에서나 궁극 원인은 과거의 정치사일 것이다. 다시 말해, 정치사는 화약 기술의 발전에서 유럽이 궁극적으로 앞선 이유를 설명할 때 중요한 역할을 할 것이다. 정치사의 영향은 결정론적이지 않을 것이다. 적어도 중대한 몇몇 시점에는 다른 결과도 가능했을 것이다. 그러나 무작위 결과나 터무니없이 우발적인 결과는 분명 아니었을 것이다. 중국, 일본, 인도, 러시아, 오스만 제국, 그리고 서유럽은 저마다 정치사의 전개에 따라 각기 다른 정치 지형과 재정 제도를 향해 나아갔다. 특정한 몇몇 시점에 다른 경로로 접어들 가능성이 있기는 했지만, 장기적으로 과거 정치사의 힘을 반전시키지는 못했다. 정치사는 유럽을 떠밀어 화약 기술을 지배하게 했고, 나머지 유라시아를 뒤처지게 했다.

여기서 역사가들은 정치사 외에 다른 요인들, 즉 다른 궁극 원인들도 틀림없이 작용했다며 이의를 제기할지도 모른다. 의심할 나위 없이 다른 요인들도 있었으며, 우리는 두 번째 궁극 원인도 강조한다. 그 원인이란 바로 기독교로, 이 종교의 정치적으로 독립적인 성직자 조직은 서유럽을 나머지 유라시아로부터, 더 나아가 동유럽의 동방정교회 지역들과 중동으로부터 떼어놓았다. 서양의 기독교는 두 번째 궁극 원인이었고, 정치사와 더불어 서유럽을 정치적 파편화라는 귀결로 가차 없이 몰아갔다.

　서양의 기독교와 정치사가 어떻게 작용했는지 살펴보기 위한 첫 단계는, 서유럽과 중국의 대비되는 정치 지형에 관한 두 가지 상충하는 설명을 제거하는 것이다. 양자택일을 강요하는 이 두 가지 설명은 서유럽은 전쟁하는 국가들로 조각난 반면에 중국은 대체로 단일한 패권적 제국이었던 이유—재레드 다이아몬드가 강조한 자연지리와, 통치자들 간의 친족 관계—를 밝히려 한다. 그런 다음 유럽의 파편화를 이해하기 위해 기독교의 유별난(유라시아의 주요 종교들 중에서 유별난) 특징들을 살펴볼 것이다. 실험경제학과 진화인류학에 의존해 분석한 정치사 역시 우리의 이해를 거들 것이다. 정치사는 서유럽에서 통치자들이 영광에 집착한 이유도 밝혀줄 것이다. 그리고 토너먼트 모델에 정치적 학습을 통합하여 유럽에서 통치자들의 가변비용이 엇비슷하게 낮았던 까닭을 설명할 것이다. 이런 도구들은 중국, 일본, 러시아, 오스만 제국, 18세기 인도에서 서로 매우 달랐던 외생 조건들과 정치 지형 이면에 정치사라는 중대한 힘이 있었다는 점도 드러낼 것이다. 서양 기독교와 함께 정치사는 우리의 궁극 원인이 될 것이다.

유럽은 왜 조각났는가?

첫 번째 과제는 서유럽이 왜 조각났는지 설명하는 것이다. 거듭 말하지만, 유라시아에서 전쟁하는 정치체들로 분열된 지역이 서유럽만은 아니었다. 그러나 서양에서 로마 제국이 몰락한 이후 서유럽은 단명한 카롤링거 제국과 나폴레옹 제국 시기를 빼면 정치적으로 줄곧 분열된 상태였다. 쉽게 말해 5세기부터 1500년 동안 서유럽은 마치 칸막이를 친 것처럼 갈라져 있었다. 그에 반해 중국은 기원전 221년부터 1911년 까지 2000년이라는 기간의 거의 절반 동안 한 제국 아래 통일되어 있었다.[2] 앞서 말했듯이, 서유럽의 정치적 파편화는 중대한 결과를 불러왔다. 서유럽은 정치적으로 쪼개진 결과 실행학습을 수월하게 하고 통치자들의 정치적 비용을 엇비슷하게 유지하고 고정비용을 낮게 유지할 수 있었을 뿐 아니라, 유목민의 공격까지 피할 수 있었다.[3] 유럽이 중국처럼 커다란 단일 제국이었다면, 몽골족과 타타르족이 각각 중세와 16세기에 동유럽을 침략하고 습격했을 때 유럽의 서쪽 가장자리에서도 공격의 파장이 감지되었을 것이다. 그랬다면 서유럽 통치자들은 화약 기술이 아니라 기병을 늘리거나 동쪽에서 성벽을 축조하는 데 자원을 쏟아부었을 공산이 크다. 그러나 유목민의 공격을 정면으로 맞은 것은 서유럽 국가들이 아니라 러시아, 폴란드, 헝가리였다.

얼핏 생각하면 서유럽이 중국처럼 통일되지 않았던 것은 놀라운 일로 보인다. 국가의 크기에 관한 기존 이론, 적어도 정치경제학의 이론은 이를 놀라운 결과로 받아들일 것이다. 그 이론은 근대 초기 국가들이 모두 제정 중국이나 오스만 제국, 무굴 제국처럼 대국이었을 것임을 함의하기 때문이다. 그 이유는 근대 초기 국가들이 적어도 현대의 기준으로 보면 한결같이 전제 국가였기 때문이다. 어쨌거나 대의제를 갖춘 공화국들이나 왕국들마저 참정권을 크게 제한했던 것이 사실이다. 그러나 그 이론에 따르면, 그런 전제 국가들은 크기를 키움으로써 방어할 때 규모의 경제의 이점을 활용했을 것이다. 그들 국가의 통치자는 멀리 떨어진 변경 지방의 주민들이 관직을 차지하지 못하거나 방위비를 원하는 만큼 받지 못한 데 불만을 품고서 분리, 독립을 시도하지 않을까 하고 민주적 지도자만큼 걱정할 필요가 없었다. 이것이 함의하는 바는, 특히 유럽에서처럼 전쟁이 빈번했을 경우 모든 국가가 큰 나라였으리라는 점이다.[4] 그러나 러시아를 예외로 치면 근대 초기 유럽 국가들은 모두 중국이나 오스만 제국, 무굴 제국보다 한 자릿수 차이로 작았다.[5] 유럽 공화국들이 자그마했던 원인으로 1인당 세수를 많이 동원할 수 있게 해준 대의제를 꼽을 수 있을지도 모른다. 그렇다면 프랑스나 에스파냐, 프로이센이 나머지 유럽 대륙을 병합하기 전까지 덩치를 키우지 않은 이유는 어떻게 설명해야 할까?[6]

한 가지 가능성은 지리가 국가의 크기를 설명한다는 것이다. 실제로 현저히 대비되는 유럽과 중국을 설명하는 요인으로 지리가 거론되어왔으며, 그중에서도 재레드 다이아몬드와 물리학자 다비드 코상디(David Cosandey)는 서유럽만이 아니라 유럽 전체에 적용되는 이 논증의 가장 설득력 있는 버전을 정식화했다.[7] 이 두 사람은 국경의 형성 과정에 확률 요소가 있음을 인정하면서도, 유럽의 정치적 파편화와 중국의 장기간 통일 이면의 궁극 원인으로서 지리를 꼽는다.

그들이 보기에 지리는 중국과 유럽에서 두 가지 방식으로 작용했다.[8] 첫째, 중국보다 유럽이 산악 지형의 비율이 더 높았으며, 산맥이 운송비를 끌어올리고 침공을 방해한 까닭에 유럽에서 정치적 경계가 더 많았다. 둘째, 중국보다 유럽의 해안선이 더 들쭉날쭉했고, 이 불규칙성은 특히 반도에서 작은 국가들의 성장에 유리하게 작용했다. 코상디가 설명하는 대로, 이 논증은 근대 이전까지 상륙 침공이 어려웠다고 주장한다. 그 덕분에 반도국은 해안선 방어에 고비용을 지출하지 않고도 반도의 지협에 방어를 집중할 수 있었다(지협에 군대를 주둔시키거나 방어 시설을 축조하는 식으로). 따라서 반도국은 다른 국가들보다 유리했을 테고, 그와 동시에 교역품을 더 낮은 비용으로 수운하여 이득을 얻었을 것이다.

이 논증은 일견 설득력이 있어 보인다. 그러나 불행히도 더 면밀한 검증을 견뎌내지 못한다. 중국보다 산악 지형의 비율이 더 높아서 유럽이 조각났다는 첫번째 주장부터 따져보자. 여기서 문제는 유럽에 산악 지형이 더 많았다는 전제로, 조사해보면 그릇된 전제임이 드러난다. 실은 중국에 산이 더 많았다. 중국의 역사적 경계를 당대(618~907

〈표 4-1〉 중국과 유럽의 산악 지형

다음 조건이면 산악 지형으로 분류	산악 지형의 백분율	
	중국	유럽
고도 1000미터 이상	33.28	6.28
지형의 경사 15도 이상	30.93	2.71
세계은행 연구에 근거하여 분류	37.40	10.60

* 출처: Yang 2011. 데이터에 관한 상세한 논의는 '부록 D' 참조.
* 주: 고도와 경사를 계산하기 위해 중국으로 정의한 현대 지방들은 안후이, 충칭, 푸젠, 간쑤, 광둥, 광시, 광저우, 구이저우, 하이난, 허베이, 헤이룽장, 허난, 후베이, 후난, 장쑤, 장시, 지린, 랴오닝, 산시(陝西), 산둥, 산시(山西), 쓰촨, 타이완, 윈난, 저장이다. 이는 당대(618~907년)와 명대(1368~1644년)의 경계에 가깝다. 이 정의에 현대 지방들인 내몽골, 신장, 칭하이, 티베트가 누락되어 고도와 경사 계산에 포함되지 않았다는 데 유의하라. 세계은행의 연구는 현대 중국의 경계를 바탕으로 내몽골, 티베트, 칭하이, 신장을 포함하여 계산했지만, 민감도 분석은 이 네 지방을 빼더라도 중국보다 유럽이 산악 지형에 더 가깝지는 않으리라는 것을 시사한다. 고도와 경사 계산을 위해 유럽으로 정의한 국가들은 알바니아, 안도라, 오스트리아, 벨라루스, 벨기에, 보스니아헤르체고비나, 불가리아, 크로아티아, 체코, 덴마크, 에스토니아, 핀란드, 프랑스, 독일, 그리스, 헝가리, 아일랜드, 이탈리아, 라트비아, 리히텐슈타인, 리투아니아, 룩셈부르크, 마케도니아, 몰도바, 모나코, 몬테네그로, 네덜란드, 노르웨이, 폴란드, 포르투갈, 루마니아, 산마리노, 세르비아, 슬로바키아, 슬로베니아, 에스파냐, 스웨덴, 스위스, 우크라이나, 영국이며, 러시아는 유럽에 포함하지 않았다. 세계은행 연구에는 안도라, 리히텐슈타인, 룩셈부르크, 모나코, 산마리노 관련 데이터가 없어서 세계은행 분류를 토대로 계산할 때는 이들 국가를 배제했다. 그러나 유럽의 면적에서 이 작은 다섯 나라의 비중은 0.06퍼센트 이하이므로 배제에 따른 오차는 아주 작다. 상세한 논의는 '부록 D' 참조.

〈삽화 4-1〉 근대 유럽의 산맥과 경계. 짙은 회색은 급경사 지역(경사 25도 이상).

* 출처: Yang 2011.

년)와 명대(1368~1644년)의 경계로 한정하고 티베트처럼 그 후에 얻은 고원 지대를 감안하지 않더라도, 그 전제가 틀렸다는 결과는 변하지 않는다. 산악 지형의 정의를 바꾼다 해도 마찬가지다.

가령 산악 지형을 고도 1000미터 이상인 지역으로 정의해보자. 그러면 유럽에서 산악 지형은 고작 6퍼센트인 반면, 옛 중국에서는 33퍼센트다(〈표 4-1〉). 경사 15도 이상으로 정의를 바꾸어도 결과는 비슷하다. 그리고 세계은행의 산악 지형 분류에 근거한 결과도 동일하다(〈삽화 4-1〉). 여기에서도 유럽보다 중국에서 산악 지형의 비율이 더 높게

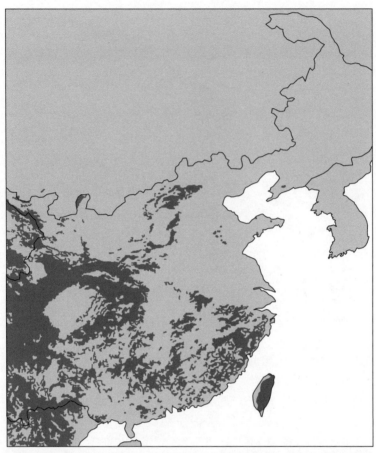

〈삽화 4-2〉 옛 중국의 산맥과 경계. 짙은 회색은 급경사 지역(경사 35도 이상). 이 지도에 중국의 서부가 빠져 있다는 점과 급경사의 암묵적 정의가 유럽의 25도에 견주어 35도로 더 제한적이라는 점에 유의하라.

* 출처: Yang 2011.

나온다.[9]

그러므로 산맥은 중국이 통일되고 유럽이 조각났던 이유가 되지 못한다. 통일 또는 파편화의 궁극 원인이 산이었다면, 유럽에서 한 제국

대륙	중국	유럽
오목성 정도(대륙 면적/볼록 껍질 면적)	0.68	0.60
대륙에서 두 지점 사이 선분이 해안선을 가로지를 확률	0.06	0.41

* 출처: Schropp 2012. 데이터에 관한 상세한 논의는 '부록 D' 참조.
* 주: 측정법은 다음과 같다. 한 대륙에 불규칙한 해안선이 있으면 오목성 정도는 낮아지고, 그 대륙에서 두 지점 사이 선분이 해안선을 가로지를 확률은 높아진다. 이 확률은 그 대륙 내부의 깊이에 따라 달라질 것이므로, 각각 중국 해안선과 유럽 해안선을 가지고 있되 내부 깊이는 서로 동일한 인위적 형태를 두 개 만들어서 추정했다. 오목성 정도에 관해 말하자면, 한 대륙의 볼록 껍질(convex hull)은 그 대륙을 에워쌀 수 있는 가장 작은 볼록 형태를 말한다. 볼록 형태의 정의와 두 척도에 관한 설명은 '부록 D'를 참조하라.

이 장기간 존속했을 테고 도리어 중국이 뭇 나라들로 갈라졌을 것이다. 국경 지도도 같은 결론을 시사한다. 유럽의 주요 산맥들은 에스파냐와 프랑스를 가르고 이탈리아를 북유럽에서 떼어놓긴 하지만, 다른 국경들과는 일치하지 않는다(〈삽화 4-1〉). 이와 유사하게 중국의 산맥은 지방들의 경계에는 영향을 주었을지언정 서쪽 국경을 빼면 중국의 국경과는 일치하지 않는다(〈삽화 4-2〉).[10] 그러므로 유라시아의 동쪽 끝과 서쪽 끝에서 국가들의 크기가 달랐던 이유를 설명하려면 다른 근거를 찾아야 한다.

그 답이 해안선의 차이에 있을까? 코상디는 중국보다 유럽에서 해안선이 더 불규칙하다는 이유를 들어 그렇다고 주장한다. 두 지역 해안선이 들쭉날쭉한 정도를 나타내는 척도들을 보면 중국 해안이 더 고르다는 것을 알 수 있다(〈표 4-2〉).[11] 그러나 과연 유럽의 구불구불한 해안선으로 정치적 파편화를 설명할 수 있을까? 불규칙한 해안선에 관한 논증이 옳다면, 유럽의 반도들에서 일찍이 정치적 통일이 이루어졌을 것이다. 반도에서는 낮은 비용으로 스스로를 방어하고 값싼 해운이라는 혜택을 누릴 수 있었으니 말이다. 그렇지만 이탈리아는 1870년까지 통일되지 않았고, 이베리아 반도는 아직도 에스파냐와 포르투갈로 나뉘어 있다. 이 논증의 또 다른 문제는, 같은 논리대로라면 중국 해안 중 들쭉날쭉한 곳들도 중국 내에서 정치적 파편화의 온상이 되었음 직하다는 점이다.[12]

더 중요한 점은, 근대 이전에 상륙 침공이 어려웠다는 이 논증의 근본 전제가 틀렸다는 것이다. 사실 상륙 습격과 침공은 과거에 흔했고 자주 성공을 거두었다. 중세 유럽에서 이탈리아 연안과 비잔티움 제국을 습격하고 시칠리아 섬과 이베리아 반도의 상당한 지역을 장악한 무슬림들은 매번 상륙 습격 부대의 지원을 받았다. 바이킹은 잉글랜드, 프랑스, 지중해를 공격해 식민지를 건설했고 완력으로 영토를 통제했다. 또 그들의 후예인 노르만 인은 잉글랜드(1066년)와 시칠리아(1061~1091년)를 침공하여 정복했다. 해전사가(海戰史家) N. A. M. 로저(N. A. M. Rodger)의 말마따나 1066년부터 1485년까지 외적들은 잉글랜드를 여덟 차례 침공해 승리를 거두고 수차례 상륙해 타격을 입혔으며, 잉글랜드 자체도 아일랜드를 거듭 침공했다. 노련한 침략자들에게 물가를 기습하거나 강을 거슬러올라가 내륙을 공격하는 것은 그리 어려운 일이 아니었다. 그들을 저지하려면 해안과 강을 경비할 수 있을 만큼 큰 규모의 해군이나 육군이 필요했다.[13] 바꾸어 말하면, 반도의 지협만이 아니라 국가의 경계 전체를 방어해야 했다. 그러므로 불규칙한 형태의 반도나 해안이 방어에 유리한 천혜의 국경이었으리라고 생각할 근거는 없다.

요컨대 구불구불한 해안선 가지고는 유럽은 갈라졌던 반면에 중국은 대개 통일되어 있었던 이유를 설명하지 못한다. 다른 단순한 지리적 논증들도 비슷한 문제에 봉착한다. 예를 들어 관개공사를 해서 논밭에 물을 대라는 떠들썩한 요구가 정치적 통일을 추동했다는 논증이 그렇다. 문제는 중국 남부에서 관개 계획이 제국이 형성되기 이전에 시작되었다는 것이다.[14] 비슷한 논증을 유럽의 치수(治水) 노력에 적용할 수 있다는 것도 문제다. 같은 논리대로라면 치수 계획은 유럽에서도 정치적 통합에 이바지했을 것이다. 가령 유럽에서 통일된 정치체는 강 통행세—육상 운송에 비용이 많이 들던 시대에 중요한 세수원이었다—로 얻는 총수입을 극대화할 수 있었을 것이다. 반면에 개별 왕국들과 공국들은 그럴 수 없었을 텐데, 한 군주의 통행세 수입은 다른 군주들의 세수 감소를 의미했기 때문이다.

유럽의 분열과 중국의 통일이라는 쟁점과 지리가 무관했던 것은 아니다. 지리는 정치며 군사 기술과 상호 작용했기 때문이다. 스위스는 알프스 산맥이 없었다면 자치를 지속하지 못했을 것이고, 중국은 스텝 지대가 없었다면 달라졌을 것이다. 그렇지만 핵심은 산맥과 해안선에 관한 논증들이 가정하는 것보다 상호 작용이 더 복잡했다는 것이다. 지리는 국가 크기를 결정한 유일한 요인도 아니었고, 유럽이 분열되고 중국이 대체로 제국이었던 궁극적인 이유도 아니었다. (특히 중국에서) 일부 통치자들은 지리의 장애물을 극복하고 장기간 존속할 통일 국가를 수립하는 데 성공했다. 다른 통치자들, 가령 재위기의 샤를마뉴와 나폴레옹도 그렇게 하지는 못했다. 국가의 크기는 정치적 결과였으며, 그 결과가 통치자 개개인이 직면한 적의 성격을 결정했다. 중국처럼 큰 국가들은 강우량이 적어서 정주 농업이 불가능하고 인구가 희박한 지역과 인접했을 공산이 크다. 그런 지역에서 목축민과 사냥꾼, 무장한 습격자 무리들은 번성할 수는 있어도 서로 결속하여 오래 존속하는 국가를 건설할 수는 없었다.[15] 이 유목민 집단들은 이웃한 큰 국가에 공격 위협을 가했을 테지만 그 위협 이면의 궁극 원인은 적은 강우량이 아니라 정치의 결과인 국가의 크기 자체였을 것이다.

사실 지리는 국가의 크기가 아니라 유럽인의 대륙 간 탐험과 대륙 간 해전을 한결 수월하게 해준 조선술에 가장 크게 영향을 미쳤을 것이다. 서유럽은 서로 뚜렷이 다른 두 가지 항해 전통, 즉 지중해 전통과 대서양-북해-발트 해 전통을 접하는 유리한 위치에 있었다. 14세기와 15세기에 포르투갈 인들은 두 전통의 특징을 결합하여 최초로 캐러벨선(caravel)을 건조했고 뒤이어 캐럭선(carrack)을 만들었으며, 이들 범선들 덕분에 아프리카 해안을 따라 더 멀리까지 남하하여 대서양으로 진출할 수 있었다. 지중해 선박들과 마찬가지로 캐러벨선은 늑골을 먼저 세운 다음 건조되었고, 두 전통에서 차용한 삭구(索具)를 갖추고 있었으며, 갤리선과 대서양 상선의 중간쯤 되는 크기였다. 캐러벨선은 조종하기가 쉽고 역풍에 강하고 아프리카 해안선을 탐험하기에 안성맞춤이었다. 캐러벨선보다 크기가 더 큰 캐럭선은 화물 적재 공간이 더 넓었고, 순풍이 불기만 하면 순풍을 타고 항해하는 능력이 뛰어났다. 동아시아에 도달했을 무렵에 이 포르투갈 선박들은 주기적인 계절풍을 이용하도록 설계된 아시아 선박들을 능가할 수 있었고, 바람을 맞으면서도 더 쉽게 항해했다.[16] 지리는 포르투갈 인들이 더 우수한 선박을 건조하는 데 이바지했고, 조선술의 잇따른 혁신은 화약 기술을 보완했다.

이런 혁신에는 포르투갈의 위치나 계절풍의 예측 가능성보다 훨씬 더 많은 사항들이 반영되어 있었다. 정치 역시 포르투갈의 조선술뿐 아니라 항해술 분야에서 혁신을 강력하게 추동했다. 더 우수한 선박들과 더불어 항해술의 대약진은 아프리카 해안을 탐험하고 아시아까지 항해하는 것을 한결 수월하게 해주었다. 이를테면 항로를 기록해놓은 해도(海圖)와 수로지(水路誌), 태양의 위치를 보고 위도를 알아내게 해주는 표, 포르투갈로 귀환하는 가장 빠른 길이 대서양 북서쪽으로 항해한 뒤 편서풍으로 알려진 바람을 타고 돌아오는 것이라는 발견 등이 항해를 도와주었다. 아프리카와 아시아에서 부를 얻을 수 있으리라는 전망뿐만 아니라, 이베리아 반도의 경계 너머에서 무슬림들을 상대로 무장투쟁을 이어갈 기회 역시 그러한 혁신의 원동력이었다. 그 투쟁은 서유럽에서 진행 중인 토너먼트에서 영광을 차지하는 방도들 중 하나였고, 이를 위해 포르투갈의 국왕과 엘리트층은 가일층 항해를 지원하고 조선술과 항해술의 혁신을 도왔다.[17]

통치자들의 친족 유대는 유럽이 조각난 이유를 설명할 수 있는가?

유럽이 쪼개지고 중국이 통일된 이유를 지리는 말해주지 못한다 해도 통치자들 간의 친족 유대는 말해줄 수 있을지 모른다. 중국이나 무굴 제국, 오스만 제국, 도쿠가와 일본과 달리 유럽에서는 그러한 친족 유대 때문에 개별 정치체들이 통일 국가로 합쳐지지 않고 살아남았는지도 모른다.

일견 꽤 설득력 있어 보이는 이 논증은 서유럽과 관련이 있다. 이 논증은 적어도 카롤링거 시대 이래로 서유럽 통치자들이 서로 친족 관계를 맺었을 가능성이 크다는 사실에서 출발한다.[18] 친척과 벌인 전쟁에서 승리한 서유럽 통치자들은 아마도 친족인 패자를 죽이거나 퇴위시키는 데 주저했을 것이다. 나머지 유라시아에서는 통치자들이 친족 사이일 가능성이 더 낮았다고 가정하면, 그들은 전쟁에서 다른 식으로 행동했을 것이다.[19] 대체로 그들은 승리를 거두면 패자를 제거한 뒤에 그의 영토와 추종자들을 흡수했을 것이다. 유라시아의 승자들은 시간이 지날수록 정치체의 규모를 키워갔겠지만, 서유럽의 승자들은 작은 규모를 유지했을 것이다.

그런 과정은 쉽게 모델화할 수 있을 것이고, 적어도 일부 증거에 부합할 것이다.[20] 이 모델은 근대 초기 유럽의 전쟁과 기원전 3세기 진(秦)나라의 중국 통일 전쟁을 비교한 빅토리아 후이(Victoria Hui)의 증거에도 들어맞을 것이고, 다이묘 몇 명이 살해당하거나 전사하거나 자살한 근대 일본의 통일 과정에도 들어맞을 것이다. 또한 700년 이후(무슬림 세계와 비교할 때) 유럽에서 갈수록 길어진 군주들의 재위기, 7세기에 1000년당 통치자 23~25명이 사망하던 극히 높은 수준(오늘날 격전 중 병사 사망률의 약 네 배)에서 16세기에 1000년당 통치자가 세 명 이하로 사망한 수준까지 점점 낮아진 외인사(外因死) 비율도 이 모델에 쉽게 끼워 맞출 수 있을 것이다. 승리한 유럽 통치자들이 패자들의 목숨을 살려준 이유에 관한 또 다른 논거를 제시할 수도 있겠다. 예컨대 앞서 말했듯이 카롤링거 시대부터 성직자 고문들은 국왕과 군주가 기독교적 덕목인 자비를 응당 베풀어야 한다고 점점 더 강하게 주장했다.[21]

그렇지만 이런 행동의 차이가 유의미하려면 근대 초기까지 지속되었어야 한다. 그렇지 않았다면 근대 초기 유럽의 끊임없는 전쟁에서 승자들이 주요 열강 중 패한 쪽을 집어삼켰을 것이고, 그 결과 통일이 이루어졌을 것이다. 서유럽에서 승자가 자비를 베풀었을 것으로 추정되는 일화와 관련한 증거가 조금 있기는 하다. 카를 5세는 중부 유럽부터 아메리카까지 뻗은 제국을 다스리고 서유럽을 거의 다 정복했지만, 1525년 이탈리아에서 휘하 장군들이 주적인 프랑스의 왕, 프랑수아 1세를 생포했는데도 그의 목숨을 살려주었다.[22] 패배한 군주가 목숨을 보전한 사례는 이것 말고도 또 있다.

그러나 일화적 증거로는 충분하지 않다. 전쟁의 승자들이 중국—더 일반적으로는 나머지 유라시아—보다 유럽에서 패자들을 살려줄 확률이 더 높았다면 그 행동의 차이가 근대 초기(우리는 이 시기에 유라시아 전역에서 벌어진 전쟁들의 결과에 관한 데이터를 가지고 있다)에 어떤 흔적을 남겼을 것이다. 특히 근대 초기 유럽에서 외적에 패전한 통치자들은 유라시아에서 비슷한 곤경에 처했던 통치자들보다 생존할 확률이 더 높았어야 한다. 그러나 나머지 유라시아에서 통치자들이 패한 뒤 어떻게 되었는지 살펴보면, 유럽과 나머지 유라시아 사이에 차이가 없음이 밝혀진다. 나는 주요 강국들의 패전 결과에 국한하여 검증했지만, 오히려 이 강국들에서 차이가 확연히 드러나야 한다. 그런데 데이터를 보면 그런 차이가 전혀 없다(〈표 4-3〉).[23] 서유럽에서 주요 강국들의 통치자들은 내전에서 진 경우를 포함해 패전한 후에 퇴위될 확률이 평균적인 통치자보다 7퍼센트 낮다. 이것이 〈표 4-3〉에서 오른쪽 '퇴위될 확률의 변화 추정치' 열의 수치들 중에서 −0.070이 의미하는 바다. 그러나 서유럽 외부 주요 통치자들의 수치도 이와 거의 비슷하다. −0.058, 즉 그들이 권력을 잃을 확률은 평균적인 통치자보다 5.8퍼센트 비슷하다. 이 차이는 워낙 미미해서 통계적 요행으로 봐도 무방할 것이다. 실제로 서유럽 주요 통치자들의 운명과 나머지 유라시아 주요 통치자들의 운명에 아무런 차이가 없을 확률이 49퍼센트(표에서 $p = 0.49$)다.

<표 4-3> 통치자가 군사적 패배 이후 퇴위될 확률에 대한 프로빗 분석(유라시아, 1500∼1789년)

영향	퇴위될 확률의 변화 추정치 (표준오차)
패전 1회	0.294 (0.039)
서유럽 대국 통치자들의 확률 차이	−0.070 (0.013)
비서유럽 대국 통치자들의 확률 차이	−0.058 (0.014)
내전 1회	0.053 (0.025)
관측 횟수	595
서유럽 강대국들과 나머지 유라시아 강대국들의 생존 확률에 차이가 없다는 가설에 대한 검증	$p = 0.49$

* 출처: Clodfelter 2002; Langer 1968; Levy 1983; Darby and Fullard 1970.

* 주: 표에 대한 설명은 본문을 참조하라. 각각의 관측값은 특정한 나라의 전쟁 결과이고, 추정 효과는 프로빗 분석(probit analysis)을 통해 도출했다. Clodfelter의 목록에 실린 세계 전역의 전쟁들 중에 1790년 이전에 종결되고 대국이 적어도 하나는 관여한 모든 전쟁을 데이터에 포함했다. 이 전쟁들 중에서 다수는 더 작은 국가들이 관여했거나 유라시아 밖에서 치러졌다. 표에서 대국들은 Levy가 한 번이라도 강대국 목록에 올린 서유럽 국가들을 가리키며, 여기에 중국, 무굴 제국, 오스만 제국, 페르시아, 러시아를 추가했다. 모든 설명변수는 다른 설명변수들이 각각의 평균값으로 고정되어 있다고 가정하고 계산했다.

　　따라서 통치자들 사이의 친족 유대로는 유럽이 조각난 까닭을 설명할 수 없다. 유럽에서나 아시아에서나 승리한 통치자들이 패배한 다른 대국들의 통치권을 덥석 움켜쥐지 않은 이유에 관해 말하자면, 그 답은 간단하다. 그들이 산업화 이전 시대의 통신 수단과 운송 기술의 한계에 유의했기 때문이다.[24] 승전한 군주들은 작은 영토라면 기꺼이 집어삼키거나 병합했을 테지만, 큰 나라를 통째로 삼키려 하다가는 반란이나 과세 반대처럼 감당하지 못할 저항을 불러일으킬 위험이 있었다. 큰 나라에서 외세의 지배에 맞서는 적대 행위를 모조리 진압하기 위해 번번이 기동 타격대를 보내기는 불가능했을 테고, 모든 촌락과 마을을 점령하기란 어림없는 목표였을 것이다. (라틴아메리카의 코르테스와 피사로처럼) 동맹들을 제 편으로 끌어들일 수 있는 압도적인 힘이 없었다면, 또는 (중국의 만주족처럼) 기존 행정 체계를 넘겨받을 수 없었다면, 패한 통치자를 그대로 둔 채 이권을 얻어낸 다음에 떠나는 편이 훨씬 나았을 것이다. 나아가 좀 더 일반적으로 보면, 이런 한계의 함의는 다른 어떤 요인이 국경을 결정했다는 것이며, 그런 연유로 큰 정치체를 상대로 군사적 승리를 거둔 후에 기존 국경을 변경하려면 대개 비용이 너무 많이 들었다는 것이다.

궁극 원인으로서 정치사: 서유럽의 문화적 진화

지리와 친족 유대는 서유럽과 나머지 유라시아를 가르는 차이점이 무엇인지를 우리에게 말해주지 못하는 반면에 정치사는 말해줄 수 있다. 서양의 기독교와 더불어 정치사는 우리 모델에서 서유럽과 나머지 유라시아를 구분하는 유럽의 정치적 파편화와 외생 조건들의 궁극 원인이었다. 정치사는 왜 유럽이 정치적으로 쪼개졌는지, 영광과 같은 상들을 차지하고자 끊임없이 싸우는 것이 왜 서유럽 통치자들에게 매력적이었는지, 적어도 그들 중 일부는 어째서 낮은 정치적 비용으로 자원을 동원할 수 있었는지, 그리고 바로 그 시기에 군사적으로 유리하고 실행학습을 통해 개선하기에 알맞은 기술이 왜 하필 화약 기술이었는지를 설명할 수 있다. 그리고 일본, 중국, 인도, 러시아, 오스만 제국에서는 왜 같은 조건들이 충족되지 못했는지도 드러낸다.

　보통 우리는 역사를 설명해야 할 무언가로 생각하지, 원인으로 생각하지 않는다. 그러나 과거의 사건들이 미래의 결과를 결정하거나 시간이 지남에 따라 스스로를 강화하는 경로에 사회를 올려놓는다면, 역사를 원인으로 볼 수 있다. 서유럽에서 사건들은 바로 그런 영향을 미쳤다. 특히 로마 제국이 붕괴한 이후 전쟁으로 점철된 수백 년 동안 그러했다. 이 시기 서유럽에는 전사들과 군사 지도자들은 있었으나 강한 국가라고 할 만한 것은 없었다. 바꾸어 말하면, 영구 과세와 견고한 재정 제도를 바탕으로 장기간에 걸쳐 상당한 수입을 징수할 수 있는 국가라고 할 만한 것이 없었다.[25] 그런데 중세 유럽에서처럼 나머지 유라시아에서 분쟁이 오랜 기간 이어질 때면 대개 승패를 다투는 세력들 중 하나가 나머지를 완파하고 하나의 지배적인 통일 정치체를 수립하는 것으로 끝이 났다. 이를테면 17세기 초에 도쿠가와 막부는 일본을 통일했고, (중국의 숱한 사례들 중에서 가장 이른 시기의 사례를 들자면) 기원전 221년 진나라는 경쟁자들을 꺾고서 중국 최초의 통일 제국을 세웠다. 파란만장한 전란 끝에 유럽에서도 강한 국가들이 출현하긴 했으나 그 시기—중세 후기(1300~1500년)나 근대 초기—가 아주 늦었다. 로마 제국이 무너진 때부터 이 시기까지 장기간 강한 국가들 없이 전쟁이 계속된 상황은 문화적 진화 과정을 촉발하여, 군벌의 지배를 받고 싸움에 주력하는 적대적인 집단들로 서유럽을 갈라놓았다.

여기서 문화는 사람들이 유전적 진화를 통해서가 아니라 공통적이거나 성공적인 것을 모방하고 못마땅한 것을 기피함으로써 획득하는 신념과 선호를 뜻한다. 이런 의미에서 문화적 진화는 행위 규범을 퍼뜨릴 수 있고, 우리의 반복 토너먼트와 같은 모델들에서 개인들이 외생변수로 받아들이는 변수들을 결정할 수 있다. 문화적 진화는 서유럽에서 바로 그렇게 작용하여 이 지역에 독특한 특징들을 여럿 새겨 넣었다. 그런 특징들로는 통치자들과 엘리트들(특히 귀족)이 승전에 부여한 막대한 가치, 토너먼트 모델에서 상이 갖는 큰 가치, 그리고 (다른 특징들보다 훨씬 중요한) 그 누구라도 서유럽을 통일하기 어렵게 만든 민족들 사이의 오랜 적대감 등이 있다. 확실히 이 특징들 중 몇 가지는 유럽만의 것이 아니었다. 이를테면 분명히 칭기즈 칸도 승리를 귀중하게 여겼다. 그러나 서유럽의 주요 강국들이 마침내 자원을 낮은 비용으로 동원하는 데 성공했을 때, 이 특징들은 낮은 동원 비용과 결합하여 서유럽과 나머지 유라시아를 갈라놓았다.

앞서 말했듯이, 정치사는 서유럽에서나 나머지 유라시아에서나 두 번째 방법인 정치적 학습을 통해서도 미래의 결과를 결정했다. 여러 세대에 걸쳐 장기간 작용한 문화적 진화와 달리, 정치적 학습은 통치자들이 재위하는 동안에 작용했다. 정치적 학습은 하루아침에 이루어지진 않았으나—수년에서 수십 년이 걸렸다—문화적 진화보다 훨씬 빠르게 진행되었다. 그것은 어떻게 이루어졌는가? 예를 들어 도쿠가와 막부가 일본을 통일하고 진나라 지도자들이 중국 제국을 창건했을 때처럼 군사적 승리를 거두어 강력한 국가를 수립한 통치자들은 적들을 토벌하거나 위협하여 굴복시킬 수 있었다. 혹은 백년전쟁기의 프랑스에서처럼 왕들은 처음으로 영구 조세를 상당액 징수할 수 있었다. 우리 모델의 관점에서 보면, 통치자들—진나라의 지도자들, 일본을 통일한 다이묘들, 중세 후기 프랑스의 왕들—은 자원 동원에 드는 정치적 비용을 줄이는 방법을 학습하고 있었던 셈이다.

문화적 진화와 정치적 학습 중에 우선 전자부터 논하기로 하고 서유럽에서 시작하자. 3세기부터 8세기까지 서유럽에서는 야만족이 로마 제국을 침략해 무너뜨린 뒤로 그 여파가 이어졌다. 그 침공은 장차 서유럽과 나머지 유라시아를 구분지을 문화적 진화 과정을 점화했을 것이다. 우리는 이 문화적 진화와 서양 기독교의 영향을 분석한 뒤, 서유럽의 정치적 학습으로 관심을 돌릴 것이다.

고전기 저자들은 서로마 제국을 침략한 다양한 민족들에게 '게르만족'이라는 다소 무분별한 딱지를 붙였다. 그들은 침략자인 것 못지않게 이주자이기도 했다. 이 신참자들은 이주자로 왔든 침략자로 왔든 간에 분명 전쟁에 주력했는데, 로마인이 그들을 군사화한 것이 한 가지 이유였다. 로마인은 야만족과 싸우기만 한 것이 아니라 그들을 고용해 로마 군에 배치하기도 했다. 야만족 전사들은 습격을 하거나 로마 군에 복무함으로써 부와 명성, 아내를 한 명 이상 얻을 능력 등을 얻었고, 자기 부족 사회에서 승전한 지도자를 중심으로 결집했다. 그 결과 4세기와 5세기에 여러 전사단(戰士團)이 생겨나 기존 야만인 부족들의 안정을 깨뜨렸고, 서로마 제국이 시름시름 스러져가는 가운데 신참자들과 로마 주민들 사이에서 새로운 종족적·문화적 집단을 여럿 형성했다. 그러자 서유럽은 새로운 무언가로 조각났다. 새로이 출현한 정치 단위들은 상상의 나래를 어떻게 펼치더라도 도무지 재정 제도를 갖추고 폭력을 독점하는 국가로는 볼 수 없었지만, 종족적·문화적 결속, 타 집단에 대한 적대감, 개인 지도자에 대한 충성심에 의지해 전쟁을 추동할 수 있었다.[26]

이 문화적 집단들 중에서 두각을 나타낸 프랑크족의 왕국은 이웃 국가들보다 강했고, '내분에 쏟던 군사적 에너지를 접경 지대에 대한 유익한 공격으로' 돌려놓는 데 어렵사리 성공했다.[27] 그들의 왕국은 정복을 통해 팽창했으며, 그들이 오늘날의 프랑스, 벨기에, 네덜란드, 독일 서부, 이탈리아 북부를 대부분 통제한 서기 800년에 프랑크 왕 샤를마뉴가 교황의 도움을 받아 새로운 서로마 제국을 수립했다. 그러나 서유럽이 잠시 통일된 것이 무색하게도 샤를마뉴의 후손들은 곧 골육상쟁을 벌였고, 그의 손자들 세대에 제국은 세 조각으로 갈라졌다. 결국 서유럽은 더 잘게 쪼개졌고, 1300년경에 이르자 샤를마뉴의 영역에서 3분의 1에 해당하는 서부(얼추 프랑스 서부와 중부)만이 온전히 남아 있었다. 나머지 3분의 2는 여전히 신성로마 황제의 명목상 관할 아래 있긴 했으나, 사실 자그마한 공국 수백 개로 나뉘어 있었다.[28]

　그 무렵이면 고대 후기의 전사들은 중세의 기사들로 변신해 있었다. 그렇지만 그들은 여전히 싸움을 벌였고, 여전히 전사단에 속한 채 지도자인 영주 휘하에서 전투를 치렀다. 전쟁은 그들에게 최고의 영예를 가져다주었고, 영주를 위한 군사 용역의 대가로 부를 획득할 기회를 주었다. 기사에게 이상적인 보상은 결혼을 해서 가족을 꾸리게 해주는 토지 재산이었을 것이다. 승리한 영주는 더 원대한 목표—군주가 되거나 더 나아가 국왕이 되는 것—를 꿈꿀 수 있었다. 10세기부터 14세기까지, 그런 상들을 차지할 가능성에 고무된 영주들과 기사들은 자기 자신과 막대한 양의 자원을 전쟁에 바쳤다. 그들은 갈수록 정교해지는 성(城)의 입지로 안성맞춤인 명당자리를 찾아 유럽을 샅샅이 누비고 다녔다. 성은 처음에는 나무와 흙으로 지었으나 나중에는 돌로 지은 난공불락의 요새가 되었다. 말을 타는 기사 단 한 명의 갑옷과 무기 재료만 해도 철이 약 23킬로그램 필요했고, 쇠를 벼려서 제작하려면 10일에서 15일이 걸렸을 것이다.[29] 기사들을 조직하는 원칙은 예전과 다를 바 없었는데, 재정 제도, 또는 최상층인 군주나 왕이 징수할 수 있었던 상당액의 영구 조세가 그들에게 없었기 때문이다.[30] 예전과 마찬가지로 전쟁의 기반은 지도자에 대한 충성, 지도자를 따르는 전사들의 결속, 적개심, 적과 기꺼이 싸우려는 의지였다. 14세기에 어느 존경받는 기사는 이렇게 조언했다. "네 친구들을 사랑하고 섬기고, 네 적들을 증오하고 해치고, 네 친구들과 함께 느긋하게 쉬고, 네 적들에게 맞서 분골쇄신하라."[31]

당시 카롤링거 제국은 과거 프랑크족의 심장부―프랑스 북부, 독일 서부, 그리고 이 두 지역 사이―에서 자취를 감춘 지 오래였으나, 전쟁에 쏟는 에너지는 여전히 이곳에서 유럽의 가장자리와 중동을 향해 내뻗치고 있었다. 11세기부터 13세기까지 프랑크족의 심장부 출신 기사들은 북유럽과 동유럽에서도 싸웠고 남유럽과 중동에서는 무슬림을 상대했다. 서방 교회는 그들의 위업을 기념하고 십자군 운동을 축성하는 식으로 그들의 기운을 북돋웠다. 서유럽의 가장자리와 그 너머를 정복하려는 이 시대적 흐름 속에서 노르망디 출신 기사들이 특히 두드러진 역할을 했다. 그들은 차남들을 외국으로 파병하여 전투에서 용맹하고 잔혹하다는 무시무시한 평판을 얻었다. 1068년 팔레르모에서 노르만 군이 무슬림 군을 살육했을 때, 노르만 백작 로제르 1세는 전사자들의 피로 적은 메시지를 그들의 전령 비둘기 편으로 보내, 그들의 가족에게 이 몸서리나는 비보를 속히 알렸다.[32]

무슬림들만 노르만족에게 공포를 느끼고 벌벌 떤 것은 아니었다. 비잔티움의 기독교도들도 겁을 잔뜩 집어먹었다. 1043년 이탈리아 남부에서 한 무리의 노르만 인들을 몰아내기 위해 비잔티움은 최후통첩을 보냈다. 정전(停戰)을 받아들이지 않으면 싸우겠다는 통첩이었다. 그러나 노르만 인들은 수적으로 크게 열세였는데도 위축되지 않았다. 비잔티움의 사절이 최후통첩을 가져왔을 때, 한 노르만 인은 사절의 말[馬]을 칭찬한 다음 느닷없이 주먹으로 그 말을 때려서 기절시켰다. 이 이야기를 감탄조로 상술한 수도사에 따르면, 그 노르만 인의 목표는 명백했다. 바로 비잔티움 인을 겁먹게 하는 것이었다. 그 노르만 인의 동료들은 더 좋은 말을 사절에게 재빨리 주었고, 사절은 노르만 인들의 암묵적인 답변을 비잔티움 지도부에 전달했다. 그들은 자기네 군대가 공포에 사로잡혀 탈영할 사태가 두려워 노르만 인에게 당한 일을 감히 입 밖에 내지 못했다. 이튿날 노르만 군은 병력이 적었음에도 대담하게 그리스 인들을 공격해 승리를 거두었다. 이 공격을 비롯한 잔혹 행위를 숱하게 자행함으로써 노르만족과 프랑크족은 무슬림 세계와 그리스 정교회 세계 전역에서 폭력적일뿐더러 만족을 모를 정도로 탐욕스럽다는 고약한 평판을 단기간에 얻었다.[33]

그런데 당시 빈곤했던 서유럽에서 이 전사단들과 정치적 집단들은 재정 제도와 영구 과세제 없이 어떻게 전쟁을 일으킬 수 있었을까? 어떻게 목숨을 걸고서 공통 목적을 위해 함께 싸우도록 추종자들을 움직일 수 있었을까? 분명 전사단의 지도자는 전쟁을 일으켜 자신의 추종자들에게 분배할 상, 즉 부와 재산과 영광을 얻을 수 있었고, 이런 사적인 포상은 싸움의 강력한 유인이 될 수 있었다. 또한 전쟁을 하는 동안 전사단의 단원들 모두가 적으로부터 보호를 받았다. 그러나 말할 것도 없이 전쟁은 위험한 행위였다. 지도자는 추종자들이 싸움을 기피하고 다른 이들에게 떠넘기는 사태를 어떻게 막을 수 있었을까? 어쨌거나 전투에서 몸을 사린 이들은 적의 공격으로부터 무사했을 테고, 적어도 간접적으로는 전리품이라는 혜택을 누렸을 것이다. 이런 일은 적어도 초기에는 정말로 문제였을 것이다. 이를테면 로마 역사가 타키투스는 야만족이 이따금씩 탈영병, 겁쟁이, 호전적이지 않은 이들 때문에 곤경을 겪는다는 데 주목했다.[34] 지도자들은 그런 문제들을 어떻게 극복하고 방어라는 공익을 제공할 수 있었을까? 지도자에 대한 충성, 집단 내부의 단결, 적에 대한 적개심이 충분히 강했던 것일까?

실제로 그랬다. 그렇지만 어떻게 서유럽의 특이한 역사가 그들에게 그런 힘을 주었는지 이해하려면 실험경제학과 진화인류학으로 우회할 필요가 있다. 경제학자들, 정치학자들, 인류학자들은 중세 유럽에서 전사단과 정치적 집단의 지도자들이 직면했던 딜레마와 같은 종류의 딜레마를 분석하기 위해 이상화된 방법으로 수많은 실험을 해왔다. 전형적인 실험에서 참가자 열 명은 각자 20달러씩 받고서 집단의 모든 사람에게 이득이 될 공익을 위해 그 20달러 중 얼마든지 기부할 수 있다는 말을 듣는다. 그들은 컴퓨터를 통해 익명으로 상호 작용을 하기에 서로가 누구인지 모른다. 그들 중 한 사람이 1달러를 기부할 때마다 그들 자신과 다른 참가자들 모두가 0.3달러를 얻는다. 그러나 그들은 기부하지 않고 돈을 보유할 수도 있다. 0.3달러는 방어와 마찬가지로 모두에게 이득이 되므로 공익이며, 그들이 보유하는 돈은 싸움을 기피하고 다른 이들에게 떠넘기는 행위와 같다. 참가자 전원이 20달러씩 기부하면 각자 60달러를 받겠지만—모두에게 가능한 최선의 결과다—저마다 자기 이득에만 골몰하면 전혀 기부하지 않고 다른 이들이 기부하기만을 바랄 것이다. (전혀 기부하지 않는 것은 게임을 단 한 차례만 할 경우에는 우월 전략이며, 게임을 정해진 횟수만큼 할 경우에는 참가자들의 균형상태이기도 하다.) 바꾸어 말하면, 누구에게나 기부를 기피할 동기가 있으며, 균형상태에서는 아무도 일절 기부하지 않을 것이다.

그렇지만 실험을 해보면 다른 결과가 나온다. 실제로 참가자들은 처음에는 상당한 액수를 기부하고, 게임이 되풀이되면 액수를 줄인다.

평균 기부액은 제1회에 대략 10달러에서, 제10회 즈음이면 2달러 아래로 떨어질 것이다. 당신은 참가자들이 게임이론이 예측하는 균형상태를 향해 조금씩 다가가고 있다고 생각할지도 모른다. 그러나 그들 대다수는 기부액 0달러인 균형상태에 결코 도달하지 않거니와, 실험 진행자가 가령 제10회에 게임 전체를 다시 시작한다고 말하면 제11회에 기부액이 다시 급증한다.

참가자들은 자신이 얻는 돈만이 아니라 그 이상을 고려하는 것으로 보인다. 실제로 그들은 집단 전체가 얼마나 잘 지내는지에 신경을 쓰고, 자신이 불공정 행위의 피해자라고 느끼면 분노한다. 가령 다른 참가자들이 적게 기부하거나 전혀 기부하지 않아서 자신의 이익이 평균보다 적으면 화를 낸다. 또한 설령 전체 과정이 익명으로 진행되더라도, 그들은 동료 참가자들에게 가장 유효한 전략이 무엇인지를 학습하는 것으로 보인다.[35]

기부액을 끌어올리는 한 가지 방법은 전회(前回)에 각자가 얼마씩 기부했는지를 모두 밝힘으로써 참가자들의 분노를 유발하고 기부 회피자들을 처벌하게 하는 것이다. 대개 참가자들은 설령 자기 개인의 이익이 줄어든다 해도 회피자를 응징할 테고, 회피자가 처벌을 받고 나면 기부액은 다시 증가할 것이다. 적게 기부한 이들이 처벌을 받고 공정성 규범을 위반했다는 이유로 창피를 당하면 기부액은 더 많이 증가할 것이다. 그렇지만 그 결과는 실험을 어디서 수행하느냐에 따라 달라질 것이다. 이를테면 보스턴, 취리히, 청두(成都) 같은 곳에서는 기부 회피자가 표적이 되지만, 예컨대 아테네와 무스카트(마스카트) 같은 곳에서는 많이 기부하는 사람이 처벌을 받는다. 그리고 어떤 곳에서는 기부 회피자를 처벌하는 것이 정당한 일이지만, 다른 곳에서는 확실히

그렇지 않다. 그러나 처벌이 정당한 경우에는 회피가 크게 줄어들 가능성이 있다.[36]

그렇다면 사회들 사이의 그런 차이는 어떻게 해서 생겨나는가? 가장 설득력 있는 답변은 진화인류학자들, 그리고 그들과 동맹 관계인 경제학자들이 제시한다. 그들은 문화적 진화를 주장한다. 다시 말하지만 그들에게 문화란 경제학자라면 선호와 신념이라 부를 만한 것들로 이루어지며, 선호와 신념은 성공적인 것은 모방하거나 실행하고 눈살을 찌푸리게 하는 것은 기피하는 과정을 통해 획득된다. 그들이 보기에 문화는 인간 사회들 사이에 나타나는 차이점들, 특히 공익 실험에서 나타나는 행동 규범의 차이점들을 대부분 설명한다.[37]

그들이 옳다면—나는 그들이 옳다고 믿는다—그들의 논증은 중세 유럽에서 전사나 기사가 자신의 지도자나 영주를 위해 기꺼이 싸웠던 이유도 설명할 수 있다. 국가 없는 작은 사회들 사이에서 오랫동안 전쟁이 빈발해야 한다는 조건만 충족되면, 이 논증의 타당성을 확인할 수 있을 것이다. 그리고 로마 제국 말기와 중세 전기(400년경~1000년경) 서유럽의 상황이 바로 그런 조건이었다. 전쟁은 타 집단을 겨냥한 기습이나 그들의 공격에 맞선 방어를 수반하기도 했다. 그런 세계에서 자기 집단을 위해 싸우려는 전의(戰意)와 다른 집단에 대한 뚜렷한 적의는 서로를 보완할 것이고, 비록 전쟁에서 죽거나 다칠 위험에 더해 다른 집단과 교역할 기회까지 잃는 대가를 요구하기는 해도 분쟁 상황에서 승리에 이바지할 것이다. 그러고 나면 '자기집단중심적 이타성(parochial altruism)'이라 불린 이 '용맹'과 '호전성'의 결합물은 모방을 통해 퍼져나갈 것이다. 승리는 보상을 가져오고 다른 사회들에서 자기집단중심적 이타성을 모방하도록 부추길 것이다. 패배한 사회들은 사라지거나 승자들과 동일한 행동 규범을 채택하는 식으로 그들을 흉내 낼 것이다. 그 결과 (적어도 초기에는) 전쟁이 더욱 빈발할 텐데, 자기집단중심적 이타성이 더 강한 사회의 구성원들이, 이타성이 더 약한 사회들과 싸워 승리할 가능성이 높다는 것을 알아챌 것이기 때문이다. 이 결과는 예정된 것이 아니다. 집단들 사이에 평화로운 거래가 우세한 균형을 비롯해 다른 균형들에 도달할 가능성도 있다. 그러나 자기집단중심적 이타주의자들이 자기 집단에서 싸우지 않는 기피자들을 처벌한다면, 용맹한 전사의 수가 늘어나고 다른 집단에 대한 적의가 강해질 확률이 한층 높아질 것이다.[38] 그러한 결과, 적을 증오하고 겁쟁이를 처벌하는 용맹한 전사들의 사회가 생겨날 것이다.

전술한 사회는 서유럽에서 로마 제국 말기부터 중세 전기까지 존속한 야만족 사회와 이상하리만치 흡사하다. 실제로 이 야만족 사회는 싸움에 주력하는 적대적인 집단들로 갈라졌고, 전투 중 전우를 위해 기꺼이 목숨을 내놓는 전사들의 지배를 받았다. 시간이 지날수록 전사의 시신은 그의 무기와 함께 매장되었는데, 이는 야만족 사회에서 전쟁이 점점 더 중요해졌음을 뜻하는 고고학적 증거다.[39] 타키투스에 따르면 야만족은 겁쟁이, 탈영병, 비호전적인 성인 남자를 교수형에 처하거나, 머리 위에 장애물을 덮어 늪에 빠뜨리는 식으로 처벌했다.[40] 게다가 죽기를 각오하고 싸우지 않는 것은 수치스러운 일로 간주되었다.

중세의 기사 및 영주와 더불어 전쟁과 용맹, 적을 향한 적의는 고중세(1000년경~1300년경)에 들어서도 계속 중요한 역할을 했다. 그와 동시에 중세 유럽은 왕들과 군주들이 지지자들에게 부와 광범한 지역 정치권력을 하사함에 따라 더 잘게 조각났다. 그런가 하면 9세기와 10세기에 프랑크족의 검이 동유럽과 무슬림 세계에 수출된 일을 비롯해,

중세에 유럽이 무기 생산에서 비교 우위를 점했음을 보여주는 증거들이 있다.[41]

유럽의 파편화에 관한 이 설명을 받쳐주는 한 가지 증거는 진화생물학자 피터 터친(Peter Turchin)이 정치적·종족적 경계에 관해 제시한 사회학적 분석이다. 터친 역시 로마 제국이 붕괴한 뒤 적대적인 종족 집단들이 형성되었다고 보며, 정량적 증거들로 자신의 주장을 뒷받침한다.[42]

그럼에도 누군가는 우리의 논증을 의심할지 모른다. 타키투스의 말과 고고학적 증거, 오늘날 역사가들의 기술을 빼면 우리의 논증을 뒷받침하는 근거는 현대의 실험에서만, 또는 선사(先史) 사회들의 증거에 맞추어 조정한 진화적 게임이론의 모델에서만 얻을 수 있었으니 말이다. 게다가 목숨과 팔다리가 아니라 기껏해야 60달러를 걸고 하는 실험으로 어떻게 전쟁을 조명할 수 있겠는가? 우리가 논증한 방법으로 실제 전투를 조직할 수 있을까? 단순히 게임이론 모델이 아니라 엄연한 현실에서? 그리고 중세에 내가 말한 문화적 변화가 전부 일어날 만한 시간이 있었을까?

그런 문화적 진화가 일어날 만한 시간은 있었을 것이다. 새로운 사회 집단들이 탄생하고 기존 집단들이 소멸하는 과정은 (뉴기니의 인류학적 증거가 입증하듯이) 500년이나 1000년 만에 문화적 변화가 일어날 만큼 빠르게 진행되며, 집단들이 성공적인 이웃을 모방할 경우에는 더 빠르게 진행되기도 한다.[43] 서로마 제국이 쇠망한 뒤 수백 년간 서유럽에는 충분한 시간이 있었다. 매우 다른 방법—무겁게 과세하는 방법—으로 전비를 마련할 수 있는 강한 국가도 없었고, 중국이나 도쿠가와 일본에서처럼 내구성 강한 제국을 건설함으로써 문화적 진화를 갑자기 중단시킨 패권적 정복자도 없었기 때문이다. 11세기 훨씬 이전은 아니더라도 11세기 무렵 서유럽에는 십중팔구 필요한 조각들 —자기 집단을 위해 싸우려는 전의, 다른 집단에 대한 적의, 승전에 걸린 막대한 가치—이 전부 갖추어져 있었을 것이다.

더욱이 아마존에도, 또 파키스탄과 아프리카에서 정부가 통제하지 못하는 지역들에도 실제로 이렇게 전쟁을 벌이는 집단들이 있다.[44] 가장 적절한 사례는 동아프리카를 떠돌며 목축을 하는 투르카나족일 것이다. 약 50만 명을 헤아리는 투르카나족은 여기저기 흩어져 있는 고정된 장소에서 야영을 하고, 권력을 세습하는 지도자를 두지 않으며, 중앙집권화된 정치적 권위나 군사적 권위가 전혀 없다. 인류학자 사라 매튜(Sarah Mathew)와 로버트 보이드(Robert Boyd)가 보여주듯이, 과거 로마 제국의 가장자리를 급습해 가축과 노예를 차지했던 야만족과 흡사하게 투르카나족은 방어전을 치르고 다른 종족 집단의 가축을 빼앗으려고 습격을 감행한다. 투르카나족이 벌이는 일은 위험하다. 투르카나족 남성 14퍼센트는 사춘기부터 아버지가 되기 전까지 전사하고, 9퍼센트는 아버지가 되고 나서 전사한다. 그러나 남자들에게 싸움을 강요하는 국가는 없으며, 그들이 친족 유대나 반복되는 거래 때문에 싸움에 나서는 것 같지는 않다. 같은 습격조(중간 규모는 전사 248명)의 남자들은 서로 친척 사이도 아니고 날마다 왕래하는 사이도 아니다. 서유럽의 야만족과 비슷하게 그들은 이따금 도망자와 겁쟁이에게 대처하느라 애를 먹는다. 그들의 해결책은 전투 기피자를 처벌하는 것이다. 도망자와 겁쟁이는 여자나 연장자, 동년배 남자에게 질책을, 어쩌면 망신까지 당한다. 그도 아니면 호되게 얻어맞거나 벌금을 물어야 한다.[45]

적어도 타키투스에 따르면, 서유럽 야만족은 투르카나족보다도 사나웠다. 그렇다면 그들이 재정 제도나 중앙집권적 국가 없이도 문화적 진화의 결과로 투르카나족처럼 전쟁을 수행했다는 것은 충분히 타당한 추론이다. 또한 문화적 진화는 그들을 적대적인 집단들로 갈라놓았고, 그들로 하여금 전쟁에 막대한 가치를 두게 하고 지도자들을 위해 용맹하게 싸우게 했다. 사회의 정점에 선 왕들과 군주들은 이 지도자들에게 부와 지역 정치권력을 주고 충성을 얻고자 했다. 그렇지만 다른 한편으로 이것은 야만족 지도자들이 점차 독립적인 권력자로 변해갔다는 것, 왕들과 군주들이 그들과 협상해야 했다는 것을 의미한다.

그러므로 문화적 진화는 서유럽이 지닌 특징들 중 일부는 설명해준다. 다시 말해, 오랫동안 지속된 서유럽의 파편화 상태와 왕들과 상류층(특히 귀족)이 전쟁에 부여했던 막대한 가치―근대 초에 그들이 영광이라고 불렀던 것―는 설명할 수 있다. 이 결과는 서유럽에서 방위비를 조세로 조달할 수 있는 강력한 재정 국가가 출현하지 않은 수백 년 동안에 안보라는 공익을 제공하는 문제와 씨름하다가 도달한 특수한 해결책―서로 판이한 균형상태들 중 하나―이었다. 수백 년간 강한 국가가 없었던 바로 이 상황―정치사의 장기 영향―이 서유럽의 문화적 진화를 추동한 것이다. 그 결과로 생겨난 문화적 특질들이 서유럽에만 있었다고 말하기는 분명 어렵다. 근대 초에 유럽인이 인정했듯이, 전장에서의 승리와 영광은 다른 많은 지역에서도 귀중한 상이었다.[46] 더욱이 이 문화적 속성들만으로는 서유럽인이 화약 기술을 그토록 멀리까지 밀고 나간 이유를 설명하기에 부족하다. 서유럽은 결국 낮은 총비용으로 거액의 세수를 동원할 수 있는 강한 국가들이 발전한 뒤에야 화약 기술을 연이어 혁신할 수 있었다. 그 강한 국가들이 없었다면 서유럽은 전투를 많이 하면서도 군사 기술을 개선하지 못하는 투르카나족처럼 정체되었을 것이다. 결국 서유럽은 실행학습을 통해 개선할 수 있는 엄청난 잠재력이 화약 기술에 담겨 있던 시점에 때마침 강한 국가들을 얻었다. 앞으로 살펴보겠지만, 서유럽은 정치적 학습을 통해 그런 국가들을 얻었다. 그렇지만 이 주제를 다루기에 앞서, 서방 기독교가 어떻게 또 다른 원심력으로 작용하여 유럽을 정치적으로 갈라놓았는지부터 살펴보자.

유럽의 통일을 저해한 서방 기독교

문화적 진화의 소산인 집단들 간의 적의와 더불어 서방 기독교도 유럽의 정치적 파편화에 일조했다. 기독교는 정치적 통일을 방해함으로써 유럽을 고만고만한 작은 국가들로 조각낸 두 번째 원인이 되어 실행학습을 수월하게 해주었다.

기독교가 유럽을 정치적으로 갈라놓았다는 주장은 직관에 반하는 견해처럼 보일 것이다. 1500년만 해도 기독교가 필시 서유럽인을 한데 묶는 유일한 유대였을 테니 말이다. 물론 곧이어 종교개혁과 종교 전쟁이 일어나 그 연약한 유대가 끊어지고 기독교가 폭력적 불화와 기나긴 원한의 근원이 된 것은 사실이다.[47] 그러나 기독교는 종교개혁 이전에도 유럽의 정치적 통일을 저해했다.

그 이유는 간단했다. 서유럽에서 샤를마뉴의 제국을 영구히 재결합하려는 신성로마 황제―또는 다른 어떤 통치자라도―를 교황들이 기를 쓰고 방해했기 때문이다. 서유럽의 어떤 정치체도 교황들을 오랫동안 굴복시키지 못했는데, 주된 이유는 11세기와 12세기에 전개된 서임권 투쟁에 있었다. 이념과 정치적 동맹을 둘러싼 이 투쟁에서 교황들은 신성로마 황제와 다른 왕들로부터 확실히 독립하는 한편, 교회에 대한 그들의 권력, (특히 그들이 주장한) 주교를 비롯한 고위 성직자의 임명권을 제한하고자 분투했다. 신성로마 황제들에게 대적한 이 전투에서 교황들은 이탈리아와 독일에서 도시와 귀족의 지지를 얻었다. 교황들은 독일에서 개혁파 수도원들을 자기편으로 끌어들였고, 노르만인의 이탈리아 남부 정복을 인정하고 그들과 동맹을 맺었다. 교황들은 힘 있는 제후들에게 황제의 대의를 저버리라고 촉구하고, 이탈리아에서 도시 엘리트층에게 황제가 도시 행정을 맡긴 주교들을 몰아내라고 권하는 등, 분할하여 통치하는 전략까지 구사했다. 달리 말해, 교황들은 유럽의 정치적 파편화를 이용하면서 그것을 가중시켰다.

　필요한 경우, 교황들은 파문이나 금제(禁制) 같은 영적 무기를 사용할 수도 있었다. 일례로 1076년 교황 그레고리우스 7세는 서임권 투쟁 중에 황제 하인리히 4세를 파문했다. 이런 무기와 지지층을 바탕으로 교황들은 신성로마 황제들이 서유럽을 재통일할 정도로 권력을 키우지 못하게 막아냈다. 그들은 다른 통치자들이 지나치게 강해지는 것도 저지했다. 교황 인노켄티우스 3세는 1215년 황제 오토 4세를 파문했을 뿐 아니라 프랑스, 잉글랜드, 노르웨이에 금제령까지 내렸다. 실상은 달랐던 것으로 보이지만, 인노켄티우스 3세는 자신이 유럽 패권자가 되었다고 상상했을지도 모른다. 여하튼 그가 급사하고 후임 교황의 기질이 그와 판이했던 탓에 그런 일은 일어나지 않았다.

　나머지 유라시아에는 서방 기독교와 같은 원심력이 없었다. 통치자들이 지나치게 강해지지 못하게 막을 수 있는, 정치적으로 자립적이며 성직자 조직을 갖춘 종교가 없었다는 뜻이다. 일본에서는 승려들이 내전에 가담하긴 했으나 통합되어 있지 않았다. 그들은 저항하다가 진압되었고 결국 일본을 통일한 다이묘들에 의해 엄격한 국가적 통제를 받게 되었다. 중국에도 승려들이 있었지만 조직되어 있지 않았고, 어쨌거나 중국에서 종교는 국가와는 별개 영역이었다. 인도의 브라만 계급도 조직되어 있지 않았다. 러시아와 비잔티움 제국의 동방정교회 성직자들은 교계제(教階制)를 갖추고 있었으나 정치 당국으로부터 독립하지 못했고, 따라서 독자 세력이 아니었다. 마지막으로, 이슬람 세계에서는 이슬람 법학파들 간의 경쟁으로 말미암아 종교 당국이 분열되었다. 오스만 황제들은 샤이흐 알이슬람(Shaykh al-Islam, 이슬람법의 최고 권위자)을 수장으로 하는 종교 위계제를 창설했다. 황제는 이 수장을 임명하거나 해임할 수 있었고, 대개 애먹지 않고 통제했다. 그러므로 교황직에 관해 논평한 이슬람 학자들이 교황의 정치적·영적 권력에 경악했던 것은 놀랄 일이 아니다.[48] 요컨대 서유럽 통치자들이 세계의 한 모퉁이를 통일하는 것을 방해하는 데 일조한 서방 기독교와 같은 자립적인 종교 세력이 나머지 유라시아에는 없었다.

여기서 언급할 만한 논점이 하나 더 있다. 유럽의 정치적 파편화를 야기한 다른 원인, 곧 문화적 진화는 민족들 간의 적의를 조장하여 교역을 저해했다. 산업화 이전 경제에서 그 대가는 컸을 것이다. 그러나 기독교는 그런 악영향을 미치지 않았다. 강한 국가들이 출현하기 이전 시대에 기독교는 도덕과 법의 공통 토대(독립적인 법적 실체가 있는 조직을 창설하는 방법을 포함해)를 제공함으로써 교역을 촉진했을 것이다. 정치적 파편화 자체에 관해 말하자면, 파편화를 야기한 민족들 간의 적의, 파편화에 뒤이은 전쟁의 손실과 분리해서 생각할 수 있다면, 이것 역시 경제에 보탬이 되었을 것이다. 길게 보면 정치적 파편화는 혁신가를 억압하기 어렵게 하고 다른 제도의 실례를 숱하게 제공함으로써 경제성장을 촉진했을 것이다.[49]

일부 유럽 국가들은 어떻게 해서 낮은 정치적 비용으로 자원을 동원할 수 있었는가?

유럽이 정치적으로 조각나고 유럽 통치자들과 엘리트들이 승전에 높은 가치를 부여한 궁극 원인이 서방 기독교와 문화적 진화라고 해도, 서유럽의 일부 군주들이 낮은 정치적 비용으로 전쟁에 자원을 동원할 수 있었던 이유를 설명하는 과제가 남아 있다. 그리고 이 과제를 마치고 나면 나머지 유라시아에서 정치적 비용이 달랐던 이유를 규명해야 한다. 특히 18세기 인도에서 그 비용이 훨씬 높았던 이유를 밝혀야 한다.

　앞서 말했듯이, 이 문제의 답은 유럽의 정치사와 정치적 학습에 있다. 유럽 통치자들은 엘리트층이 정치적으로 받아들일 수 있는 방식으로 증세하는 법을 차차 알아냈다. 대개 증세의 목적은 (적어도 근대 초에는) 전비 마련이었다. 통치자들은 차입하는 능력이나 대부금의 이자율을 낮추는 능력을 키울 수도 있었을 것이다. 둘 중 어느 능력이든 키우는 데 성공했다면, 그들의 후계자들은 더 많은 인력과 장비를 전쟁에 동원하면서도 심각한 정치적 문제에 부딪히지 않았는데, 이는 그들의 정치적 비용이 감소했음을 의미한다. 서유럽에서 그런 일이 어떻게 일어났는지 살펴보면 토너먼트 모델을 확장해 당대의 변화를 더 깊이 이해하는 데 도움이 될 것이다. 그러고 나면 우리의 모델에서 얻은 통찰(정치적 비용과 고정비용을 바꿀 수 있게 해주는 통찰을 비롯해)을 나머지 유라시아에 적용할 수 있을 것이다.

서유럽 군주들이 낮은 정치적 비용으로 자원을 모으는 데 가까스로 성공한 시기는 중세 말이나 근대 초였다. 이 무렵 그들은 영구 조세를 상당액 징수할 권리를 손에 넣었다. 서유럽 통치자들 모두가 이 재정적 난관을 뛰어넘지는 못했으며, 일부의 과세 능력은 줄곧 변변치 않았다. 일례로 근대 초기 내내 황제를 배출한 가문인 합스부르크가가 일가의 공(公)들과 왕들이 통치하는 토지에서 상당한 세수를 거두었음에도, 정작 신성로마 황제의 과세 능력은 신통치 않았다.

통치자 일부는 난관을 극복하고 다른 일부는 그러지 못한 원인을 밝히려면 대개 전쟁 도중이나 전쟁 이후에 세금을 올렸던 선대의 특정한 왕이나 지도자까지 거슬러올라가야 한다. 그러나 외부 사건―정치 혁명, 또는 차입 비용을 줄여준 재정 혁신―이 원인인 경우도 있었다.

예를 들어 프랑스 왕들은 영구 조세를 부과하는 권리를 백년전쟁 (1337~1453년) 중에 얻었다. 이 전쟁에서 그들은 누가 프랑스를 통치할지 결판내고자 잉글랜드 왕들과 끝없이 싸웠다. 전쟁 초기에 프랑스 왕들은 싸우는 도중에만 세금을 걷을 수 있었고, 휴전만 해도 징세가 중단되곤 했다. 그러나 1356년에 프랑스가 참패하고 장 2세가 잉글랜드 군에 포로로 잡힌 이후 상황이 변했다. 장 2세의 몸값을 치르기 위해 평시에 세금이 징수되었고, 그의 아들로 1364년에 즉위한 샤를 5세는 1360년대에 징수액을 인상하고 영구 조세로 전환했다. 그가 강력한 상류층의 이해관계에 맞추어 세금을 조정하고, 또 더욱 중요하게는 돈을 효과적으로 사용해 안보라는 공익을 제공할 수 있음을 보여준 덕택이었다. 특히 그와 그의 사절들은 휴전 기간 동안 휴가를 받은 병사들이 무리를 지어 농촌을 초토화한, 당시 만연했던 비적 행위를 무자비하게 소탕했다. 비적단으로부터 보호된 신민들은 평시에 내는 세금이 값어치를 한다고 확신하게 되었다. 지금도 남아 있어서 확인할 수 있는 도시 몽펠리에의 기록을 보면, 가구당 연간 징세액은 1320~1333년에서 1368~1370년 사이에 무려 21배나 급증했다.[50]

서유럽의 다른 곳에서도 이런 결과는 전쟁에, 그리고 엘리트층과의 정치적 거래에 달려 있었다. 브란덴부르크 프로이센이 30년전쟁 (1618~1648년)으로 황폐해지자 그 통치자인 대선제후 프리드리히 빌헬름 1세는 상비군 창설에 필요한 세수를 원했다. 그가 내린 첫째 조치는 농노에 대한 권한 확대를 포함해 핵심 엘리트층인 귀족에게 특권을 제시하는 것이었다. 그 대가로 도시와 귀족의 대의 기구인 브란덴부르크 영방의회는 한시적 증세에 동의했다. 군사 자금을 확보한 프리드리히 빌헬름은 스웨덴과 폴란드 사이의 전쟁(1655~1660년)에 가담했고, 이 싸움을 이유로 들어 세금을 더 올리겠다고 일방적으로 결정했다. 규모를 키운 그의 군대는 인상된 세금을 전쟁이 끝난 뒤 영구 조세로 전환하는 데 반대하는 이들을 억눌렀다. 그렇지만 그는 귀족의 협력을 얻고자 그들을 군 장교와 민간 행정부의 관료로 고용하는 등, 더 많은 유인을 제공하기도 했다.[51]

서유럽에서 세금 인상은 대부분 전시나 전후에 이루어졌다. 그리고 프랑스나 브란덴부르크 프로이센에서처럼, 전형적인 증세 경로는 엘리트층에게 특권을 주거나 그들과 협상하는 것이었다. 루이 14세 같은 절대 군주도 예외는 아니었다. 근대 초기 유라시아의 표준 세율에 견주면 서유럽의 세율이 높기는 했지만, 엘리트층에게 특권을 양보한 결과 세수가 제한되었다. 보통 그런 특권에는 누구에게 과세할 수 있는지, 또는 특정 지역에서 무엇을 징수할 수 있는지를 제한하는 권리가 포함되었다. 또한 새로운 세금을 부과할 때 일종의 동의(대개 법원이나 대의 기구의 동의)를 요구하는 것도 그런 특권 중 하나였다. 그 결과 총 세수는 일정한 상한을 넘지 못했고, 지방마다 세수가 천차만별이기도 했다.

유럽에서 19세기 이전에 재정 지방주의라는 이 족쇄에서 풀려난 유일한 나라는 잉글랜드였다. 잉글랜드는 균일한 세제에 가까운 제도를 갖추고 있었다. 1688~1689년 명예혁명이 일어나 국왕 제임스 2세가 실각한 뒤, 결국 의회가 국고를 통제하고 지출의 회계감사를 하고 각료에게 책임을 지우는 권한을 획득한 이후로 잉글랜드의 세수는 더욱 증가했다. 명예혁명 이후 의회는 외교 정책을 수립했고, 중요하다고 판단한 전쟁에 비용을 넉넉하게 지출하는 안건을 의결할 수 있었다. 특히 휘그당은 여당일 때 프랑스의 불길한 위협에 대항하는 전투에 거액을 지출하는 안건을 가결할 수 있었다.[52] 명예혁명의 결과로 잉글랜드의 차입 능력, 특히 장기 대부를 받는 능력도 크게 증대했다. 1693년만 해도 전무했던 잉글랜드의 장기 대부금은 급격히 증가해 1715년 GDP의 약 45퍼센트에 달했다.[53] 그 이후 명예혁명의 영향은 재정 혁신을 거치면서, 즉 공개 시장에서 거래되는 종신연금으로 부채를 통합하는 방법을 정부가 차츰 익히는 동안 더욱 확대되었다.[54] 더구나 종신연금은 쉽게 팔렸던 까닭에 이자율이 더 낮았고, 그 덕에 잉글랜드는 전쟁에 자원을 동원하는 가변비용을 한결 낮출 수 있었다.

유럽의 다른 통치자들도 차입을 수월하게 해준 재정 혁신으로 득을 보았다. 16세기에 펠리페 2세는 멕시코와 페루에서 에스파냐로 은이 쏟아져 들어온 덕에 수입이 대폭 늘기도 했지만, 상환에 필요한 은에 의존한 국제 은행가들이 그에게 제공한 단기 신용대출이라는 새로운 자금원에서 이득을 얻기도 했다. 그 대출금은 융통성이 있었고(예컨대 은을 수송하는 선단의 일정이 지체되면 재교섭할 수 있었다), 펠리페 2세가 군사 작전에 자금을 조달하는 데 반드시 필요한 것으로 드러났다.[55] 이와 비슷하게 프랑스 왕들은 공채 매입자를 찾아내는 새로운 금융 중개인들 덕분에 장기 채권을 쉽게 팔아치울 수 있었다.[56]

토너먼트 모델은 이처럼 복잡하게 얽힌 사례들을 풀어내는 데, 그리고 일부 통치자들이 세수를 늘려서든 차입을 쉽게 해서든 자원 동원에 드는 정치적 비용을 줄인 이유를 더 깊이 이해하는 데 도움을 준다. 우리가 해야 할 일은, 군사 기술에 따라 가변비용이 변하는 것과 마찬가지로, 통치자들의 정치적 학습에 따라 정치적 비용이 변할 수 있도록 모델을 수정하는 것이다. 가령 전쟁 중인 어느 통치자가 엘리트층과 정치적 거래를 해서 세금을 늘리거나 신용대출을 더 넉넉하게 받는 방법을 알아낸다고 가정해보자. 그는 전쟁 도중이나(프랑스 국왕 샤를 5세처럼) 전쟁 이후(프로이센 대선제후처럼)에 그런 거래를 성사시킬 것이다. 그 거래는 그의 정치적 학습이며, 실행학습으로 군대가 구입하는 무기의 비용을 낮출 수 있는 상황과 엇비슷하게, 그의 후계자들은 그 정치적 학습 덕분에 자원 동원에 드는 가변비용을 낮출 수 있을 것이다. 실행학습과 마찬가지로 정치적 학습이 반드시 바라는 결과를 보장하지는 않는다. 일부 통치자들은 엘리트층과의 흥정에 성공하겠지만, 또 다른 통치자들은 거래를 시도하다가 정치적 속박에 얽매여 실패할 것이다.

그 과정은 실행학습을 모델화했던 방식과 동일한 방식으로 모델화할 수 있다. (토너먼트 모델을 간단히 확장하는 것을 비롯한 세부 내용은 '부록 C'에 있다.) 전비를 지출하는 통치자는 정치적 학습을 통해서든 재정 혁신을 통해서든 자원을 동원하는 가변비용을 낮출 기회를 얻는다. 모델을 단순화하기 위해 우리는 (앞서 실행학습을 모델에 포함했을 때와 마찬가지로) 더 낮은 비용이 그의 후계자들—이를테면 샤를 5세 이후의 프랑스 왕들—에게 적용된다고 가정한다. 그는 전쟁에서 이기기 위해 인력과 장비를 더 많이 동원하려 애쓸 테지만, 그가 이루어낸 변화는 그의 후계자가 즉위하고 나서야 영속적인 영향을 미칠 것이다.

정치적 학습과 실행학습 사이에는 두 가지 차이점이 있다. 조세 기반이나 차입 능력이 가장 크게 확대된 사례들 중 일부(또는 통치자의 정치적 비용이 가장 크게 줄어든 사례들 중 일부)는 전쟁 도중이나 전쟁 이후의 정치적 학습이 아니라, 대의 기구의 창설을 수반하는 혁명과 같은 정치적 사건에서 기인했다. 명예혁명이 한 가지 확실한 사례다. 그런 외생적인 정치적 사건과 전쟁 사이에 반드시 어떤 연관성이 있지는 않다. 그러나 그런 사건은 (명예혁명처럼) 엘리트층과 장래 통치자를 자극하는 유인을 변경할 것이고, 따라서 정치사가 장기간에 걸쳐 작용하는 방식을 보여주는 분명한 사례. 이런 정치적 사건을 토너먼트 모델에 통합하는 간단한 방법은, 해당 사건이 통치자가 직면하는 정치적 속박을 바꾼다고 생각하는 것이다. 그 사건은 정치적 속박을 바짝 조여서 장기 세수에 해가 될 수도 있다. 우리는 오스만 제국에서 그런 사례를 확인할 것이다. 반면에 엘리트층이 왕과 협력해 세금을 인상하는 결과를 불러온 명예혁명처럼 정치적 속박을 느슨하게 풀어줄 수도 있다. 이 경우 정치적 사건은 우리의 혁신 모델에서 볼 수 있는 더 많은 지식과 흡사하게 작용할 것이다. 다시 말해, 더 많은 지식과 마찬가지로 그 사건은 정치적 학습을 지속하게 해줄 것이고, 나아가 정치적 학습의 속도를 올리기까지 할 것이다.

두 번째 차이점은 기술 개선보다는 정치적 학습을 모방하기가 더 어렵다는 것이다. 유럽에서 군사 지도자는 상대의 기술을 염탐하거나 적의 혁신을 베낄 수 있었다. 예를 들어 프랑스 군은 17세기 후반에 잉글랜드 선박들을 예의 주시했고, 18세기에 해군 조선공들을 영국에 보내 영국 해군의 동태를 보고하게 했다.[57] 그러나 정치적 학습은 흉내 내기가 어려웠다. 프랑스 왕들은 자국 해군이 영국 해군을 모방하기를 바랐을 테지만, 18세기 영국 의회와 같은 전국 단위 의회를 창설한 다음에 차입과 지출, 과세와 관련한 권한을 전부 넘겨주는 것은 분명 원하지 않았다.

재정 혁신 역시 (적어도 근대 초기에는) 모방하기가 여간 어렵지 않았다. 18세기에 프랑스 왕들은 잉글랜드에서 먼저 시행한 대로 장기 부채를 통합하여 금융거래소에서 거래하도록 허용하면 차입 비용을 줄일 수 있었을 텐데도 그렇게 하기를 주저했다. 그 이유는 정치적인 것이었다. 부채를 통합해 거래할 수 있도록 허용하면 파리의 공증인들 같은 영향력 있는 중개인들에게 해가 될 터였다.[58] 더욱 우려스러운 점은 군주국의 재정 상태를 공중에게 드러내고 나면 채무 불이행이 발생할 때 정치적 유력 집단들을 편들기가 한층 어려워진다는 것이었다.

이 난점들을 우리의 모델에 통합할 방법이 있다. 통치자들이 적수의 선례를 보고서 정치적 학습을 하는 것이 아니라, 스스로 정치적 협상을 타결하고자 노력하거나 스스로 정치적 혁명을 일으키는 방식으로만 학습한다고 가정하는 것이다. 재정 혁신과 관련해서도 이와 같은 가정을 할 수 있다. 이 두 가지 가정은 틀림없이 근사치이되 타당한 근사치다.[59] 두 가정은 적으로부터 배우는 정치적 학습(또는 재정 혁신을 모방하는 것)의 장벽은 언제나 높은 반면에 실행학습의 장벽은 이따금 낮을 때도 있다고 말하는 것이나 다름없다. 또한 우리는 정치적 학습이나 재정 혁신이 보통 잊히지 않는다고 가정한다. 정치적 비용은 한번 내려가고 나면 금융 공황이나 혁명, 그 밖의 외생적인 정치적 격변이 발생하지 않는 한, 다시 올라가지 않을 것이다.

우리가 토너먼트 모델을 확장해 정치적 학습을 통합한다면(세부 내용은 '부록 C'에 있다), 그 분명한 함의는 다음과 같다.

- 정치적 학습은 자원을 동원하는 가변비용을 낮추므로 개전 결정에 영향을 미칠 것이다. 전임자 치세의 정치적 학습 덕분에 어떤 통치자의 가변비용이 감소했다면, 다른 지도자들이 전시에 그에게 도전할 가능성이 낮아질 것이다.
- 적에게서 배우는 정치적 학습은 어렵거나 불가능하므로 정치적 비용의 차이는 더 벌어질 수 있다. 가변비용이 적게 드는 통치자들은 (패권자가 출현하지 않는 한) 싸움을 택해 막강한 권력자가 될 것이다. 가변비용이 많이 드는 통치자들은 전쟁을 피할 것이고, 그 결과 기술 측면에서도 뒤처질 것이다.
- 정치적 속박을 완화하는 혁명과 여타 외생적인 정치적 사건은 (이를테면 대의 기구를 만들어냄으로써) 정치적 학습을 가속할 것이다. 재정 혁신도 동일한 영향을 미칠 것이다. 그러나 정치적 사건은 정치적 속박을 조이는 식으로 통치자와 엘리트층이 마주하는 유인을 바꿀 수도 있다. 그 결과 과거 정치적 학습의 영향이 일소될 수도 있다.
- 강대국들은 정치적 비용이 더 낮은 덕분에 세금을 인상할 수 있으므로 재정 관료제를 확대하거나 육군이나 해군의 규모를 키우

는 데 세수를 지출할 것이다. 그 결과 강대국 대열로 올라서려는 어떤 신참이든 고정비용을 더 많이 지불해야 할 것이고, 기술 측면에서 더 뒤떨어질 것이다.

서유럽을 대상으로 할 때 이 모델은 분명한 예측을 보여준다. 전쟁, 정치 혁명, 재정 혁신을 계기로 일부 통치자들은 가변비용을 줄일 수 있을 것이다. 그러고 나면 낮은 정치적 비용으로 인력과 장비를 동원할 수 있는 통치자들과 그럴 수 없는 통치자들 사이에 격차가 크게 벌어질 것이다. 패권자가 등장하지 않는 한(서유럽에서는 그럴 가능성이 낮았다), 강대국들이 대두하고, 서로 싸우고, 화약 기술의 혁신을 주도할 것이다. 광대한 영역을 다스리거나 (러시아 농노들에게 강요했듯이) 사람들에게 용역을 강요할 수 있는 경우가 아니라면, 강대국들은 과세하거나 차입해서 거액을 마련할 수 있는 통치자가 될 것이고, 대의 기구에 힘입어 무겁게 과세하고 낮은 비용으로 차입하는, 인구가 상대적으로 적은 국가들도 강대국 대열에 포함될 것이다. 유럽 내에서 강대국들 때문에 위축된 약한 통치자들은 군사 경쟁에서 발을 뺄 것이고, 서유럽 외부의 지도자들도 서유럽 강대국들에 도전하기가 갈수록 버거워질 것이다. 가변비용의 차이(아울러 대규모 군사·재정 제도를 만들어내야 하는 처지라면 높은 고정비용)만 보고도 그들 대다수는 도전할 엄두조차 내지 못할 것이다.

물론 이 모델은 유럽사를 염두에 두고서 확장한 것이다. 그러나 이 모델이 함축하는 예측과 일치하는 역사적 증거를 근대 초기 유럽에서 추가로 찾을 수 있다. 정치적 비용이 낮아졌을 경우, 우리의 모델이 예측하는 대로 1인당 세수는 전쟁과 혁명 외중에 급증했다.[60] 강대국들은 [찰스 틸리(Charles Tilly)가 강조했듯이] 작은 국가들보다 훨씬 큰 군대를 거느리고서 대두했다.[61] 근대 초기 강대국 목록은 세수 또는 차입 능력의 순위와 일치하며, 그 순위에는 대의 기구 덕에 무겁게 과세하고 낮은 비용으로 차입할 수 있었던 비교적 작은 국가들이 포함된다.[62] 그리고 강대국들(예컨대 18세기 프랑스와 영국)은 토너먼트 모델이 예측하는 그대로 서로 싸웠고, 자원을 더 많이 동원했고, 화약 기술을 선도했다. 이처럼 정치적 학습 모델은 유럽에 잘 들어맞는다. 그러나 정치적 학습이 훨씬 더 중요한 이유는 유럽뿐 아니라 나머지 유라시아에 관한 통찰도 제공하기 때문이다.

중국

토너먼트 모델의 결과가 중국에서 판이하게 나타난 원인은 유럽의 경우처럼 정치사로 거슬러올라가 찾을 수 있다. 중국과 서유럽의 결정적 차이는 중국이 대체로 커다란 제국으로 통일되어 있었다는 것이다. 이 차이는 역사적으로 중국이 대체로 패권국 지위를 유지하고, 중국만이 아니라 동아시아 전역에서 화약 기술의 발전이 지체되는 결과를 불러왔다. 중국이 대제국이었다는 사실은 중국의 주적이 유목민이었던 이유이기도 하다. 대부분의 큰 국가들처럼 중국도 유목민이 거주하는 지역, 그러니까 다른 나라들과 경쟁하면서 장수하는 국가를 지탱하기에는 인구가 너무 희박한 지역까지 세력을 확대했다는 말이다. 중국은 유목민을 상대해야 했기에, 화약 기술에 초점을 맞추는 대신 서유럽에 견주어 궁기병에 더 크게 의존했다. 물론 중국은 만리장성에서 화기를 사용하는 등 다른 방법으로 유목민을 막아내기도 했지만, 중국의 주된 방어 수단 중 하나였던 외교 정책의 전략적 사용은 화약 무기에 비용을 덜 지출하는 것을 의미했다. 이를테면 중국은 충직한 유목민 부족에게 그 보상으로 그들이 탐내는 제조품 교역을 허용했다〔중국은 그 대가로 자신들에게 필요한 말[馬]을 받았다〕. 혹은 유목민 통치자가 사망하면 대개 계승자 후보들 사이에 내전이 발발했으므로 중국은 이간책을 펴서 유목민 세력을 약하게 묶어둘 수도 있었다.[63] 크기에서 기인한 중국의 이 외교 전략 역시 장기적으로 중국이 화약 기술에 비용을 덜 지출하는 결과를 초래했다.

앞서 말했듯이, 정치경제학에서 국가 크기와 관련한 모델들은 특히 민주정이 아닐 경우에 정치체들의 크기가 대개 클 것으로 예측하며, 러시아와 무굴 제국과 오스만 제국의 사례는 근대 초기 유라시아에서 거대 국가가 드물지 않았음을 분명히 보여준다.[64] 그렇지만 중국의 정치사는 중국이 거의 언제나 거대 제국이었던 이유를 뒷받침하는 또 다른 논증을 제공한다.

이 이야기는 전쟁 도중과 전쟁 이후의 정치적 학습으로 시작한다. 중국을 통일한 첫 왕조인 진(기원전 221~206년)은 두 세기에 걸친 전쟁 끝에 경쟁 국가들을 멸망시켜서 흡수했다. 진의 지도부는 전시에 과세를 실시하고 병사를 징집하여 자원을 동원하는 능력을 획득함으로써 경쟁 국가들을 멀찌감치 따돌렸다. 우리 모델의 관점에서 보면, 그들은 가변비용을 줄이는 법을 학습하고 있었던 셈이며, 우리의 예측대로 진은 강대국으로 부상했다. 마침내 221년에 그들이 마지막 남은 강국들을 물리쳤을 때, 진의 왕은 패권자 겸 중국 최초의 황제로 등극했다.[65]

진에 이어 두 번째 통일 왕조인 한(漢: 기원전 206~기원후 220년)도

중앙집권적 관료제를 창설했다. 진의 승리에 이바지한 관료제는 시대를 몇 백 년이나 앞선 것이었다.[66] 관료제 수립은 전쟁 도중과 전쟁 이후에 이루어진 정치적 학습의 일환으로, 진의 가변비용을 낮추었을 뿐 아니라 진의 적들이 지불해야 하는 고정비용을 높이기까지 했다. 또한 관료제는 문화적 진화를 통해 장기적으로도 중대한 영향을 미쳤다. 구체적으로, 관료제는 엘리트층을 끌어당기는 유인을 변경함으로써 통일 제국의 생존에 이바지했고, 그리하여 중국을 서유럽과는 근본적으로 다른 경로로 이끌었다.

중앙집권적 관료제는 엘리트층을 공직에 종사하는 관료층으로 끌어들여 보상하는 한편, 지역 사회와 그들의 유대를 헐겁게 하고 그들을 중앙정부에 계속 충성하게 만들었다. 설령 기존 왕조가 침략군에 의해 권좌에서 밀려나더라도 관료들에게는 관료제를 보존할 유인이 있었다. 침략자들을 위해 봉직하면서 계속 보상을 받을 수 있었던 것이다. 그런 까닭에 중국 제국을 정복한 외부인들은 이를테면 명 왕조를 폐위시킨 만주족처럼 대개 기존 관료제를 그대로 넘겨받아 중국을 한결 수월하게 통치할 수 있었다.

〔제인 버뱅크(Jane Burbank)와 프레더릭 쿠퍼(Frederick Cooper)가 말했듯이〕 중국의 관료제는 로마 제국의 상황과 현저히 대비되는 정치적 결과를 불러왔다. 중국의 정책과 판이하게 달랐던 로마의 정책은 결국 제국의 쇠락을 조장했다. 중국 관료들과 달리 로마 엘리트들은 보상을 위해 공직에 의존하지는 않았다. 설사 로마 제국이 침략당하더라도 그들은 지방의 사유지로 돌아가 안락한 삶을 영위할 수 있었기에 중국 관료들보다 제국의 생존을 덜 중시했다. 다시 말해, 로마 제국이 외세의 공격을 받더라도 그들은 제국을 결속할 필요성을 절박하게 느

끼지 않았다.[67]

중국 제국에서 문화적 진화는 다른 방식으로도 제국의 정치적 통일을 강화했다. 첫째, 관료제가 보상을 제공한 까닭에 중국 엘리트층은 군 복무 경력에 끌리지 않았다. 그 대신 그들은 관직에 오를 길을 열어주는 학식과 교육을 추구했다.[68] 무관이 아닌 문관으로 경력을 시작하고 나면 그들이 침략군에게 무력으로 저항하거나 반란을 이끌 가능성은 더 낮아졌을 것이다. 오히려 관료제를 온존하려는 침략군을 그들이 섬길 가능성이 더 컸을 것이다.

관료들을 장악한 유교 사상은 전쟁을 탐탁지 않게 여기고 통치자와 관료에게 전쟁 대신 민생을 돌보라고 촉구하여 군에 대한 반감을 고조시켰을 것이다.[69] 적어도 전통적인 논증에 따르면 유교 사상은 이런 방식으로 작용했을 것이다. 그러나 근래의 연구는 이런 견해에 심각하게 의문을 제기한다. 어쨌거나 실제로 유교 관료들이 군사 개혁을 주도했거니와 청대에는 무용(武勇)이 극히 중요했기 때문이다. 그럼에도 유교 사상은 관료들이 주전론을 펴기에 앞서 망설이는 이유가 되었을 텐데, 관료제 내부의 경쟁자들이 유교에 호소하며 반전론으로 맞서리라는 것을 알고 있었기 때문이다.[70] (이 점은 서유럽과 확연히 상반된다. 적어도 18세기 후반까지 정치적 발언권을 가진 유럽 엘리트들은 거의 이구동성으로 주전론을 지지했다.) 관료들의 망설임 역시 중국 제국이 통일을 유지하는 데 도움이 되었을 것이다.

문화적 진화는 서민층에도 영향을 끼쳤다. 중국을 통일한 제국은 오랜 전쟁을 멈추고 백성들에게 안보라는 귀한 선물을 제공했다. 그러고 나자 통일 유지가 국가 관념의 본질적인 부분이 되었으며, 이 생각은 중국이 반란과 내전으로 어지러울 때조차 변하지 않았다.[71] 이러한 국가 관념과 더불어, 교육과 이주, 지배적인 문화의 강요를 통해 종족 간 차이를 줄이려는 노력은 제국이 온존하는 데 이바지했다. 그 노력은 중국 안에서 종족과 언어의 차이에 명백한 흔적을 남겼다. 중국 밖에서 종족과 언어의 다양성에는 대개 토질과 해발 고도의 차이가 반영되어 있었다. 그 이유는 간단하다. 과거에 사람들은 토지 유형에 맞추어 농사짓는 법을 배우고 나면 다른 지역으로 가져가기 어려운, 자기 지역 특유의 인적 자본(본질적으로 보아, 작물을 어느 시기에 어떻게 파종하고 가축을 어떻게 기르는가에 관한 지식)을 축적했기에 다른 곳으로 이주하기가 어려웠다. 그런데 중국 안에서는 다른 무언가가 작용했던 듯하다. 인접한 지역들의 종족적 동질성이 토지의 특성에 근거하여 예측하는 정도보다 더 강했다. 학자들이 주장해온 대로, 그 다른 무언가는 중국에서 국가가 오랜 기간 문화적 동질화를 위해 쏟아온 노력일 가능성이 크다.[72] 문화적 동질성은 제국을 결속하는 또 하나의 힘이었을 것이다.

이처럼 정치사는 서유럽의 경로와는 완전히 다른 경로로 중국을 이끌었다. 중국에서도 정치사는 단기적으로는 정치적 학습을 통해 작용했다. 두 세기 동안 전쟁이 잇따른 뒤, 진나라가 최초로 중국을 통일했다. 뒤이어 진 왕조와 한 왕조는 관료제를 창설하여 엘리트층을 제국에 묶어두었다. 장기적으로 정치사는 문화적 진화를 촉발하여 제국을 더욱 강화하고 외세의 침략을 받고도 생존할 수 있게 했다. 그 결과 중국을 통일한 국가들은 대개 유목민을 주적으로 삼은 패권국이 되었다. 황제들은 화약 기술을 사용하긴 했으나 장기적으로 화약 기술에 비용을 지출할 이유도 없었을 뿐 아니라, 실행학습을 통해 화약 기술을 개선할 이유도 별로 없었다.

일본, 러시아, 오스만 제국, 18세기 인도

중국에서 그랬듯이, 정치사는 일본, 러시아, 오스만 제국, 18세기 인도를 서유럽에서 두루 나타난 결과와는 다른 결과로 이끌었다. 정치사는 짧게는 정치적 학습을 통해 작용했고, 길게는 엘리트층의 유인을 바꾸어놓았다.

일본에서의 전환점은 도쿠가와 막부의 전국 통일이었다. 도쿠가와 막부는 패권자로서 일본 내에서 토너먼트 모델을 중단시키고 화약 기술의 혁신에 종지부를 찍었다. 통일과 더불어 일본을 황폐화하던 내전이 멈추었고, 내구력 강한 정권이 수립되어 두 세기 동안 평화라는 축복을 베풀었다. 일본을 통일한 세 다이묘는 어떻게 그런 결과를 가져왔을까?

세 다이묘는 자원을 대규모로 동원하는 방법을 알아냈던 것이 분명하다. 그들은 정치적 학습의 일환으로 그 방법을 깨달았고, 그 결과 일본 내에서 적을 물리치고 평화를 확립할 수 있었다. 그런데 그들의 성취는 그것 이상이었다. 평화는 누구에게나 이로웠지만, 패했는데도 불구하고 반항적인 다이묘라면 평화를 소중히 여기는 것보다 달콤한 복수를 모색했을 것이다. 간단히 말해, 평화는 쉽게 깨질 수 있었기에 평화를 유지하려면 엘리트층의 유인을 바꾸어야 했다.

세 다이묘 중 첫째인 오다 노부나가(織田信長)는 폭력으로 적을 파괴하는 전략을 구사했다. 그러나 그 전략은 통일을 유지하는 데 도움이 되기는커녕 복수와 저항을 유발하기 십상이었을 것이다. 둘째인 도요토미 히데요시(豊臣秀吉)는 달랐다. 그는 자신의 대의를 지지하는 다이묘들은 물론이고 자신이 물리친 다이묘들과도 화해하고 연합체를 구축하는 편을 선호했다. 그 결과 다이묘들이 광범한 지역 권력을 보유하는 안정적인 연방제적 국가가 수립되었다. 셋째 다이묘인 도쿠가와 이에야스(德川家康)와 그의 계승자들은 잔존하는 저항을 신압하는 한편, 다이묘들에게 쇼군이 통제하는 에도(江戸)에 거주하거나 가족을 인질로 남기도록 요구함으로써 통제의 고삐를 조였다. 이 조치(그리고 다른 조치들)로 막부에 반대하는 데 드는 고정비용이 증가했지만, 다이묘들은 여전히 지역에서 권세를 누릴 수 있었으므로 막부를 계속 지지했다.[73] 우리의 확장 모델의 관점에서 보면, 통일은 장기적으로 엘리트층의 유인을 바꾸었고 반란이 일어날 확률을 낮추었다. 그 결과 일본 내에서 쇼군의 패권자 지위는 더욱 강화되었다.

오스만 제국은 어땠을까? 적들을 상대하느라 화약 기술에 역점을 두지 못한 오스만은 혁신의 최전선에서 뒤처졌다. 시간이 흐를수록 오스만 육군은 보병과 화약 무기를 강조했으나, 18세기 오스만 제국은 서양 기술을 진심으로 받아들일 의향이 있었는데도 변변찮은 조세 수입 탓에 군사 부문이 약해졌다.

오스만의 조세 수입에 제한이 있었다는 것은 놀라운 일이다. 16세기만 해도 오스만 술탄이 프랑스 통치자보다 훨씬 강력해 보였으니 말이다. 마키아벨리는, 프랑스 왕과 달리 술탄은 지역 엘리트층의 권리에 에워싸여 있지 않다고 보았다.[74] 그러나 18세기 무렵 오스만 제국에서 세금을 걷고 지방 행정관 직무를 수행하고 군사 명령을 하달 받던 지역 지도자들은 세수를 점점 더 많이 착복하거나, 칙명을 거역하거나, 적의 편으로 변절하기까지 했다. 술탄은 처형하든지 가족의 재산을 몰수하겠다며 그들을 위협할 수는 있었지만 그들을 갈아치울 뾰족한 수가 없었기에, 결국에는 용서할 공산이 컸다. 술탄이 군사 작전을 펼칠

때만 해도 그토록 커 보였던 지역 수입과 자원에 대한 통제력은 그의 손아귀를 벗어나버렸다.[75]

서유럽의 주요 군주들은 적어도 17세기 전반 이후로는 약하지 않았다. 그 결과 오스만 황제들이 자원 동원에 들이는 정치적 비용이 증가했다. 그들은 세금을 인상할 수 없었고, 설상가상으로 명령조차 수행되게 할 수 없었다.

황제의 권력이 약해진 한 가지 이유는, 17세기에 오스만의 팽창이 중단되어 기병 대군을 통솔하는 지휘관들에게 새로운 토지를 하사할 권리를 잃은 것이었다.[76] 예니체리(yeniçeri), 즉 시간이 갈수록 중요해진 보병 부대에서 복무한 군사 노예들도 차츰 자율성을 키우며 황제의 권력을 약화시켰다. 중동에서 흔했던 예니체리는 본래 훈련된 충직한 병사로 복무했을 뿐 무슬림 통치자의 권력을 전혀 위협하지 않았다. 그런데 점차 단단히 뿌리내린 이익집단으로 변모하여 탄압을 받다가 결국 1826년에 폐지되기 전까지 군사 개혁을 저지했다.[77] 바꾸어 말하면, 그들은 군대의 효과를 높이려는 황제를 얽매는 심각한 정치적 속박이었다.

토너먼트 모델의 관점에서 보면, 이러한 속박은 황제로 하여금 가변 비용을 낮추지 못하게 하는 것과 같았다. 이뿐 아니라 예니체리는 더 중요한 간접적인 방식으로도 황제의 잠재적 수입을 제한했다. 군사 노예에 의존한 무슬림 통치자는 중세 서유럽의 약한 통치자들만큼 엘리트층과 협상할 동기가 그리 강하지 않았다. 마키아벨리가 말한 강점의 원천—오스만 황제는 지역 엘리트층과 그들의 권력을 두고 협상할 필요가 없었다는 것—이 결국에는 치명적인 약점임이 드러났다. 서유럽 통치자들은 엘리트층과 협상하여 결국 영구 과세제를 얻은 반면, 오스만 술탄들은 결코 얻지 못했던 것이다.[78] 오스만 제국에서는 이전의 정치사―예니체리를 활용하겠다는 결정―로 인해 대안적 방식, 즉 대의 기구로 발전할 가능성이 있는 엘리트층과의 협상을 통해 자원을 동원하는 방식이 배제되었다. 예니체리는 의심할 나위 없이 인력과 장비를 동원하는 정치적 비용을 줄여주었고, 따라서 그들을 채택하는 것은 정치적 학습이나 마찬가지였다. 그러나 예니체리는 길게 보면 훨씬 더 풍부한 대안적 수입원을 제거하는, 예상치 못한 결과를 불러왔다. 요컨대 예니체리는 정치적 학습을 심각하게 제약한 정치적 속박이었다.

러시아는 과거 정치사에서 기인하는 이 모든 속박에 직면하지 않았다. 러시아 차르들, 특히 표트르 대제는 농노를 소유한 귀족과 공조하여 엄청난 수의 농노를 징집하고 그 대가로 귀족에게 토지를 양여했으며 농노에 대한 그들의 권한을 강화하는 방법을 학습했다.[79] 정치적 학습을 통해 농노를 징집한 차르들은 자원 동원 비용을 절감할 수 있었고, 서유럽에서 최신 화약 기술을 받아들인 노력에 힘입어 러시아는 강대국으로 발돋움했다. 러시아를 방해한 것은 오로지 경제의 후진성이었다.

마지막으로 18세기 인도가 남았다. 인도의 문제는 분명했다. 무굴 제국이 해체되는 가운데 대두한 지도자들과 국가들은 서로 끊임없이 싸우면서도 자원을 대규모로 동원할 수 없었다. 그들은 효율적인 재정 제도를 수립하지도 못했고, 지역 엘리트층으로부터 자원을 뜯어내지도 못했다. 어떤 장벽들이 그들의 앞길을 막았던 걸까?

그 장애물들은 대체로 정치사의 결과물이었다. 무굴 제국은 세력이 가장 왕성한 시기에도 분권화되어 있었다. 무굴 제국은 관료제가 점차 허물어지는 상황에서, 18세기에 해체되기 이전부터 지역 실권자들에게 의지해 세금을 징수하고 그 대가로 상당한 자치권을 주었다. 유럽의 왕들도 한때 그렇게 했지만, 적어도 영구 조세를 부과하는 데 성공한 국가들에서는 중세 후기부터 세수에 대한 통제력이 갈수록 강해졌다. 그에 반해 인도에서는 1720년대 무렵에 지역 실권자들이 우위를 점했다. 지역 실권자들은 명목상 자신들을 통제하는 지방관들과 한통속이 되어 과세 자원에 관한 정보를 모으려는 제국의 노력에 저항했고, 중앙정부가 거두어들이는 자신들의 수입을 제한했다. 무굴 황제가 지역 엘리트와 지방관을 복종시키지 못하는 상황에서 (영국 동인도회사가 인도를 정복할 때 핵심 근거지였던 벵골 지방을 포함해) 지방들은 저마다 자치 공국으로 변모해갔다.[80]

1739년에 인도를 침공한 나디르 샤는 무굴 제국에 궤멸적인 피해를 입혀 해체를 앞당겼다. 나디르는 무굴 군을 완파한 뒤 북인도를 장악했고, 몇 달 후에 군대와 함께 인도에서 떠나기는 했으나 페르시아에서 3년간 징세하지 않아도 될 정도로 풍족한 약탈품을 가져갔다. 이 공격으로 안 그래도 허물어지고 있던 무굴 황제의 권위가 더욱 실추되었고, 이미 황제의 지시에 어깃장을 놓고 있던 지방관과 지역 엘리트층에 대한 통제력이 한층 약화되었다. 특히 벵골 같은 북동부 지방들에서 그러했다.[81]

그렇지만 무굴 제국의 잔해에서 출현한 신흥 세력들은 효율적인 재정 제도를 갖추고 있지 못했다. 중국을 정복한 침략자들과 달리 그들은 생산적인 재정 관료제를 그대로 넘겨받을 수 없었다. 중앙정부가 지역의 세수를 통제하지 못하는 마당에 무굴 제국이 효율적인 재정 제도에 가까운 무언가를 가지고 있을 리 만무했다. 신흥 세력들은 맨땅에서 재정 제도를 만들어내야 했는데, 이는 쉬운 일이 아니었을 것이다. 그들은 과세 가능한 재산과 수입에 관한 정보가 없었고, 그들의 지역 동맹들은 태도를 바꾸어 증세 시도에 저항했다. 간단히 말해, 그들은 엄청난 양의 정치적 학습과 버거운 행정 과제에 직면했을 것이다. 게다가 그들이 무굴 제국으로부터 물려받은 정치적 속박이 학습을 통해 할 수 있는 일을 심각하게 제약했다. 다른 세력들보다 강성했던 마이소르 왕국이 지역 엘리트층에게서 돈을 받아내는 데 그토록 애를 먹은 데에는 이런 사정이 있었다.

인도에서 이 신흥 세력들과 싸운 동인도회사는 단연 유리한 위치에 있었다. 앞서 말했듯이, 유럽에서 이미 완료한 정치적 학습을 활용할 수 있었던 것이다. 동인도회사는 영국이 남아시아에서 프랑스 군과 교전하기 위해 보내는 자금과 군사 자원(아울러 선진 군사 기술)에 의존할 수 있었다. 그 덕에 동인도회사는 부유한 벵골 지방에서 징세권을 틀어쥐었고, 지역 엘리트층에게 군사 안보를 제공하는 대가로 세수를 더 많이 받기로 그들과 합의를 보았다. 동인도회사는 이 수입에 힘입어 적어도 자금 경쟁에서는 신흥 세력들을 따돌렸고, 인도를 추가로 정복하고 장악할 길을 닦았다. 동인도회사의 우위는 정치적 학습으로 점할 수 있는 우위, 전쟁에 자원을 동원하는 비용의 차이를 크게 만드는 우위였다.

결론

근대 초기까지 1000년간 계속된 전쟁과 뒤이은 문화적 진화는 서유럽을 서로 적대시하는 작은 국가들로 갈라놓았다. 각국의 통치자와 엘리트는 영광을 비롯해 전투에 걸린 상들을 차지하고자 싸움에 몰두했다. 그 과정에서 일부 지도자들은 낮은 정치적 비용으로 막대한 자원을 동원할 수 있었으며, 러시아와 폴란드, 헝가리가 유목민을 막아준 덕분에 그들 모두는 서로 교전하는 동안 화약 기술에 크게 의존했다. 간단히 말해서, 근대 초기 내내 서유럽에서는 토너먼트 모델이 요구하는 조건들이 모두 충족되었다. 나머지 유라시아에는 그런 지역이 전혀 없었다.

유라시아의 다른 곳들에서 나타난 결과와 확연히 다른 이 결과는 정치사의 산물이었다. 정치사는 단기적으로는 정치적 학습을 통해 작용했고, 장기적으로는 통치자와 엘리트의 유인을 바꾸어놓은 문화적 진화와 정치적 사건을 통해 작용했다. 궁극적으로 정치사는 서유럽의 정치 발전 경로를 나머지 유라시아와는 다른 방향으로 이끌었다.

동아시아와 달리 유럽에서는 오래 존속한 패권자가 없었고, 오스만 황제들과 달리 서유럽 왕들은 군사 노예에 의존하지 않은 까닭에 자원을 더 얻기 위해 지역 엘리트층과 협상할 필요가 없었다. 그 결과는 기술적 격차만이 아니었다. 낮은 정치적 비용으로 군사 자원을 모으는 능력을 척도로 삼아 비교하면, 정치적 격차도 벌어졌다. 18세기 무렵 서유럽의 주요 강국들 대다수는 자금을 차입할 수 있었고, 나머지 유라시아보다 1인당 조세를 무겁게 부과했다. 그 국가들은 최소한 지역 엘리트들 일부가 참여하여 정부의 차입과 새로운 조세 부과를 용이하게 하는 대의 기구를 갖추고 있었고, 정치 혁명(주로 19세기의 혁명) 덕분에 결국 전국 수준의 대의 기구를 수립해 세수를 더욱 늘릴 수 있었다. 이 점에서 나머지 유라시아는 재정 제도와 대의 기구를 서유럽만큼 발전시키지 못한 채 뒤떨어졌다.[82] 통치자에게 돈을 빌려주는 방법을 모르지는 않았지만, 유럽에 견주면 초보적인 수준이었다. 이를 단적으로 보여주는 사례를 하나 들자면, 중국은 18세기에 공채가 없었

고 1인당 조세가 훨씬 적었다.[83]

우리의 모델에 입각해서 예측하면, 지난날 정치적 격차를 따라잡은 진 왕조가 중국을 통일하고 도쿠가와 가문이 일본을 통일한 사례처럼, 유럽의 정치적 우위는 열려 있었을 것이다. 그렇지만 도쿠가와 쇼군들은 일본 내에서 패권자가 되었고, 대체로 중국 황제들은 동아시아에서 패권자가 되었다. 서유럽은 그런 운명을 모면했다. 서유럽에는 오래 존속한 패권자가 없었다. 서방 기독교가 그런 패권자의 출현을 방해했거니와, 중세 전기 수백 년 동안 강한 국가라고 부를 만한 나라가 없었다. 그런 까닭에 서유럽의 주요 강국들은 나머지 유라시아의 국가들보다 훨씬 적은 가변비용으로 자원을 동원할 수 있었다. 이 차이는 궁극적으로 서유럽이 군사적 격차를 더욱 벌리는 결과로 나타났다. 서유럽 주요 열강의 지도자가 세수를 사용해 육군이나 해군을 증강할 때마다, 나머지 유라시아의 통치자는 만일 서방의 적수에게 도전하길 원한다면 고정비용을 훨씬 많이 지출할 수밖에 없었기 때문이다. 서유럽 외부의 세력들은 그나마 자국 근처에서 싸울 경우에만(혹은 러시아처럼 대규모 징집을 강요하고 군사 기술을 차용할 수 있는 경우에만) 서유럽 열강에 도전할 엄두를 낼 수 있었을 것이다.

다시 한 번 강조하지만, 유럽이 걸어간 다른 경로는 결코 예정된 것이 아니었다. 그것은 정치사의 귀결이었고, 그 역사의 태반이 단순히 전시의 정치적 학습으로 채워졌던 것은 아니다. 오히려 정치사는 (찰스 틸리가 강조했듯이) 국제 관계와 국내 정치경제를 포함한 많은 요인들에 의해 형성되었다.[84] 적어도 몇몇 시기에는 다른 시나리오들도 가능했고, 그중 일부를 다음 장에서 간략히 살펴볼 것이다. 그렇다고 해서 유럽의 귀결이 대체로 우연의 소산이었던 것은 결코 아니다. 서유럽은 산업혁명이 시작되기 전부터 정치적·기술적 격차를 점점 더 벌렸다. 그리고 그것이 우연이 아니었던 까닭에 유라시아의 다른 세력들은 그 격차를 따라잡기가 훨씬 더 어려웠다.

그렇지만 대안 시나리오들을 검토하기 전에 서유럽과 나머지 유라시아를 구별짓는 마지막 특성을 설명해야 한다. 서유럽에서 민간 사업가들은 널리 퍼져 익숙해진 화약 기술을 쉽게 활용하고 무역과 탐험, 정복을 위한 민간 원정에 그 기술을 사용할 수 있었다. 그들을 가로막는 법적·정치적 장애물이 거의 없었고, 그들의 원정—유럽이 세계를 정복하는 과정에서 필수적인 역할을 했다—에 자금을 대기 위해 돈을 마련하거나, 합자회사 또는 모험사업(venture) 법인을 조직하기가 어렵지 않았다. 나머지 유라시아에서는 사정이 달랐다. 커다란 장애물들이 민간에서 화약 기술을 사용하지 못하도록 차단하고 대외 무역에 종사하려던 민간의 노력을 방해한 탓에 민간 사업가들이 정복이나 탐험 원정에 나서기가 훨씬 어려웠다. 이 차이는 중대한 결과를 불러왔다. 다음 장에서 이 부분을 짚어볼 것이다.

5장

화약 기술에서
민간 원정으로

서유럽에서 토너먼트 모델은 화약 기술에 거액을 지출하는 방향으로 통치자들을 몰아갔고, 결국 그들이 화약 기술의 사용에서 우위를 점하게 해주었다. 그런데 이런 아낌없는 정부 지출과 기술 우위가 어떻게 정복으로 전환되었을까?

초기 정복자들은 대부분 장군이나 제독이 아닌 민간 모험가였다. 그들은 대체로 군주에게 일종의 연줄을 댔고, 대개 통치자의 지원을 받았다. 그러나 그들이 왕실의 대규모 침공군을 지휘했던 것은 아니다. 그들의 부하들 태반이 노련한 병사였던 것도 아니다. 그렇다면 그들은 어떻게 화약 기술을 손에 넣었을까? 어떻게 해외에서 권력을 잡고 자원을 갈취할 정도로 화약 기술을 마음껏 활용할 수 있었을까? 그리고 유럽의 왕들과 군주들은 막대한 병력을 거느리고도 어째서 민간 모험가들에게 의존했으며, 더 나아가 그들을 격려하기까지 했을까?

이 물음들의 답 또한 정치사에 달려 있으며, 그 답을 찾는다면 서양이 부상하여 세계를 정복한 역사 외에 다른 어떤 시나리오들이 가능했을지 상상하는 데 도움이 될 것이다. 서유럽에서 민간 사업가들은 널리 퍼져 익숙해진 화약 기술을 쉽게 활용하는 한편, 민간의 무역과 탐험 및 정복 원정에 그 기술을 사용할 수 있었다. 그들의 원정에 자금을 대는 일도 그리 어렵지 않았다. 그러나 다른 곳의 상황은 사뭇 달랐다. 서유럽 외부에서 사업가들은 화약 기술을 이용하거나 정복이며 탐험, 무역 따위를 목표로 원정을 시작할 때 커다란 장애물에 맞닥뜨렸다. 이 현저한 차이는 중대한 결과를 가져왔거니와, 유럽이 세계를 정복한 또 다른 이유이기도 하다. 이 차이의 기원 역시 정치사에 있음이 드러날 것이다. 우리는 그 기원을 검토하여 어떤 대안적인 정복 시나리오들이 그럴듯했는지 밝힐 수 있을 것이다.

정복자들은 어떻게 화약 기술을 손에 넣었는가?

알다시피 화약 기술은 유럽인이 드문 이역만리에서 권력을 휘두르려는 이들에게 이상적인 기술이었고, 보통 인원 부족을 상쇄하는 최고의 방법이었다. 엄청나게 많은 유럽인 병사들을 가령 라틴아메리카나 아시아까지 실어 나르는 것은 어림없는 일이었다. 비용이 너무 많이 들고 사망률이 매우 높았기 때문이다.[1] 비록 한계는 있었으나, 해결책은 (군 인력을 물적·인적 자본으로 대체하는) 화약 기술이었다. 한 줌밖에 안 되었던 포르투갈 인들은 화약 기술을 가지고 있었기에 무장선을 통해 남아시아 상인들의 돈을 갈취하고 유럽식 방어 시설에 몸을 숨긴 채 포위군을 격퇴할 수 있었다. 라틴아메리카에서 소수의 유럽인은 아스텍 제국과 잉카 제국의 통치자들을 사로잡고 그들의 꼭대기 자리를 차지할 수 있었다. 남아시아에서나 라틴아메리카에서나 유럽인은 식민지 개척자도 많지 않고 어떤 종류의 점령군도 없었는데도, 화약 기술에 힘입어 토착민 동맹을 끌어들이고 폭력으로 위협해 자원을 강탈할 수 있었다. 사실 코르테스 같은 정복자는 신세계를 향해 출항할 때만 해도 군사 경험이 전무했다.[2] 그런데도 코르테스를 비롯한 초기 정복자들은 어떻게 자신에게 유리한 쪽으로 군사 균형을 바꿀 정도로 위력적인 화약 기술을 손에 넣었던 걸까? 그리고 어떻게 그 기술을 충분히 학습했을까?

코르테스의 부하들 모두가 유럽에서 오랫동안 전쟁을 경험한 군인이었던 것은 아니다. 멕시코 정복에 참여한 유럽인 2100여 명 대다수에 관한 정보는 별로 알려진 바가 없지만, 153명의 직업만큼은 상세히 알려져 있고 그중 28퍼센트는 넓게 보아 군인이라 부를 수 있는 직업(육군과 해군 병사, 도선사, 포수, 총포 제조공)을 가지고 있었다. 또 다른 10퍼센트는 귀족이었을 테고, 따라서 무기와 말에 익숙했을 것이다. 그렇다 해도 절대다수는 유럽에서 전쟁에 참전했던 군인이 결코 아니었다. 피사로의 부하들도 마찬가지여서 "극소수만이…… 유럽에서 직업적 군사 경험이 있었다."[3]

그렇지만 가장 중요한 점은 코르테스와 피사로 둘 다 휘하에 노련한 병사들을 일부 거느렸다는 것, 그리고 전쟁을 유럽에서 경험한 부하는 거의 없었을지라도 신세계에서 경험한 부하는 많았다는 것이다. 포르투갈인들도 동남아시아에서 이와 비슷한 이점을 가지고 있었다.

예컨대 바스쿠 다 가마(Vasco Da Gama), 페드루 알바리스 카브랄(Pedro Alvares Cabral), 아폰수 드 알부케르크(Afonso de Albuquerque)는 북아프리카에서 무슬림과 싸운 전력이 있는 이들과 동행했다. 유럽에서처럼 베테랑이 신참을 훈련시키고 지휘할 수 있었고, 신세계에서 함께 싸우는 동안 그들은 전장에서 거듭 입증해 보인 규율을 배웠을 것이다.[4]

실은 유럽인이 그런 규율을 보여주지 못했다면 도리어 그것이 아주 놀라운 일이었을 것이다. 적어도 에스파냐에서는 천만뜻밖의 일이었을 것이다. 15세기 말엽에 에스파냐는 내전, 그라나다의 무슬림 토후국을 정복하려는 군사 작전, 이탈리아에서 벌어진 프랑스와의 분쟁을 통해 전투에 단련된 다수의 병사와 장교를 얻었다. 에스파냐 군주국은 신민에게 권총과 베는 무기를 소지하고 민병대나 평화유지단의 일원이 되어 그런 무기를 사용하라고 독려했다. 분명 법률로 총기 소유를 통제하긴 했지만, 이 제약으로 무기 소유가 근절되거나 신민에게 권총과 베는 무기를 소유하라고 권고한 정책이 상쇄되지는 않았다.[5]

에스파냐가 예외적 사례였던 것도 아니다. 근대 초기에 군 복무는 흔한 일이어서, 피사로가 서유럽인을 무작위로 차출했더라도 그의 부하 167명 중에 전쟁으로 검증받은 참전 군인이 적어도 한 명은 포함될 확률이 99퍼센트 이상이었을 것이다.[6] 그리고 유럽인 대다수는 설령 군 복무 경험이 없었을지라도 화약 기술에 익숙했다. 민간인의 무기 소유를 막기에는 서유럽의 총기 규제 법률에 구멍이 너무 많았기 때문이다. 뉘른베르크 인근에서 총기 소유는 흔한 일이었고, 17세기경 프랑스의 농민들은 머스킷을 소유했으며, 도시 주민들은 축제 때면 머스킷을 발사했다. 화기는 17세기 잉글랜드에서도 널리 보급되었고, 지역의 평화 유지 활동에 이바지하리라 기대되는 사람이 제공하는 것들 중 하나였다. 잉글랜드에서 화기 소유를 제한하려던 시도는 격렬한 저항을 불러일으켰고, 결국 1689년 '권리장전'에 무기 소유권이 명시되었다.[7] 마지막으로, 총기는 비싸지 않았다. 17세기 전반에 파리와 런던에서는 가난한 미숙련 날품팔이일지라도 2주나 3주치 임금으로 화승식 머스킷을 구입할 수 있었을 것이다.[8]

따라서 초기 정복자들은 설사 민간 모험가일지라도 화약 기술을 사용할 수 있었다. 그리고 알다시피 그들에게 화약 기술은 엄청나게 유용했다. 그렇지 않았다면 코르테스가 테노치티틀란을 공격하기 위해 브리건틴선 열세 척을 건조한 다음 분해한 상태로 험준한 지형을 약 80킬로미터나 가로질러 운반한 이유가 무엇이었겠는가? 그렇지 않았다면 어째서 포르투갈 인들이 믈라카를 함락하자마자 서둘러 요새를 건설했겠는가? 그들이 어떻게 기록했든지 간에 더 중요한 것은 그들의 행동이다.

초기 정복자들 전부가 민간 모험가였던 것은 아니다. 아시아에서 활동한 포르투갈 인들은 예외였다. 그들은 특히 포르투갈 왕실이 요새를 건설하고 무역을 후원하는 전략에 초점을 맞춘 이후 급속히 정부 차원의 노력으로 변한 사업에 종사했다. 그런 까닭에 아시아에 머물던 포르투갈 인들은 군주정의 지원을 받아 개발한 최신식 선박, 해군 병기, 방어 시설, 항해 지식을 갖추고 있었다. 포르투갈 군주정이 그렇게 했던 한 가지 이유는 유럽 토너먼트에 관여하고 있었고 특히 카스티야 군주와 경합하고 있었기 때문이다.[9]

시간이 흐르면서 국가가 민간의 노력을 통제하긴 했으나 그런 일이 하루아침에 일어나지는 않았으며, 거기에는 그럴 만한 이유가 있었다. 다른 곳도 아닌 유럽에서마저 군주들은 오랫동안 민간 사업가들에게 의지해 전쟁을 일으켰고, 보급품이나 전쟁 자금만이 아니라 군대 동원과 실전까지 민간에 맡기는 관행이 17세기 들어서도 한참 동안 존속했다. 군주들은 사략선을 허용하는 식으로 바다에서도 민간에 의지할 수 있었다. 두 관행 덕분에 통치자들은 군수품과 군사 용역을 거래하는 유럽의 거대 시장과, 거기서 넉넉히 공급되는 용병, 무기 제작자, 군납업자를 활용할 수 있었다.[10] 군주는 그들의 전문 지식으로 이익을 얻을 수 있었고, 군납업자와 사략선 선원, 용병 장교의 보수를 약탈품으로 지급함으로써 그들의 사욕 추구를 이용하는 한편, 가혹한 증세에 따르는 정치적 비용을 일부 피할 수 있었을 것이다. 아주 간단히 말해서, 군주가 그들에게 의존한 것은 현대 기업이 급여 지불을 준비하는 업무를 사내에서 하지 않고 외부에 위탁하는 일과 별반 다르지 않았을 것이다. 게다가 민간 부문과 공공 부문을 가르는 경계선이 흐릿했던 근대 초기 유럽에서는 그런 식으로 외부에 위탁하기가 아주 쉬웠다.

민간의 정복은 그저 유럽 내부의 관행을 다른 대륙들로 확대한 데에 지나지 않았다. 정복자들은 후원자들로부터 자금을 모았고, 보병과 장교, 상인 같은 원정 참가자들에게 지분을 약속했다.[11] 17세기경 민간 모험사업은 세계 최초의 합자회사들로 조직되어, 거래소에서 이익 지분을 사고파는 방식으로 자금을 더 많이 조달할 수 있었다. 이들 회사는 아시아와 카리브 해를 비롯해 세계 각지에서 무역에 종사했지만, 대개 그 무역은 근거지를 차지하고 경쟁자를 몰아내고 상업 독점을 얻기 위해, 또는 국가와 상업의 이해관계가 걸린 대륙 간 전투로 변모한 투쟁에서 다른 유럽인에게 맞서 스스로를 보호하기 위해 군사력을 동원했다. 합자회사들은 군사 작전을 수행할 권리가 있었고, 개중에 가장 큰 네덜란드 동인도회사와 영국 동인도회사는 양국 정부의 외교 정책에서 중요한 무기가 되었다. 네덜란드 동인도회사는 포르투갈의 거점과 해운을 표적으로 삼았고, 오늘날의 자카르타에 요새화된 수도를 건설했으며, 아시아와 라틴아메리카에서 에스파냐 군과 포르투갈 군에 대한 네덜란드 군의 합동 공격을 지원했다. 영국 동인도회사는 아시아에서 프랑스 군과 싸웠고 결국 인도를 정복했다.[12] 서유럽은 이 민간 회사들의 도움을 받아 화약 기술을 사용하는 전쟁을 해외로 수출했다.

이 모든 군사 작전을 민간이 수행했으므로 통치자들이 과연 정말 중요했는지 의심하는 사람이 있을지 모르겠다. 그들의 전비 지출은 세계 정복에 정말로 필요했을까, 아니면 지엽적인 문제에 불과했을까? 서유럽 통치자들이 전쟁에 한 푼도 안 쓰는 극단적인 상황을 가정해보자. 그래도 민간 사업가들은 이윤 동기 하나만으로도 정복에 나서지 않았을까? 황금을 향한 정복자들의 욕망만으로도 아스텍 제국과 잉카 제국을 쓰러뜨리기에 충분하지 않았을까?[13]

그 욕망만으로는 결코 충분하지 않았을 것이다. 통치자들이 전비를 쓰지 않았다면 서유럽인이 화약 기술을 충분히 혁신했을 리 만무하다. 통치자들은 군사에 거액을 지출했고, 그 지출액은 외국을 정복하고 외국의 해운을 착취하는 데 반드시 필요한 것으로 판명 난 기술 혁신에 동력을 공급했다. 그 이후 민간 사업가들은 더 우수한 기술을 사용해 외국을 정복할 수 있었다. 그들은 기술에 익숙했다. 자국의 전함과 방어 시설을 사용한 포르투갈 인과 네덜란드 인의 경우처럼, 최신 혁신을 활용하기까지 했다. 그러나 이런 민간 사업가들의 지출이 실행학습의 유일한 동력이었다면 서유럽은 화약 기술의 혁신에서 결코 선두를 달리지 못했을 것이다. 이 사업가들의 예산은 통치자들의 예산에 견주면 푼돈에 불과했기 때문이다.[14] 그리고 기술 우위가 없었다면 유럽인은 세계를 정복하지 못했을 것이다.

당시 유럽에서는 통치자들끼리 토너먼트를 치르는 와중에 혁신이 나타나면 민간에서 비교적 쉽게 입수할 수 있었고, 민간의 부와 이해관계를 이용해 외국 정복을 추구할 수 있었다. 게다가 정복이나 적선의 나포를 목표로 하는 민간 모험사업이 실제로 장려되었다. 예컨대 영국에서 대외 무역이 국가에 이득을 가져오고 해군 증강에 필요하다는 널리 퍼진 믿음은 대외 모험사업에 참여한 상인과 투자자에게 이롭게 작용했을 것이다. 그런 이유로 그들은 해군에 자원을 더 많이 쓰는 쪽을 지지하는 강력한 압력집단이 되었을 것이다.[15] 앞으로 살펴보겠지만, 중국, 일본, 오스만 제국에서는 상황이 그렇게 녹록하지 않았다. 민간에서 화약 기술을 사용하지 못하게 가로막는 장애물이 존재했고, 외국에서 무력을 특히 대규모로 사용하려던 사업가들은 장벽에 부딪혔다.

유럽 통치자들은 왜 민간 사업가에게 의존했고 그 결과는 어떠했는가?

그렇다면 서유럽 사업가들은 외국으로 가서 정복하도록 독려된 반면에 유라시아 사업가들이 똑같은 일을 시도했을 때 장벽에 부딪힌 이유는 무엇일까? 서유럽에서 그 일이 그토록 쉬웠던 이유는 뭘까? 그리고 나머지 유라시아에서는 그런 일이 불가능하진 않더라도 더 어려웠던 이유는 뭘까? 대체로 이 물음들의 답은 정치사의 결과로 그렇게 되었다는 것이다. 정치사로 인해 유럽 통치자들은 민간의 군사적 진취성에 의존할 확률이 높아졌다. 그들의 의존은 중대한 결과를 가져왔는데,

민간 이익과 외국 정복을 결합하여 세계를 장악할 강력한 유인과 화약 기술을 가일층 혁신할 이유를 유럽인에게 제공했기 때문이다.

서유럽에는 민간의 진취성을 이용해 전쟁을 일으키고 민간의 노력을 이용해 외국 영토를 정복하는 오랜 전통이 있었다. 중세에 영주들은 용병을 고용했고, 기사들은 유럽의 변경과 그 너머까지 출격해서 토지를 획득하거나 신앙의 적을 격퇴했다. 서로 경합하는 영주들이 재정 제도와 영구 과세제를 바탕으로 국가를 통치하기 이전이었고 따라서 상비군을 창설할 방안이 없는 세계였던 만큼 그런 관행이 유지된 것은 이해할 만한 일이었다. 그 관행은 영주와 통치자가 적에 맞서 군사 계획을 조직하는 데 도움이 되었고, 유럽 엘리트층이 소중히 여긴 군사적 가치를 강화했다. 그리하여 그 관행은 자기집단중심적 이타성이 촉발한 문화적 진화 과정을 보완했다.

민간의 진취성과 보상에 의존하는 관행은 근대 초기에 들어서도 계속되었다. 그 관행은 민간에서 무역과 식민화 모험사업에 나서도록 유도했을 뿐 아니라 징세 청부업과 군사 혁신까지 낳았다. 나머지 유라시아의 통치자들도 민간의 진취성에 의존한 것은 사실이다. 예컨대 오스만 제국에는 징세 청부업자가 있었고, 인도에는 용병이 흔했다. 그러나 서유럽 밖에서 이루어진 민간의 노력은 제한적이었다. 대개 그 이유는 통치자들이 서유럽의 경우보다 훨씬 앞서 재정 제도를 수립했고, 그런 까닭에 정부와 군부가 용병과 민간 도급업자에게 업무를 이른바 '외부 위탁'하는 대신 관료를 고용할 수 있었기 때문이다. 간단히 말해서, 그들이 통치한 국가들은 서유럽 국가들보다 더 발전한 상태였다. 그 결과 나머지 유라시아에서는, 탐험의 시대 벽두에 사업가들을 군사 부문이나 외국 정복으로 끌어들인 엄청난 사적 보상의 역사가 전개되지 않았다.

그렇다면 서유럽에서 왕과 군주가 조세 제도를 확립한 뒤에도 민간 도급업자에게 계속 의존한 이유는 무엇일까? 그 이유를 밝히는 것은 중요하다. 그 숱한 사업가들이 없었다면 서유럽인은 화약 기술을 아무리 혁신했더라도 정복이나 무역에 결코 나서지 않았을 테니 말이다.

통치자들이 민간 도급업자들에게 계속 일거리를 맡긴 한 가지 이유는 그들이 가까운 과거에 업무를 잘 처리했거니와 여전히 잘 하고 있었기 때문이다. 백년전쟁 중에 휴전이 되어 휴가를 받은 잉글랜드 병사들은 1360년대에 이탈리아에서 고용되어, 이미 재정 제도를 갖추고 있던 도시국가들 간의 전쟁에 장궁(長弓)과 새로운 랜스 전술을 소개했다. 훗날 마키아벨리가 그 용병들을 성토하긴 했지만, 그들은 분명 전문직이었다.[16] 통치자들은 용병을 고용함으로써 서유럽의 전쟁과 오랜 정치적 저(低)발전의 산물인 군사 사업가들도 활용할 수 있었다. 차고 넘칠 정도로 많았던 군사 사업가들은 위험을 떠맡는 한편, 병사와 보급품, 영구 조세를 가진 국가들마저 차입에 애를 먹곤 하던 시대에 다른 무엇보다도 중요했던 신용 대부를 재빨리 제공하곤 했다. 전쟁 개시와 함께 폭증하는 비용을 마련하려면 신용 대부가 반드시 필요했다.[17]

한 가지 위험 요소는 중요한 군사 도급업자가 간혹 명령에 불복종했다는 것이다. 그런 위험 때문에 신성로마 황제는 30년전쟁 중에 자신의 가장 중요한 군사 사업가였던 총사령관 알브레히트 폰 발렌슈타인(Albrecht von Wallenstein)을 암살했으며, 결국 통치자들은 재정 제도를 중앙집권화하고, 관료제를 구축하고, 또 자금을 차입하고 상비군을 유지하고 부하를 더 면밀히 감시하는 능력을 획득함에 따라 군사 사업가들의 중요성을 깎아내렸다. 그 사업가들은 완전히 사라지진 않았으나 갈수록 국왕의 관료와 임관한 장교로 대체되었다.

그렇다 해도 민간 영역과 국가 영역의 경계가 여전히 모호했던 근대 초기 세계에서 개개인에게 돌아오는 금전 보상은 군대와 민간의 인력에게 줄곧 강력한 유인이었다. 프랑스 루이 14세 치세에 국방성을 통할한 미셸 르텔리에(Michel Le Tellier)와 그의 아들 루부아(Louvois)는 왕을 도와 더 효과적이고 더 큰 육군을 육성하면서 막대한 재산을 축적했다.[18] 이보다 적절한 사례는 18세기의 지배적인 해상 군사력인 영국 해군이 금전 유인을 체계적으로 이용한 일이다.[19] 어떤 의미에서 영국과 프랑스의 군주들은 그저 군수품과 군사 용역을 제공하는 군납업자 및 군인과 맺었던 계약을 변경했던 셈이다. 이제 그들에게는 더 낮은 비용으로 행위를 감시할 수 있는 관료들이 있었으므로 군납업자와 군인을 자국의 육군과 해군에 통합하는 편이 이득이었다. 그럼에도 양국이 제시한 새로운 계약의 금전 보상은 군납업자와 군인에게 계속 자극제가 되었다.[20]

정부 관료를 포함해 개인에게 금전으로 보상하는 정책이 불러온 한 가지 결과는, 상보적인 일군의 기술들이 생겨나 서유럽이 화약 기술에서 우위를 강화하는 데 도움이 되었다는 것이다. 항해술에서 선박 설계술과 대포 주조술에 이르기까지 다양한 그 기술들은 유럽 대륙 전역에서 구할 수 있었다. 앞서 살펴본 대로, 유럽에서는 짧은 이동 거리와 구멍 많은 경계 탓에, 설령 전쟁이 한창일 때 적국의 왕에게 공급된다 할지라도 군수품과 군사 용역의 흐름을 차단할 수 없었다. 그 기술들은 서유럽의 기술 우위에 보탬이 되었지만 서유럽 밖에서는 복제하기가 어려웠을 것이다. 제대로 복제하려면 상보적인 숙련 기능 일체와 관련 전문가들 사이의 연줄을 통째로 이전해야 했기 때문이다. 그것은 이를테면 실리콘밸리를 다른 어딘가에서 다시 만들어내려는 시도와 얼마간 비슷할 것이다. 이 난점은 나머지 동아시아에서 서유럽의 화약 기술 혁신을 하루아침에 모방하지 못한 또 다른 이유였다.

군수품과 군사 용역에 지출한 돈과 더불어 개인 보상은 이런 일군의 기술들을 개발하는 데 필수였다. 항해용 크로노미터(chronometer, 선박 항해에서 배의 위치를 계산할 때 사용하는 시계)를 발명해 해상에서 경도(經度)를 정확히 측정할 수 있게 한 존 해리슨(John Harrison)을 움직인 동기는, 1707년 영국 해군이 경도를 잘못 파악해 좌초하는 재앙이 발생한 이후 정부가 내건 상금이었다.[21] 프랑스를 위해 대포 천공법을 완성한 스위스인 대포 주조공 장 마리츠(Jean Maritz)는 보수를 받은 덕분에, 사망할 무렵이면 성공한 장인 수준이 아니라 부유한 상인이나 귀족 수준의 재산—그가 거주했던 프랑스 지방의 재산 분포에서 상위 1퍼센트에 드는 재산—을 남겼다.[22]

또한 개인 보상은 서유럽인에게 해외로 가서 정복을 수행할 동기를 제공하여 또 다른 중요한 결과를 불러왔다. 특히 아메리카 대륙에서 발견된 은이 그들을 불러들였다. 물론 다른 동기들도 작용했다. 앞서 말한 대로, 포르투갈 인들은 무슬림과의 투쟁을 계속하고자 했고 성지를 탈환하자는 중세의 호소가 여전히 그들의 행동에 영향을 주었다. 콜럼버스의 경우, 그의 항해 목적지를 지구상에서 가장 부유한 지역으로 묘사한 지적 전통에 의해 고무되었다.[23] 그러나 해외 원정에 대한 관심을 대폭 끌어올린 것은 이역만리에서 들려온 횡재 소식, 특히 초창기에 들려온 소식이었다. 1520년 코르테스가 보낸 금은보화가 에스파냐에 도착해 '센세이션을 일으켰고' 아메리카의 보물을 찾아 나서도록 다른 에스파냐 인들을 자극했다. 피사로가 받아낸 몸값 소식도 그와 비슷한 영향을 미쳤다. 에스파냐 통치자들은 아메리카에서 건너오는 재물을 기쁘게 맞이했고, 16세기 중엽 멕시코와 페루에서 은광이 발견되자 환호작약했다. 그 은광들에서 채굴하는 은괴가 눈덩이처럼 불어나 전비를 마련할 수 있었기 때문이다.[24] 그 이전의 탐험 기록이 시사하는 바대로, 초기의 이런 요행이 없었다면 정복 원정은 잠잠해졌을 것이다.[25]

횡재 소식은 수백 년간 계속해서 유럽인의 이목을 끌었다. 1744년 태평양에서 에스파냐 갈레온선을 나포해서 빼앗은 은을 짐마차 서른두 대에 가득 채워 런던으로 회항한 해군 지휘관 조지 앤슨(George Anson)은 참혹하기 그지없었던 4년간의 항해 도중에 애초에 보유했던 선원의 90퍼센트가 사망했음에도 국민 영웅으로서 시가행진을 했다(앤슨은 나중에 해군 장관으로 승진했다).[26] 그런데 유럽인을 고무한 것은 금은만이 아니었다. 향신료와 비단부터 목화와 설탕, 차에 이르기까지 서유럽인이 갈망하는 사치품과 소비재를 교역할 수익성 좋은 기회—해외 원정이 만들어낸 기회—역시 그들을 자극했다.

에스파냐와 포르투갈이 아시아와 아메리카에서 얻은 이익은 다른 유럽인을 부추겨 민간의 무역과 정복, 상선 나포 같은 모험사업을 지원하게 했으며, 민간의 그런 노력은 네덜란드와 영국의 동인도회사로 절정에 이르렀다. 앞서 살펴봤듯이, 두 무역 회사는 각국 정부의 외교 정책에서 중요한 무기 역할을 했고, 유럽의 급성장하는 자본 시장에서 거액을 조달할 수 있었다.[27] 또한 두 회사의 고용인들은 자력으로 무역도 했고, 그들이 거둔 사적 이익은 영국이 인도에서 영토 제국(territorial empire: 영국이 인도의 영토를 직접 지배하지 않고 행정과 징세를 통해 관리하던 차원에서 직접 통치로 전환한 실질적·공식적 제국을 가리킨다—옮긴이)을 건설한 또 하나의 이유였다. 7년전쟁의 남아시아 판이 벌어진 인도의 전장에서 동인도회사로 하여금 프랑스 군과 싸우게 한 것은 분명 영국 외교 정책의 목표에 부합하는 동시에 회사의 이익까지 보호한 조치였다. 그렇지만 동인도회사로 하여금 벵골을 장악하게 하는 것은 별개의 문제였으며, 본국 런던에서는 이 문제로 논쟁이 벌어졌다. 그런데 1760년대 말 이 논쟁이 영토 제국을 지지하는 쪽으로 결론이 나기도 전에, 인도에서 동인도회사 측은 벵골 통치자에게 맞서 자체 군대(그리고 프랑스 군과 싸우기 위해 파견된 영국 해군)를 가동하기 시작했다. 그들의 목표는 회사의 사업과 자신들의 사적 이익 둘 다를 벵골 통치자의 공격으로부터 보호하는 것이었다. 그런 다음, 그들은 자체 병력을 동원해 벵골을 장악했고, 결국 영국 정부의 지원을 받아 다른 영토까지 차지했다.[28]

머나먼 장소에서 정복하고 탐험하기에는, 아울러 무역을 착취하기에는 민간의 모험사업과 유인이 제격이었다. 당시에는 이동과 통신이 너무 느렸던 탓에 가장 강력한 국가들마저 지구 반대편에서 벌어지는 일을 감시할 수 없었다. 그런 일을 처리하는 제일 좋은 방법은 대개 민간의 유인에 의존하는 것이었다. 포르투갈 제국(처음부터 에스파냐보다 국가의 통제력을 더 강하게 행사했다)조차 민간에서 무역을 수행할 여지를 상당히 남겨두었다.[29] 민간의 유인을 활용하는 더 좋은 방법은 머나먼 타지에서의 정복과 무역 약탈을 모험사업 법인으로 조직하고, 사업에 성공할 경우 민간 투자자와 선장에게 이익 지분으로 후하게 보상하는 것이었다. 네덜란드와 영국의 상인들이 (훨씬 큰 규모로) 동인도회사를 결성한 것과 마찬가지로, 민간 정복자들은 일종의 조직

으로 변모했다.[30]

나머지 유라시아에서 민간 모험사업을 방해한 장애물

서유럽 통치자들은 민간 모험사업을 규제하고 자격을 제한했다. 예를 들어 에스파냐에서 정복자가 되고 싶은 사람은 칙허장(royal charter)을 받아야 했다. 그러나 민간사업을 방해하는 장애물은 대체로 보아 나머지 유라시아보다 서유럽에서 훨씬 작았다. 나머지 유라시아에서는 뛰어넘기 버거운 장애물이 외국 정복을 목표로 항해에 착수하려는 사업가를 가로막았다. 서유럽인의 종교와 다른 세계에 대한 착각도 어느 정도 역할을 했지만, 나머지 유라시아에서 장벽이 한결 커 보였던 이유는 대체로 정치사에서 찾을 수 있다.

예컨대 명대와 청대에 중국 상인들은 때때로 해외 무역을 금지당했다. 도쿠가와 일본은 해적이 되려는 이들을 탄압하고, 대형 선박의 건조를 금지하고, 대외 무역을 거의 질식시켰다. 1640년경에는 "소수를 제외한 거의 모든 일본인은 외국행 금지령을 어기면 사형에 처해졌다."[31] 설령 시행된다 해도 이런 금지령으로 해외 무역이나 여행을 완전히 막을 수는 없었다. 여하튼 중국 상인들은 동남아시아 전역에서 찾아볼 수 있었고, 중국 연안을 기습한 '왜구'의 대다수가 실은 중국인이었다. 그러나 금지령은 중국과 일본 사업가들의 활동을 훨씬 어렵게 만들었다. 서유럽 정부들은 외국에서 활동하는 자국 상인을 위해 곧잘 중재에 나서곤 했으나 중국 황제들은 그런 조치를 취한 적이 좀처럼 없으며, 특히 외국에서의 영구 정착이나 유럽 통치자들이 선호한 중상주의 정책을 지원하기 위해 개입한 경우는 극히 드물었다.[32]

서유럽 외부에서 탐험가 지망자들은 다른 장애물에도 부딪혔다. 한마디로 화약 기술에 접근하기가 더 힘들었다. 주지하듯이 서유럽에서는 총기 소유가 흔했고, 정복자는 화기를 구입하고 화기 사용에 익숙한 사람을 구하는 데 애를 먹지 않았다. 나머지 유라시아에서는 꼭 그렇지는 않았다. 중국과 오스만 제국은 민간의 총기 소유와 화기 거래를 제한했고, 도쿠가와 일본은 무기 수출을 금했다.[33] 이런 금지령이 유효했다면, 외국 무역상을 약탈하거나 무력으로 식민지를 세우려던 일본인, 중국인, 오스만 인의 의욕을 꺾었을 것이다.

확실히 이런 법령이 언제나 법전에 명시되지는 않았으며, 설령 명시되었다 해도 유럽에서처럼 빠져나갈 구멍이 있었거나 철저히 시행되지는 않았다. 정성공의 아버지 같은 중국 해적들이 그 증거다. 그럼에도 제정된 법령(아울러 어쩌면 법령 이면의 규범)이 어느 정도 영향을 미쳤던 것으로 보인다. 규칙이 완화된 명대에도 마테오 리치 같은 관찰자들은 중국 도시에서 민간인은 무기를 공공장소에서 소지하지 않고 집에도 보관하지 않는다는 데 주목했다. 사실 리치는 유럽과 대비되는 그런 상황에 감명을 받아, "우리가 무장한 사내를 아름답게 본다면 그들은 나쁘게 본다"라고 썼다. 중국인은 무기가 부족했기에 유럽에서 빈번히 발생하는 상해와 죽음을 면한다고 보았던 것이다.[34]

중국, 일본, 오스만 제국은 왜 온갖 금지령을 제정했을까? 제정 중국과 도쿠가와 일본에서 외국 여행과 무역에 대한 금지령을 채택한 이들은 국내 안보를 강화하고 외교 정책을 통제하려던 비교적 강한 통치자들이었다. 그들로 하여금 정책을 고수하도록 자극한 유인들은 오랫동안 유지되어 후계자들의 치세에 이르러 대외 관계의 토대가 되었다—이는 정치사가 어떻게 유인을 바꿀 수 있는지를 보여주는 사례다.

예를 들어 중국에서 무역 규제는 명의 초대 황제까지 거슬러올라간다. 1372년에 명나라 태조 주원장은 신민들이 중국 외부인과 동맹을 맺고서 자신의 통치에 도전하는 사태를 막고자 해상 교통을 대부분 금했다. 그때 이후 이 금지령은 명의 해상 정책의 '주춧돌'이 되었고, 1567년에 와서 규제가 풀리긴 했으나 훗날 다시 규제가 시행되었으며, 청대에도 시행되었다.[35] 일본에서는 전국을 통일한 3인 중 한 명인 도요토미 히데요시가 16세기 후반 무역 규제를 시작했고, 17세기 들어 초기 도쿠가와 쇼군들이 규제를 강화했다. 규제의 목표는 일본 통치자들의 주권과 외무 장악력을 강화하는 것이었다. 이 정책은 다이묘들이 대외 무역을 통해 부와 권력을 지나치게 많이 얻지 못하게 하는 이점도 있었다.[36] 중국, 오스만 제국, 도쿠가와 일본에서 총기 소유와 화기 무역을 제약한 금지령들은 비슷한 동기에서 유래했을 공산이 크다.[37]

유럽 군주들은 몇 가지 이유로 그와 비슷한 금지령을 제정하기를 망설였을 것이다. 총기 소유를 제한했다면 귀족이 불만을 품었을 테고, 민간의 무장 원정을 금지하는 조치는 서유럽에서 넘치게 공급되는 군사 사업가들(다수의 사략선 선장들을 포함해)에게 퇴짜를 놓는 격이었을 것이다.[38] 무역을 불법화하는 조치는 중국처럼 거대한 국가에도 손실을 입혔을 테지만(특히 중국이 유목민에게서 얻은 전략 물자인 말과 관련하여), 무역이 중단되었다면 서유럽의 더 작은 국가들이 더 큰 대가를 치렀을 것이다. 마지막으로, 서유럽에서는 외국을 정복하는 전통이 오래도록 이어져온 까닭에 외국 원정을 옹호하는 강력한 기득권이 형성되어 있었으며, 특히 영국과 네덜란드처럼 번창하는 항구 도시와 유력한 상인층이 있는 국가들에서 그런 기득권이 강했다. 분명이 내부자들이 지지한 중상주의적 법률은 대외 무역에 온갖 종류의 규제와 관세를 부과했다. 그러나 전면적인 무역 금지는 아니었다.

서유럽의 무역상과 정복자가 (적어도 오스만 제국의 동종업자와 비교할 때) 누렸던 또 다른 이점은 네덜란드 동인도회사—독립적인 법적 인격과 무한한 수명을 가진 세계 최초의 합자회사—와 같은 조직의 설립을 어렵게 하는 이슬람법에 구애받지 않았다는 것이다. 오스만 상인과 사업가가 쉽게 이용할 수 있었던 유일한 법적 수단인 한시적인 동업체로 동인도회사 규모의 사업에 착수하는 것은 그야말로 거창하고 위험천만한 일이었다. (티무르 쿠란(Timur Kuran)의 주장에 따르면) 그들의 곤경은 이슬람 상법에서 비롯되었다. 이슬람 상법의 규제는 분명 계획된 것이 아니었다. 그 규제는 어느 정도는 우여곡절 끝에 코란에 적힌 구절들의 결과였기에 바꾸기가 어려웠다. 상업의 태반이 상인의 단기 모험사업이었던 초기에는 그런 규제가 별로 문제되지 않았다. 오스만 상인이 처한 곤경은 네덜란드 인이 착수한 장거리 무역과 습격 원정에 쉽사리 대처할 수 없었다는 것으로, 제대로 대처하자면 선거 (船渠: 선박의 건조나 수리 또는 짐을 싣고 부리기 위한 설비)와 창고, 요새 같은 고정자본이 엄청나게 많이 필요했다. 이슬람의 동업체는 한 동업자가 사망하면 언제든 해소되고 청산되어야 했다. 법인과 달리 동업체는 동업자들과 별개로 존재하지 않았다. 중세에 대상(隊商)들의 짧은 교역은 청산하기가 비교적 쉬웠지만, 장기간 자본을 투자하고 수십 명의 투자자로부터 자금을 조달한 경우, 그리고 수천 킬로미터 떨어져 있는 요새와 같은 자산을 매각해야 하는 경우에는 사업 청산이 비현실적인 방안이었다. 그 결과 오스만의 모험사업은 소규모 단기 사업이 되어야 했고, 고정자본을 많이 동원할 수 없었다.[39] 그런 규제는 네덜란드 동인도회사나 영국 동인도회사가 실행한 민간의 모험사업 원정을 가로

막았다.

이런 장애물들이 무역이나 이동, 총기 사용을 완벽히 차단하지는 못했다. 정복하거나 무역을 착취하려는 민간의 노력은 나머지 유라시아에서도 가능했다. 그러나 서유럽보다 나머지 유라시아에서 잠재적 사업가는 훨씬 높은 장벽에 부딪혔다. 그리고 서유럽에는 콜럼버스, 다가마, 코르테스, 마젤란, 피사로와 같은 이들의 의욕을 고취한 마지막 이점이 있었다. 그 역설적인 이점은 근대 여명기에 서유럽인이 느낀 경제적 열등감이었다. 사실 서유럽인은 세계의 다른 지역들―특히 콜럼버스의 목적지였던 아시아 내지 남반구―이 더 부유하다고 확신했다.[40] 들려오는 소식에 그들의 견해는 더욱 굳어졌다. 콜럼버스가 가져온 유형 자산은 별로 없었지만, 다 가마는 오해에서 비롯된 소식도 함께 전해주긴 했으나 의욕을 북돋는 소식을 가지고 귀항했다. 코르테스의 황금과 피사로의 몸값은 탐험과 정복에 나설 또 다른 동기를 부여했다. 게다가 16세기 중엽 아메리카에서 은광이 발견되자 에스파냐의 경쟁국들은 너나없이 질투심이 불타올랐다.

다른 유라시아인들은 서유럽인들이 품었던 망상에 시달리지 않았을 것이다. 그들은 유럽인들이 갈망하는 비단과 향신료를 비롯한 사치품을 생산하거나 거래하고 있었다. 따라서 알려진 세계의 다른 지역이 더 부유하다고 믿을 이유가 별로 없었다. 더 중요한 점은 그들 자신의 장거리 이동 경험이 그런 믿음을 뒷받침했으리라는 것이다. 예를 들어 1405년부터 1433년까지 명나라 황제들은 동남아시아에서 아프리카에 이르는 지역의 통치자들을 위압하고 그들로부터 조공을 받기 위해 정화가 지휘하는 대선단을 일곱 차례 파견했다. 정화는 원정에서 타조와 기린 같은 몇 가지 이국적인 물품을 받아왔을 뿐 횡재라고 할 만한 보물은 가져오지 못했으며(코르테스의 황금이나 피사로의 몸값처럼 값어치 나가는 것조차 전혀 얻지 못했으니, 아메리카의 은광 같은 횡재는 언감생심이었다), 그 이국적인 물품마저 황제들에게 감명을 주지 못했다. 실제로 대선단은 보조금을 받아야 했는데 그것이 결국 원정을 중단하게 만든 한 가지 요인이 되었다. 실질적인 군사 문제가 북방의 유목민인 마당에 대선단에 비용을 지출할 이유가 없지 않은가.[41]

중국인은 항해의 방향을 잘못 잡았을 뿐이며 태평양을 가로질렀어야 한다고 생각하는 이도 있을지 모르겠다. 그러나 아시아에서 라틴아메리카까지 항해하는 바닷길은 험난했을 것이다. 그 길은 정화가 따라간, 잘 알려진 계절풍 교역로와는 전혀 딴판이었으니 말이다. 에스파냐 인들은 1564년까지 동쪽으로 태평양을 가로지르는 항해를 정복하지 못했고, 그 후로도 태평양을 횡단할 때마다 사망률이 낮게는 30퍼센트에서, 이따금 높을 때면 75퍼센트에 이르렀다. 더욱이 중국인은 서유럽에서 탐험과 정복을 고무한 뜻밖의 횡재를 만난 적이 없었고, 태평양 횡단을 시도했다 한들 성공할 공산은 크지 않았을 것이다.[42]

반사실적 시나리오들: 몽골족이 없었다면 상황이 달랐을까?

요컨대 서유럽에서는 통치자들이 사업가들에게 의존해 전쟁과 정복을 수행한 반면에 나머지 유라시아에서는 민간의 비슷한 사업이 대체로 방해를 받았다. 가령 오스만 술탄이 몸소 외국 영토 정복에 나서지 않는 한, 신민들은 장애물이 너무 많아서 술탄의 정복 업무를 대신하는 데 애를 먹었을 것이다. 중국과 일본에서도 마찬가지였을 것이다. 두 나라에서도 정복은 (정성공 같은 비범한 예외를 빼면) 국영사업이라야 했다. 건륭제가 유목민을 토벌하고 중국 서부에서 영토를 추가한 것처럼 통치자가 자기 영역을 넓히기로 결정할 수야 있었겠지만, 그 외에 외국을 정복할 방도는 없었을 것이다. 이해관계를 가진 민간 파벌들은 그들의 길을 가로막는 숱한 장애물 때문에 정복을 추진하도록 로비하기조차 어려웠을 것이다. 서유럽인은 그런 장벽에 부딪히지 않았으며, 종교의 적과 싸우거나 서유럽 토너먼트에서 서로 싸우고 있던 통치자들은 특히 토너먼트가 서유럽을 넘어 아시아와 아메리카 대륙, 그리고 원양까지 번져갈 때면 오히려 민간의 외국 정복을 독려했다.

이처럼 상반된 상황은 서유럽과 나머지 유라시아의 또 다른 차이점, 유럽인이 세계를 정복한 이유를 설명하는 데 일조하는 또 다른 요인이었다. 토너먼트 모델의 외생 조건들과 마찬가지로, 이 차이 또한 역사, 특히 정치사의 산물이었다. 앞서 말했듯이, 정치사는 유라시아 지역들을 각기 다른 정치 지형과 재정 제도로 이끌었다. 정치사는 짧게는 정치적 학습을 통해 작용했고, 길게는 문화적 진화를 일으키고 엘리트층의 유인을 바꾸었으며, 시간이 흐름에 따라 정치사의 영향을 되돌리기란 불가능해졌다. 정치사는 1800년경 서유럽인이 화약 기술에서 큰 격차로 앞섰던 궁극 원인이다. 앞으로 살펴보겠지만, 화약 기술의 격차는 유럽에서 산업화가 진행됨에 따라 점점 더 크게 벌어졌으며, 따라서 이 격차는 유라시아인 가운데 바로 유럽인이 세계를 정복한 이유다.

그러나 실제 역사가 이미 벌어진 격차를 극복할 수 없는 비가역(非可逆) 과정처럼 보일지라도 다른 결과가 가능했던 중대한 순간들, 다른 정치적 선택을 내렸다면 세계가 근본적으로 달라졌을 법한 순간들이 있었다. 역사가들은 그런 그럴듯한 반(反)사실적 시나리오들을 여럿 구상했다.[43] 예컨대 오스만 황제들이 예니체리에게 의존하지 않는 선택을 했다고 상상해보자. 예니체리 덕분에 오스만 황제들이 충직하고 규율 잡힌 군사력을 조직한 것은 사실이지만, 그들은 애초에 예니체리 대신 엘리트층과 협상하기로 결정할 수도 있었다. 길게 보면 그들은 세수를 더 많이 확보했을 것이다. 기병과 갤리선에 계속 의존했다면 화약 기술의 선두권에 끼지 못했을 테지만, 18세기에 유럽인에게 맞서 오스만 제국을 더 굳건히 지켰을 것이다.

인도와 관련한 그럴듯한 반사실적 추론도 있다. 1739년에 당대인들이 예측한 대로 나디르 샤가 인도에 눌러앉았다면, 북인도에서 강력한 국가를 만들어내 동인도회사를 쫓아내버렸을 것이다. 산제이 수브라마니암(Sanjay Subrahmanyam), 제프리 파커, 필립 테틀럭(Philip Tetlock)은 이렇게 주장한다. 아무리 못해도 나디르 샤의 국가는 영국의 인도 정복을 심각하게 지연시켰을 테고, 19세기에 인도가 공급한 병력을 영국이 세계 곳곳에서 활용했으므로, 아마도 나디르는 영국 제국의 성장을 저해했을 것이다.[44]

이와 비슷하게 무굴 제국이 더 일찍 붕괴했다면, 무굴의 폐허에서 흥기한 마이소르를 위시한 세력들이 낮은 정치적 비용으로 과세할 수 있는 재정 제도를 발전시킬 만큼 시간을 벌었을 것이다. 세수가 있었다면 그들이 동인도회사를 저지했을지도 모른다. 어쨌거나 마이소르는 효율적인 재정 제도가 없었는데도 동인도회사를 패배 직전까지 몰아붙였고, 영국인에게 거류지를 내주는 대신 그들이 인도의 다른 여러 신흥 세력 가운데 일부와 동맹을 맺는 일을 막았다면 실제로 승리했을지도 모른다. 그리고 영국이 마이소르에게 패했다면 동인도회사는 싸움을 단념하고 인도에서 훨씬 작은 영토 안에서 활동하기로 마음먹었

을지도 모른다.[45]

그 밖에 다른 곳에서도 다른 결과가 가능했다. 가령 로마가 쇠망하지 않았거나, 샤를마뉴의 제국이 엘리트층의 유인을 변경할 만큼 오랫동안 존속했다면 어떤 일이 일어났을까? 로마가 몰락하지 않은 세계는 상상하기 어려울 테지만, 샤를마뉴의 영역이 존속했음직한 시나리오는 쉽게 떠올릴 수 있다. 가령 제국을 온전히 보존하기 위해 사전에 신중하게 구상되었던 제위 계승 계획을 샤를마뉴의 아들 '경건왕' 루이 〔재위 813~840년. 루트비히 1세, 루이 1세, 로도비코 1세 등으로도 불렸고, 신앙심이 두터워 '경건왕'이란 별칭으로 불렸다—옮긴이〕가 어지럽히지 않았다면, 다시 말해 순전히 자신의 둘째 부인이 낳은 아들에게 영토를 분봉하기 위해 계획을 어그러뜨리지 않았다면, 샤를마뉴의 영역이 뿌리내릴 시간이 충분했을지도 모른다. 계승 계획을 바꾸자 내전에 불이 붙어 루이의 장성한 아들들과 그들의 동맹들이 황제에게 반기를 들었고, 지역 엘리트층이 중앙정부를 지지할 유인이 약해졌다. 만약 루이가 계승 계획을 방해하지 않았다면, 어쩌면 샤를마뉴의 제국은 여러 세대 동안 고스란히 유지되었을 것이다. 그러는 동안 충분히 지역 엘리트층과 지역 사회의 유대를 헐겁게 하고 그들을 중앙정부에 충성하게 만들 수 있었을 것이다.[46] 그랬다면 황제들은 교황들을 쥐고 흔들었을 테고, 로마가 쇠망한 이래 서유럽의 문화적 진화에 따라 작용해온 원심력을 점차 구심력으로 뒤집었을 것이다.

그랬다면 진대와 한대의 중국처럼 서유럽은 단단하게 통일되었을 것이다. 그렇지만 다른 한편으로 서유럽 황제는 중국 황제처럼 유럽의 패권자가 되어 점차 동쪽에서 유목민과 겨루고 지중해에서 갤리선 전투를 치러야 했을 것이다. 그리고 그의 계승자들은 화약 기술의 발전을 선도하지 못했을 테고, 유럽은 세계를 정복하지 못했을 것이다.

가장 흥미로운 반사실적 추론은 유럽이 아닌 중국에 관한 것이다. 중국을 대상으로 상상한 그럴듯한 시나리오들 속에서 중국은 변함없이 크고 통일된 국가다. 상황이 달랐다면 중국은 더 일찍 산업화를 성취했거나 유럽을 침공했을지도 모르고, 그리하여 서유럽을 따라잡거나 앞질렀을지 모른다. 다만 그럴 전망은 1500년 이후에는 희박했고, 1800년 이후에는 사실상 사라졌다. 그러나 대개 이런 시나리오들에서 중국은 정치적으로 조각난 상태가 아니다.[47] 이 가정은 일리가 있다. 중국 제국은 일찍이 통일된 까닭에 통일 상태를 온전히 유지하는 쪽으로 기울었으니 말이다. 그럼에도 토너먼트 모델에 따르면 중국이 세계를 정복할 가능성은 없었을 것이다. 어쨌거나 통일된 중국은 변함없이 패권국이었을 테고, 패권국은 군사에 자금을 많이 지출하거나 머나먼 장소를 정복하기에 안성맞춤인 기술—화약 기술—을 발전시킬 동기가 약했을 것이다. 더구나 패권국은 장차 효과적인 재정 제도를 창출할 정치적 학습에 덜 관여했을 것이다. 이런 이유로 통일된 중국은 세계를 장악하지 못했을 것이다.[48] 통일 중국은 부유하지도 않았을 텐데, 정치적 파편화의 긍정적인 경제 효과를 놓쳤을 것이기 때문이다.

그러나 중국 제국이 통일을 유지할 전망이 줄곧 확실하지는 않았다. 실제로 중국이 분열 상태로 남을 법한 순간들이 있었다. 가장 설득력 있는 시나리오는 13세기에 몽골족이 중국을 장악하지 않았다면 어떻게 되었을지 상상해보는 것이다. 몽골이 중국을 정복하지 않은 역사의 행로를 고찰하는 것이 (몇몇 저자들처럼) 정화가 항해를 계속했다면 어떻게 되었을지 상상하는 것보다 훨씬 현실적인 추론으로 보인다.[49] 후자는 유목민의 위협에 시달리는 판국에 해상 원정에 자금을 추가로

허비할 이유가 별로 없었던 명조의 유인을 간과하기에 그럴듯하지 않은 추론으로 보인다.

그에 반해 몽골족이 정복하지 않은 세계는 실질적인 가능성이었다. 몽골 제국과 같은 제국을 만들어내려면 칭기즈 칸처럼 카리스마 강한 불세출의 지도자가 필요했다. 게다가 몽골 제국은 하나의 전체로 융합된 뒤에도 불안정했고, 자칫 중국을 정복하기 전에 와해될 수도 있었다. 몽골 정복 이전인 13세기 초에 동아시아는 서로 적대하는 세 세력, 즉 서부의 서하(西夏), 북부의 금(金)나라, 남부와 연안 지대의 남송(南宋)으로 쪼개져 군사적 균형상태를 이루고 있었다. 만일 몽골족이 이 균형상태를 깨뜨리지 않았다면(그리고 다른 어떤 유목민 거대 제국이 몽골 제국을 대신하지 않았다면) 중국은 계속 분열되었을 테고, 남송은 계속 번성했을 것이다. 남송은 서하, 금나라와의 싸움을 멈추지 않았을 것이므로 상업세 제도와 해군의 발전에 계속 힘썼을 것이다. 일찍이 남송이 금나라의 침공을 견뎌내는 데 이바지했던 해군은 내륙 수로와 연안에 자리한 수도를 보호했을 것이다.[50] 그랬다면 번창하는 남송 도시들의 상인 엘리트층은 (서유럽의 상인들처럼) 십중팔구 강력한 원양 해군으로 자신들의 급성장하는 해외 무역을 보호해달라며 로비를 했을 것이다. 중국에서 화약은 10세기부터 군사용으로 쓰였다. 남송과 금나라는 교전 중에 서로에게 화약을 사용했고, 그 과정에서 화약 폭탄과 근대 총기의 조상인, 최초의 화창(火槍)이 될 가능성이 있는 무기를 개발하고 있었다. 몽골에 정복당하지 않았다면, 남송과 그 적수들은 화약 기술 개발을 더 오랫동안, 실제로 몽골족과 싸운 남송보다 오랫동안 추진했을 것이다.[51] 몽골족이 중국을 장악한 직후에 최초의 총포가 등장한 것은 사실이지만, 그 이후 몽골족이 동아시아에서 패권자가 되자 화약 기술을 혁신할 유인이 약해졌다. 그에 반해 남송과 그 적수들 사이에 전쟁이 계속되었다면 패권자가 출현하지 않았을 것이고, 따라서 토너먼트 모델에 따르면 화약 기술이 더 발전했을 공산이 크다.

그 결과는 어떠했을까? 군사 면에서 남송은 유럽의 잣대로 보면 대국이었을 것이고, 유목민의 위협으로부터 자유롭지 못했을 것이다. 그 때문에 남송은 화약 기술에 주력하지 못하고 오스만과 러시아처럼 유목민에게 대처하는 기존 수단과 화약 기술에 자원을 나누어 써야 했을 것이다. 그러나 남송은 패권자는 아니었을 테고, 상당한 상업세를 바탕으로 자금을 더 많이 지출하여 명나라나 청나라보다 화약 기술을 더 발전시킬 수 있었을 것이다. 명조와 청조의 황제들 역시 (분명 언제나 패권자는 아니었지만) 대개 패권자였으므로 화약 기술 개발에 크게 신경 쓰지 않았을 것이다. 그리고 남송 상인들이 해외에서 해상 무역 거점을 한결 쉽게 건설했을 것이므로, 남송은 (러시아와 마찬가지로) 비록 서유럽에 줄곧 뒤지긴 했겠지만 서유럽에서 최신 기술을 매입하는 데 어려움을 덜 겪었을 것이다.

결국 남송은 1800년경까지 실제보다 훨씬 강한 국가가 되어 19세기에 유럽인과 일본인을 물리쳤거나, 적어도 한결 대등하게 교섭했을 것이다. 또한 자국민을 훨씬 안전하게 보호했을 것이다. 중국이 산업화도 더 빨리 진척시켰을까? 해상 무역이 산업화를 촉진했을 가능성을 생각할 수야 있지만, 남송처럼 큰 나라에 이렇다 할 영향을 미치기에는 해상 무역의 규모가 너무 작았다.[52] 게다가 에너지 비용에 초점을 맞추는 역사가들이 주장하는 대로, 중국에는 영국에서와 같은 값싼 석탄이 없었을 것이다.

그러나 초기의 미국처럼 섬유 산업에 기반한 다른 산업화 경로를 상상할 수도 있다. 중국에 석탄 광상(鑛床)들이 있기는 했지만, 그 경로는 값싼 석탄을 필요로 하지 않았을 것이다. 그동안 산업화에서 석탄의 중요성은 과장되곤 했다.[53] 이 시나리오에서 남송의 제조업은 잇따른 전쟁을 피해 일찍이 요새화된 도시들로 몰려들었을 테고, 그에 따라 도시에서 임금이 상승하고 제조업이 집중되어 신기술이 더 쉽게 퍼져나갔을 것이다. R. 빈 웡(R. Bin Wong)과 장-로랑 로젠탈(Jean-Laurent Rosenthal)이 옳다면, 장기적으로 산업화가 뒤따랐을 것이다.[54] 미국의 초기 섬유 산업처럼 중국에서도 석탄을 선편으로 도시까지 운송하거나 석탄 대신 수력을 동력원으로 이용할 수도 있었을 것이다.[55] 섬유 기계류에 관해 이야기하자면, 중국의 커다란 국내 시장에 제품을 팔고자 혈안인 영국 상인들로부터 수입할 수 있었을 것이다. 섬유 산업이 번창하려면 보호가 필요했겠지만, 중국 상인들은 더 강해진 국가의 보호를 받을 수 있었을 테고, 그러는 동안 연안 지대의 집적(集積) 경제가 다른 경제 부문들의 산업화를 자극했을 것이다. 이렇게 상상한 남송 중국은 산업화를 최초로 실현한 국가는 아닐지 몰라도, 20세기가 아니라 19세기에 일본과 미국, 유럽 대륙과 함께 산업혁명에 가담했을 가능성이 크다.[56]

6장

19세기 유럽의 기술 변화와 무장평화

1815년 이후, 수백 년간 유럽을 괴롭혔던 끊임없는 전쟁이 사실상 사라졌다. 빈 회의에 참석한 각국 외교관들이 만들어낸 체제는 19세기 말까지 유럽 내에서 무장분쟁을 억지했다. 유럽 열강은 나머지 세계에서 서로 싸웠고, 유럽 내에서 계속 군사적 경쟁을 벌였다. 그러나 유럽 대륙에서 그들이 간혹 치른 전쟁은 더 짧게 끝났고, 육해군 병사를 무덤으로 더 적게 보냈다. 이처럼 단축된 분쟁을 더러 감내하며 유럽 대륙은 1차 세계대전이 발발하기 전까지 평화(비록 무장평화이긴 해도)를 누렸다.[1]

유럽 안에서 전쟁이 잠잠해짐에 따라 토너먼트도 차차 약해지고 그와 함께 중세 후기 이래 지속되었던 화약 기술의 발전도 시들해졌던

가? 그렇게 보일 수도 있겠다. 그러나 군사 기술은 계속 진화했다. 총신과 포신에 나선형 홈을 파낸 권총과 포가, 몸통이 매끈한 머스킷과 포를 대체했고, 장갑전함과 증기력으로 추진되는 포함이 범선을 밀어냈다. 이로써 유럽인은 식민 전쟁에서 한층 더 우위에 서게 되었다.[2]

우리 모델을 확장해 19세기에 바뀐 결정적인 세 가지를 추가로 고려하면 이렇게 된 이유를 설명할 수 있다. 첫 번째는 통치자와 정치 지도자가 개전을 고려할 때 마주하는 유인이 바뀌었다는 것이다. 통치자들의 야망의 대상 중에서 여간해선 나누어 가질 수 없었던 군사적 목표인 영광의 중요도가 떨어졌고, 또 다른 불가분한 목표였던 무역 독점도 덜 중요해졌다. 그리하여 협상을 통해 분쟁을 평화롭게 해결하기가 한층 쉬워졌다. 나폴레옹 전쟁의 참상을 겪은 이후 패자는 막대한 배상금을 지불해야 하고 생존마저 위협받는다는 점이 분명해진 까닭에 통치자들로서는 더더욱 협상에 나서야만 할 이유가 있었다.[3] 처음으로 주권자들은 군사적 패배로 실각하거나 권력에 종지부를 찍을 위험에 직면했다(37쪽 〈표 2-2〉). 19세기 후반 들어 다른 어떤 구체제 군주보다도 적대 행위로 잃을 것이 많은 정치나 입법부 수장이 외교 정책을 통제하게 되자 전쟁의 부정적인 측면이 한층 더 부각되었다. 그들은 입법부나 인민의 감정에 유의해야 했고, 이를테면 민족주의적 요구를 부채질하는 식으로 여론을 이용하기도 했다. 하지만 변덕스러운 여론의 공격을 받거나, 여론에 떠밀려 의중과 다르게 행동하거나, 1870년의 나폴레옹 3세처럼 재앙적인 손실을 초래한 이후 권좌에서 밀려나기도 했다.

19세기에 일어난 두 번째 중대한 변화는 자원을 동원하는 정치적 비용을 줄인 정치·행정 개혁이었다. 나폴레옹 전쟁 시기에 국가들은 구체제 세제의 특징이었던 지방주의를 대부분 청산하고 재정 제도를 균일하게 정비했다. 그리고 19세기 후반에 들어와서는 각국 대의 기구가 재정 결정 절차에서 발언할 권리를 얻었다. 이런 개혁 추진에 발맞추어 점차 징세하기가 쉬워졌고, 그에 따라 지도자들이 전쟁을 목표로 군사비를 지출하거나 인력과 물자를 모을 때 걸림돌이 되던 정치적 장애물이 줄었다.[4] 민족주의와 징병제도 그와 같은 영향을 미쳤다. 그 결과 유럽에서 군사 자원을 동원하는 총비용이 감소했다. 결국 더 낮은 총비용은 지도자들이 마주한 새로운 유인들의 효과, 즉 싸움에 걸린 상의 가치를 떨어뜨리는 효과를 어느 정도는 상쇄했다. 따라서 19세기 정치가들은 비록 평화롭게 교섭할 가능성이 더 크기는 했지만, 실제로 교전이 발발했을 경우에 자원을 더 많이 동원할 수 있었고, 평시에도 군대에 거액을 지출하곤 했다.[5]

마지막으로, 19세기를 특징짓는 결정적인 변화를 살펴보자. 이제 전시의 실행학습만이 아니라 연구와 개발을 통해서도 군사 기술을 발전시킬 수 있다는 점이 분명해졌다. 그런 연구개발은 평시에 군부는 물론이고 군사 계약을 열망하는 민간 사업가도 수행할 수 있었다. 물론 일각에서는 항상 연구를 하고 있었지만, 18세기에 계몽주의가 유용한 지식의 축적을 고무함에 따라 연구가 점점 흔해졌다. 그로써 실제로 싸우지 않고도 군사 기술을 개선할 수 있게 되었다. 산업혁명을 겪으며 공학 노하우를 쌓아올린 19세기에는 이 과제를 수행하기가 한결 수월해졌다.[6] 그에 따라 이용 가능한 지식이 부족해서 기술을 개선하지 못하는 경우가 줄었고, 혁신의 속도가 더 빨라졌다.

이 세 가지 변화로 말미암아 유럽이 비교적 평화로웠던 19세기에도 화약 기술은 계속 발전했다. 1차 세계대전을 앞두고 유럽에서 군사적 경쟁이 고조된 19세기 말에는 혁신에 더욱 가속이 붙었다. 유럽의 군사력에 보탬이 된 또 다른 요인은 유럽 내부뿐만 아니라 머나먼 식민지에서도 유럽 병사들의 능력을 증대한 민간 경제의 변혁이었다. 이제 전신과 새로 부설한 철도를 이용해 대군을 지휘하고, 전장까지 신속히 실어 나르고, 물자를 보급할 수 있게 되었다. 산업화가 확산되어 GDP가 급증함에 따라 국가들은 점점 더 많은 액수를 육군과 해군에 지출할 수 있었다. 심지어 정부의 총예산에서 군사비의 비중이 줄어든 때에도 군사비 자체는 늘었다. 그리고 말라리아 치료제인 키니네 발견과 같은 의학의 발전은 유럽인이 열대 아프리카의 치명적인 질병을 견디고 살아남는 데에 이바지했다. 이처럼 막강한 군사력을 손에 넣고 의학 발전을 마음껏 이용한데다 외교 혁명〔18세기 중엽 오스트리아 왕위계승전쟁의 결과로 유럽의 동맹 관계가 재편된 것을 가리킨다. 기존의 영국과 오스트리아 대 프랑스와 프로이센 구도에서 영국과 프로이센 대 프랑스와 오스트리아 구도로 바뀌었다—옮긴이〕이 식민 전쟁을 전혀 저해하지 않은 결과, 유럽인은 먼 영토를 훨씬 쉽게 정복하고 아프리카와 오스트레일리아, 아시아에서 제국을 확대할 수 있었다. 한때 유럽의 식민지였던 아메리카 대륙까지 셈에 넣으면, 1914년경 유럽인은 지구의 약 84퍼센트를 장악하고 있었다.[7]

군사 기술의 연이은 개선

그렇다면 19세기 경제의 군사 부문에서 생산성이 계속 증가했다는 증거는 무엇인가? 우리는 19세기의 경제적·정치적 변화를 고려하기 위해 우리 모델을 손보기에 앞서 우선 이 증거를 살펴봐야 한다. 언뜻 생각하면 생산성 증가를 나타내는 수치들을 쉽게 모을 수 있을 것 같다. 19세기에 특히 정부가 통계청을 설립하고 부처들이 정기 보고서를 발행하기 시작한 뒤로는 정부 데이터가 넘칠 정도로 늘어났기 때문이다. 그렇지만 문제는 새롭게 개선된 화약 기술이 다방면에서 워낙 우수했던 까닭에 구식 화약 기술, 이를테면 18세기의 기술과 단순하게 비교하기가 극히 어렵다는 것이다. 예컨대 18세기의 수발식 활강(滑腔) 머스킷과, 1차 세계대전에서 쓰인, 발사율이 더 높을 뿐 아니라 사거리도 더 길고 정확도까지 더 높은 후장식(後裝式) 라이플을 어떻게 비교하겠는가? 다른 무기들이나 해군의 경우에는 문제가 더 심각하다. 가령 수발총을 어떻게 기관총에 비교하며, 목제 전열함(戰列艦)을 어떻게 포탄을 발사하는 선조포(旋條砲)나, 더 빠르고 조종이 더 쉬운 증기력을 갖춘 장갑전함에 견주겠는가? 그리고 전장에서 수리를 수월하게 해준 호환 부품은 어떻게 평가할 것인가? 철도 덕분에 대폭 개선된 보급과 수송은 또 어떠한가?[8]

(근대 초기 유럽의 노동생산성을 나타내는 지표들 중 하나인) 권총의 발사율처럼, 우리가 비교할 수 있는 수치는 분명 기술 변화의 정도를 실제보다 축소해서 보여줄 것이고, 따라서 생산성 증가율을 과소 추정하게 될 것이다. 이 불완전한 지표 하나만 살펴보면(〈표 6-1〉), 1750년부터 1911년까지 보병의 노동생산성 증가율(연간 1.1퍼센트 이하)은 그 이전 150년 동안의 증가율(72쪽 〈표 2-4〉에 따르면 1600년부터 1750년까지 연간 1.5퍼센트)보다 조금 낮았다. 그러나 이 발사율은 이를테면 19세기를 거치며 다섯 배 증가한 권총의 유효 사거리 ―연간 증가율 1.5퍼센트―와 같은 다른 개선점들을 고려하지 않은 것이다.

〈표 6-1〉 노동생산성 증가(18세기 이후 유럽 보병)

노동생산성 척도	수발총에서 라이플로: 발사율 (1)	수발총에서 라이플로: 사거리 (2)	수발총에서 라이플로: 치명성 (3)	수발총에서 기관총으로: 치명성 (4)	야포: 치명성 (5)
기간	1750–1911	1800–1911	1750–1903	1750–1918	1765–1898
노동생산성 증가율 (퍼센트/연)	0.3–1.1	1.5	1.6	1.4–2.0	4.4–5.1

* 출처: Encyclopedia Britannica 1911, sv "rifle" 23: 332–333; Hughes 1974, 16; Dupuy 1984, 93; Dupuy 1985, 19–31; Lynn 1997, 454–472, 561; 그리고 다음 웹사이트(모두 2013년 2월 3일 접속): http://en.wikipedia.org/wiki/Vickers_machine_gun; http://en.wikipedia.org/wiki/Canon_de_12_Gribeauval; http://en.wikipedia.org/wiki/Canon_de_75_mod%C3%A8le_1897; http://fr.wikipedia.org/wiki/Canon_de_75_Mod%C3%A8le_1897.

* 주: 제1열은 발사율이 1750년에 분당 2회, 1911년에 분당 3~12회였다고 가정한다. 제2열은 유효 사거리가 1800년에 120야드(Lynn, p. 561에 기술된 나폴레옹 시대 시험 결과에 따르면), 1911년에 600야드였다고 가정한다. 제3열은 1903년식 스프링필드 라이플에 대한 Dupuy의 치명성 지수를 사용하고, Dupuy가 18세기 수발총의 지수를 계산할 때 1750년을 시점으로 선택했다고 가정한다. 제4열은 Dupuy가 1차 세계대전에서 쓰인 기관총의 치명성을 계산할 때 운용조 규모가 3명이거나 8명인 비커스 기관총(Vickers machine gun)을 고려했다고 가정한다. 제5열은 18세기 그리보발 포(Gribeauval gun)와 프랑스의 75mm포에 대한 Dupuy의 치명성 지수를 사용하는데, 각각 1765년과 1898년에 제작되었고 운용조 규모는 1765년에 5~15명, 1898년에 6명이었다고 가정한다.

생산성 지수가 더 정확하려면 사거리와 발사율에 더해 무기의 성능을 나타내는 다른 지표들까지 고려한 것이어야 한다. 그런 척도가 존재하는데, 바로 이상적인 환경에서 특정한 무기가 얼마나 치명적인지를 이론적으로 추정하는 방식이다. 이 척도를 사용해 군사 노동의 효과성을 측정하면, 권총을 쏘는 보병의 노동생산성은 1750년부터 1903년까지 연간 1.6퍼센트 증가했다(〈표 6-1〉). 더 자본집약적인 무기인, 1차 세계대전 시기의 기관총은 운용조가 한 명 이상 필요하긴 했으나 권총보다 훨씬 치명적이었다. 이는 19세기에 기관총 사수의 노동생산성 증가율이 2.0퍼센트에 이르렀을지 모른다는 사실을 뜻한다. 야포의 경우, 증가율이 더 높았다. 18세기 말의 가장 뛰어난 야전 대포(7년 전쟁에서 프랑스가 패한 이후 그리보발이 프랑스에서 고안한 것)는 나폴레옹에게 큰 이점을 선사했지만, 그 대포마저도 19세기 말에 사용한 후장식 75mm 선조포에 견주면 별것 아니었다. 이 포를 운용한 포병의 노동생산성 증가율은 거의 한 세기 반 동안 최대 연간 5.1퍼센트로 유지되었다(〈표 6-1〉). 치명성 지수에서 얻은 이런 수치들은 모두 현대 선진 경제권들의 장기 노동생산성 증가율과 엇비슷하거나 더 높다.[9]

물론 이론적 효과성이 언제나 전장에서의 승리를 의미하지는 않았다. 분명 군사적 성공은 전술과 전략, 편제부터 적군의 규모와 행동에 이르기까지 일군의 다른 요인들에도 달려 있었다. 예를 들어 75mm 포는 장전하는 보병의 수를 줄여주었지만 병사들이 참호에 틀어박히고 난 뒤로는 거의 쓸모가 없었다. 이런 점은 1차 세계대전 초기에 큰 결점으로 작용했다.[10] 특히 전술을 제대로 구사하려면 시간이 걸렸다. 설령 알맞은 전술을 택할지라도 구식 장비를 사용하고 전투 방식을 조정하지 않은 병력은 신무기에 의해 궤멸적인 피해를 입을 수 있었다. 일례로 1866년 오스트리아-프로이센 전쟁에서 프로이센 군이 사용한 후장식 라이플의 속사로 불운한 오스트리아 군은 도살을 당했다. 프로이센 군과 달리에 오스트리아 군은 전장식 라이플 머스킷을 장전하기 위해 일어서야 해서, 장전이 느렸을 뿐 아니라 손쉬운 표적이 되었던 탓이다.[11]

구식과 신식의 경쟁은 육지만큼이나 바다에서도 일방적으로 끝나곤 했다. 크림 전쟁에서 러시아 해군은 흑해의 시노페(Sinope) 항에서 단단한 구식 포탄 대신 신식 작렬탄(炸裂彈)을 발사해 튀르크 함대를 전멸시켰다.[12] 그리고 대니얼 헤드릭(Daniel Headrick)이 보여준 대로, 신무기가 산업혁명의 수송 기술과 결합하자, 유럽인들은 오랫동안 그림의 떡이었던 영토에서 권력을 휘두르게 되었다. 중국에서 증기 포함(砲艦)은 1차 아편전쟁에서 영국 동인도회사가 완력으로 무역 이권을 얻어내는 데 단단히 한몫했다. 동인도회사의 증기선들이 무장한 범선들을 예인하는 가운데 영국 함대는 양쯔 강을 따라 북상하며 강기슭을 포격했고, 결국 베이징까지 식량을 실어 나르는 대운하에 이르러 수도의 보급선을 차단했다. 이 조치는 영국이 터무니없이 유리한 조약을 체결하는 데 도움이 되었다. 이것으로 영국은 유리한 조건으로 무역할 권리뿐 아니라 배상금과 새 식민지 홍콩까지 얻었다. 중국에서와 비슷하게 아메리카 대륙에서도 철도와 증기선, (19세기 말의 기관총을 포함해) 더 뛰어난 무기들은 정복자들의 시대 이후 게릴라전으로 유럽인에게 항거하던, 분권화된 아메리카 토착민 사회들을 정복하게 해주었다.[13]

요컨대 화약 기술의 효과는 19세기를 지나며 한층 더 증대했고, 그에 따라 첨단 무기와 보급 체계를 가진 이들과 그렇지 못한 이들의 격차는 점점 더 벌어졌다. 가진 부류에는 이제 유럽인만이 아니라 미국을 비롯해 새로이 독립한 식민지들의 유럽계 아메리카 인과 일본처럼 화약 기술을 채택하고 신속히 산업화한 나라들도 포함되었다. 그렇다면 군사 부문에서 기술 변화의 가속은 어떻게 설명할 수 있을까?

기술 변화와 무장평화에 관한 모델

우리의 모델을 확장해 19세기 유럽의 정치와 외교, 기술에 뚜렷한 흔적을 남긴 세 가지 변화를 고려하면 위 질문에 답할 수 있다. ('부록 E'에서 그 모델을 약술한다. 경제학에 익숙한 독자는 여기서 말로 요약하는 추론을 읽은 다음, '부록 E'로 넘어가도 좋겠다.) 첫 번째 변화는 나폴레옹이 전쟁 규칙을 뜯어고친 이후 통치자와 정치 지도자를 유인하는 요소가 바뀌었다는 것이다. 이제 패배는 주권자가 퇴위되거나 (37쪽 〈표 2-2〉) 나라가 독립을 상실할 위험을 수반했다.[14] 그와 동시에, 통치자와 지도자가 계몽주의의 공격과 나폴레옹 시대의 참혹한 경험에 굴복함에 따라 그들이 추구하는 목표 가운데 영광의 중요성이 줄어들었다. 영광의 입지가 흔들리고 있었음을 드러내는 한 가지 징후는 문헌에서 낱말 '영광'('glory' 또는 같은 의미의 프랑스어 'gloire')의 출현 빈도(〈삽화 6-1〉과 〈삽화 6-2〉)가 낮아졌다는 사실이다. 특히 '전쟁'(프랑스어로는 'guerre')과 함께 쓰이는 빈도(〈표 6-2〉)가 낮아졌다. 영광의 중요도가 떨어짐에 따라 분쟁에 걸린 상의 가치도 덩달아 떨어졌고, 다른 어떤 구체제 군주보다도 전쟁에서 얻을 것이 적고 잃을 것이 많았던 정치가와 정치 지도자가 외교 정책을 통제하게 되면서 그 가치는 더 줄어들었다. 그러자 전쟁과 관련한 결정을 내리는 지도자들에게 평화적 합의가 더 매력적인 선택지가 되었다.

그렇지만 가장 중요한 변화는 실제로 평화적 해결책을 협상하기가 훨씬 쉬워졌다는 것이다. 영광의 가치가 뚝 떨어졌을 뿐 아니라, 그에 앞서 신앙의 적을 무찌른다는 불가분한 목표까지 퇴색한 터라 이제 상을 나누어 가질 수 있게 되었기 때문이다. 거기에 더해 19세기 들어 보호주의가 뒷걸음질 치고 상사(商社)들이 해군 대리인 역할을 상실하면서 무역 독점이라는 불가분한 목표까지 퇴색했다.[15] 이 모든 이유들로 1815년 이전에 비해 유럽 내에서 협상과 평화로 분쟁을 해결할 가

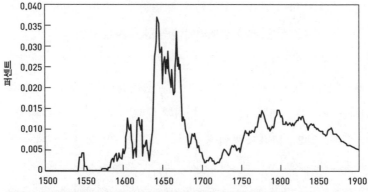

〈삽화 6-1〉 영국 영어에서 낱말 'glory(영광)'의 출현 빈도(1500~1900년).

* 출처: Google Ngram, 2011년 8월 5일 검색. 이 검색은 영국에서 출간된 문헌에 국한했다. 그래프는 구글이 디지털화한 책들의 내용에서 낱말 '영광(glory)'의 출현 빈도를 수치화한 것이다. 이 빈도는 매년 출간된 책의 종수로 정규화했다. 그리고 그 결과를 각 연도를 중심으로 7년 이동평균값을 구해 평활화했다. 평활화하지 않으면 그래프가 더 들쭉날쭉하고 추세가 불분명하게 나타날 뿐, 그 추세가 사라지는 것은 아니다. '영광'이 출현하는 책이 40종 이하인 연도는 검색 과정에서 제외되므로 17세기 중엽 이전의 빈도는 실제보다 낮게 나온다. 특히 1800년 이전 데이터는 광학 문자 인식 오류가 반영되었을 가능성이 있다.

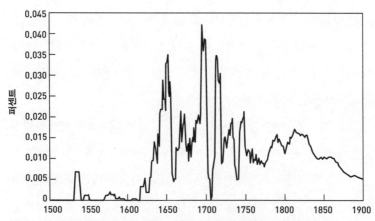

〈삽화 6-2〉 프랑스에서 프랑스어 낱말 'gloire(영광)'의 출현 빈도(1500~1900년).

* 출처: Google Ngram, 2011년 8월 5일 검색. 프랑스어 저작으로 한정해 검색했다. 나머지 검색 기준과 제약(특히 데이터가 부족해서 17세기 중엽 이전의 빈도가 낮게 나오는 것)은 〈삽화 6-1〉에서와 동일하다.

〈표 6-2〉 한 문장에서 '영광'과 '전쟁'이 함께 출현하는 빈도(프랑스어 문헌, 1500~1999년)

기간	한 문장에서 'Glory'와 'War'가 함께 출현하는 횟수	이 낱말들이 한 문장에서 함께 출현하는 비율 (낱말 10,000개당 출현 횟수)
1500 - 1599	17	0.05
1600 - 1699	240	0.11
1700 - 1799	177	0.04
1800 - 1899	142	0.02
1900 - 1999	94	0.02

* 출처: ARTFL 프랑스어 문헌 데이터베이스, http://artflx.ucchicago.edu(2011년 8월 5일 접속).
* 주: 이 표는 중세부터 현대까지 쓰인 고전 프랑스어 문헌으로 이루어진 ARTFL 데이터베이스에서 한 문장에 프랑스어 낱말 'gloire(영광)'와 'guerre(전쟁)'가 출현하는지를 검색한 결과다. 그렇지만 1600년 이전 문헌은 그 수가 부족하다.

능성이 훨씬 높아졌다. 실제로 식민 전쟁을 빼면, 서유럽인이 전투를 하며 보낸 시간과 전사자가 수가 1650~1815년에서 1816~1913년 사이에 80퍼센트 가까이 떨어졌다(〈표 6-3〉).

나폴레옹 전쟁과 1차 세계대전 사이의 기간에 유럽인이 전쟁과 군비 지출을 완전히 그만두지는 않았다. 유럽인은 계속해서 식민 전쟁을 벌였고, 특히 19세기 말에 자주 그랬으며, 19세기에 한 차례 이상 유럽을 뒤흔든 민간 소요를 진압하거나 저지하기 위해 무력(또는 무력 위협)을 사용했다.[16] 그리고 〈표 6-3〉이 분명히 보여주는 것처럼, 유럽 내에서 여전히 전쟁이 벌어졌다. 이탈리아를 통일한 리소르지멘토(Risorgimento, 부흥) 운동 같은 민족주의 전투, 프랑스-프로이센 전쟁과 크림 전쟁 같은 강대국 분쟁이 그런 사례다. 1815년 이후 유럽이 보인 현저한 특징은 유럽 내에서 완전히 멈춘 적대 행위가 아니라 이따금 중단된 무장평화, 즉 군사비를 계속 지출함으로써 지탱한 평화

<표 6-3> 전사자와 전쟁 빈도(서유럽 내부 분쟁, 1650~1913년)

기간	100년당 전쟁 햇수	연간 전사자 (단위: 1,000명)
1650–1815	115	41
1816–1913	23	9

* 출처: Dincecco 2009, 부록의 table 1, Clodfelter 2002에 근거.
* 주: 이 표는 Clodfelter 2002에서 열거한 분쟁 모두를 전쟁에 포함한다. Clodfelter는 적어도 서유럽 일부가 전장이 되었고 오스트리아-헝가리, 벨기에, 영국, 덴마크, 프랑스, 이탈리아, 네덜란드, 포르투갈, 프로이센, 에스파냐, 스웨덴 가운데 적어도 한 나라가 관여한 분쟁을 열거한다. 해군 원정과 식민 전쟁은 제외했다. 100년당 전쟁 햇수는 각 기간 동안 벌어진 모든 전쟁의 시간 길이를 더한 다음, 해당 기간의 길이로 나누어 계산했다. 특정 해에 전쟁이 한 번 이상 전개되기도 했으므로 총 전쟁 햇수가 해당 기간의 길이를 초과할 때도 있다. 각 전쟁의 길이는 1에 종전 연도를 더하고 개전 연도를 뺀 값이다. 19세기 이전 전사자 수는 상당히 불확실하다.

였다.

변경된 유인들을 우리의 모델에 포함하기 위해, 통치자나 정치가 쌍들을 골라서 앞서 분석한 것과 같은 종류의 반복 토너먼트에 밀어 넣는다고 다시 한 번 가정하자. 원래 모델에서처럼 각 쌍은 토너먼트에 단 한 번만 참여하고, 재위기나 재임기 내내 그들의 호전성 유무는 변하지 않는다.[17] 이제 이 통치자들 또는 정치가들 가운데 두 명이 전쟁을 벌이려 한다고 가정하자. 그들은 원래 모델에서처럼 고정비용을 지출하고 자원을 동원할 것이다. 그런데 우리는 달라진 상황, 다시 말해 이제 상을 나눌 수 있는 상황을 고려해야 한다. 가장 쉬운 방법은 두 통치자가 실제로 싸움을 시작하기에 앞서 상을 나누는 방안을 협상할 수 있도록 모델을 수정하는 것이다.[18] 그들이 협상안에 동의한다면 상을 나누어 가질 수 있겠지만, 그렇지 않다면 원래 모델에서처럼 서로 싸워야 하고, 전쟁이 초래하는 손실로 가치가 떨어진 상을 승자가 차지한다. 동원한 자원을 고려할 때 합의할 수밖에 없는 경우에 그들은 타협에 이를 것이다.

이렇게 확장한 토너먼트는 기존 토너먼트처럼 균형상태를 포함하면서도 두 가지 점에서 다를 것이다. 첫째, 이제 통치자들은 전쟁이 초래하는 손실로 상의 가치가 줄어든 것처럼 행동할 것이다. 이보다 중요한 둘째 차이점은, 통치자 둘 다 무장을 하고 고정비용을 지출하면서도 실제로 싸우지는 않으리라는 것이다. 그들은 각자의 총비용과 낮아진 상의 가치를 반영하는 자원을 어느 정도는 동원하겠지만, 그 자원을 교전이 아닌 무장에 쓸 것이고, 무장평화 속에서 서로를 빈틈없이 경계할 것이다. 그러면서도 그들은 육군과 해군에 자원을 투입하겠지만, 그리고 타협을 방해하는 다른 장애물 때문에 간혹 전쟁이 발발하겠지만, 전쟁 빈도는 분명 줄어들 것이다. 이 예측은 19세기 유럽사에 꽤나 잘 들어맞는다.

1815년이 지나서야 통치자들이 전쟁이 초래하는 손실을 고려했다고 가정하는 것은 물론 지나친 단순화다. 1815년 이후에야 상을 나누는 거래를 흥정하기 시작했다는 가정도 마찬가지다. 그럼에도 그런 단순화는 모델을 유용하게 만들어주고, 이 경우에는 비현실적인 가정이 아니다. 영광, 무역 독점, 신앙의 적에 대한 승리가 여전히 중요했다면 통치자들은 이런 상을 차지하고자 싸웠을 테지만, 1815년 이후에는 그렇지 않았기에 상을 나누기로 협상하기가 한결 쉬웠다. 더욱이 1815년 이후 패전한 왕은 왕위에서 쫓겨날 위험이 있었으므로 전쟁의 대가를 더 많이 부담해야 했을 것이다. 이런 점은 갈수록 전쟁 결정권을 넘겨받은 각료나 국회의원도 마찬가지였을 것이다. 두 명의 군주가 영광을 걸고 싸우면서도 모든 비용을 신민들에게 떠넘길 수 있었던 구체제는 이제 사라지고 없었다. 지난날 군주들은 전쟁을 일으켜 개인적 손해는 적게 보면서 막대한 이득을 얻었지만, 모든 것이 바뀐 1815년 무렵에는 예전보다 협상할 공산이 더 커졌다. 그 결과물인 무장평화는 완전히 새로운 것은 아니더라도 훨씬 유력한 선택지가 되었다.

19세기의 두 번째 중대한 변화는 자원을 동원하는 정치적 비용을 낮춘 정치·행정 개혁에서 기인했다. 나폴레옹 전쟁기에 서유럽 국가들은 구체제의 지방주의를 대부분 청산하고 균일한 재정 제도를 수립했으며, 그 이후 각국의 대의 기구는 재정 결정에 대한 발언권을 얻었다. 각국의 실질적인 1인당 세수는 경제성장의 효과와, 전쟁과 외세의 위협이 촉발한 증세의 효과를 고려하더라도 개혁을 통해 상당히, 구체적으로 말하면 무려 62퍼센트 넘게 증가했다.[19] 요컨대 개혁을 통해 증세하기가 쉬워졌고, 그런 이유로 자원을 동원하는 정치적 비용이 감소했다.

민족주의와 징병제도 비슷한 결과를 불러왔다. 특히 철도가 부설되어 대규모 병력을 수송하고 물품을 보급하기가 수월해진 19세기 말에 각국은 민족주의와 징병제 덕분에 군사 노동의 비용을 낮추고 군대를 더 큰 규모로 소집할 수 있었다.[20]

그 결과 총비용이 감소해 전시에나 무장평화 시기에나 군사비를 더 많이 지출할 여력이 생겼다. 이 결과는 상의 가치를 낮춤으로써 군사비에 정반대 영향을 미친 두 요인―지도자들을 사로잡아온 영광의 쇠퇴와 전쟁이 초래하는 손실―의 효과를 상쇄했다.[21] 요점은 19세기에 외교 정책을 책임진 정치가들이 평화적 해결안을 협상할 가능성이 더 크기는 했지만, 실제로 적대 행위가 발생했을 경우, 더 나아가 무장평화 기간에도 계속해서 상당한 자원을 동원했다는 것이다.

19세기의 군사비 관련 증거가 이 결론을 뒷받침한다. 예를 들어 영국과 프랑스가 비교적 평화로웠던 1820년대에서 1860년대 사이에 육

<표 6-4> 연평균 군사비(영국과 프랑스, 1780~1864년)

기간	연간 군사비, 은 100만 그램 단위(군사 채무 제외)	
	영국	프랑스
1780 – 1789	1,262	645
1820 – 1824	1,193	1,233
1835 – 1844	1,084	1,715
1855 – 1864	2,811	3,195

* 출처: 프랑스 군사비의 경우 1780년대 데이터는 Marion 1914~1931, vol. 1: 455-461에서, 그 이후 데이터는 Corvisier, Blanchard, et al. 1997, vol. 2: 428에서 얻었다. 영국 군사비의 경우, 1780년대 데이터는 Mitchell and Deane 1962, 389-391에서, 그 이후 데이터는 Singer, Bremer, et al. 1972; Singer 1987에 수록된 http://www.correlatesofwar.org(2012년 4월 6일 접속)의 COW(Correlates of War) 4.0 물질역량 데이터베이스에서 얻었다. 은 환산은 Global Price and Income History Group의 웹사이트 http://gpih.ucdavis.edu(2008년 7월 28일 접속)에 있는 파운드화의 은 가치 데이터 파일과 파리 가격 데이터 파일에 근거해서 했다.

* 주: 은을 환산하기 위해 19세기 영국은 은의 시장 가격을 사용했고, 프랑스는 조폐국 가격을 사용했다. 프랑스의 경우, 식민 전쟁을 포함하면 1780년대에 4년, 1820~1824년에 다시 4년, 1835~1844년에 10년, 1855~1864년에 다시 10년 동안 전쟁을 했다. 영국의 경우는 식민 분쟁을 포함해 1780년대에 4년, 1820~1824년에 2년, 1835~1844년에 10년, 1855~1864년에 다시 10년 동안 전쟁을 했다. 식민 전쟁을 제외하면 이 수치들은 크게 떨어진다.

군과 해군에 지출한 비용은, 똑같이 평화로웠던 1780년대의 비용과 비교할 때 엇비슷했거나 오히려 훨씬 더 높았다(〈표 6-4〉).[22] 유럽이 군비 경쟁에 몰두하고 수입과 세수가 늘어난 덕에 지출을 대폭 증대할 수 있게 되면서 두 나라의 군사비는 19세기 말에 더 높은 수준까지 올라갔다.[23] 유럽 강대국들 전체를 놓고 보면, 전시의 일시적인 증액을 제외하더라도 1816년부터 1913년까지 실질 군사비가 연평균 1.7퍼센트 증가했다.[24] 이 증가율은 군사비가 다섯 배나 껑충 뛰었다는 것을 의미하지만, 이마저도 19세기 국가들이 징병제로 징집할 수 있었던 인력을 모두 고려한 것이 아니다. 구체제 국가들과 달리, 징병제를 시행한 19세기 국가들은 용병이나 사략선 선원 무리를 고용할 필요가 없었다.

19세기에 나타난 마지막 뚜렷한 특징은, 이제 실행학습만이 아니라 연구와 개발로도 군사 기술을 개선할 수 있었다는 점이다. 물론 일각에서는 항상 연구를 진행하고 있었지만, 18세기에 계몽주의가 유용한 지식의 축적과 올바른 이해를 고무함에 따라 연구가 점차 흔해졌다. 연구 덕분에 실제로 싸우지 않고도 화약 기술을 개선하는 일도 가능해졌다. 산업혁명기에 과학이 진보하고 공학 노하우가 쌓임에 따라 19세기에는 이 과제를 수행하기가 더 쉬워졌다.[25] 그리고 잠재적 적이 기술 우위를 점해 실제 전쟁에서, 또는 무장평화 시기에 상을 나누는 방안을 협상할 때 유리한 입장에 서는 것을 막기 위해서라도 연구는 할 만한 가치가 있었다.[26]

예를 들어 1840년대에 프랑스 해군이 증기전함을 추가하자 영국 지도부는 침공당할 가능성을 우려해 프랑스와의 군함 건조 경쟁에 서둘러 뛰어들었다. 군비 경쟁에 돌입한 영국 해군과 프랑스 해군은 모두 단시일 만에 나선형 프로펠러를 채택했는데, 이것은 초기에 증기선 추진 장치로 쓰인 외륜보다 포격에 덜 취약했다. 그러나 영국과 프랑스는 전쟁에 돌입하지는 않았다. 1845년 영국이 나선형 프로펠러를 장착한 증기선과 외륜 증기선을 두고 저울질한 일을 비롯해 양국은 연구에만 의존했다.[27] 잠재적 적에 대한 두려움을 동력으로 삼은, 이와 유사한 연구는 (산업혁명기에 발전한 유용한 지식과 더불어) 더 우수한 권총과 포, 방어 시설의 개발로 이어졌다. 유럽에서는 이 모든 개발이 한창 평화로운 시기에 이루어졌다.[28]

이런 연구개발이 어떻게 수행되었는지 살펴보기에 앞서, 더 많이 공급된 유용한 지식과 더불어 연구개발을 우리의 모델에 어떻게 포함할 수 있는지부터 따져보자. 주지하듯, 유용한 지식(특히 산업혁명을 거치며 얻은 새로운 과학과 공학 노하우)이 늘어나면 실행학습의 제약이 완화되고 실행학습의 산물인 혁신이 늘어날 것이다. 그런데 연구와 군사 혁신을 정확히 어떻게 연관지어야 할까? 원래 모델에서는 혁신의 동력이 군사비였고 통치자들이 평시에 군사비를 전혀 지출하지 않는다고 가정했기에 전시에만 군사 혁신이 가능했다. 그러나 19세기에 널리 퍼진 무장평화 상태에서는 정치 지도자들이 설령 실제로 싸우지 않더라도 군사에 자원을 계속 투입할 것이다. 연구와 군사 혁신을 연관짓는 한 가지 방법은 무장평화 상태에서 지출하는 군사비가 원래 모델에서처럼 혁신을 가져올 수 있다고 가정하는 것이다. 그렇게 생각하면 19세기에 혁신이 더 빨라졌을 텐데, 군사비가 증가한데다 새로운 온갖 유용한 지식이 군사비의 효과를 높였을 것이기 때문이다.[29]

그렇지만 실제로는 군사비 가운데 일부만 연구에 쓰였으므로 이 가정은 지나치게 낙관적으로 보일 것이다. 한 가지 대안은 연구비만이 군사 기술을 혁신한다고 가정하는 것이다. 연구비는 군사비 총액에서 일부분에 지나지 않겠지만 그래도 혁신은 가능할 것이고, 연구비의 비중이 클수록 혁신이 늘어날 것이다. 그와 동시에 군사비의 일부만이 화약 기술을 개선하던 현실을 지식의 발전이 보완했을 것이다.[30]

이 두 가지 대안을 고려하면 19세기 군사 혁신이 어떻게 예측되는가? 연구비의 효과만 고려하고 새로운 지식의 효과를 일절 배제하면 혁신이 많지 않았을 것으로 예측된다. 연구비 자체는 19세기 국방 예산에서 비중이 크지 않았으니 말이다.[31] 그러나 국방비 총액에 초점을 맞추면 19세기는 큰 진전이 이루어진 시기였다. 군사비는 1860년대까지 전례 없는 수준으로 증가했고(〈표 6-4〉), 19세기 초부터 1차 세계 대전 발발 무렵까지 평균 다섯 배 이상 증가했다.[32] 물론 현실은 이 두 극단 사이 어딘가에 있었을 공산이 크다. 다시 말해, 연구 외에 다른 항목들에 배정한 금액 중 일부도 화약 기술 개선에 이바지하고 어느 정도 혁신을 산출했을 것이다. 이보다 중요한 점은, 새로운 지식 덕분에 연구비의 효과가 증대하고 혁신의 속도가 저하되지 않았다는 것이다. 그 결과 19세기의 무장평화가 근대 초기의 끊임없는 전쟁보다 화약 기술의 혁신에 이롭게 작용할 수 있었다.

그러므로 새 모델이 미래를 점치는 수정구였다면, 워털루 전투에서 1차 세계대전에 이르는 시기에 유럽의 운명을 기존 모델과는 다르게 예측했을 것이다. 요약하면 다음과 같다.

- 유럽은 전쟁을 덜 치르면서 군사비를 계속 지출하는 무장평화를 경험할 것이다.
- 경제가 성장하고 징집제와 정치 개혁으로 자원을 동원하는 총비용이 감소하는 까닭에 군사비는 실제로 증가할 것이다.
- 연구하고 군사비를 지출하여 전쟁을 치르지 않고도 화약 기술을 혁신할 수 있을 테지만, 결정적 요인은 유용한 지식일 것이다. 유용한 지식은 군사 혁신이 둔화되지 않게 하고 오히려 혁신을 가속할 것이다.

실제로 이 예측대로 되었다. 유럽 군사 강국들의 지도자들은 19세기에 전장에서 시간을 덜 보내면서도 반복 토너먼트에 따라 서로 경쟁을 이어갔으며, 그들이 투입한 자원은 화약 기술을 계속 발전시켰다. 프랑스가 독일의 행보에 조바심을 내고 영국이 프랑스의 동향을 우려하는 식으로 경쟁국들은 서로에게서 눈을 떼지 않았고, 구식 무기 체계를 더 우수한 기술로 대체하고자 했다. 정치가와 이익집단은 경쟁국의 위협을 과장해 세금을 인상하고 군사 예산을 확대하기까지 했다. 일례로 1858년 프랑스는 영국의 해군 공창을 공격하는 것 말고는 할 수 있는 일이 거의 없는 새로운 장갑함대를 건설하기 시작했다. 프랑스 장갑함들은 바다를 통제할 수도, 영국을 침공할 길을 닦을 수도 없었다. 그럼에도 영국 총리는 프랑스의 침공에 대한 두려움을 이용해 세금을 인상할 수 있었고, 그렇게 늘어난 세수는 공창의 더 튼튼한 방어 시설과 영국 해군의 장갑함, 프랑스 신식 함대의 장갑을 뚫을 수 있는 개량포를 만드는 비용으로 쓰였다.[33]

유럽 지도자들은 결국 18세기보다 19세기에 군사비를 더 많이 지출했고, 유럽의 19세기판 냉전에서 잠재적 적을 능가하는 데 도움이 될 무기와 함선을 열심히 획득했다. 그들은 더 효과적인 화약 기술을 개발하는 데 예산의 대부분을 쏟아붓지는 못했다. 그렇지만 그들이 연구비를 지출한 덕에 기술 변화가 계속 이어졌고, 특히 1차 세계대전을 앞두고 군비를 증강하는 동안 기술 변화에 가속이 붙었다. 산업혁명기에 폭발적으로 증가한 공학적·과학적 노하우와 연구비가 결합된 덕분이었다. 우리 모델이 시사하는 대로, 지식은 연구비의 효과를 확대하고 기존 지식의 한계로부터 혁신을 해방시키는 등 결정적인 역할을 했다.

19세기 군사 연구와 개발

그렇다면 신무기 연구는 어떻게 수행했을까? 그리고 화약 기술의 개선점은 어떻게 개발하고 실행했을까? 연구 중 일부, 그리고 신무기 개발의 경우에는 더 높은 비율로 정부가 직접 수행했다. 그러나 혁신의 다수는 민간 사업가들의 산물이었다. 드라이제(Dreyse)의 후장식 소총부터 맥심(Maxim)의 기관총과 크루프(Krupp)의 강선(腔線)을 새긴 주강(鑄鋼) 대포까지, 이들은 화약 기술을 발전시킨 대발견을 여럿 해냈다.[34]

군사 연구 자체가 완전히 새로운 것은 아니었다. 16세기에 에스파냐의 펠리페 2세는 군사 발명품을 실험하고 유망한 발명을 해낸 이들을 포상했다.[35] 그렇지만 실험은 계몽주의자들이 유용한 지식을 체계적으로 수집하는 데 박차를 가한 것을 계기로 더욱 흔하고 효과적인 연구 수단이 되어갔다. 앞서 살펴본 대로, 18세기에 영국 해군은 실험을 통해 좀조개를 막아낼 해결책―구리 피복과 선체의 구리 부품―을 찾아냄으로써 함선의 속도를 20퍼센트 높이고 함대의 유효 규모를 3분의 1가량 키웠다.[36] 그리고 18세기 말에 의사 길버트 블레인(Gilbert Blane)은 통계 증거를 바탕으로 영국 해군에 청결과 적합한 식사가 필요하다고 주장했다. 블레인을 비롯한 여러 사람의 노력에 힘입어 선상 사망률이 낮아졌고, 그에 따라 노련한 선원이 더 오랜 기간 복무할 수 있게 되어 해군에 이득이 되었다.[37]

산업혁명기에 공학 노하우가 쌓이고 과학 지식의 기반이 넓어짐에 따라 계몽주의 연구의 생산성이 높아지긴 했지만, 그 지식은 대개 19세기 들어서도 한참이 지나서야 활용되었다. 예를 들어 18세기에 수학자 겸 군사공학자인 벤저민 로빈스(Benjamin Robins)는 총기로 발사한 발사체의 속도를 측정하는 탄도 진자를 발명했고, 로빈스와 스위스 과학자 레온하르트 오일러(Leonhard Euler)는 더 정확한 탄도 이론에 필요한 공기 저항 계산법을 내놓았다. 그러나 이런 통찰은 나폴레옹 같은 군사 개혁가들과 지도자들이 중시했는데도 불구하고 대개 19세기 들어서야 활용될 수 있었다. 로빈스는 강선을 새기지 않은 머스킷이 강선을 새긴 라이플보다 정확도가 떨어지는 이유도 탐구했지만, 보병은 19세기에 제조 기술이 발전하고 나서야 라이플을 장비할 수 있었다. 이와 비슷하게, 로빈스의 통찰은 적어도 전장에서는 포를 조준하는 데 쓰이지 못했다. 18세기에는 금속 주조술로 생산한 포환들의 크기와 무게가 제각각이어서 그의 새 이론을 적용할 수 없었기 때문이다. 게다가 대포의 폭발력을 측정할 수 있을 만큼 커다란 탄도 진자를 건설하는 데에는 나폴레옹마저 엄두를 내지 못했을 정도로 비용이 많이 들었다.[38]

그러나 제조업과 공학이 발달함에 따라 유럽 국가들은 저마다 육해군을 증강하기 위해 서로 질세라 새 기법을 이용했다. 미국이 호환 부품으로 권총을 대량 생산하는 공정을 완성하자, 영국 정부는 미국에 사절단을 파견해 공구와 제조 과정을 연구하고 뒤이어 수입도 했다. 미국의 이런 제조 체계에는 전장에서 부품을 교환함으로써 군대의 보급 비용과 어려움을 대폭 줄일 수 있다는 뚜렷한 장점이 있었다. 그러나 이 체계를 운영하려면 총기 생산 공정을 면밀히 검사해야 했고, 거기에 더해 금속과 목재를 가공하는 새로운 계측기와 치공구(治工具) 같은 각종 공구를 갖추어야 했다. 또한 이제까지 숙련된 장인들의 수중에 있던 제조 공정을 전문화된 기계류가 수행하는 작은 단계들로 나누어야 했다. 영국 정부는 미국식 방법을 받아들이고자 1854년 엔필드에 새 병기창을 건설하고서 미국산 기계류로 가득 채우고, 영국 노동자의 훈련을 도와줄 미국인들을 데려왔다.[39]

화약 기술을 혁신한 민간 사업가들을 움직인 주된 유인은 수익성 좋은 관급(官給) 계약이었다. 강선을 새긴 강철 대포를 개척한 알프레트 크루프(Alfred Krupp)는 독일 정부와 계약을 맺고자 무진 애를 썼다. 기술에서 앞선 다른 기업들도 영국과 프랑스에서 그와 똑같이 했다.[40] 암스트롱-휘트워스(Armstrong-Whitworth), 크루프, 비커스(Vickers) 같은 대규모 군수 업체들에게는 (특히 19세기 말에) 병기나 군사 기술의 대외 판매도 중요한 과제였다.[41]

그러나 극소수 거대 기업이나 위대한 발명가만이 혁신의 이익을 좇았던 것은 아니다. 예컨대 프랑스의 새 철갑함에 대응하는 조치의 일환으로 영국이 자체 장갑함을 건설하기 시작했을 때 무슨 일이 일어났는지 떠올려보라. 영국 해군은 어느 쪽의 성능이 가장 좋은지 확인하고자 다양한 장갑 유형을 시험하면서도, 다른 한편으로는 민간 사업가와 발명가로부터 함선을 '방탄' 처리할 방법에 대한 제안을 수렴했다. 그러자 1857년에는 여섯 명이, 영국 해군이 장갑선을 건조하기로 처음 결정한 1858년에는 스물한 명이, 그다음 45년 동안은 590명 이상이 제안서를 제출했다.[42] 이처럼 관심이 폭발한 데에는 그럴 만한 이유가 있었다. 장갑함 건조 계약은 큰 사업이어서 대규모 생산 공정의 밑그림으로 기능할 어떤 혁신이라도 상당한 보상을 가져다줄 가망이 있었다. 그런 연유로 영국의 사업가들과 발명가들은 이 가능성에 반응했으며, 18세기와 19세기에 산업화 중인 다른 경제권에서도 수요가 높을 때면 그런 반응이 나타났다.[43]

연구로 극적인 진보를 이루어낸 큰 기업들은 19세기 말에 이르러 군수 산업을 지배하게 되었다. 그들은 외국에 무기를 팔기도 했으며, 특히 영국 기업 비커스와 암스트롱-휘트워스는 일본, 이탈리아, 러시아 같은 나라들에 병기 기술을 수출했다. 종래와 같이 혁신은 국제적이었고, 첨단 기술의 확산을 막는 장애물은 비교적 적었다. 장갑판(裝甲板)이 전형적인 사례다. 1860년대에 프랑스 군과 영국군의 철갑함을 보호했던 연철은 19세기 말에 포격 저항력이 두 배 이상 높은 경화강(硬化鋼)으로 대체되었으며, 영국과 프랑스, 독일, 미국에서 기업과 발명가, 군 장교가 개발 과정에 관여했다. 1876년 프랑스 대기업 슈나이더(Schneider)가 선보인 강철 장갑은 포탄으로 타격을 입어도 갈라지지 않도록 연철과 결합한 것이었는데, 곧 후속 혁신이 이루어져 연철은 불필요하게 되었다. 강철의 표면을 경화하면서도 내부를 연성으로 유지하는 더 나은 방법으로 갈라짐을 막을 수 있었고, 니켈(1889년 슈나이더 사가 개척)과 크롬을 첨가하자 강철의 인성(靭性, 외부에서 잡아당기거나 누르는 힘 때문에 갈라지거나 늘어나지 않고 견디는 성질)이 더욱 높아졌다. 1893년경 거대한 가족기업인 크루프는 니켈크로뮴강을 열처리하고 경화하는 개량 공정을 고안했는데, 이것이 서유럽 전역에서 표준이 되었다. 이 공정으로 제조한 장갑 한 겹은 그보다 두 배 이상 두꺼운 연철 장갑 수준으로 함선을 보호했다.[44]

그렇다고 해서 19세기에 화약 기술을 발전시킨 혁신이 전부 민간 사업가의 산물이었던 것은 아니다. 군 장교도 중대한 역할을 했다. 프랑스에서 포병 장교 앙리-조제프 펙상(Henri-Joseph Paixhans)은 해전 중에 평사(平射) 탄도로 발사할 수 있는 작렬탄을 도입했다. 펙상은 작렬탄이 단단한 포탄보다 목제 범선을 파괴하는 힘이 월등하다는 점을 실험으로 보여주었고, 그 위력을 확인한 프랑스 해군은 1827년 작렬탄을 채택하기 시작했다. 다른 선진 해군들도 점차 프랑스의 전례를 따랐고, 그러는 사이 뒤처진 해군들은 시노페에서 침몰한 튀르크 함대처럼 궤멸할 위기에 몰렸다. 픽상 못지않게 혁신적인 프랑스 장교 뒤피 드 롬(Dupuy de Lôme)은 장갑함대를 건설하도록 프랑스 해군을 설득했고, 장갑함의 설계도와 설명서를 작성했다.[45]

장교들과 정부 관료들은 신기술을 실제로 적용하고 혁신을 활용하는 전술과 전략을 고안하는 데 특히 능했다.[46] 게다가 적절한 보급 체계까지 만들어냈다. 이런 추가 발전이 없었다면, 다시 말해 적절한 전술이나 전략, 보급이 발달하지 않았다면 신무기는 쓸모가 없었을지도 모르고, 더 나아가 역효과를 낼 수도 있었을 것이다. 19세기 후반에 이런 요소들을 전부 제대로 갖추는 데 가장 성공한 집단은 프로이센 군의 장교들과 관료들이었을 것이다. 헬무트 폰 몰트케(Helmuth von Moltke)를 위시한 통찰력 있는 지도부 휘하의 프로이센 군은 철도에 맞추어 군사 전략을 조정하는 방법과 철도 노선을 효율적으로 이용해 병력과 보급품을 실어 나르는 방법을 알아냈다. 프로이센 군은 1866년 오스트리아 군을 상대할 때 새로운 후장식 라이플을 가지고 기다렸다가 발사하는 전술을 구사해 대성공을 거두는 등 신무기에 적합한 전술을 고안하기도 했다.[47] 요컨대 몰트케를 비롯한 유럽 장교들과 관료들의 노력이 민간 사업가들의 활동을 보강한 셈이었다. 두 집단은 서유럽 역사에서 수백 년간 서로를 보완하는 관계였다.

군사 기술이 발달함에 따라 정부와 민간 사업가들의 관계에서 계약도 변하기 시작했다. 이제 사업가에게 신무기는 상당한 위험을 내포하는 것이 되었는데, 생산에 돌입하기도 전에 값비싼 연구비를 지출해야 했기 때문이다. 연구를 진행하지 않으면 판매할 무기가 없을 터였고,

설령 효과적인 신무기를 생산한다 해도 사업가가 속한 국가의 정부 당국이 신무기를 외세에 판매하는 행위를 차단할 경우, 구매자가 정부밖에 없을 공산이 컸다. 이 모든 문제가 이를테면 19세기 후반과 20세기 전반에 해전을 뒤흔든 어뢰와 더불어 발생했다. 작은 어뢰정이 큰 전함을 침몰시키자 각국 해군은 곧 상대의 어뢰정을 저지하는 동시에 어뢰로 적함을 급습할 수 있는 구축함(驅逐艦)을 건조하기 시작했다. 그러나 이 모든 변화의 이면에서 민간 기업과 정부는 화학과 물리학, 야금학, 정밀가공을 결합한 연구를 통해 어려운 공학 문제들을 풀어야 했다. 연구자들은 자이로스코프(gyroscope)를 이용해 어뢰의 정확도를 높이는 방법을 학습했고, 1차 세계대전 이전 50년 동안 추진 장치를 개선함으로써 어뢰의 속도를 거의 여덟 배, 사거리를 50배 끌어올렸다. 이런 개선을 이루어내려면 아주 광범한 연구가 필요했던 까닭에 각국 정부는 어뢰를 구입할지 말지를 결정하기도 전에 연구를 직접 수행하거나, 비용을 지불하고서 기업에 위탁했다. 이렇게 해서 (적어도 어뢰의 경우에는) 연구와 조달은 방위 계약에서 차츰 서로 별개의 영역이 되었다.[48]

정부 연구자, 군 장교, 민간 사업가는 힘을 합쳐 화약 기술의 파괴성을 새로운 수준으로 끌어올렸다. 1차 세계대전 무렵의 보병 소총은 18세기 수발총보다 열 배 이상 치명적이었고, 기관총은 거의 100배 더 치명적이었으며, 포는 나폴레옹이 구할 수 있었던 최고의 야전포보다 100배 더 파괴적이었다.[49] 대양에서 증기력은 해군을 돛의 전술적 속박에서 풀어주었고(다만 이제 접근 가능한 연료 공급처에 전략을 의존하게 되었다), 장거리 포를 가득 실은 전함은 18세기 선원이라면 깜짝 놀랐을 방식으로 공해에서 싸울 수 있었다.[50]

각국은 징병제 덕분에, 그리고 병력 수송과 보급을 한결 수월하게 해준 철도 덕분에 군대의 규모 역시 대폭 키울 수 있었다. 1차 세계대전에서 유럽 대다수 강대국의 육군들은 거의 500만 명 내지 그 이상으로 불어났다. 이는 18세기의 평균적인 강대국 육군보다 25배 이상 큰 규모였다.[51] 20세기 초에 유럽 강대국들의 육군과 해군이 병력을 크게 증강하자 비유럽 지도자들은 강대국 대열에 합류하기가 더욱 어려워졌다. 그들 역시 해군을 큰 규모로 편성하고 거대한 육군에 병력을 배치해야 하는 등 장애물—토너먼트 모델의 언어로 말하면 '고정비용'—이 넘을 수 없을 만큼 높아졌기 때문이다. 강대국 대열에 끼려면 미국처럼 앞서가는 경제 대국이 되든지 일본처럼 단호하게 산업화를 추진하고 최신 군사 기술을 받아들여야 했다.[52]

혁신은 정복과 제국주의에 얼마나 중요했는가?

적어도 과거의 잣대로 보면 1815년부터 1차 세계대전이 발발하기 전까지 유럽은 비교적 평화를 누렸으나, 나머지 세계(그중에서도 새로이 유럽의 식민지가 된 지역들)는 그렇게 운이 좋지 못했다. 19세기에 유럽 안에서는 외교적 제휴가 분쟁을 미연에 방지했을지 몰라도 제국 전쟁은 또 다른 문제였으며, 중상주의 경쟁에서 식민지가 국가의 성공에 필수라는 확신을 두루 공유한 유럽 지도자들과 엘리트들, 그리고 정부에 로비한 이들은 19세기 말에 식민지 추가 경쟁을 벌였다.[53]

특정한 동기가 무엇이었든지 간에 한 가지는 분명했다. 이제 토너먼트의 산물인 군사 혁신[대니얼 헤드릭이 보여준 대로 주요 사례는 라이플과 증기포함(蒸氣砲艦)이다]을 이용해 해외에서 제국을 훨씬 쉽게 건설하거나 확대할 수 있었다. 과거에 화약 기술은 중앙아시아의 유목민이나 아메리카의 평원 인디언처럼 도시와 중앙집권적 정부가 없는 사회를 상대로는 효과가 없었다. 그러나 19세기 후반에는 그런 제약이 더는 남아 있지 않았다. 그와 동시에 의학이 발전한 덕분에 유럽인은 종전까지 아프리카에서 병사와 관료의 목숨을 숱하게 앗아갔던 말라리아 같은 열대 질병을 견디고 살아남을 수 있었다. 1823~1836년에 서아프리카에서 영국 병사들 가운데 약 97퍼센트가 사망하거나 군대를 떠나야 했다. 그러던 것이 1909~1913년에 사망률이 1퍼센트 이하로 급락했고, 프랑스령 서아프리카와 다른 열대 기후 지역들에서도 유럽인 사망률이 엇비슷한 수준으로 떨어졌다. 질병이 퇴치되자, 아프리카 내륙처럼 오랫동안 접근 불가였던 지역들을 식민화할 길이 열렸다.[54] 그리고 화약 기술의 자본집약도가 더욱 높아진 결과, 대체로 유럽인 정착자가 드물었던 새 식민지들에서 소수의 유럽인만으로도 영토를 정복하고 장악할 수 있었다.

이런 식민지 군사 작전에서 승리를 거두려면 여전히 적절한 전술과 전략이 필요했다. 그렇지 않으면 유럽인일지라도 1879년에 줄루족과 이산들와나(Isandlwana) 전투〔1879년 1월 22일, 창과 방패로 무장한 줄루족 2만여 병력이 후장식 라이플과 야포로 무장한 영국군 약 1800명을 공격하여 완파했다―옮긴이〕를 치른 영국군처럼 패배할 수도 있었다.[55] 승리는 물자를 보급하고 병력을 수송하는 능력에도 달려 있었다. 아프가니스탄 전쟁에서 화약 기술을 보유한 영국군이 제아무리 유리했더라도 병력에 물자를 보급하기 어려웠던 탓에 강점이 상쇄되었고, 아프가니스탄 군이 게릴라전을 구사한 험준한 환경에서 영국군의 전술은 적합하지 않았다. 결국 영국군은 아프가니스탄을 결코 정복하여 점유할 수 없다는

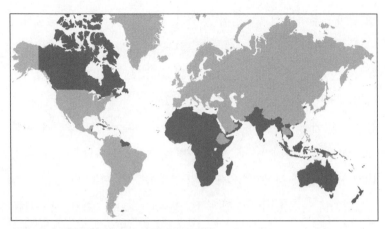

〈삽화 6-3〉 짙은 회색은 1914년 서유럽의 식민지다.

결론에 이르렀다.[56]

그에 반해 아프리카에서 유럽인을 저지한 것은 터무니없는 자충수를 빼면 거의 없었다. 아마도 아프리카 사람들이 현대식 라이플을 가지고 있었더라도 소용없었을 것이다. 유럽인이 더 앞선 무기로 무장했을 테니 말이다. 세실 로즈(Cecil Rhodes)는 유럽인 700명 병력에 자금을 대는 것만으로도 로디지아(Rhodesia)에서 자신의 영국 남아프리카 회사가 통제하던 영토를 갑절로 넓힐 수 있었다. 1893년에 이 유럽인 병력은 라이플로 무장한 은데벨레족 전사 5000명을 기관총으로 섬멸했다. 은데벨레족 사상자는 유럽인 사상자보다 30배 이상 많았다.[57] 무력 또는 무력 위협도 인도, 오스트레일리아, 동남아시아 섬들의 내지(內地)를 열어젖히는 데 보탬이 되었다. 지배적인 군사 기술을 틀어쥔 유럽인은 1914년까지 오스트레일리아, 남아시아, 동남아시아 내륙에서 식민지를 확장했고 아프리카 땅 대부분을 장악했다(〈삽화 6-3〉).

화약 기술은 정복을 마친 뒤에도 중요했는데, 토착민 인구를 통제할 유럽인 정착자나 관리의 수가 매우 적은 곳에서도 큰 비용을 들이지 않고 영토를 통치하게 해주었기 때문이다. 유럽인은 대규모 군대와 식민지 관리 수천 명을 외국에 배치하지 않고도 현지 지도자를 끌어들이고 화약 기술과 소수 병력(토착민이나 다른 식민지 출신 병사를 포함)에 의지하는 방식으로 어떤 반란이든 진압할 수 있었다.[58] 마지막으로, 정복하기 버거울 정도로 저항이 거센 국가들을 상대로도 유럽인은 화약 기술을 이용해 중요한 무역 이권을 얻어낼 수 있었다. 유럽인은 중국에서 그렇게 했고, 화약 기술을 공유한 미국인은 일본에서 그와 비슷한 이권을 얻어냈다. 화약 기술은 마침내 세계를 정복했다.

7장

결론

정복의 대가

유럽이 보유한 식민지는 1차 세계대전 이후로는 팽창하지 않았고, 1938년까지 유럽의 식민 제국은 실제로 1퍼센트 수축했다.[1] 제국 소유가 여전히 용인되긴 했지만, 식민주의에 비판적인 서양인과 유럽의 지배에 적대적인 토착민 민족주의자의 저항에 부딪히기 시작했다. 더 중요한 점은 유럽인이 수익성 있게 정복할 만한 영토가 많이 남아 있지 않았다는 것이다. 식민주의 반대론은 2차 세계대전 이후 점점 강해졌다. 서유럽의 군사력은 무너진 상황이었고, 서유럽 정치 지도자들은 경제 회복과 국내의 사회적 지출에 집중했으며, 국내에서나 식민지에서나 제국을 반대하는 목소리가 커졌다. 그리고 냉전을 계기로 더욱 거세졌다. 1970년대 후반까지 유럽 제국들은 사실상 사라졌다.

유럽 제국들이 사라짐에 따라 서유럽은 군사 기술을 혁신하는 경쟁에서도 선두권에서 점점 멀어졌다. 2차 세계대전 이후 세계를 지배한 군사 초강대국 미국과 소련은 또 다른 무장평화인 냉전 상태에서 자웅을 겨루었다. 두 군사 대국에 필적할 수 없었던 대부분의 서유럽 열강은 토너먼트 모델이 예측하는 그대로 냉전의 산물인 군비 경쟁을 그저 관망했다. 정치 지도자들이 군비 경쟁에 뛰어들지 않은 것은 탁월한 선택이었다. 유권자들이 평화와 번영을 학수고대했을 뿐 아니라, 군사비를 많이 지출하려면 국내 경제를 재건할 자금을 끌어다 써야 했으니 말이다. 미국이 안보를 제공하며 무임승차를 허용하곤 했던 까닭에 관망은 더더욱 매력적인 선택지가 되었다. 서유럽 국가들은 미국을 따라 북대서양조약기구(NATO) 동맹에 가입해 얼마간 군사 자원을 제공했고, 그중 영국과 프랑스는 자체 핵무기를 획득했다. 그러나 서유럽의 군대와 군사비는 두 초강대국에 견주면 여전히 보잘것없었다.[2]

서유럽인이 세계를 정복하던 시절은 그렇게 끝났다. 그들은 유라시아에서 다른 누구보다도 화약 기술을 멀리까지 밀고 나감으로써 전 세계에서 권력을 휘두르고 광대한 해외 영토를 지배하기에 이르렀다. 그런 노력을 바탕으로 그들은 1800년까지 군사적 우위를 확고히 다졌고, 19세기 들어 격차를 더욱 벌려나갔다. 그들의 기술적 위력 이면에는 막대한 군사비를 조달한 정치·재정 개혁이 있었다. 산업혁명기에 늘어난 유용한 지식과 공학 노하우는 군사비의 효과를 증대했고, 산업화를 거치며 소득이 증가하자 군대에 자금을 투입하기가 한결 더 쉬워졌다.

유럽이 세계를 정복한 궁극 원인은 잦은 전쟁이나 자연지리가 아니었다. 혹시 유럽의 독특한 군사 문화가 궁극 원인이었을까? 빅터 데이비스 핸슨(Victor Davis Hanson)은 그렇다고 말할 것이다. 그는 서양에 그런 문화, 즉 그가 보기엔 고대 그리스에서 연원했으며 적응성과 규율, 평등주의적인 보병, 민주주의를 수호하기 위한 섬멸전을 강조하는 문화가 지속적으로 존재했다고 주장한다.[3] 문제는 적응성과 섬멸전이 서양의 전유물이 전혀 아니라는 것이다. 게다가 근대 초기에 서양 군대를 구성한 정복자와 용병을 포함하려면 이런 문화관을 어떻게든 확장해야 하는데, 핸슨의 논증을 허물지 않고는 그렇게 하기가 불가능해 보인다. 여하튼 코르테스와 피사로, 다 가마와 그들의 부하들은 민주주의를 위해 싸우지 않았다. 근대 초기 용병들도 마찬가지였다. 그들이 추구한 것은 돈과 출세할 기회였다. 영광과 신앙의 적을 무찌르려는 욕구 역시 그들을 추동했을지 모르지만, 민주주의는 그들의 동력이 아니었다.[4] 마지막으로, 서양의 군사 문화가 훨씬 더 훌륭했다면, 근대 초기에 유럽인이 일본인 전사에게 그토록 탄복한 이유는 무엇인가? 그들은 말로 감탄하는 데 그치지 않고 일본인을 용병으로 고용하려고까지 했다.[5]

유럽 정복의 궁극 원인은 문화도 지리도 전쟁도 아닌 정치사였다. 다시 말해, 국가들의 크기를 구체화하고 유라시아 각지에서 토너먼트 모델의 외생변수들의 가치를 결정한, 과거 정치 사건들의 특정한 연쇄였다. 토너먼트 모델은 유럽인이 세계를 정복한 이유로 정치사를 지목한다.

그렇다면 한 가지 물음이 남아 있다. 서유럽인은 세계를 정복하고 화약 기술의 온갖 혁신을 추진하여 결국 이익을 얻었는가? 분명 그들은 침략과 식민화를 통해 라틴아메리카의 은, 노예가 생산한 설탕, 커피를 비롯한 전리품을 차지했다. 또한 옥수수와 감자 같은 신세계 작물도 얻었다. 하지만 유럽인 정복자들이 질병을 가져오고 기존 사회

전체를 무참히 파괴한 결과로 비명횡사한 아메리카 토착민이나 노예에 비할 바는 아니지만, 유럽인도 나름의 대가를 치렀다. 유럽 군주들은 아메리카에서 실어온 은의 태반을 그저 군사적 모험에 따르는 부담 없이 전쟁을 더 많이 치르기 위한 자금으로 써버렸다. 멀리 떨어진 근거지와의 통상을 통제하려던 중상주의 전투는 서유럽 통치자들이 서로 전쟁을 일으키게 한 원인이 되었을 뿐 아니라 무역까지 제약했다. 그리고 그들의 끊임없는 전투는, 비록 군사 혁신을 낳기는 했지만, 평균적인 유럽인이 자신의 안보를 보장하기 위해 감당하려 했던 수준을 훌쩍 넘어섰다.

그 모든 전쟁은 막대한 비용도 수반했다. 함선을 무장하면서 수송 비용이 대폭 늘었고, 지상전을 치르려면 더 큰 대가를 치러야 했다. 가혹한 세금이 부과되었을 뿐 아니라 전염병이 돌았고, (적어도 17세기 후반 이전에는) 기강이 잡히지 않은 병사들이 폭력을 휘둘렀으며, 심한 경우 농촌을 유린하여 한 세대 동안 농업생산성을 25퍼센트 떨어뜨리기도 했다.[6] 19세기 식민주의도 그리 나을 바가 없었다. 서유럽 내에서 적대 행위를 수반하진 않았지만, 십중팔구 평균적인 유럽인에게 피해를 입혔다. 예를 들어 영국 제국은 적어도 1880~1912년에는 이익을 내지 못했다. 사실 영국 제국은 보조금을 받아야 하는 상태였고, 결국 중간 계급 납세자들의 소득을 상층 계급에게 재분배하는 데 그쳤다.[7]

이처럼 세계 정복이 수반한 손실을 상쇄할 만한 것은, 적어도 평균적인 유럽인의 안녕을 고려하면(혹은 범위를 더 좁혀서 소득을 고려하면) 유럽 안에도 거의 없었다. 유럽 밖에서 세계 정복이 초래한 피해는 헤아릴 수 없을 정도로 컸다. 노예와 아메리카 토착민에게 닥친 참사, 19세기에 레오폴트 왕의 벨기에령 콩고 같은 식민지에서 자행된

잔혹 행위 말고도, 노예무역이 지금까지도 아프리카를 빈곤하게 한다는 타당한 경제적 증거가 있으며, 지난날 에스파냐의 정복이 오늘날 라틴아메리카에서 빈곤을 야기한다는 설득력 있는 증거도 있다.[8] 연구가 시사하는 대로 이런 문제들의 근원에는 대개 제국이 조장한 해로운 제도와 부의 불평등한 분배가 있다. 불평등은 제도 개혁을 가로막는 정치적 유인을 낳았고, 대중 교육과 인적 자본 획득에 불리하게 작용했다. 어떤 이들은 길게 보면 인적 자본이 제도를 바꾼다는 이유로 진짜 장애물은 제도가 아니라 부족한 인적 자본이라고 주장할 것이다. 그렇다고 치면, 유럽인과 함께 식민지에 들어온 인적 자본이 궁극적으로 탈식민화 이후에 경제성장을 촉진했을 것이고, 그들이 가져온 기술과 작물, 가축도 같은 결과를 초래했을 것이다. 그러나 이런 긍정적 영향은, 설령 결국에는 물질화되었다 해도, 특히 토착민 인구가 많은 식민지에서는 결실을 맺기까지 오랜 시간이 걸렸다.[9] 그리고 그 영향이 먼 훗날 소득 증가로 이어졌다 할지라도, 정복으로 침해된 인간의 안녕을 보상하지는 않는다.

어떤 이들은 유럽의 세계 정복과 유럽 안에서 발발한 숱한 전쟁이 한 가지 예상치 못한 혜택, 즉 분쟁의 온갖 해악을 일부나마 상쇄하는 혜택을 세계에 가져다주었다고 주장할 것이다. 다시 말해, 그들은 분쟁과 제국 건설이 영국 산업혁명이라는 혜택을 촉발하는 데 일조했다고 주장할 것이다. 로버트 앨런(Robert Allen), 로널드 핀들레이(Ronald Findlay), 케빈 오루크(Kevin O'Rourke), 패트릭 오브라이언(Patrick O'Brien) 등 여러 경제사가들이 그런 주장을 폈다. 그들이 보기에 전쟁은 (역설적으로, 그리고 온갖 손실을 초래했음에도) 실제로 세계에서 최초로 지속적인 경제성장을 촉발했다.[10]

이것은 놀라운 주장이다. 근대 세계에서 전쟁이나 방위비가 경제성장을 촉진했다는 증거는 거의 없으니 말이다.[11] 그렇다면 그들의 논증은 무엇을 의미하는가?

군사 혁명의 발명품들이 산업혁명에 필수 요소는 아니었다. 산업혁명의 위대한 발명가들이 모두 군사 부문에 종사했던 것도 아니다. 실은 그들 중 13퍼센트만이 어떤 식으로든 군사 부문과 연관이 있었다. 그 발명가들이 경제의 군사 부문과 민간 부문에 무작위로 분포되어 있었다 해도 이 정도 비율이 나왔을 것이다. 1780년대에는 군사비가 GDP의 12퍼센트였다.[12] 대포와 닻, 화기, 함정 하드웨어에 대한 엄청난 수요로 제철업 발명가들이 군대와 연계되었던 것은 사실이다. 예컨대 교련법과 압연법으로 연철 제조 비용을 절감한 헨리 코트(Henry Cort)는 영국 해군의 군납업자였는데, 제철업 발명가들 가운데 코트가 유일한 군납업자는 아니었다.[13] 그러나 제철업에서 이루어진 혁신은 산업혁명의 작은 부분에 지나지 않았다. 1780년부터 1860년까지 영국의 총요소생산성 증가분에서 제철업 혁신의 비중은 4퍼센트 이하였다. 달리 말하면, 산업혁명의 주된 특징은 노동생산성과 자본생산성이었다. 섬유 산업, 특히 면공업의 발명이 훨씬 더 중요했다. 제철업의 발명과 비교해 섬유 산업의 발명이 생산성을 열 배 넘게 끌어올렸다.[14] 섬유 산업 발명가들은 군대와 연계되지도 않았다.[15]

그런데 앨런, 핀들레이, 오루크, 오브라이언의 논증은 이와 다소 다르다. 그들은 17세기 후반과 18세기에 영국이 전쟁에서 승리하여 유럽 대륙 간 무역에서 큰 몫을 차지하자 영국 경제가 자극을 받았다고 주장한다. 이 논증에 따르면, 무역이 성해 런던을 비롯한 도시들에서 일자리가 생겨나자 이주민들이 도회지로 이끌렸고, 임금 인상과 그에 따른 농산물 수요 증가에 농민층이 대응한 결과, 농업생산성이 상승했다. 영국에 값싼 석탄과 자본이 갖추어진 상황에서(경제사가들, 특히 앨런은 논증을 이렇게 전개한다) 노동자의 높은 임금은 발명가들에게 너무 비싼 노동을 상대적으로 저렴한 에너지를 소비하는 기계로 대체할 방법을 찾는 유인이 되었다. 그 유인에 반응한 발명가들은 방적기를 발명했고, 우선 영국을, 결국에는 나머지 서유럽을 지속적인 경제성장의 길로 이끌었다.

이 논증을 다른 방향으로 더 밀고 나가, 나머지 서유럽에서도 산업화가 무르익은 것은 전쟁 탓일지 모른다고 말할 수도 있을 것이다. 중세 이래 전쟁이 끊이지 않은 서유럽에서 제조업은 값싼 계절노동을 이용할 수 있는 농촌을 등지고 도시로 옮겨 갔다. 다시 말해 식량 운송비 때문에, 비록 노동자의 임금이 더 높더라도 성벽의 보호를 받을 수 있는 도시로 이끌렸다. 따라서 임금이 상대적으로 높은 서유럽에서는 일찍부터 노동을 절약하는 기계를 사용하는 편이 이익이었을 것이다. 그에 반해 제국이 백성을 좀 더 안전하게 지켜준 중국에서는 임금이 낮은 농촌에서 육체노동을 고수하는 편이 비용을 덜 들이는 방법이었을 것이다.[16]

높은 임금, 전쟁, 산업혁명에 관한 이 논증이 옳다면, 17세기와 18세기에 영국이 전쟁에서 승리해 경제에 자극을 주지 않았다면 산업혁명은 수십 년 이상 지연되었을 것이다. 어쩌면 50년이나 100년쯤 지연되었을 것이고, 전 세계의 경제성장도 그만큼 정체되었을 것이다. 그랬다면 우리는 아직도 마차 시대의 끝자락에서 벗어나지 못했을지도 모른다. 영국이 패전하여 서인도 제도와 아시아 무역을 상실했다면, 도시화와 임금 수준 모두가 타격을 받았을 테니 말이다. 실제로 앨런의 경험적 모델은 영국의 1800년 임금이 1700년 수준으로, 1800년 도시화가 1750년 수준으로 후퇴했을 것임을 함의한다. 그리고 임금과 도시화 수준이 올라가지 않았다면, 영국은 산업화하지 못했을 것이다.

이 반사실적 악몽이 옳다면, 설상가상으로 기계화와 산업화를 통해 경제성장의 엔진으로 기능한 영국 경제를 다른 어떤 경제도 대신하지 못했을 것이다. 가령 프랑스가 전쟁에서 승리해 1800년 영국의 교역량을 차지했다고 가정하고서 앨런의 모델에 따라 추정해보면, 1800년 프랑스의 도시화는 수준이 높아졌다 해도 7퍼센트 증가하는 데 그쳤을 것이고, 1800년 프랑스의 임금은 겨우 2퍼센트 인상되었을 것이다. 이 정도로는 프랑스에서 산업화를 일으키기에 충분하지 않았을 것이다. 문제는 앨런의 경험적 모델에서 대륙 간 무역의 활성화 효과가 한 경제의 전체 인구에게 분산되기 때문에 인구가 많으면 1인당 효과가 줄어든다는 것이다. 프랑스는 인구가 훨씬 많았으므로(영국 인구의 거의 세 배), 적어도 앨런의 모델에 따르면 전쟁에서 승리해 무역을 차지했더라도 무역이 프랑스 경제에 주는 자극이 많이 희석되었을 것이다. 동아시아에서 무역이 산업화를 일찍 촉발했을 가능성을 기대할 수도 없다. 1800년 일본 인구는 프랑스 인구와 거의 같았고, 중국 인구는 훨씬 더 많았다. 영국의 무역 수준으로는 그렇게 많은 인구에게 별다른 영향을 미치지 못했을 것이다.[17]

그런데 높은 임금과 전쟁에 관한 이 논증은 타당한가? 과연 전쟁이 영국 산업혁명의 견인차였을까? 영국이 해상 분쟁에 집중하고 자국 영토에서의 지상전을 피함으로써 전쟁으로 인한 피해를 크게 줄인 것은 사실이다.[18] 또 영국이 전쟁의 부수적 피해를 대부분 모면하고 이익을 대부분 차지했으니만큼 어떤 이들은 이 논증을 받아들이는 쪽으로 기울 것이다.

그러나 그것은 성급한 판단으로 보인다. 이 논증의 요지는 영국에서 높은 임금이 값비싼 노동을 대체할 기계를 만들어 비용을 절감하도록 발명가들을 유인했다는 것이다. 그러나 고임금이 반드시 발명을 유도하지는 않는다. 고임금은 특정한 여건에서만 그런 혁신을 추동한다. 예컨대 발명가들의 유인에 관한 가장 단순한 모델에서 그런 일은 사람을 기계로 대체하기 어려울 때만 일어난다. 그렇지 않다면 실제로 발명이 줄어들 것이다.[19] 더 중요한 점은, 임금과 발명에 관한 이 논증에 따르자면 노동자들이 더 높은 임금을 찾아 프랑스에서 영국으로 이주했어야 한다는 것이다. 그러나 실제 이주는 반대 방향으로 흘러갔다. 더욱이 이주민들은 대체로 숙련된 기능공, 특히 기계공이었다. 사실이 패턴은 영국의 산업화에 관한 매우 다른 설명에 들어맞는다. 다른 역사가들이 제기한 그 설명에 따르면, 산업혁명의 불꽃에 연료를 공급한 것은 전쟁이 아니라 인적 자본, 바꾸어 말하면 전쟁과 아무런 연관도 없는 숙련 노동자들의 지식과 역량이었다.[20] 인적 자본(단순한 문해력이 아니라 기계공들이 익힌 기술)이 더 많았다는 사실로 영국에서 임금 수준이 더 높았던 이유, 이주의 흐름이 영국에서 프랑스로 향했던 이유, 그리고 산업혁명이 영국에서 일어난 이유를 설명할 수 있을 것이다.

전쟁은 기껏해야 영국에서 산업혁명을 점화하는 데 일조한 성냥이었을 것이다. 그러나 진짜 문제는 성냥이 아니라 연료이며, 그 연료는 인적 자본이었다. 또 다른 연료는 의회의 재정 통제, 각료의 책임, 균일한 재정·사법 제도 등을 포함하는 정치 제도였다. 적어도 무역과 경제 성장에 관한 매우 다른 경험적 분석은 이런 결론을 함축한다. 그 분석에서 전쟁의 역할은 없다. 그 모델에 따르면 무역은 1300~1850년에 유럽에서 각국 경제, 특히 영국 경제를 자극했다. 무역은 경제에 직접 작용하기도 했고, 경제성장에 이로운 정치 제도를 조성하는 식으로 간접적으로 작용하기도 했다. 그러나 유럽에서 전쟁이 조속한 경제성장에 연료를 공급했다는 증거는 없다.[21]

영국에서 경제성장을 촉진한 제도는 자원을 동원하는 정치적 비용을 낮춤으로써 영국을 승전으로 이끈 제도와 동일한 제도였다.[22] 이 제도는 영국 정치사의 산물이었다. 그러므로 정치사는 유럽의 세계 정복과 '대분기'(산업혁명기에 서유럽의 소득이 나머지 유라시아의 소득보다 많아진) 둘 다의 궁극 원인들 중 하나다. 분명 정치사가 유일한 원천은 아니었으며 (18세기에 유용한 지식을 습득하려 했던, 인적 자본 축적에 필수였던 운동을 포함해), 다른 원인들도 중요한 역할을 했다. 그렇다 해도 정치사는 결정적이었다. 정치사는 장기적으로 문화적 진화 과정, 즉 막스 베버(Max Weber)의 프로테스탄트 윤리와 전혀 관련이 없으면서도 서유럽과 나머지 유라시아를 일찍이 중세 초기부터 갈라놓은 과정을 촉발할 수 있었다.[23] 정치사는 단기적으로도 작용하여 18세기 영국처럼 막대한 자원을 낮은 정치적 비용으로 전쟁에 동원할 수 있는 국가들을 만들어냈다. 서유럽에서나 나머지 유라시아 지역에서나 몇몇 중대한 순간에 정치사의 추세가 뒤집어질 가능성이 있기는 했지만, 장기적으로 정치사는 서유럽을 세계 정복의 도정에 올려놓았다.

실행학습을 통한 전쟁과 기술 변화 모델

개전 여부를 결정하는 두 통치자 모델

우리는 우선 전쟁을 할지 말지를 결정하는 두 통치자에 관한 단순한 모델을 구성할 것이다. 그런 다음 이 단순한 모델을 기술 변화와 연관 지어, 2장에서 제시한 모든 예측을 내놓을 것이다. 불필요한 반복을 피하기 위해 이 부록은, 통치자들이 싸워서 차지하고자 했던 상에 관해, 전쟁에 돌입할 때 직면했던 자원 동원에 드는 고정비용과 가변비용에 관해, 그리고 실행학습에 관해 독자들이 2장에서 읽었다고 상정한다.

위험중립적인 두 통치자가 서로 전쟁을 할지 말지를 결정하는 중이라고 생각하자. 전쟁에서 승리한 통치자는 2장에서 기술한 상 P를 얻는다. 단순성을 위해 패자는 아무것도 얻지 못한다고 가정하지만, 2장에서 주석으로 설명했듯이, 그 통치자가 패전하거나 적의 공격에 맞서 자기 왕국을 지키지 못해 벌을 받는다고 해도 모델은 본질적으로 동일하다.

상을 얻을 기회를 가지려면 통치자들은 육군이나 해군, 또는 재정 제도를 창설해야 한다. 그에 따른 고정비용 b는 두 통치자가 동일하게 지불한다고 가정한다. 그들은 승리하기 위해서도 자원(통치자 i의 자원

$z_i \geq 0$)을 사용해야 하며, 그 자원을 우리는 금전으로 환산해 측정한다. 우리는 분쟁 관련 문헌에서 일반적인 함수 형태를 채택해, 둘 다 싸우기로 결정할 때 통치자 i가 승리할 확률은 $z_i / (z_1 + z_2)$라고 가정한다. 그렇다면 승리 확률은 그들이 각자 동원하는 자원의 비에 비례한다.[1]

자원은 가변비용 c_i를 수반한다. 가변비용은 정치적 비용이므로 두 통치자의 가변비용은 서로 다를 것이다. 따라서 $c_1 \leq c_2$라고 가정한다. 우리는 c_i가 자원 z_i의 모든 수준에서 일정하다고 가정하며, 자원 동원량이 끝없이 늘어나면 가변비용이 오를 것이라는 반론에 대비해, 일정한 가변비용으로 동원할 수 있는 자원 z_i에 한계 L_i를 설정한다. 그러면 각 통치자가 동원할 수 있는 자원에 대한 제약은 다음과 같다.

$$z_i \leq L_i \tag{1}$$

여기서 L_i는 더 많은 인구나 더 넓은 조세 기반에 의존할 수 있는 큰 나라나 큰 경제에서 더 크다. (또 낮은 비용으로 쉽게 차입할 수 있는 나라에서 더 클 것이다. 통치자가 자금을 차입함으로써 미래의 세수 중 일부를 지출할 수 있기 때문이다.)

승리해서 얻을 기대이익이 너무 적으면 통치자는 싸울 가치가 없다고 판단할 것이다. 이런 식으로 싸움에서 발을 빼는 통치자는 자원 z_i를 쓰지 않고 고정비용 b도 지불하지 않지만, 상 P를 얻을 기회는 없다.

우리는 두 통치자가 우선 전쟁할지 말지를 동시에 결정한다고 가정한다. 그런 다음, 그들은 자원 z_i를 쓰기로 선택한다. 한 통치자만 전쟁을 감행하기로 결정할 경우, 그는 고정비용 b를 지불해야 하지만 대결 상대가 없으므로 상을 확실히 차지한다. 그러므로 그는 자원 z_i를 군사에 전혀 투입하지 않고서 $P - b$를 얻는다. 둘 다 개전할 경우, 통치자 i는

$$\frac{P z_i}{\sum_{1}^{2} z_j} - c_i z_i - b \qquad (2)$$

를 얻을 것으로 기대된다. 이 수식에서 첫째 항은 통치자 i가 승리할 확률과 상의 가치 P를 곱한 것이고, 다음 두 항은 그가 동원하는 자원 z_i의 비용과 고정비용 b다.

　이 게임의 부분게임 완전균형(subgame perfect equilibrium)을 구해보자. 이 완전균형의 특징을 기술하기 위해 당분간 제약 (1)에 구속되지 않는다고 가정한다. 바꾸어 말하면, 각 통치자의 최적화 문제에 대한 내부해(內部解)를 갖는다고 가정한다. 그러면 $P > b$이고 $P < b$ $(1 + c_2 / c_1)^2$일 때, 정치적 비용이 더 적게 드는 통치자(통치자 1)만이 개전한다. 통치자 2는 상황을 관망하는데, 정치적 비용이 더 많이 드는 까닭에 고정비용을 부담하고 나면 기대이익이 보잘것없기 때문이다. 통치자 1은 물론이고 분명 통치자 2도 군사에 비용을 지출하지 않을 테니 실제로 싸움은 일어나지 않는다. 통치자 1이 군대와 재정 제도를 창설하기는 해도, 우리는 이 결과를 평화로 간주할 것이다.

　만일

$$P \geq b (1 + c_2 / c_1)^2 \qquad (3)$$

이면 두 통치자 모두 전쟁을 택할 것이다. 제약 (1)에 구속받지 않는다

고 계속 가정하는 한, 부등식 (3)은 균형상태에서 전쟁이 일어날 필요충분조건이다. 상이 귀중하고, 고정비용이 낮고, 가변비용들의 비 c_2/c_1이 1에 가까울 때, 부등식 (3)이 성립한다. $c_2 \geq c_1$이므로 이 비는 언제나 1보다 크거나 같고, 두 통치자가 자원을 동원하는 정치적 비용이 서로 비슷할 때 1에 가까울 것이다.

부등식 (3)은 군사비가 양수(陽數)가 되는 것을 보장하지만, 군사기술의 발전에 필수인 거액의 군사비 지출을 보장하지는 않는다. 언제 군사비를 많이 지출하는지 확인하기 위해 전쟁 균형의 비교정태분석과 각 통치자의 내부해를 고찰해보자. 그 균형상태에서 통치자 i는 군사에

$$z_i = \frac{P}{C}\left[1 - \frac{c_i}{C}\right] \tag{4}$$

를 지출할 것이다. 여기서 $C = c_1 + c_2$는 동원하는 자원의 총비용이다. 등식 (4)는 전시에 통치자들이 모으는 자원의 비가 그들의 정치적 비용에 반비례함을 의미한다. 균형상태에서 두 통치자의 총 군사비는

$$Z = z_1 + z_2 = P/C \tag{5}$$

일 것이다. 따라서 총군사비 Z는 (3)에 더해 P/C가 클 때만, 다시 말해 상이 귀중하고 두 통치자의 가변비용이 낮을 때만 클 것이다. 마지막으로, 통치자 i가 승전할 확률은

$$(1 - c_i / C) \tag{6}$$

일 것이고, 가변비용 c_i가 작을수록 값이 커질 것이다.

제약 (1)이 한 명 이상의 통치자를 구속하면 어떻게 될까? 부분게임 완전균형은 변하지 않는다. 달라지는 것은 균형의 정확한 조건, 동원하는 자원을 나타내는 수식, 승리 확률뿐으로, 이제 L_i는 물론 다른 외생 매개변수들에도 영향을 받게 된다.

가장 흥미로운 경우는 자원 동원 비용 c_1이 더 낮은 통치자 1은 제약에 의해 구속되고 통치자 2는 구속되지 않을 때다. 우리는 통치자 1을 영국처럼 대의 기구를 갖춘 작은 국가의 지도자로, 통치자 2를 프랑스처럼 자원 동원 비용 c_2가 더 높지만 동원할 수 있는 자원의 양에 제약을 받지 않는 더 큰 나라의 군주로 여길 수 있다. 혹은 훨씬 큰 나라를 통치하는 중국 황제와의 전쟁을 고려하는 일본의 쇼군을 통치자 1로 여길 수도 있겠다.

그런 상황에서, 균형상태의 두 통치자가 토너먼트에 참가하면 전쟁이 발발할 것이다. 그러려면 다음 두 부등식이 성립해야 한다.

$$P + c_2 L_1 - 2 (P c_2 L_1)^{0.5} \geq b \tag{7}$$

$$(P c_2 L_1)^{0.5} - c_1 L_1 \geq b \tag{8}$$

여기서 부등식 (7)은 전쟁이 일어날 경우에 통치자 2의 기대이익이 음수(陰數)가 아님을 보장한다. 또 부등식 (8)은 통치자 1의 기대이익이 음수가 아님을 보장한다.

L_1이 작다면, 부등식 (8)은 통치자 1이 싸우지 않을 것임을 의미한

다. 이유는 간단하다. 적수가 통치하는 나라 내지 경제가 너무 커서 통치자 1의 기대이익이 음수가 되기 때문이다. 규모에서 앞서는 통치자는 아무도 도전하지 않는 패권자가 될 것이고, 그 결과 전쟁은 발발하지 않을 것이다. (앞서 살펴본 대로, 중국과 1590년대 이후 일본에서 얼추 이렇게 되었다.) 물론 통치자들 중 한 명이 자원을 동원하는 정치적 비용을 훨씬 적게 지출할 경우에도 전쟁은 일어나지 않을 것이다.

자원 제약 (1)이 통치자 1만 구속하고 통치자 2는 구속하지 않는 전쟁 균형상태에서, 앞서 수식 (6)으로 나타낸 통치자 2가 승리할 확률은 이제 $1 - (L_1 c_2 / P)^{0.5}$일 것이고, L_1과 c_2가 작아질수록 이길 확률이 높아질 것이다. 전쟁에 동원하는 총자원은 이제 $Z = (P L_1 / c_2)^{0.5}$로, P와 L_1이 커질수록 증가하고 c_2가 커질수록 감소할 것이다. 달리 말하면, 큰 나라가 작은 나라를 물리칠 확률이 더 높을 것이고, 규모의 격차는 전쟁 중일지라도 지출을 제한할 것이다.

똑같은 두 통치자가 2단계 게임을 하면서 미래의 분쟁에 대비해 자원을 절약한다면 어떻게 될까? 할인율, 제약의 규모, 각 단계에서의 상의 가치에 따라, 우리는 통치자 1이 첫 번째 1단계에서 관망하는(대항하지 않은 채 통치자 2에게 상을 주는) 대신 두 번째 단계에서 승리하기를 기대하며 자원을 절약하는 균형상태에 이를 수 있다.

기술 변화, 실행학습, 자원의 효과성

이제 2장의 실행학습을 모델화해서 특히 화약 기술의 실행학습이 군사적 효과성에 어떤 영향을 미치는지 확인해보자. 우리의 출발점은 실행학습이 전쟁에 쓰는 자원에 달려 있다는 가정이다. 구체적으로 말하면, 자원 z를 한 단위씩 지출할 때마다 통치자는 무작위 군사 혁신 x를 획득할 독립적 기회를 한 번씩 얻는다. x는 구간이 $[0, a]$인 절대연속 누적분포함수 $F(x)$를 갖는다. z가 정수(整數)가 아니라는 사실을 무시하면, z를 지출하는 것은 분포에서 혁신을 제비뽑기하는 것과 같고, z를 지출하는 통치자가 뽑는 최고의 혁신 x는 확률분포함수 $F^z(x)$를 가질 것이다.

그런 다음, 우리의 토너먼트에서 두 통치자가 전쟁을 개시한다고 가정하자. 그들이 동일한 분포에서(가령 그들이 동일한 군사 기술을 사용하며 서로 싸우는 상황에서) 각자 제비를 뽑는다면, 그들의 전쟁에서 실현값이 가장 큰 혁신은 분포함수 $F^z(x)$에서 나올 것이다. 여기서 $Z = z_1 + z_2 = P / C$는 총군사비다. 우리는 이 최고 혁신을 군사 기술의 발전으로 해석할 것이다. 군사 기술은 화약 기술만이 아니라 어떤 기술이든 될 수 있다. Z가 증가함에 따라 최고 혁신의 기댓값도 커질 것이고, 확률분포에서 x는 이용 가능한 지식의 한계로 해석할 수 있는 a로 수렴할 것이다. 그러므로 지식이 더 많으면 군사비를 더 많이 지출할 때처럼 혁신이 일어날 확률이 높아질 것이다. 마지막으로, 전쟁이 없으면 지출도 없고 실행학습도 없으므로, 그런 경우 $x = 0$이라고 가정한다.

첫 회에 $x = 0$으로 시작해 통치자 쌍들이 재위기마다 한 번씩 대대로 토너먼트를 한다면 어떻게 될까? 이를 확인하기 위해 각 통치자가 전회(前回)의 최고 혁신을, 설령 전회의 적수가 이룩한 혁신일지라도 모방할 수 있다고 가정하자(잠시 후에 이 가정을 완화할 것이다). 또한 최고 혁신이 다음과 같은 방식으로 그들이 동원하는 자원의 효과성을 증대한다고 가정하자. x_t가 t회의 최고 혁신이라면, $t + 1$회에 자원을 z만큼 지출하는 것은 t회에 자원을 $(1 + x_t)z$만큼 지출하는 것과 동일한 영향을 미친다. 최고 혁신 x_t는 토너먼트를 시작한 이래 군사 자원의 효과성의 증가율을 나타내고, $t + 1$회에 통치자 i는 경제성장 모델에서처럼 유효 단위를 나타내는 계수 $A_{t+1,i} = (1 + x_t)$가 자신의 자원 $z_{t+1,i}$에 곱해진 것처럼 행동한다. 적어도 지금은 두 통치자 모두 전회의 최고 혁신을 모방한다고 가정하므로 둘 다 동일한 효과성 증대를 경험한다는 데 유의하라. 바꾸어 말하면 $A_{t+1,1} = A_{t+1,2}$다.

이 단순한 모델은 분포 F와 무관한 네 가지 중요한 결론으로 이어진다. 첫째, 상 P와 비용 b, c_1, c_2가 모든 회에 동일하다고 가정하자. 그러면 모든 통치자가 자원 효과성의 증대를 동일하게 경험하므로 전쟁의 내부 조건이 동일할 것이고, 따라서 제1회에 전쟁이 일어난다고 가정하면 모든 회에 전쟁이 일어날 것이다. 또한 이 전쟁의 내부 조건이 유지되고, 통치자 쌍들이 대대로 동일한 지식의 한계 a를 가진 동일한 분포 F에서 혁신을 제비뽑기하고, 전회의 최고 혁신을 이용한다고 가정하자. 그러면 〔확률 우위에 따라〕 최고 혁신 x_t는 a로 확률 수렴하는 단조증가 수열일 것이고, 잇따른 혁신의 영향 $x_{t+1} - x_t$의 기댓값은 점점 감소해 0으로 수렴할 것이다. 바꾸어 말하면, 분포 F와 지식의 한계가 변하지 않으면 시간이 흐름에 따라 실행학습이 느려질 것이다. 궁기병 같은 더 오래된 기술은 실행학습의 역사가 훨씬 긴 탓에 실행학습이 더 느릴 것이다. 그에 반해 근대 초기의 화약 기술 같은 신기술은 실행학습이 더 빠를 것이고, 그에 따라 군사적 효과성이 더 빠르게 증대할 것이다.

둘째 결론은 통치자가 신기술과 구기술에, 이를테면 화약 기술과 궁기병에 자원을 나누어 지출할 때 일어나는 일과 관련이 있다. 그가 자원 z_i의 일부분인 g를 신기술에, $1-g$를 구기술에 지출한다고 가정하자. 그는 신기술을 개선할 테지만, 그와 동일한 양의 자원을 지출하되 신기술에 전부 지출할 수 있는 다른 통치자만큼 개선하지는 못할 것이다. 신기술에 집중할 수 있는 통치자는 분포 F에서 제비를 z_i만큼 뽑는 반면에 자원을 나누는 통치자는 gz_i만큼만 뽑을 것이기 때문이다. 확률 우위에 따라, 구기술과 신기술을 모두 사용하는 통치자는 혁신을 더 적게 할 것이고, 이런 식으로 대대로 자원을 나누는 통치자 쌍들은 실행학습을 더 적게 할 것이다.

확률 우위는 셋째 결론도 도출한다. P/C가 감소하면 토너먼트에서 혁신이 줄어들 것으로 예측된다. 그 이유는 간단하다. $Z = P/C$이므로, 잇따른 통치자 쌍들이 Z가 더 작은 분포 $F^z(x)$에서 최고 혁신을 뽑을 것이다. 마지막 넷째 결론은, 전쟁이 없으면 혁신도 없다는 것이다. 물론 그 이유는 평시에는 자원 지출이 0이고, 최고 혁신 x가 줄곧 0이고, 실행학습이 사라지기 때문이다.

최신 혁신을 차용할 수 있는 군사 지도자가 세계에서 아직 그 기술을 모르거나 개발하지 못한 지역으로 진출한다면 어떻게 될까? 그런 우위가 어떻게 생겨날 수 있느냐 하는 것은 우리가 뒤에서 다룰 문제이긴 하지만, 코르테스와 피사로 같은 정복자들은 분명한 실례를 제공한다. 그들은 민간 원정을 이끌었음에도 유럽 통치자들이 서로 전쟁을 벌이는 와중에 발달한 화약 기술을 가져가서 아스텍과 잉카를 정복하는 데 사용할 수 있었다. 선진 기술을 가진 지도자(참가자 1이라고 하자)가 활용하는 자원 $Z_{t+1,1}$은 선진 기술이 없는 그의 적수(참가자 2라고 하자)가 동원하는 자원 $A_{t+1,1}\, z_{t+1,1} = (1 + x_t)z_{t+1,1}$과 동일한 영향을 미친다. 이때 참가자 2는 기술 진보에 관한 지식이 없으므로 $A_{t+1,2} = 1$이다.

그러면 우리 모델을 각 참가자의 유효 단위 $y_{t+1,i}$를 사용해 수식을 다시 세울 수 있으며, 여기서 $y_{t+1,i} = A_{t+1,i}\, z_{t+1,i}$다. 이 수식은 앞의 특정한 사례만이 아니라 혁신이 자원의 효과성을 증대하는 모든 경우에 일반적으로 성립한다. 각 참가자의 기대이익을 나타내는 수식 (2)를 이 유효 단위를 사용해 표현하면 다음과 같다.

$$\frac{P y_{t+1,i}}{\sum_{1}^{2} y_{t+1,j}} - \frac{c_i y_{t+1,i}}{A_{t+1,i}} - b \tag{9}$$

따라서 참가자들은 마치 가변비용이 $c_i / A_{t+1,i}$인 것처럼 유효 자원을 다루게 된다. 자원 제약 $z_{t+1,i} \leq L_i$에 구속되지 않는다면, 그리고 우리가 $z_{t+1,i}$를 $y_{t+1,i}$로 바꾸고 총비용 C를 포함하는 c_i를 새로운 가변비용 $c_i / A_{t+1,i}$로 바꾸면, 전쟁 조건 (3)과 승전 확률 (6)은 변함없이 유지된다.

선진 기술을 가진 유럽 지도자라는, 우리의 특수한 사례에서는 $A_{t+1,1} > A_{t+1,2}$를 갖는다. 그러므로 선진 기술을 가진 참가자 1은, 자원 제약 (1)의 구속을 받지 않고 c_1이 c_2보다 크지 않다면, 더 낮은 비용으로 유효 자원을 동원할 수 있다. 따라서 그는 기술을 결여한 통치자에게 도전할 수 있다. 수적으로 열세일지라도 승리할 확률이 높기 때문이다. 그는 더 큰 유효 단위로 더 작은 병력 규모를 상쇄할 것이다. $A_{t+1,2}$이 1은 아니지만 $A_{t+1,1}$보다는 작은 경우, 바꾸어 말하면 참가자 1과 참가자 2 사이에 기술 격차가 있는 경우에도 마찬가지다. 물론 자원 제약이 참가자들을 구속한다면(유럽인이 고국에서 멀리 떨어진 곳에 있을 때 이런 구속이 있었을 것이다), 더 뛰어난 기술을 가진 참가자는 이런 이점을 누리지 못했을 것이고, 그의 적수들이 충분히 이길 수 있었을 것이다. 요컨대 기술로 할 수 있는 일에는 한계가 있다.

이제까지 우리가 말한 내용 중에 분포 F의 특정한 형태에 달린 것은 없었다. 이제부터는 균등분포 F를 자주 사용할 텐데, 이 분포가 특히 단순하고, 이 특정한 분포에 의지해 이 책에서 내내 사용한 결과를 도출하기 때문이다. 뒤에서 이 부록의 결과가 일반적으로 적용되는지 아니면 균등분포에만 적용되는지 밝히겠다.

　균등분포일 때 어떤 일이 일어나는지 확인하기 위해 다시 한 번 전쟁의 내부 조건이 제1회부터 토너먼트의 모든 회에 걸쳐 유지된다고 가정하자. 연이은 통치자 쌍들은 균등분포에서 혁신을 제비뽑기하고, 제1회의 최고 혁신 x_1은 $aZ/(Z+1) = aP(P+C)$이다. 제2회에 다음 통치자 쌍은 둘 다 효과성 $A_{2,i} = (1 + x_1)$을 기대할 수 있다. 제 t회의 최고 혁신 x_t는

$$a[1 - (C/(P+C))^t] = a[1 - (Z+1)^{-n}]$$

이고, 그다음 회에 두 통치자는 모두 효과성 $A_{t+1,i} = (1 + x_1)$을 기대할 수 있다. 어떤 분포함수 F에서나 그렇듯이, 실행학습은 시간이 흐르면서 효과가 $1 + a$에 접근함에 따라 줄어든다. 그러나 더 많은 지식은 실행학습의 한계를 높일 뿐 아니라, 매회 실행학습의 효과를 증대하기도 한다. 지식 a가 늘어나면 기대되는 혁신과 효과도 증가한다.

　더 많은 지식은 실행학습의 감소를 막을 수도 있다. 예를 들어 토너먼트에서 각 회의 실행학습의 결과로 분포 F의 구간이 다음 회에 균등분포의 구간 $[w, w + a]$로 변한다고 가정하자. 여기서 w는 전회의 최고 혁신의 가치다. 또한 잇따른 통치자 쌍들이 직면하는 비용과 상이 동일하다고 가정하자. 그러면 그들은 계속 싸울 것이고, 제1회만이 아니라 모든 회의 최고 혁신은 기댓값 $aP(P+C)$를 가진다. 군사 부문에서 기대되는 기술 변화의 속도—각 회마다, 또는 통치자의 재위기마다 $aP(P+C)$—는 느려지지 않을 것이고, 기술 개선에도 한계가 없을 것이다.

그런데 기술의 우위, 특히 화약 기술의 우위는 어떻게 생겨나는가? 일례로 코르테스나 피사로의 경우처럼, 화약 기술을 개선하는 토너먼트가 진행 중인 지역에서 어느 지도자가 화약 기술을 모르는 지역으로 최신 혁신을 가져가면 그런 우위가 생길 것이다. 유목민을 상대했거나 전쟁이 발발하지 않아서 통치자들이 화약 기술을 덜 발전시킨 지역으로 최신 혁신을 가져가도 결과는 동일할 것이다. 그리고 실행학습을 통해 발전하고 있는 어떠한 새로운 군사 기술을 가져가도 비슷한 결과가 나타날 것이다.

그렇다면 문제는 뒤진 지역의 지도자들이 격차를 얼마나 빨리 따라잡을 수 있느냐이고, 이 문제에 답하려면 기술 우위가 어떻게 생겨나는지를 더 깊이 파고들어야 한다. 또한 통치자들이 전회의 최고 혁신을 모방할 수 있다고 한 우리의 가정을 완화해야 한다. 틀림없이 모방을 방해하는 어떤 장애물이 있을 것이다. 그렇지 않다면 뒤진 지역의 지도자들이 최신 혁신을 재빨리 채택할 수 있었을 테니 말이다.

2장에서 특히 근대 초기 세계에서 중요했던 그런 장애물로 두 가지를 강조했다. 바로 거리와 상보적 기술들이었다. 운송이 제대로 발달하지 않았던 까닭에 거리는 큰 장애물이었다. 상보적 기술들에 관해 말하자면, 어떤 혁신을 수출하려면 (숙련된 민간인들을 포함하는) 작업조 전체를 이주시켜야만 했다. 바꾸어 말하면, 장교와 병사가 이동하는 것만으로는 충분하지 않았다. 이 두 가지 장애물에서 기인한 문제들은 언어와 종교, 문화의 차이 때문에, 그리고 (근대 초기의 대다수 기술들처럼) 혁신이 대개 암묵적 지식—독서가 아니라 관찰과 실습을 통해 획득하는 지식—을 내포했다는 점 때문에 한층 더 악화되기도 했다.

이 장애물들을 모델화하기 위해 어떤 통치자가 토너먼트에서 자신의 전임자가 이루어낸 혁신은 쉽게 채택할 수 있지만 전임자의 적수가 이루어낸 혁신을 채택할 때는 어려움을 겪는다고 가정하자. 한 통치자가 전임자의 적수의 혁신을 얼마나 쉽게 학습할 수 있는지를 나타내는 척도를 $f(0 \leq f \leq 1)$라고 하자. 이는 f의 값이 커지면 그만큼 학습이 쉬워진다는 것을 뜻한다. f가 1이면 통치자는 아무런 문제 없이 전임자의 적수의 혁신을 모방할 수 있지만, f가 0이면 전혀 모방하지 못한다. 전회의 적수가 지출한 자원과 f를 곱한 값을 이번 회에 적수에게 배우는 학습으로 환산하면, 통치자 1이 $t+1$회에 얻는 최고 혁신은 분포 $F^z(x)$를 갖는 확률변수가 되고, 이때 $Z = z_{t+1} + f z_{t,2}$다. 여기서 $z_{t,1}$은 t회에 전임자가 지출한 자원이고, $z_{t,2}$는 t회에 전임자의 적수가 지출한 자원이다. 이와 비슷하게 통치자 2는 $t+1$회에 분포 $F^Y(x)$를 갖는 최고 혁신을 얻고, 이때 $Y = f z_{t,2} + z_{t,1}$이다. 통치자 i가 t회에 얻는 최고 혁신의 실현값이 $x_{t,i}$이면 $A_{t+1,i} = (1 + x_{t,i})$다. $A_{t+1,1}$은 이제 $A_{t+1,2}$와 동일할 필요가 없다.

이로써 기술 우위가 생겨나는 두 가지 경로가 추가로 드러난다. 한 가지는 $f < 1$이고 $z_{t,1} > z_{t,2}$인 경로로, 통치자 1이 더 낮은 가변비용으로 자원을 동원하는 경우다. 그 결과 $Z > Y$가 되고, 따라서 $t+1$회에 통치자 1은 통치자 2보다 효과적인 혁신을 얻을 것이고, 뒤처지는 통치자 2의 자원에 견주어 통치자 1의 자원에 효과성 $A_{t+1,i}$이 더해질 것이다. (이 결과는 F가 균등분포인지 여부와 무관하다.) $f = 1$이면 그런 격차가 벌어지지 않을 텐데, $z_{t,1} > z_{t,2}$일지라도 두 통치자가 똑같은 혁신을 얻을 것이고 $A_{t,1,1}$이 계속 $A_{t,1,2}$와 동일할 것이기 때문이다.

기술 격차가 벌어지는 다른 경로는 f 값이 지역에 따라 다른 경우다. f 값이 작은 지역의 통치자는 전임자의 적수로부터 학습하는 바가 더 적으므로 혁신을 덜 경험할 것이다. 그 이유를 보자면, f가 감소함에 따라 $Z = z_{t,1} + fz_{t,2}$와 $Y = z_{t,2} + fz_{t,1}$이 둘 다 감소할 것이고, 따라서 확률 우위에 따라 혁신의 기댓값도 작아질 것이기 때문이다. (이 결과는 균등분포만이 아니라 모든 분포에서 성립한다.) 그러므로 f가 최댓값인 1에 가까운 지역과 f가 0에 가까운 지역에서 토너먼트가 나란히 진행된다면, 두 번째 지역의 통치자들은 첫 번째 지역만큼 화약 기술을 발전시키지 못할 것이다. 설령 두 지역 모두 끊임없이 전쟁을 경험하고 f를 뺀 나머지 모든 것(사용한 기술, 상, 비용) 면에서 두 지역이 똑같다고 해도 마찬가지다.

유럽은 나라들 간의 거리가 비교적 가깝고 고도로 발달한 군수품과 군사 용역 시장을 갖추고 있었으므로 f가 1에 가까운 지역이었을 것이다. 그러나 세계의 다른 지역들에서는 f 값이 더 작았을 것이고, 그 결과 장기적으로 유럽인이 화약 기술에서 우위를 점할 수 있었을 것이다.

물론 유럽이 그런 우위를 점할 수 있었던 데에는 다른 요인들도 있었다. 유럽은 지출을 더 많이 했고, 화약 기술을 중점적으로 사용했으며, 전쟁을 일으킬 의지를 꺾는 패권자가 없었다. 달리 말하면, 통치자들이 화약 기술을 실행학습하는 데 필요한 네 가지 조건이 유럽에서는 유지되고 이를테면 아시아에서는 유지되지 않으면, 유럽인이 우위를 점할 수 있었을 것이다. 그런데 유럽인이 최신 기술을 아시아로 가져가서 아시아인에게 맞서, 그리고 아시아인과 함께 싸우는 데 사용한다면 기술 우위가 사라지지 않을까? 3장에서 살펴본 대로, 실제로 그런 일이 17세기 동아시아에서 일어났고(일례로 네덜란드 동인도회사가 정성공의 병력과 싸웠을 때), 18세기 남아시아에서 다시 일어났다(영국 동인도회사가 프랑스와, 그리고 무굴 제국이 쇠락한 이후 인도에서 대두한 다양한 세력과 싸웠을 때).

유럽인의 우위가 아시아에서 얼마나 오랫동안 지속될지 분석해보자. 토너먼트가 총 2회 진행되고 제1회에 유럽인이 선진 화약 기술을 가지고서 아시아에 도착한다고 가정하자. 그들은 앞서 언급한 요인들 중 어느 한 가지 때문에라도 선진 화약 기술을 가지고 있을 것이다. 이 기술 격차를 모델에 집어넣기 위해 제1회에 유럽인의 효과성 $A_{1,E}$를 아시아인의 효과성($A_{1,A}$라고 하자)보다 확실히 크게 설정하자. 그리고 유럽인의 가변비용 c_E와 아시아인의 가변비용 c_A를 비교하면 $c_E \leq c_A$이고, 자원 제약의 구속을 받지 않으며 $f < 1$이라고 가정하자. $c_E \leq c_A$이고 자원에 제약이 없으므로 제1회에 유럽인이 동원하는 자원 $z_{1,E}$는 아시아인이 동원하는 자원 $z_{1,A}$보다 크거나 같을 것이다. 그러면 확률 우위에 따라 유럽인의 혁신이 더 효과적일 것으로 기대된다. 유럽인은 $Z = z_{1,E} + f z_{1,A}$인 분포 $F^Z(x)$에서 혁신을 뽑는 데 반해, 아시아인은 $Y = z_{1,A} + f z_{1,E}$인 분포 $F^Y(x)$에서 뽑기 때문이다. 제2회에 유럽인의 효과성 $A_{2,E}$는 계속 아시아인의 효과성 $A_{2,A}$보다 크거나 같을 것이므로 기술 격차는 유지될 것이고, $c_E < c_A$이면 $A_{2,E} > A_{2,A}$이므로 (예측대로라면) 유럽인이 계속 확실한 기술 우위를 점할 것이다.

여기서 적수로부터 수월하게 배울 수 있다는 점은 아주 중요하다. $f = 1$이면 아시아인과 유럽인이 똑같이 제1회의 최고 혁신을 얻을 것이고, 제2회의 효과성도 서로 동일할 것이다. 따라서 학습을 방해하는 장애물이 없을 때는 군사 기술의 격차가 지속되지 않을 것이다. 그러나 장애물이 학습을 방해한다면 격차가 유지될 것이다.

이 분석에서 유럽인이 불공평하게 유리하다고 주장하는 사람이 있을지 모르겠다. 유럽인은 유럽에서 먼저 토너먼트를 치르면서 발견한 혁신을 활용할 수 있고, 아시아의 새로운 토너먼트에서 학습을 처음부터 다시 시작할 수 있기 때문이다. 그렇지만 실행학습은 (지식이 늘어나지 않으면) 시간이 흐름에 따라 줄어드는 까닭에, 아시아 토너먼트에서 유럽인은 예전보다 적게 학습할 것이다. 그에 반해 아시아인은 과거에 유럽인보다 적게 혁신했겠지만, 미래에 학습할 잠재력은 더 클 것이다. 이 비판을 모델에 포함하기 위해 유럽인이 아시아로 혁신을 가져가서 아시아인과 싸울 때, 그들이 토너먼트의 제2회에 있다고 상상하자. 또한 아시아인과 유럽인 둘 다 구간이 $[0, a]$인 균등분포에서 혁신을 뽑는다고 가정하자. 그러면 유럽인이 기대할 수 있는 최고 혁신은 $a[1 - (Z + 1)^{-2}]$이고, 여기서 $Z = z_{1,E} + fz_{1,A}$다. 아시아인은 유럽인과 달리 제1회에 있으므로 최고 혁신은 $aY/(Y + 1)$이고, 여기서 $Y = z_{1,A} + fz_{1,E}$다. $Z \geq Y$이므로 유럽인이 계속 더 뛰어난 혁신을 얻을 것으로 예측되고, 다음 회에도 유럽인의 효과성이 더 높을 것으로 예측된다.

이처럼 유럽인의 이전 경험을 감안하더라도 그들의 우위는 사라지지 않을 것이다. 다만 시간이 흐르면서 그 우위는 약해질 수 있고, 만일 $f = 1$이면, 즉 학습의 장애물이 제거되면 우위가 사라질 것이다. 균등분포 사례는 군사 기술에서 격차가 생겨나는 또 다른 요인도 지적한다. 그것은 바로 지식이다. 가령 아시아인이 접근하지 못하는 지식을 유럽인이 갑자기 더 많이 획득하면(달리 말해 a의 값이 커지면), 토너먼트에서 유럽인의 혁신 $a[1 - (Z + 1)^{-2}]$은 그들이 제2회에 있다고 할지라도 더 커질 것이다. 학습의 장애물과 마찬가지로, 최신 지식의 결여 역시 군사 기술에서 격차가 벌어지게 하는 요인이다.

2장의 예측과 화약 기술의 발전에 필요한 네 가지 조건

2장에서 나는 이 부록의 모델에 근거해 예측을 전개했다. 이 부록의 첫 번째 절은 언제 전쟁이 일어날 가능성이 큰지, 언제 평화로울 가능성이 큰지, 그리고 전쟁에 자원을 얼마나 지출하는지에 관한 모든 예측을 포함한다. 또한 전시 지출, 승전 확률, 지출과 가변비용의 관계, 그리고 국가 크기와 차입의 영향에 관한 주장을 뒷받침한다. 두 번째 절은 실행학습에 관해 상술하고 학습, 지식, 구식과 신식 군사 기술, 군사적 효과성, 그리고 기술 격차에 관한 모든 예측을 도출한다(2장에서는 중요한 예측을 도출한다).

남은 것은 실행학습을 통해 화약 기술을 개선하는 데 필요한 네 가지 조건이다. 제1조건(잦은 전쟁)은 수식 (3)과, 평화는 실행학습이 없음을 뜻한다는 사실로부터 도출된다. 제2조건(전쟁에 지출하는 많은 자원)은 수식 (5)와, 실행학습에 관한 논의에서 도출된다. 제3조건(화약 기술의 중점적 사용) 또한 실행학습에 관한 논의에서 도출되고, 제4조건(군사 기술의 채택을 방해하는 장애물이 없을 것)도 마찬가지다.

가격을 이용해
군사 부문의 생산성 증가 측정하기

포와 화기의 가격을 이용해 군사 부문의 생산성 증가를 측정하는 것
은 (2장에서 그렇게 했듯이) 네 가지 가정이 유지될 때 가능하다. 첫째,
시장 규모에 비해 상대적으로 작은, 비용을 최소화하는 기업들이 이런
군수품을 생산해야 한다. 둘째, 이 생산품 시장에 진입할 길이 열려 있
어야 한다. 셋째, 생산요소 시장이 경쟁적이어야 한다. 넷째, 그 기업들
이 U자형 단기평균비용곡선을 가져야 한다.

　내가 2011년 저작(Hoffman 2011)에서 풍부한 증거로 뒷받침했듯이,
근대 초기에 잉글랜드, 프랑스, 독일에서 이 네 조건은 불합리한 가정
이 아니었다. 생산요소 시장은 경쟁적이었고, 이들 국가에서 무기 생
산은 대부분 다수의 소규모 도급업자와 독립적인 장인이 담당했다. 또
한 장기적으로는 무기 사업에 진입할 길이 열려 있었던 것 같다. 장인
과 도급업자는 생산품을 도시에서 도시로 실어 날랐고, 다른 분야에
서 군수품 사업에 진출하거나 다른 나라로 이주하기까지 했다. 잉글랜
드와 프랑스에서 통치자가 국내 군수 산업을 육성하고자 했을 때 잠시
가격을 담합하거나 인상하려는 징후가 나타났지만, 주요 무기 구매자
(특히 정부)들이 가격이 높다고 판단하면 다른 곳으로 가서 구매한 까

닭에 그런 징후는 일시적 현상으로 그쳤던 것으로 보인다.

이 가정들이 유지되는 한, 무기 생산자들은 가격을 담합하기 어려울 것이고, 시장 진입이 자유로우므로 최소 평균비용으로 무기를 생산하려 애쓸 것이다. 수요 독점 구매자가 있더라도 결과는 같을 것이다. 그렇다면 장기산업공급곡선이 수평일 것이고, 군수품의 생산가격이 군수품의 한계비용 및 평균비용과 같을 것이다. 또한 비용함수가 콥-더글러스(Cobb-Douglas) 함수라고 가정하면, 군수품 가격 p의 로그와 생산요소 비용의 로그 사이의 관계를 회귀분석해서 생산성 증가율을 측정할 수 있다. 이로써 숙련 노동 같은 생산요소들 중 하나의 비용과 비교하여 모든 비용과 가격이 측정된다. 이를 수식으로 표현하면 다음과 같다.

$$ln(p / w_0) = a - b\,t + s_1 ln(w_1 / w_0) + \cdots + s_n ln(w_n / w_0) + u$$

$$(1)$$

여기서 a는 상수, $b > 0$은 총요소생산성 증가율, u는 오차항, w_0은 숙련 노동의 임금, s_i와 w_i는 노동을 뺀 생산요소들의 비율과 가격이다.

불행히도 군수품 가격과 모든 생산요소의 가격 둘 다를 측정할 수 있는 연도가 별로 없어서, 우리는 그런 회귀분석을 거의 하지 못한다. 그러나 여러 연도의 p/w_0를 계산하여 w_1/w_0부터 w_n/w_0까지 생산요소들의 상대가격의 장기평균과 비교할 수는 있다. 숙련 노동 대비 군수품의 상대가격 p/w_0이 다른 생산요소들의 상대가격보다 빠르게 하락한다면, 우리는 군사 부문에서 총요소생산성 증가의 증거를 얻을 수 있으며, 생산성 증가율이 얼마나 클지 추정할 수 있다.

그렇게 하는 한 가지 간단한 방법은 요소 비율 s_i를 타당하게 유추

하는 것이다. 그러고 나면 남은 추정 사항은 회귀계수 a와 b일 것이다. 수식 (1)에서 $s_i ln(w_i / w_0)$ 항들을 좌변으로 모으면 다음과 같다.

$$ln(p / w_0) - s_1 ln(w_1 / w_0) - \cdots - s_n ln(w_n / w_0) = a - bt + u$$

(2)

등호의 좌변은 생산요소들의 비용 대비 군수품 가격 p의 지수이며, 이 비용들은 장기평균을 바탕으로 계산한다.[1] 그런 다음 우리는 이 지수를 시간의 흐름에 따라 회귀분석해서 총요소생산성 증가율 b를 추정할 수 있다. 그렇게 분석한 결과를 〈표 2-5〉(75쪽)로 정리했다.

가격 데이터를 분석하는 또 다른 방법, 즉 생산과정이 서로 비슷한 군수품의 가격 p와 민수품의 가격을 비교하는 방법도 같은 결론에 도달한다. 군수품과 민수품의 생산요소들과 요소 비율들이 서로 비슷하다면, 그리고 동일한 경제적 가정(작은 기업, 시장 진입 개방, U자형 단기평균비용곡선, 경쟁적 요소 시장, 콥-더글러스 생산함수)이 유지된다면, 등식 (1)이 민간 상품의 가격 q에도 적용될 것이고, p/q의 로그는

$$ln(p / q) = c - dt + e_1 ln(w_1 / w_0) + \cdots + e_n ln(w_n / w_0) + v$$

(3)

일 것이다. 여기서 c는 상수, d는 군수품의 총요소생산성 증가율에서 비군수품의 총요소생산성 증가율을 뺀 값, v는 오차항, e_i는 두 상품의 요소 비율들 사이의 차이다. 그러므로 장기평균을 알고 있는 요소 비용들 $ln(w_i/w_0)$이 시간 흐름에 따라 $ln(p/q)$에 미치는 영향을 회

귀분석해서 d, 즉 군수품의 총요소생산성 증가율에서 비군수품의 총요소생산성 증가율을 뺀 값을 추정할 수 있다. 회귀분석에서 변수들 $ln(w_i/w_0)$ 중 일부를 빠뜨린다면 이 추정치가 편향되겠지만, e_i가 작다면 편향치도 작을 것이고, 양수 아니면 음수일 것이다.[2] 비군수품 생산과정에 기술 변화가 없으면 d는 군수품의 총요소생산성 증가율 b에 가까울 것이다. 비군수품 생산과정에 기술 변화가 있으면, 우리가 수식 (3)에서 얻는 d는 군수품의 생산성 증가를 과소 추정할 것이다. 이것이 우리가 〈표 2-6〉(76쪽)에서 한 일이다. 추가 논의를 살펴보고 〈표 2-5〉와 〈표 2-6〉에서 사용한 가격과 임금 수치의 출처를 알고 싶다면 Hoffman 2011을 참조하라.

정치적 학습 모델

정치적 학습을 토너먼트 모델에 포함하기 위해 2단계 토너먼트에 대대로 참여하는 통치자 쌍들이 전비를 지출함으로써 자원을 동원하는 정치적 비용을 낮출 기회를 얻는다고 가정하자. 또한 정치적 학습과 실행학습이 똑같이 작용한다고 가정하자. 유일한 차이점은 통치자들이 전임자의 적수로부터 배우지 않는다는 점이다. 달리 말하면, '부록 A'의 모델에서 어떤 통치자가 전임자의 적수로부터 수월하게 배우는 정도를 나타내는 f가 정치적 학습의 경우에는 0이다.

여기에 더해 상황을 단순화하기 위해 실행학습의 경우 $f = 1$이라고 놓자. 즉, 통치자들은 기술 발전은 수월하게 모방할 수 있지만, 이전하기가 훨씬 어려운 정치적 발전은 쉽사리 모방하지 못한다. $f = 1$이면 통치자들은 언제나 최신 기술 혁신을 공유할 것이고, 기술 격차가 전혀 벌어지지 않을 것이다. 그러므로 우리는 기술 변화와 기술적 실행학습을 무시하고 정치적 학습에 집중할 수 있다. 설사 기술적 실행학습을 추가하더라도 결론은 전혀 바뀌지 않을 것이다.

우선 정치적 비용이 각각 c_1과 $c_2 (c_1 < c_2)$인 두 통치자가 2단계 토너먼트의 제1회에 참가해 서로 싸운다고 가정하자. 우리는 그들이 지

출하는 군사비가 자원의 효과성을 증대하는 것과 같은 방식으로 정치적 비용을 낮춘다고 가정한다. 군사비를 한 단위 지출하면 그들은 정치적 비용의 절감율 x의 분포에서 제비를 한 번 뽑는다. 우리는 균등분포 $F(x)$라는 단순한 경우로 논의를 한정한다. 구간이 $[0, a_i]$인 이 분포에서 a_i가 나타내는 것은 통치자 i의 지식의 한계가 아니라 통치자마다 고유한 정치적 제약이다. 두 통치자가 싸울 경우, 통치자 i는 토너먼트의 제2회에서 자기 후계자의 정치적 비용이 $c_i/A_{i,2}$로 낮아질 것으로 기대할 수 있다. 여기서

$$A_{i,2} = 1 + [a_i z_{i,1} / (1 + z_{i,1})]$$

이고, $z_{i,1}$은 통치자 i가 제1회에 지출하는 군사비다. $f = 0$이므로 통치자 i가 정치적 비용을 낮추려는 다른 통치자의 노력에서 아무것도 배우지 못한다는 데 유의하라. 우리는 $a_1 \geq a_2$라고 가정한다. 바꾸어 말하면 통치자 1의 정치적 제약이 더 느슨하다고 가정한다.

$c_1 < c_2$이므로 $z_{1,1}$이 $z_{2,1}$보다 클 것이다. 그러므로 $a_1 = a_2$이더라도 $A_{1,2}$의 기댓값이 $A_{2,2}$의 기댓값보다 클 것이다. 따라서 두 통치자의 정치적 제약 a_i가 같다고 해도 제2회에서 가변비용의 격차가 벌어질 것이다. 통치자 1의 후계자는 강력한 권력자가 될지도 모르고, 그가 제2회 이전에 늘어난 세수를 바탕으로 육해군을 증강하거나 재정 관료제를 확대한다면, 제2회에서 통치자 2의 후계자의 고정비용은 증가할 것이다.

가변비용의 격차가 충분히 벌어지면, 제2회에서 통치자 2는 통치자 1과 더는 싸우려 들지 않을 것이다. 그리고 제2회에 실행학습을 추가하고 통치자 1이 통치자 2 외에 다른 통치자와 싸울 수 있도록 토너먼

트를 바꾸면, 통치자 2는 제2회에서 혁신을 수월하게 채택하지 못할 경우에 기술에서 뒤떨어질 것이다.

정치적 제약을 완화하는(a_i를 증가시키는) 혁명과 정치적 격변은 정치적 학습을 가속할 수 있다. $A_{i,2}$를 나타내는 수식에서 a_i 값이 커지면 정치적 비용은 더 낮아질 것이다. 우리는 재정 혁신 역시 a_i를 증가시켜 정치적 비용을 낮출 것이라고 가정한다. 그렇다면 두 경우 모두 강력한 권력자가 등장할 조건이 된다. 그러나 혁명과 정치적 사건은 a_i를 감소시켜 더 강한 정치적 제약을 불러올 수도 있다. 국가 1에서 제1회 직전에 그런 일이 일어난다면, $A_{i,2}$의 수식을 보건대 제2회에 통치자 1의 후계자의 가변비용은 확실히 통치자 2의 후계자의 가변비용보다 낮지 않을 것이다. 그런 상태로 토너먼트가 계속되면, 혁명 내지 정치적 사건은 결국 통치자 1의 후계자들을 강력한 권력자라는 위치에서 끌어내릴 것이다.

| 부록 D |

〈표 4-1〉과 〈표 4-2〉의 데이터

〈표 4-1〉(130쪽)의 데이터는 내가 지도한 칼텍(캘리포니아 공과대학)의 학부 여름연구 펠로우십 프로젝트의 일환으로 릴리 양(Lili Yang)이 수집했다. 양은 같은 데이터를 사용해 인상적인 칼텍 E11 연구논문(Yang 2011)을 써서 내게 제출했다. 그 논문에서 양은 ArcGIS를 비롯한 소프트웨어를 활용해 GTOPO30 고도 데이터(미국 지질연구소)를 포함하는 지리 데이터 집합들을 분석했다. 세부 내용은 그 논문을 참조하라.

〈표 4-2〉(133쪽)의 데이터는 내가 지도한 제2회 학부 여름연구 펠로우십 프로젝트에 참여해 E11 논문을 쓴 에릭 슈로프(Eric Schropp)가 수집했다(Schropp 2012). 슈로프는 중국 해안선과 유럽 해안선의 불규칙성 정도를 계산했다. 다시 말해, 중국 대륙과 유럽 대륙의 오목성 정도와, 각 대륙에서 두 지점 사이 선분이 해안선을 가로지를 확률을 계산했다. 오목성 정도는 대륙의 면적을 그 볼록 껍질의 면적으로 나눈 값이며, 볼록 껍질이란 대륙을 에워싸는 가장 작은 볼록 형태(본질적으로 구멍이나 오목한 곳이 없는 가장 작은 형태)다. 오목성 정도는 해안선이 불규칙할수록 작아질 것이다. 해안선이 불규칙한 곳들을 포함하려면 볼록 껍질이 팽창해야 하기 때문이다. 각 대륙에서 두 지점 사

이의 선분이 해안선을 가로지를 확률은 안곡(岸曲)과 내포(內浦) 같은 불규칙한 곳이 많을수록 높아질 것이다. 이 확률은 대륙 내부의 깊이에 따라 달라지므로, 각각 중국 해안선과 유럽 해안선을 가지고 있되 내륙의 깊이는 서로 동일한 인위적 형태를 두 개 만들어서 추정했다. 두 척도와 데이터에 관한 더 상세한 논의는 Schropp 2012를 참조하라.

| 부록 E |

무장평화와 연구를 통한
기술 변화 모델

무장평화

6장에서 우리는 통치자 또는 정치가 쌍들을 고른 다음에 앞서 분석한
것과 같은 반복 토너먼트에 밀어 넣는다고 다시 한 번 가정했다.[1] 원래
모델에서처럼 각 쌍은 토너먼트에 한 번만 참여하고, 그들의 호전성
유무는 재위기나 재임기 내내 변하지 않는다. 그러나 이제 상 P를 나
눌 수 있으며, 이 변화를 고려하기 위해 고정비용 b를 지불하고 자원
z_i를 동원한 지도자 쌍들이 실제로 싸움을 시작하기에 앞서 P를 나
누는 방안을 협상할 수 있다고 가정하자.

우리는 통치자들이 이미 동원한 자원으로 상대방을 위협해 상을 어
떻게 분할할지 강요할 수 있다고 가정한다. 가령 통치자 1이 통치자 2
에게 상의 일부분을 제안하고, 통치자 2가 그 제안을 받아들일지 말지
결정하는 식이다. 둘 다 분할안에 동의하면 해당 안에 따라 상 P를 나
눌 수 있지만, 그렇지 않으면 원래 모델에서처럼 서로 싸워야 하고, 승자
는 전쟁이 초래하는 피해와 손실로 가치가 줄어든 상 $dP(0 < d < 1)$를
얻는다. 앞선 토너먼트에서는 이런 피해를 계산하지 않았는데, 분쟁에
관여한 통치자들이 전투 비용을 부담하지 않았고, 영광이나 신앙의 적

에 대한 승리처럼, 전쟁으로 손상되지 않는 상을 두고서 싸웠기 때문이다.

$d < 1$이므로 균형상태에서 두 지도자는 전쟁이 초래할 손실을 피하기 위해 합의에 이를 것이다. 실제로 싸움은 없겠지만, $dP \geq b(1 + c_2/c_1)^2$이면 두 지도자는 자원을 계속 동원할 것이다. 이 부등식은 '부록 A'의 부등식 (3)에서 그저 P가 dP로 감소한 형태이며, 통치자 둘 다 고정비용을 지불하고 사태를 관망하지 않기로 결정하는 조건이다. 그러므로 그들의 평화는 무장평화일 것이고, 그들이 동원하는 총자원은 C가 총비용일 때 $Z = dP/C$일 것이다.[2] 영광 혹은 신앙의 적에 대한 승리가 중요하지 않았던 19세기에는 P의 가치가 줄었을 것이다. 상의 가치가 낮아지고 손실 d가 생겨서 총군사비 Z 또한 감소했을 것이다. 그러나 그와 동시에 징병제, 민족주의, 19세기의 정치·재정 개혁으로 C가 감소했을 것이다. 그 결과로 총군사비 Z는 증가할 수 있었다. 그리고 실제로 19세기에 그러했다.

무장평화 시기의 연구와 기술 변화

19세기의 마지막 뚜렷한 특징은 실행학습만이 아니라 연구를 통해서도 군사 기술을 발전시킬 수 있었다는 점이다. 잠재적 적이 기술 우위를 바탕으로 실전이나 상의 분할을 협상하는 무장평화 상황에서 유리한 위치에 서는 것을 막으려던 통치자들에게 연구는 추구할 만한 가치가 있는 일이었다.

이 가능성을 모델에 포함하기 위해 군사 자원을 재정의하여 이제 군사 자원이 군사비와 동일하지 않다고 정의하자. 새로운 정의에 따르면 군사 자원은 신식과 구식 군사 기술에 자원을 지출하여 생산하는 것이고, 신기술에 자원을 지출하는 것은 연구를 수행하는 것과 동일하다.

그러므로 통치자 i의 군사 자원 $z_i = f(x_i, y_i)$는 세금을 기존 군사 기술에 x_i 단위(단위당 비용은 w_i) 지출하고 신기술 연구에 y_i 단위(단위당 비용은 r_i) 지출하여 산출하는 것이라고 가정하자. 여기서 w_i와 r_i는 두 통치자의 경제에서 군사 자원의 상대적 희소성과 증세의 정치적 비용 둘 다를 반영한다. 모든 통치자의 생산함수 f가 규모에 대한 수확불변이고, 각 통치자의 w_i와 r_i(나라마다 다를 것이다)는 정해져 있다고 가정하자.

그렇다면 우리의 수정된 토너먼트에서, 즉 무장평화 상태에서 지도자들이 전쟁이 초래할 손실을 피하기 위해 협상할 수 있는 토너먼트에서 무슨 일이 일어날까? 고정비용 b를 지불하기로 결정하는 통치자는 평화적 합의의 가능성과 적수의 행동을 고려하여 자신의 기대보수를 최대화할 x_i와 y_i를 선택할 것이다. 그에게는 협상에서 이기기 위해 연구를 최적양 y_i만큼 수행할 유인이 있을 것이다. 그런데 그렇게 하면서도 그는 자신이 동원하는 자원 z_i의 생산비를 최소화하려 할 것이다. 그렇지 않으면 열등 전략을 구사하는 꼴이기 때문이다. 함수 f는 규모에 대한 수확불변이므로, 그의 최소비용은 $c_i(w_i, r_i)z_i$와 같을 것이다. 여기서 $c_i(w_i, r_i)$는 z_i의 가변비용이다. 두 지도자가 선택하는 자원 수준 z_i는 상이 dP인 원래 모델의 수준과 같을 것이고, 균형도 변하지 않고 그대로일 것이며, 그들이 무장평화 상태에 있더라도 군사에 동원하는 자원은 여전히 $Z = z_1 + z_2 = dP/C$일 것이다. (여기서 C는 이번에도 두 지도자의 가변비용의 합이다.) 포락 정리(envelope theorem)에 따라 각 지도자의 자원 동원 가변비용 $c_i(w_i, r_i)$는 w_i와 r_i에 대한 증가함수일 것이고, 따라서 두 통치자 모두 신기술 연구비 r_i가 감소하면 가변비용과 총비용 C가 감소할 것이다. 19세기에 이 신기술 연구비가 감소했을 가능성이 크므로, 우리에게는 총비용 C도 감소했다고 믿을 근거가 또 있는 셈이다.

이 연구비는 어떻게 기술 변화로 전환되는가? 원래 모델에서는 전쟁이 발발해야만 군사 혁신이 가능했지만, 19세기에 유럽에서 널리 퍼진 무장평화 상태에서 각국은 연구를 통해 군사 기술을 혁신할 수 있었다. 6장에서 고려하는 한 가지 가능성은 실행학습과 마찬가지로 총 군사비 Z가 군사 기술의 발달을 가져온다는 것이다. 이 가능성이 참이라면, 무장평화 상태에서 매회 혁신의 최고 실현값은 분포 $F^z(x)$에서 나올 것이다. 이 분포가 균등하다면, 제1회에 기대되는 최고 혁신 x_1은 $aZ/(Z+1) = adP/(dP+C)$일 것이고, 제2회에 다음 지도자 쌍은 둘 다 효과성 $A_{2,i} = (1+x_1)$을 기대할 수 있다. (여기서 a는 지식의 한계이고, 우리는 지도자들이 전임자의 적수로부터 학습할 수 있다고 가정한다.) 이번에도 유용한 지식 a가 늘어나면 혁신에 가속이 붙을 것이다.

6장에서 우리는 오직 연구비만이 군사 기술을 혁신한다는 가정도 고려한다. 이 경우 연구비는 '부록 A'의 모델에서 신기술(화약 기술 같은)에 투입하는 자원처럼 작용할 것이다. '부록 A' 모델의 통치자들은 신기술만이 아니라 구기술(유목민에 대항해 사용한 궁기병 같은)에도 자원을 지출한다. 무장평화 상태에서는 신기술에 지출하는 비용의 비율 $s = r_i y_i / c_i(w_i, r_i) z_i$만이 군사 혁신을 추동할 것이다. 그러므로 무장평화 상태에서 매회 혁신의 최고 실현값은 분포 $F^{sz}(x)$에서 나올 것이다. 이 분포가 균등하다면, 제1회에 기대되는 최고 혁신 x_1은

$$a\,s\,Z/(sZ+1) = a\,s\,dP/(sdP+C)$$

일 것이고, 제2회에 다음 지도자 쌍은 효과성 $A_{2,i} = (1 + x_i)$을 기대할 수 있다. 이 효과성은 군사비 전액을 기술 혁신에 투입하는 경우의 효과성만큼 크지는 않을 것이다. 이번에도 유용한 지식 a가 늘어나면 혁신의 속도가 빨라질 것이다.

진실은 이 두 가지 극단 사이에 있을 것이다. 구식 군사 기술에 지출하는 비용 중 일부는 무장평화 상태일지라도 혁신을 가져올 것이기 때문이다. 여하튼 중요한 점은 지식 a와 총군사비 Z가 19세기에 대폭 증가했고, 그리하여 가치가 줄어든 상 P의 영향, 전쟁 손실 d의 영향, 그리고 연구비의 비율 s의 영향(설령 기술 변화에 중요한 것은 연구비뿐이라고 해도)을 상쇄했으리라는 것이다.

| 감사의 말 |

이 책의 연구는 캘리포니아 공과대학의 후한 지원을 받았고, 세계가격소득 프로젝트의 일환으로 미국 국립과학재단의 보조금 0433358, SES-0649062, 1227237, 0922531을 받았다. 2장과 3장, '부록 A'와 '부록 B'의 일부는 《경제사 평론(Economic History Review)》과 《경제사 저널 (Journal of Economic History)》에 수록되었고, 허락을 받아 기존 자료를 이 책에 다시 사용했다. 〈삽화 2-3〉과 〈삽화 2-4〉는 오스트리아 국립도서관의 허락을 받아 복사해 수록했고, 〈삽화 2-5〉는 미국 의회도서관이 호의로 제공해주었다.

이 프로젝트를 작업하는 동안 나는 애리조나 대학, 캘리포니아 공과대학, 프랑스 사회과학고등연구원, 하버드 대학, 허난 대학, 홍콩 과학기술대학, 옥스퍼드 대학, 파리 경제대학, 펜실베이니아 대학, UC 데이비스, UC 어바인, UCLA, 사우스캘리포니아 대학, 위트레흐트 대학, 예일 대학, 애팔래치아 세계역사경제 봄 컨퍼런스, 사회과학사 컨퍼런스, 칭화 양적 역사 여름 워크숍, 세계경제사 컨퍼런스에서 논문을 발표하고 유익한 제안과 비판을 받았다.

여러 사람의 조언과 의견, 격려는 특히 중요했다. 그중에서도 조엘 모키르, 프린스턴 대학 출판부의 피터 도허티, 이 출판부의 두 고문과 프라이스 피시백을 언급해야겠다. 특히 원고를 꼼꼼하게 읽어준 조엘은 크나큰 도움을 주었다. 또한 로버트 앨런, 댄 보거트, 킴 보더, 존 C. 브라운, 마거릿 첸, 그레그 클라크, 클라우디아 골딘, 로드 키위트, 댄 클러먼, 제임스 쿵, 나오미 라모로, 존 레디어드, 제임스 리, 보종 리, 피터 린더트, 광린 류, 데빈 마, 프레스턴 매카피, 피터 퍼듀, 패트릭 오브라이언, 게리 리처드슨, 피터 테민, 니코 웨이-고메즈, 짐 우드워드, 해리엇 전더퍼, 그리고 작고한 켄 소콜로프를 언급하고 싶다. 클라크, 쿵, 리, 린더트, 마는 너그럽게 데이터를 공유해주었다.

장-로랑 로젠탈은 친절하게도 2013년 9월 컨퍼런스를 조직해주었다. 이 컨퍼런스에서 로젠탈과 댄 보거트, 워런 브라운, 게리 콕스, 트레이시 데니슨, 데이브 그레더, 스티브 하버, 스티브 힌들, 이언 모리스, 재러드 루빈, 스테르기오스 스카페르다스는 이 책의 초기 원고에 상세한 논평을 해주었다. 그들의 조언은 긴요했다. 원고 전체나 일부 절, 또는 둘 다 읽은 다른 이들의 제안도 마찬가지였다. 스탠 엔거먼, 존 브루어, 야리 엘로란타, 프랭크 트렌트먼, 그리고 막판에 읽은 토니오 앤드라데(상냥하게도 자신의 연구를 공유해주었다), 메리 엘리자베스 베리, 필립 브라운, 티무르 쿠란, 세브케트 파무크, 가보르 아고스톤, 프라사난 파르타사라티, 카우시크 로이가 그들이다. 내 친구들 질 포스텔-비네와 장-로랑 로젠탈은 내가 쓴 것을 읽었고, 내 발표를 들었고, 일일이 언급하기 어려울 정도로 나와 많이 토론했다. 나보다 월등한 저자이자 내가 운 좋게 아내로 맞은 역사가 캐스린 노버그도 마찬가지였다. 그들의 도움과 격려 덕분에 이 책은 훨씬 나아졌다.

중세까지만 해도 유럽은 유라시아 대륙의 서쪽 끄트머리에서 외침을
방어하기에 급급한 처지였다. 비잔티움 제국은 천년 고도 콘스탄티노
플을 1453년에 오스만 제국에 빼앗겼고, 에스파냐는 1492년에 이르
러서야 이베리아 반도에서 이슬람 세력을 가까스로 몰아낼 수 있었다.
15세기 말까지 유럽은 어떤 잣대로 보아도 세계의 중심이 아닌 변방이
었다. 그러던 유럽이 근대 들어 흥기하여 세계의 패권을 잡았다. 어떻
게 그렇게 되었을까? 이는 역사학이 씨름해온 커다란 문제로, 이제껏
유럽의 발흥을 설명하기 위해 다양한 요인이 제시되었다. 몇 가지만
거론해보면, 지리와 생태, 경쟁 시장, 군사 경쟁, 민주주의, 객관적 조사
와 과학적 탐구, 산업·정치·재정 혁명, 사유 재산, 법치 등이 있다.

  왜 서양이 세계를 '지배'했느냐고 묻는다면 방금 말한 요인들 모두가
일정한 역할을 했다고 말할 수 있으리라. 그러면 질문을 좁혀보자. 왜
서양이 '정복'했는가? 다시 말해 서양은 무엇으로 나머지 세계의 저항
을 내리누르고 복종을 강요했는가? 이 책의 저자가 내놓는 답은 '화약
기술'이다. 지리와 질병을 비롯한 다른 요인들도 작용했겠지만, 저자가

꼽는 정복의 직접적인 원인은 화약 기술이다. 이는 타당한 주장이다. 에스파냐 탐험가들이 아스텍 제국과 잉카 제국을 무너뜨린 일, 인도양에 처음 진출한 포르투갈 인들이 바닷길을 가로막고서 '통행세'를 받아낸 일, 아시아의 요새에서 유럽인들이 수십 배 더 많은 현지 병력의 포위를 격퇴한 일 등은 화약 기술이 아닌 다른 요인으로는 설명하기 어렵다.

물론 저자가 이 주장을 하고자 책을 쓴 건 아니다. 저자의 목표는 '화약 기술의 혁신을 설명하고 유럽인이 왜 화약 기술을 다른 누구보다 멀리까지 밀고 나갔는지 이해'하는 것이다. 이 책의 얼개를 이루는 물음과 답은 간단하고 명쾌하다. 왜 유럽이 세계를 정복했는가? 가장 앞선 화약 기술을 보유했기 때문이다. 왜 유럽이 화약 기술의 혁신을 줄곧 선도했는가? 유라시아 대륙 가운데 유럽에서만 화약 기술의 발전에 필요한 특정한 조건들이 유지되었기 때문이다.

19세기 이전까지 군사 기술은 주로 연구와 개발이 아닌 '실행학습'을 통해 발전했다. 쉽게 말해, 실전에서 기술을 써본 다음에 단점을 보완하고 혁신을 도입했다. 그런 까닭에 어떤 군사 기술이 충분히 발전하려면 그 기술을 중점적으로 사용하는 전쟁이 자주 일어나야 했다. 바로 이 조건이 근대 초기 유럽에서 충족되었다. 나머지 유라시아의 통치자들과 달리 서유럽의 통치자들은 실제로 화약 기술에 주력하는 전쟁을 무려 500년이 넘게 부단히 치렀다. 왜 그랬을까? 이를 설명하기 위해 저자는 독특하게도 경제학의 게임이론에 의존한다. 전략적 상황에서의 의사 결정을 연구하는 게임이론을 토대로, 근대 초기 유럽에서 통치자들이 어떤 이유로 개전을 결정하고 군사비를 지출했는지를 설명하겠다는 것이다. 그리고 여기서 한 걸음 더 나아가, 토너먼트 모델을 구성하여 화약 기술에서 서유럽이 앞서가고 나머지 유라시아가 뒤떨어진 이유까지 설명한다.

역자가 과문한 탓인지 몰라도 서양의 발흥을 게임이론으로 모델화하여 논증하려는 시도는 처음 접했다. 저자의 목표대로 이 책이 근대 초기 유럽을 넘어 '하나 이상의 시공간에 적용 가능한 일반적 논증을 제공'하는지를 검증하는 것은 후속 연구의 과제이리라. 그렇지만 화약 기술의 개선에 필요한 네 가지 조건이 유럽과 나머지 유라시아에서 어떻게 다르게 나타났는지 비교하는 서술은 분명 새롭고도 설득력이 있다. 그리고 오래된 물음을 기존의 숱한 논증들과는 다른 시각에서 생각하게 해준다.

'부록'을 보면 알 수 있듯이, 저자의 토너먼트 모델은 실은 수학적 모델이다. 본문에서는 수식이 아닌 말로 설명하기는 해도 옮기면서 수학적 논증 탓에 적잖이 애를 먹었고, 번역을 마치고도 혹여 오류가 있을지 모른다는 걱정을 떨치기 어려웠다. 다행히 김영세 교수님께서 원고를 감수하고 부족한 부분을 바로잡고 채워주셨다. 지면을 빌려 감사드린다.

이재만

1장 서론

1. 내가 말하는 서유럽은 오스트리아, 체코 공화국, 독일, 이탈리아, 스칸디나비아 국가들, 그리고 이 국가들 서쪽의 유럽 국가들이다. 동유럽은 나머지 유럽 대륙을 의미하며, 여기에는 러시아와 터키의 유럽 지방들이 포함된다.

2. Swerdlow 1993; Lewis 2001, 8, 61-68, 91, 138-139, 185-187, 221-223; McCormick 2001, 584-587, 700-796, 845; Lewis 2002, 6-7; Kennedy 2004, 599.

3. Coupland 1995; Lamouroux 1995; Clark 2009; Smith 2009; Morris 2013, 144-165.

4. 여기서 유럽인이 통제하는 지역들은 유럽 자체, 아메리카 대륙의 이전 식민지들, 러시아 제국을 포함하지만, 오스만 제국의 비유럽 지방들은 포함하지 않는다. 84퍼센트라는 수치는 Fieldhouse 1973, 3을 인용한 Headrick 1981, 3에 나온다. Fieldhouse가 '현재 식민지이거나 한때 식민지로서 유럽의 통제'를 받은 '세계 지표면'의 84.4퍼센트라는 추정치의 근거를 제시하지 않은 까닭에, 나는 남극 대륙이 세계의 지표면에 포함되지 않는다고 가정하고서 그가 한 계산을 다시 했고, 다음 근거들을 토대로 83.0퍼센트에서 84.4퍼센트라는 범위를 얻었다. Encyclopedia Britanica 1911, sv "Africa," 1: 352, "British Empire," 4: 606, "United Kingdom of Great Britain and Ireland," 27: 599; 웹사이트 en.wikipedia.org와 www.infoplease.com(2013년 8월 13일 접속). 계산 과정을 상술해놓은 데이터 파일은 내게서 구할 수 있다(pth@hss.caltech.edu).

5. 유럽 자체는 세계 지표면(남극 대륙 제외)의 8퍼센트에 불과했다. 1800년의 35퍼센트라는 나의 수치는 한때 식민지였던 지역들을 포함한다. 이 수치는 Headrick 1981, 3; Parker 1996, 5에도 나오며, 이번에도 근거를 제시하지 않은 채 Fieldhouse 1973, 3에서도 쓰였다. 나는 1914년의 경우와 동일한 가정과 정의를 사용하여 Fieldhouse의 1800년 수치를 다시 계산했고, 36퍼센트에서 51퍼센트에 이르는 추정치들을 얻었다(아메리카 대륙이나 러시아령 아시아에서 유럽인이 권리를 주장한 영토 가운데 실제로 그들이 통제한 영역을 어느 정도로 추정하느냐에 따라 수치가 달라졌다). Fieldhouse의 수치가 더 작아서 나는 이 수치를 포함했다. 나의 추정치들과 그 이면의 가정들이 담긴 데이터 파일은 내게서 구할 수 있다. 1914년 계산을 위해 사용한 나의 근거들은 Headrick 1981, 3 외에 Taagepera 1997; Carter 2006, table Cf1을 포함한다.

6. Crosby 2004 참조; Diamond 2005, 질병의 역할에 관한 Diamond의 대가다운 두

가지 설명과 그 밖의 많은 내용 참조.

7. Diamond 2005.
8. Hemming 1970, 28-30; Hassig 2006; Livi-Bacci 2006; Headrick 2010, 108.
9. Livi-Bacci 2006; Livi-Bacci의 설명대로 사망률은 전염병 발병 초기에 가장 높았을 것이고, 이는 한 세대 후의 기록에서 아메리카 토착민 가운데 장년층이 드문 이유를 설명해준다. 북아메리카에서의 비슷한 인구 변동은 Carlos and Lewis 2012 참조.
10. Livi-Bacci 2006.
11. Hemming 1970, 36-45, 73, 190-191; Lockhart 1972, xiii, 10-15; Brooks 1993; Guilmartin 1995a; Clodfelter 2002, 33; Hassig 2006; Headrick 2010, 108. 카스티야 노동자의 하루치 임금〔레온에서 일당 35.10마라베디(maravedi)〕은 Global Price and Income History Group의 웹사이트 gpih.ucdavis.edu(2011년 4월 8일 접속)에서 얻었다. 나는 연중 250일을 일한다고 가정했다. 쿠스코 방어전에서 정복자들은 토착민 동맹들의 도움을 받았다.
12. Headrick 1981; 2010. 유럽인이 모든 영토를 군사력으로 획득한 것은 아니지만, 그들의 권리 주장은 언제나 무력 위협의 뒷받침을 받았고, 그 위협은 영토를 강탈할 때 중요한 역할을 했다.
13. 군사 혁명과 관련해서는 Geoffrey Parker의 영향력 있는 저작과 Black 1991; Rogers 1995; Parker 1996의 후속 논쟁 참조. Black 1998은 Parker의 테제에 가장 강력한 반론을 제기하지만, 그가 거론하는 상세한 사례들은 사실상 Parker를 뒷받침하는 것으로 보인다. 16세기(랜스)와 그 이후(17세기 말까지 장창, 18세기에 검)의 화약 기술에서 찌르고 베는 무기의 중요성에 관해서는 Gheyn 1971; Kist 1971; Hale 1985, 50-55; Parker 1996, 17-18; Lynn 1997, 180-182, 383, 456-458, 490-499; Frye 2011 참조.
14. Irwin 1962; Boxer 1969, 44-62; Diffie and Winius 1977, 224-227, 243, 249-260, 287-294; Manguin 1988; Subrahmanyam 1993, 67-98; Guilmartin 1995b; Subrahmanyam 1997, 109-112, 205-216, 252-268; Birch 1875-1884, vol. 1: 5-6, vol. 2.: 101-102, vol. 3: 134-136, vol. 4: 24; Parker 2000; Sun 2012. 알부케르크(Albuquerque)처럼 요새에 의지하는 전략에 반대하는 사람도 있었다. 믈라카 방어 시설의 초기 역사와 관련하여 Manguin은 Irwin의 서술을 바로잡는다.
15. Hemming 1970; Lockhart 1972, 22-24; Guilmartin 1995a; Headrick 2010, 113-115.
16. Gardiner 1956, 35-44, 62-71; Cortés, Elliott, et al. 1971, 103; Hassig 2006.
17. Gardiner 1956; Cortés, Elliott, et al. 1971; Lockhart 1993, 186-193; Hassig 2006, 134-135, 153-157.
18. 이 논증에 관해서는 Black 1998, 60-61; Kamen 2004, 121-122 참조.
19. Gardiner 1956, 116-128, 154-155; Hassig 2006, 83-89, 123, 148-160.
20. Hassig 2006, 83-89.

21. Diffie and Winius 1977, 256-260; Guilmartin 1995b.

22. Bethell 1984-2008, vol. 1: 171-176; Thornton 1988; Kamen 2004, 121-122; Headrick 2010, 111-123, 170. 1570년대에 에스파냐령 아메리카의 토착민 수는 800만에서 1000만 명 정도였을 것이고, 에스파냐 인의 후손은 15만여 명에 불과했다. Bethell 1984-2008, vol. 2: 17-18; Livi-Bacci 2006, 199.

23. Rogers 1995; Parker 1996.

24. Parry 1970; Inalcik 1975; Parker 1996, 129-136; Black 1998, 30-32, 83-84; Heywood 2002; Agoston 2005, 10-12, 193-194; Hoffman 2011 참조. Hoffman은 17세기와 18세기에 아시아보다 유럽에서 권총 가격이 상대적으로 낮았다는 사실을 보여준다. 여기서 비교 우위란 유럽인이 자원을 예컨대 식량보다 무기 제작에 사용하는 편이 더 효율적이었음을 뜻한다. 그렇지만 이 책의 논증은 주로 절대 우위를 다룰 것이다. 다시 말해 유럽인은 더 앞선 기술 덕분에 군사 자원을 다른 누구보다도 효율적으로 사용할 수 있었다. 예수회와 관련해서는 Josson and Willaert 1938, 361-364, 580; Needham 1954, 5, part 7: 392-398; Spence 1969, 6-9, 14-15, 26; Waley-Cohen 1993 참조.

25. Maffei 1590, 558. 동양으로 파견된 예수회 선교단의 공식 라틴어 역사에서 인용한 이 구절은 예수회 인문주의자 Giovanni Pietro Maffei가 쓴 것이다. Maffei와 그가 사용한 출처들에 관해서는 Lach 1965, vol. 1, part 1: 323-326 참조.

26. Guilmartin 1974, 255-263; Agoston 2005; Agoston 2014, 100-106.

27. 순차적 일제사격을 하는 보병들은 다열 대형으로 길게 늘어서도록 훈련을 받았다. 첫 열의 병사들이 머스킷을 쏘고서 재장전하는 동안, 뒤쪽 열들의 병사들이 발사선에 자리를 잡았을 것이다. 순차적 일제사격이 등장한 시점은 유럽의 경우 1590년대이고, 일본의 경우 아마도 그보다 이른 1570년대일 것이며, 중국은 14세기 후반이다. 이와 관련해서는 Parker 1996, 18-19, 140-141; Sun 2003, 500; Lamers 2000, 111-115; Andrade 근간, 188-207, 219, 236 참조. 경탄스러운 근간의 초고를 공유해준 Tonio Andrade에게 감사드린다. 이 책에는 동아시아와 유럽의 순차적 일제사격(더 일반적으로 화약 기술)에 관한 정보가 풍부하다.

28. 예를 들어 Agoston, 10-12, 193-194는 유럽의 기술적 우위가 적어도 17세기 후반까지는 근소했다고 주장하면서도 "오스만 인에게 전문 지식을 판 쪽은 유럽의 군사 전문가들이었지 그 반대가 아니었다"라고 인정한다. 아시아에서 독자적으로 발전시킨 화약 기술에 관해서는 이 책의 3장; Sun 2003; Lorge 2005; Swope 2005; Lorge 2008; Swope 2009; Andrade 2010; Andrade 2011; Sun 2012; Andrade의 근간 참조. 유럽의 우위는 몇 가지 영역에서 두드러졌다. 일례로 Andrade의 책은, 1700년경 유럽의 전함이 중국의 전투용 정크선보다 효과적이었을 공산이 크지만 유럽의 보병 훈련은 중국의 보병 훈련보다 나을 게 없었다고 지적한다.

29. Kennedy 1987, 16-24.

30. Hoffman 2011; Carlo Cipolla의 선구적인 1965년 연구.

31. Hoffman 1996; Clark 2007. 경쟁 시장이 혁신을 자극할지 여부는 재산권을 비롯한 다른 요인들에 달려 있을 것이다.

32. 산업혁명을 촉발한 원인들 가운데 하나는 영국이 해군에 쏟은 지출과 군사적 승리를 통해 확보한 국제 무역 점유율이었다는 논증과 관련해서는 O'Brien 2006; Allen 2009; 이 책의 7장 참조.

2장 근대 초기 유럽에서 토너먼트는 어떻게 정복을 가능하게 했는가

1. Machiavelli 1977, 247; Skinner 1978, 244-248; Hale 1985, 91-96.

2. Elia and Ricci 1942, vol. 1: 66. 리치의 말을 중국에 머물던 서양인들 사이에서 흔했던 경멸의 정형화로 간단히 일축할 수는 없다. 이 발언과 다른 발언들이 분명히 보여주듯이, 리치는 전쟁을 삼가는 중국 황제들에게 탄복했다. 중국을 침략하기 쉽다고 리치가 독자들에게 주장했던 것도 아니다(몇몇 서양인이 그런 시도를 하기는 했다). 한 세기 후에 한 유럽인 성직자가 했던 비슷한 발언에 대해서는 Comentale 1983을 참조하라. 마지막으로, 리치의 말을 중국 황제들이 전쟁이 필요한 때에 회피했다는 뜻으로 받아들여서는 안 된다. 실상은 분명히 그렇지 않았다.

3. Marion 1914-1931, vol. 1: 455-461; Mitchell and Deane 1962, 389-391; Toutain 1987, 56; Broadberry, Campbell, et al. 2014. 군사비 지출과 GDP 수치는 모두 1781-1790년의 평균치다. 다만 프랑스의 군사비는 예외인데, 이 수치는 Marion이 제시한 프랑스 구체제 말기의 예산에서 얻었다. 군사비에는 부채 상환액이 포함되는데, 그 이전에 전비를 마련하느라 빚을 졌기 때문이다. 나중에 군사비를 분산하는 방법으로 부채를 살펴볼 것이다. 18세기 중국의 GDP를 알려주는 신뢰할 만한 수치는 없지만, 우리는 1인당 군사비(1인당 세금의 일부로 계산)와 일급을 비교할 수 있다. 1770년대 중국, 영국, 프랑스의 1인당 세율은 뒤에서 제시할 것이며, 이 세율을 당시 베이징과 런던에서 미숙련 노임을 받은 노동자의 노동 일수로 변환한 수치는 Allen, Bassino, et al. 2005에서, 임금으로 변환한 수치는 Philip T. Hoffman의 파리 데이터베이스 http://gpih.ucdavis.edu/Datafilelist.htm에서 확인할 수 있다. 군사비를 중국에서는 100퍼센트 세금으로 조달했고 영국과 프랑스에서는 50퍼센트만 세금으로 조달했다고 가정하면(중국과 유럽 국가들의 차이를 최소화하는, 사실일 것 같지 않은 가정), 임금 대비 군사비는 중국보다 프랑스가 2.40배, 영국이 3.22배 많았을 것이다. Brandt, Ma, et al. 2014, table 3의 1750-1799년 세금 데이터는 중국과 서유럽의 1인당 군사비 차이가 더 컸음을 시사한다.

4. Brzoska 1995, table 3. 물론 미국의 군사비는 2차 세계대전 기간에 대폭 증가했고, 1945년 GDP의 37퍼센트로 정점을 찍었다. 여기에는 퇴역군인 수당이 포함되지만 부채 상환액은 포함되지 않는다. Carter 2006, tables Ed 146-147, Ca74.

5. Glete 1993; Parrott 2001b, 126-127; Landers 2003, 316-325. 수치가 확실하지는

않지만, Landers의 데이터는 로마 제국 육군의 최대 동원률이 인구의 1퍼센트에서 2퍼센트 사이(중세보다 높은 수치)였을 것임을 시사한다. 근대 초기 국가들은 로마 제국과 대등한 수준까지 동원할 수 있었으며, 몇몇 나라(스웨덴과 네덜란드)는 그 이상까지 가능했다.

6. Diamond 2005, 412-417, 454-456, 495-496.

7. Hoffman and Norberg 1994, table 1, p. 238; Hoffman and Rosenthal 1997, table III.1; Tiberghien 2002; Bonney 2007. 베르사유 관련 수치는 궁전과 정원을 만드는 데 들어간 비용의 상한 추정치(1억 리브르)와 건축 기간 53년 동안의 세수 총액을 비교하여 얻었다.

8. Harding 1991, 28-30; Finer 1997, vol. 3: 1344, 1350-1356; Lynn 2000; Rodger 2004, 242(인용구의 출처), 257. Finer가 지적하듯이, 18세기에 통상적으로 의회와 국왕은 협력하는 관계였다. 르네상스기 이탈리아는 Mallett 1974, 88 참조. 엘리자베스 시대 잉글랜드(Pettegree 1988)에서는 조신과 군인, 상인이 외교 정책을 구상하기도 했지만, 대개 그들의 이해관계는 최종 결정을 내리는 여왕과 고문관들의 이해관계와 합치했다.

9. 프랑스 왕 샤를 8세의 1494년 이탈리아 침공을 추동한 것은 위협이 아니라 오히려 왕조의 염원이었고, 어쩌면 침공을 해서 영예로운 십자군을 위한 디딤돌을 놓으려는 욕구였다. 이런 일은 그의 신민들이 원하는 수준을 훌쩍 뛰어넘는 행보였을 가능성이 크다. 근래에 한 역사가(Labande-Mailfert)는 그렇게 결론지었다. 상세한 논의는 Mattingly 1971, 133-137; Labande-Mailfert 1975, 180-220, 527-528 참조. 강조해야 할 점은 유럽의 육군들이 방위비 총액보다 훨씬 많은 비용을 초래했다는 것이다. 18세기 이전에 병사들은 군기가 문란했고, 자국에서 전투할 때조차 엄청난 피해를 입혔다. 이 부분과 관련해서는 Gutmann 1980과 이 책의 7장 참조.

10. Louis XIV 1970, 124; Machiavelli 1977, 247; Hale 1985, 22-34; Cornette 1993, 152-176; Corvisier, Blanchard, et al. 1997, vol. 1: 383-387; Mormiche 2009, 301-305. 갈릴레오의 말은 Hale, p. 29에서 인용했다. 그 맥락은 Hale 1983, 301 참조. 종교 분쟁이 정치에 미친 영향에 관한 통찰력 있는 분석은 Iyigun 2015 참조.

11. Lynn 2000; Bell 2007, 29-35(인용구의 출처); Monluc 1864, 13-15, 40-44; Cornette 1993, 294; Parrott 2001a, 313-317; Drevillon 2005. 왕위 계승 분쟁과 종교에 관해서는 Nexon 2009; Meijlink 2010 참조.

12. Hobbes 1651, 61-62; Hale 1985, 22-24. 홉스가 말한 전쟁의 다른 두 원인은 경쟁과 자신확신의 결여다. 홉스가 보기에 경쟁은 이익을 위해 싸우게 한다. 자기확신의 결여는 안전을 위해 싸우게 하는 불신을 뜻한다.

13. Brito and Intriligator 1985; Powell 1993; Fearon 1995; Jackson and Morelli 2011. 이 저작들에서 탐구하는 전쟁의 동기들 외에 또 다른 동기도 있다. 국내의 잠재적 경쟁자와 대결하는 통치자라면, 맞상대하기 버거울 정도로 자신이 포악한 존재임을 알리기 위해 전쟁을 일으키려 들지도 모른다.

14. Jackson and Morelli 2011.
15. 영광은 '지위재(positional good)'의 일종이다. 한 통치자가 이를테면 승리를 거두어 영광을 더 많이 소비하려면 그의 상대가 패하여 영광을 덜 소비해야 한다. 영광이 그러했듯이, 지위재는 군사비 지출 경쟁을 촉발할 수 있다. Frank 2005.
16. Anisimov 1993, 244-245.
17. Mattingly 1968, 156. 과거 종교분쟁의 영향에 관해서는 Fletcher and Iyigun 2010; Iyigun 2015 참조.
18. 다음에 제시한 모델은 Fullerton and McAfee 1999; Garfinkel and Skaperdas 2007의 모델을 수정한 것이다.
19. 분쟁을 다룬 문헌에 관한 논평은 Garfinkel and Skaperdas 2007 참조. Jackson and Morelli 2009의 통찰력 있는 모델은 복잡한 전쟁 패턴과 군사비 지출 패턴을 설명할 수 있다. 그렇지만 우리에게는, 전비의 변화가 미친 영향이 중요한데, 그 부분은 거의 설명하지 못한다.
20. 우리의 모델에서 상의 가치는 P이며, 통치자들은 위험중립이라고 가정한다. 상세한 내용은 '부록 A'와 이 모델을 일부 요약한 다른 주들을 참조하라.
21. 패자가 대가 d를 치르고서 참전을 피할 수 있다면, 상이 $P + d$로 증가하고 (다음에 논의할) 고정비용 b가 $b + d$로 늘어날 뿐 모델은 동일할 것이다. 참전하지 않는 통치자가 공격에 맞서 자기 영역을 방어하는 데 실패할 때만 대가를 치른다면, 유일한 차이는 고정비용이 $b - d$로 감소하는 것이다.
22. 고정비용은 b로 표기한다.
23. 통치자 i는 금전적 가치 $z_i \geq 0$인 자원을 동원하고, 그의 가변비용은 c_i라고 가정하자. 그러면 자원을 동원하는 그의 정치적 총비용은 $c_i z_i$다. 두 통치자의 가변비용이 같을 필요는 없으므로, 우리는 $c_1 \leq c_2$라고 가정한다. 각 통치자가 동원할 수 있는 자원의 한계는 $z_i \leq L_i$로 정한다.
24. Garfinkel and Skaperdas 2007. 두 통치자 모두가 싸우기로 결정할 때 수학적으로 통치자 i가 이길 확률은 $z_i / (z_1 + z_2)$로 정한다.
25. 통치자 i는 기대이익 $Pz_i / (z_1 + z_2) - c_i z_i - b$를 최대한 키우려 할 것이다. 이 수식에서 첫째 항은 그저 통치자 i가 이길 확률과 상의 가치 P를 곱한 것이고, 그다음 두 항은 그가 동원하는 자원 z_i의 비용과 고정비용 b다.
26. 1714년부터 프랑스혁명 때까지 네덜란드 공화국은 자주 참전을 주저했는데, 정치적 장애물과 경제적 문제로 세금을 늘리고 군사 작전에 자금을 대기가 어려웠기 때문이다. 분명 네덜란드 인들은 때때로 싸울 수밖에 없었지만, 그들의 개입은 (오스트리아 왕위계승전쟁 때처럼) 대개 한정되었다. 그들은 평시를 고작 10년 누린 17세기보다 (Clodfelter 2002에 따르면) 51년을 누린 18세기에 분쟁에 훨씬 덜 관여했다. 네덜란드가 전쟁에 불참할 확률은 강력한 지사(stadholder, 뭉뚱그려 말하면 네덜란드의 총사령관)가 아니라 중립을 선호한 상인들과 기타 엘리트들이 외교 정책을 결정할 때 높았다. Israel 1995, 987-997, 1067-1097. 자원 동원에 드는 높은 정치적 비

용이 18세기 네덜란드의 외교 정책에 미친 영향에 대한 비슷한 평가로는 Hoffman and Norberg 1994, 136; de Vries and van der Woude 1997, 122-123 참조. 토너먼트 모델의 관점에서 보면 정치적 장애물, 경제적 문제, 상인의 외교 정책 통제력은 모두 자원을 동원하는 가변비용이 높음을 의미할 것이다.

27. 통치자 2는 $P > b$이고 $P < b(1 + c_2/c_1)^2$이면 참전하지 않는다. 여기서 우리는 통치자들이 모을 수 있는 자원의 한계를 무시한다(통치자들이 돈을 빌릴 수 있고 용병과 군납업자가 넘쳐난다면 타당한 근사치다). '부록 A'에서 보여주듯이, 두 나라의 크기가 엄청나게 다를 때는 한계를 설정하더라도 비슷하게 평화로운 결과가 예측된다.

28. 더 면밀히 검토해보면 대체로 예외를 이해할 수 있다. 일례로 잉글랜드가 훨씬 큰 나라인 에스파냐에 선전포고를 했던 이유는 엘리자베스 여왕이 자신의 정체가 위태롭다고 여기고 잉글랜드의 네덜란드 쪽 동맹들을 에스파냐가 압도하기 전에 선제공격을 하는 편이 낫다고 확신했기 때문이다(Martin and Parker 1999, 71-104).

29. 두 통치자가 모두 $P \geq b(1 + c_2/c_1)^2$이면 싸운다. (여기서 우리는 자원의 한계를 계속 무시한다.) 이 부등식은 상이 귀중하고, 고정비용이 낮고, 두 가변비용의 비 c_2/c_1가 1에 가까우면 성립할 것이다. $c_2 \geq c_1$이므로 이 비는 언제나 1보다 크거나 같고, 두 통치자가 자원을 동원하면서 비슷한 정치적 비용에 직면할 때 1에 가까울 것이다. 자원에 제약을 설정하면 어떻게 되는지는 '부록 A'를 참조하고, 차입과 관련해서는 4장을 참조하라.

30. 자원 동원 총비용 $C = c_1 + c_2$다. 다시 한 번 국가 크기에 따른 한계를 무시하면, 양쪽 통치자가 지출하는 총군사비는 $Z = z_1 + z_2 = P/C$일 것이다.

31. 전쟁 균형상태에서 (국가 크기에 따른 한계를 무시하면) 두 통치자의 정치적 비용의 비 c_2/c_1는 그들이 동원하는 자원의 역비 z_1/z_2과 같다.

32. 예컨대 Jackson and Morelli 2009 참조.

33. 예를 들어 두 가문이 대대로 토너먼트를 반복한다면, 한 가지 가능한 균형은 홀수 세대에는 국가 A의 왕이 저항하지 않고 국가 B의 왕에게 승리를 허용하고, 짝수 세대에는 서로 반대로 하는 것이다. 그러면 왕들은 자원을 동원하거나 싸우지 않고도 상을 얻을 테니 평화가 영원히 지속될 것이다. 그러나 그런 균형은 불가능할 것이다. 근대 초기 통치자들은 싸움을 통해서만 영광이나 신앙의 적에 대한 승리 같은 상들을 차지할 수 있었기 때문이다. 이 상들이 19세기에 중요성을 상실한 것은 사실이다. 그 결과, 우리가 6장에서 살펴볼 새로운 균형들이 활짝 열렸다.

34. Mattingly 1968; Lynn 2000, 185-186.

35. Fullerton and McAfee가 보여주듯이, 이런 토너먼트를 설계하는 사람이 자원 동원 총비용 Z를 어느 수준으로 정하든, 경쟁자가 단 두 명일 때 가장 낮은 가격으로 자원을 얻을 수 있다.

36. 그렇다고 해서 동맹이 중요하지 않았다는 뜻은 아니다. 네덜란드나 포르투갈 같은 작은 국가는 동맹을 통해 큰 국가와 한편을 이룬 덕택에 큰 이웃에게 잡아먹히지 않

았다.

37. 물론 가변비용의 차이가 아주 크다면 두 통치자는 애당초 전쟁에 돌입하지 않을 것이다.

38. 네덜란드와 18세기 영국은 거액을 차입했으며, 양국의 1인당 세율 역시 비교적 높았다(Hoffman and Norberg 1994, 300-301).

39. 스웨덴의 징집에 관해서는 Parker 1996, 48-53 참조.

40. Parker 2005, 72-75; Ostwald 2007(포위전의 인명 낭비); Hoffman 2011, 42-44.

41. 머스킷 총병은 성벽에서, 또는 요새를 구축하기 위해 끌고 온 짐마차로 방어 대형을 형성한 뒤 그 뒤에서 유목민에게 발사할 수 있었고 실제로 발사 시도를 했지만, 유목민들은 산개할 수 있었다. 그리고 짐마차로 유목민을 추격하려 해도 식량이 너무 많이 필요했다.

42. McNeill 1964; Esper 1969; Hellie 1971; Barfield 1989; Rossabi 1998; Chase 2003; Gommans 2003; Agoston 2005, 58-59, 191; Lorge 2005; Perdue 2005. 19세기에 화기는 유목민을 상대로 훨씬 더 효과적인 무기가 되었다(Headrick 2010, 281-284).

43. 이따금 실행학습(learning by doing)은 제품을 더 낮은 가격에 제작하는 방법을 알아내는 학습이라는 한정된 뜻으로 쓰이고, 군사 기술과 관련된 더 폭넓은 혁신 패턴(예를 들어 화포를 낮은 가격에 제작하는 방법만이 아니라 화포의 개선에 맞추어 전술과 전략, 방어 시설을 조정하는 방법까지 포함하는 패턴)을 가리킬 때는 활용학습(learning by using)이라는 용어가 쓰인다. 그러나 우리는 앞으로도 실행학습을 넓은 의미로 사용할 것이다. 이에 관한 이해를 돕는 논의로는 Engerman and Rosenberg 2015 참조.

44. 백년전쟁 도중과 이후의 기술 변화에 관한 서술은 Hall 1997, 115-122; de Vries and Smith 2012, 154-155를 참조했다. 15세기 후반의 전형적인 대포는 더 얇게 만들어 무게를 줄인 덕분에 포가에 올려놓을 수 있었다. 게다가 그 대포는 포신이 더 길어서 화약의 연소 효과를 높였고 그만큼 포탄에 더 많은 에너지를 전달할 수 있었다. 방어 시설은 Parker 1996, 9-13; Hall 1997, 159-163 참조.

45. Alder 1997; Parker 2005, 194-198.

46. La Noue 1587, 320-322, 352-357; Bonaparte and Favé 1846-72, vol. 1: 65, 72; Williams 1972, xcii-cv; Hall 1997, 121-122; Parrott 2001a, 42-43.

47. 1377년 프랑크푸르트에서의 폭발을 포함해 포가 시험 중에 폭발한 사례들은 Rathgen 1928, 20; Leng 2002, 304-315, 342-344 참조. 유럽에서 화기는 14세기 후반에 처음 등장했지만, 그 수는 15세기 전반부터 늘어나기 시작했다(Hall 1997, 95-97; McLachlan 2010, 25-37; de Vries and Smith 2012, 144-147).

48. Mokyr 1990, 186. 반면에 해운과 항해술의 개선점 가운데 (분명 전부는 아니지만) 다수는 군대에서 유래했다. 특히 포르투갈과 에스파냐의 초기 항해의 군사적 동기를 셈에 넣을 경우에 그러하다. Headrick 2010, 20-49 참조.

49. Lavery 1987, 56-65(인용문의 출처); Harris 1998, 262-283; Rodger 2004, 221, 303, 344-345, 375. 구리는 배의 속도를 늦추는 미생물, 해초, 따개비를 막아준다.

50. Hassig 2006, 17-44.

51. 수학적으로 보면, 자원 z 한 단위는 한 통치자에게 군사 혁신 x를 무작위로 얻을 독립적인 기회를 한 번 준다. 변수 x는 구간 $[0, a]$에서 누적분포함수 $F(x)$를 따른다(여기서 a는 뽑을 수 있는 최대 숫자). 기술적 세부 내용은 '부록 A' 참조.

52. 그들의 전쟁에서 최고 혁신은 분포함수 $F^z(x)$를 가지며, 여기서 $Z = z_1 + z_2 = P/C$가 두 통치자가 지출하는 군사비 총액이다.

53. 수학적으로 말하면 이용 가능한 지식의 한계는 구간 $[0, a]$의 상한인 a일 것이고, 이 구간에서 혁신 x의 누적분포함수 $F(x)$가 규정된다.

54. Fullerton and McAfee 1999.

55. x_t가 t회의 최고 혁신이라면, $t + 1$회에 군사 자원을 z만큼 지출하는 조치와 t회에 군사 자원을 $(1 + x_t)z$만큼 지출하는 조치는 승리 확률에 동일한 영향을 미칠 것이다.

56. 여기서 토너먼트 모델의 예측은 기술에 관한 Joel Mokyr의 일반적인 논증에 들어맞는다(Mokyr 1990, 13-14). Mokyr의 용어를 쓰자면, 주요 신기술은 대발명(macroinvention)이고, 대발명은 다시 소발명(microinvention)들에 의해 개선된다. 우리 모델에서 이런 소발명은 실행학습의 결과다. 그러나 우리 모델의 실행학습과 마찬가지로, 소발명으로 얻는 보상은 결국 줄어든다.

57. Turchin, Adams, et al. 2006, table 1. 명, 청, 무굴, 오스만, 러시아 제국은 모두 한 자릿수 차이로 프랑스, 에스파냐, 오스트리아보다 영토의 면적이 넓었다.

58. Hoffman and Norberg 1994, 300-301; Pamuk and Karaman 2010, figures 4 and 5.

59. Hoffman and Norberg 1994; Stasavage 2011; Béguin 2012; Álvarez-Nogal and Chamley 2014; Drelichman and Voth 2014. 근대 초기 유럽의 차입에 관한 간략한 개관은 Hoffman and Norberg를, 프랑스와 에스파냐의 부채에 관한 근래의 저작은 Béguin, Álvarez-Nogal and Chamley, Drelichman and Voth를, 대의 기구가 차입 비용에 미치는 영향은 Stasavage를 참조하라. Stasavage가 입증하듯이, 근대 초기의 큰 국가들에서 (지방 수준을 제외한) 대의 기구를 조직할 때 주된 장애물은 거리였다. 문제는 대의원들을 감시하기가 어려웠다는 것이다.

60. Pamuk and Karaman 2010. 여기서 쟁점은 세수 총액이지만, 오스만의 1인당 과세 표준도 훨씬 낮았다.

61. Huang 1970; Huang 1998; Brandt, Ma, et al. 2014; Sng 2014. Sng은 중국 제국의 크기와 반란 위협에 근거하여 중국의 낮은 세금을 설명하고, Brandt, Ma, et al은 기간을 더 길게 설정하고 노동 일수를 척도로 삼아 중국과 유럽의 세금을 비교한다. 영국과 프랑스는 중국과 비교해 면적과 인구가 훨씬 적었는데도 18세기 후반까지 중국보다 훨씬 많은 세수 총액을 거두어들였다.

62. 유목민과 기병의 위협은 3장 참조.

63. 갤리선에 함포를 탑재할 수 있는 위치는 프린스턴 대학 출판부의 어느 고문이 지적해주셨다. 갤리선 관련 다른 출처는 다음과 같다. Pryor 1988; Glete 1993, 114-115, 139-146, 310, 501-530, 576-579, 706-712; Guilmartin 2002, 106-125. 갤리선 함대의 규모에 관해 말하자면, 1695년 프랑스가 보유한 갤리선 46척의 총배수량은 아마도 1만 5000톤이었을 것이고, 무장 범선 156척의 총배수량은 20만 8000톤이었을 것이다. 게다가 갤리선 함대는 18세기에 사실상 자취를 감추었다. 단지 베네치아 같은 강소국들만 대규모 갤리선 함대를 보유했다.

64. Willers 1973, 237-301.

65. 프랑스 국립기록보관소(Archives nationales), Marine, Armements D/3/34 (Traité pour l'établissement de deux hauts fourneaux près Montcenis and Compte fonderie d'Indret); Maggiorotti 1933-1939; Goodman 1988, 126-129; Chaloner, Farnie, et al. 1989, 19-32; Harris 1998, 242-261.

66. Bruijn 1993, 59-62, 88-89; Black 1998, 107, 127.

67. Alder 1997, 39-46; Minost 2005. 해군 함정의 구리 피복은 혁신을 채택하기에 앞서 필요했던 상보적 기술들의 또 다른 사례를 제공한다. 프랑스 군은 구리 피복의 이점을 알았으나 이 피복법을 전함에 적용하려면 구리 제조 능력을 확대하는 한편, 영국인 작업자와 기계를 수입하여 구리 압연 공장을 세우고 구리 볼트 및 부품을 만들어야 했다(Harris 1998, 262-283).

68. Epstein 2013, 27.

69. Guenée 1971, 167-176, 254-257.

70. Vauban 1740; Oswald 2002; Oswald 2007.

71. 기술 변화에 관한 탁월한 서술로는 Parker 1996과 선구적 저작인 Cipolla 1965 참조. 이 문단에서 참고한 다른 전거들은 다음과 같다. Rathgen 1928; Redlich 1964-1965; Willers 1973; Lavery 1987; Black 1991; Glete 1993; Rogers 1993; Corvisier, Blanchard, et al. 1997; Hall 1997; Lynn 1997; Lynn 2000; Parrott 2001b; Guilmartin 2002; Landers 2003; Parker 2005; McLachlan 2010; de Vries and Smith 2012.

72. Brewer 1989; Rodger 2004, 399, 486-487. 높은 세금은 의회의 재원 통제력에도 의존했다(Dincecco 2009; Dincecco 2011).

73. 보병 화력의 중요성은 Williams 1972, xcvi-xcvii; Parker 1996, 16-17; Lynn 1997, 464-465, 489 참조.

74. Stephen Broadberry, sv "Labor Productivity," Mokyr 2003, vol. 3: 250-253에 따르면, 1600년부터 1750년까지 아홉 군데 경제권에서 산업화 이전 경제의 최대 부문인 농업의 노동생산성 증가율은 0.5퍼센트를 결코 넘지 않았고, 보통 증가율이 훨씬 낮거나 도리어 감소했다. 같은 전거에 따르면, 산업혁명 초기(1760-1800년)에 영국 전역에서 노동자당 생산량은 해마다 불과 0.2퍼센트 증가한 반면에 노동시간당 생

산량은 실제로 해마다 0.2퍼센트 감소했다.

75. Chandler 1970; Lynn 1997, 485-489.
76. Guilmartin 1974, 253-254; Guilmartin 1983; Glete 1993, 58-61, 158-159.
77. 여기서 자본생산성은 배수량에 근거해 계산했고, 노동생산성은 잉글랜드 해군 전체의 수병 규모에 근거해 계산했다. 데이터의 출처는 다음과 같다. Glete 1993, 186, 195, 205; Martin and Parker 1999. 요소 비율(자본 0.496, 노동 0.503)의 근거는 Boudriot and Berti 1994, 146-152에 나오는 1744년 함선의 건조 비용과 수병의 노동 비용이다. 프랑스 국립도서관(Bibliothèque nationale), Mélanges Colbert 62 (Recueil de pieces sur la marine de guerre, fols. 388-399, 419-420)의 17세기 비용 관련 데이터에 근거해도 비슷한 요소 비율(1646-1649년에 자본 0.460, 노동 0.540)이 나온다. 화력에 관해서는 Glete 1993; Martin and Parker 1999, 33-36; Guilmartin 2002 참조.
78. 사례는 Hoffman 1996; Clark 2007 참조.
79. 여러 가지 가정, 그 가정들을 뒷받침하는 증거, 그리고 생산성 수치들이 통계상 요행수가 아닐 공산이 큰 이유에 관해서는 '부록 B'와 Hoffman 2011 참조.
80. 실행학습에 힘입어 초기에 빠르게 증가하는 생산성에 관해서는 Lucas 1993 참조.
81. Hoffman 2011, table 4. 이 수치의 증거는 생산요소들의 비용 대비 초기 화기들의 가격에 대한 회귀분석을 하면 나온다. 그 근거가 되는 데이터는 Rathgen 1928, 68-74에 있다.
82. O'Brien and Hunt 1993; Rodger 2004, 209, 221, 344-345, 374-375, 399, 424-425, 486-487; O'Brien 2008; O'Brien and Duran 2010. 구리 피복법은 상업용 범선의 속도를 높이고 수명을 늘림으로써 유럽과 아시아를 오가는 해운 비용도 낮추었다(Solar 2013).
83. Benjamin and Tifrea 2007, 981-984. (프린스턴 대학 출판부의 어느 고문이 지적한 대로) 영국 해군법이 변경되었고 영국의 적국들이 약했다는 점도 영국 함장들의 전사 비율을 떨어뜨리는 데 일조했을 것이다. 특히 1779년 이후 영국 함장들은 퇴각하더라도 사형을 명할 권리를 위임받은 군법 회의에 회부되지 않을 권리가 있었는데, 그 덕에 전략을 더 유연하게 구사할 수 있었을 것이다. 이에 반해 사형 위협[1757년 존 빙(John Byng) 제독이 처형당한 이후 더 현실적으로 다가온 위협] 때문에 영국 함장들이 공세를 강화하여 우위를 점했다는 주장도 있다. 이에 대해서는 Rodger 2004, 272, 326 참조.
84. Field 2010.
85. La Noue 1587, 315-322, 352-357; Williams 1972, xcii, c-civ; Lynn 1997, 14-16, 440-443(17세기 프랑스 육군의 비슷한 관행); Parrott 2001a, 42-43; Kamen 2004, 163-164.

1. Allen, Bassino, et al. 2011. 이 비교는 실질임금을 고려하든, 은화로 지불한 임금을 고려하든 상관없이 유효하다.

2. 〈표 2-3〉; Brandt, Ma, et al. 2014, table 3, Sng 2014. 명조 후기에 중국 황제들이 동원할 수 있었던 자원의 한 사례는 Swope 2009, ix-x, 5 참조.

3. Wong 1997, 93-101; Rosenthal and Wong 2011, 184, 189, 196; Pomeranz 2014, 32.

4. 결코 드물지 않았던 반란 및 해적과의 싸움, 특히 왕조 이행기의 그런 분쟁에 관해서는 Kung and Ma 2014와 Andrade의 근간 참조.

5. Hucker 1974; Chan 1988; Dreyer 2007. 중국이 전략적으로 이용한 교역에 관해서는 Lee and Temin 2010 참조. 바다를 누비는 해군에 돈을 지출하지 않을 이유는 또 있었다. 해군은 명의 수도(1421년 이후 베이징)를 보호하는 데 필요하지 않았고, 요새와 망루로 연안의 해적에 대응할 수 있었다.

6. Perdue 2005, 11, 152-189, 209-255, 523-536; Lorge 2008, 75-76.

7. Lorge 2005, 119-120; Li 2009; Swope 2009; Andrade 2011; Li 2013; Sun 2013.

8. Lorge 2005, 130-136; Swope 2009, ix-x, 5, 19-40.

9. Atwell 1988; di Cosmo 2000; Huang 2001; Lorge 2005, 148-149; Perdue 2005, 120-138.

10. Andrade 2011, 25-53, 216-316; Cheng 2012; Sun 2012.

11. Perdue 2005, 221, 284-286, 299, 533-536. 동쪽으로 팽창하는 러시아와 맺은 동맹이 청에 도움이 되었다. 이 동맹에 따라 차르가 통제하는 영토로 퇴각하려던 유목민을 러시아가 가로막았기 때문이다.

12. Sun 2003, 497-500; Lorge 2008, 72-75; Dreyer 1974, 202-205; Franke 1974, 188-192; 특히 Andrade 근간, 22-73. Andrade가 분명히 밝히듯이, 원대 이전인 남송 시대(1126-1279년)에도 한동안 전투에서 기초적인 화약 무기들이 쓰였고, 이것들이 총포의 조상인 화창(火槍)으로 발전했다. Needham 1954, vol. 5, part 7도 참조.

13. Berry 1982, 213; Swope 2009, 170-172.

14. 명조의 군사사를 수정하는 이들로는 앞서 인용한 Tonio Andrade, Kenneth Chase, Sun Laichen, Li Bozhong, Peter Lorge, Kenneth Swope 등이 있다.

15. Elia and Ricci 1942, vol. 1: 66.

16. Needham 1954, vol. 5, part 6: 369-376. 관료들이 서양의 전함과 무기가 더 우수하다고 인정한 사례를 더 확인하려면 Andrade 2011, 17, 36; Andrade 근간, 253-270 참조.

17. Swope 2005, 21; Andrade 2011, 12(인용문 출처), 307-308; Andrade 근간, 173-181, 212-278. Andrade가 근간에서 논증하듯이, 중국 관료들이 서양식 방어 시설을 모방할 이유는 별로 없었다. 중국 도시들이 포격을 견딜 수 있는 두툼한 성벽을 두르

고 있었기 때문이다. 다만 Andrade가 지적하는 대로, 방어 시설을 지키기 위해 필요한 교차사격을 가능하게 해주는 서양식 능보(稜堡)에는 관심을 보였다.

18. Sun 2003; Swope 2005, 13; Andrade 근간, 22-73.

19. Josson and Willaert 1938; Needham 1954, vol. 5, part 7; Spence 1969, 15, 29; Franke 1974; Väth 1991, 111-115; Waley-Cohen 1993; Lorge 2005, 125-128; Li Bozhong, 사적인 연락. 군사 논문(1550년대부터 1680년대까지 급증한 군사 저작물 중 일부)의 번역에 관해서는 Sun 2013 참조.

20. Andrade 근간, 16-17, 147, 173-181, 212-222, 253-303. Waley-Cohen 1993; Waley-Cohen 2006도 참조.

21. Waley-Cohen 1993; Huang 2001; Andrade 근간, 173-174, 175-181. 청대에는 서양의 군사 기술 수용을 가로막는 장애물이 더 견고해졌다. 만주족 황제들이 자신이 유자(儒者)임을 보여주고자 무진 애를 썼기 때문이다.

22. Andrade 2011, 6-15, 85-87, 307-316, 326. Cheng 2012; Sun 2012; Andrade 근간, 278-305, 393도 참조.

23. Andrade 2011, 6-15, 45-53, 151-178, 278-289, 307-316.

24. 네덜란드의 새 요새를 함락하는 데 실패한 사건 및 정지룡과 네덜란드 인들의 타협에 관해서는 Andrade 2011, 51-52, 316-321 참조. 정성공 및 그 가문의 비범함과 관련해서는 Andrade 2011; Cheng 2012; Sun 2012; 그리고 Tonio Andrade와 Sun Laichen과 주고받은 이메일에 의존했다.

25. 유럽의 경우와는 매우 다른 경로를 따라간 중국식 방어 시설과 포위전에 관해서는 Andrade 근간, 123-128, 271-305, 393 참조. Andrade는 중국 내 방어 시설을 포위할 때는 유럽식 전술보다 중국식 전술이 더 효과적이었을 것이라고 지적한다.

26. Guignes 1808, 2-36; Mundy 1919, 203; Needham 1954, vol. 4, part 3, vol. 5, part 6 and 7; Franke 1974, 188-192; Hall 1997, 42-56; Lynn 1997, 456-465; De Vries 2002, 396; Guilmartin 2002, 44-61, 92-97; Chase 2003, 31-32; Sun 2003, 497-500; Lorge 2005, 100-107; Lorge 2008, 72-75; Andrade 2011, 37-40; Andrade 근간. 여기서 연대기와 관련하여 특히 중요한 것은 Andrade의 저작이다.

27. Guignes 1808, 2-36. 상인 겸 외교관으로서 중국어를 구사한 Guignes는 중국에 머물 때 다른 문물에 감탄했고, 계몽주의 시대의 전형적인 인물이 그랬듯이, 1784년부터 1801년까지 여행하는 중에 수집한 자료로 관찰을 뒷받침했다. 그는 시대에 뒤진 화승식 화기, 포가 대신 돌에 얹은 대포, 유럽식 능보가 없는 방어 시설에 주목했다. 18세기의 다른 사례는 Cipolla 1965, 117 참조.

28. Finer 1997, 3: 1088. 이 책에 수록된 대규모 군대들의 수치는 (Philip Brown이 내게 지적해준 대로) 16세기 후반 또는 17세기 전반에 도달한 최대치다. 그 이전의 군대들은 규모가 더 작았다.

29. Brown 1948; Parker 1996, 140-143; Parker 2000, 412-414. 화약 기술의 선두 대열에 합류하기까지 일본인은 아직 갈 길이 먼 상황이었다. 일본인은 포 생산에 제약이

있었고, 포를 함선에 탑재하는 데 곤경을 겪었으며, 아직은 대부분의 방어 시설을 유럽 수준까지 끌어올리지 못한 상태였다. Lamers 2000, 155-156, 166; Swope 2005; Philip Brown(사적인 연락).

30. 거리가 가깝기는 했으나 산세가 험준한 지형 탓에 수레로 수송하는 데 어려움을 겪었다.

31. Hall and McClain 1991, 54-56; Parker 1996, 18-19, 140-141. 오랫동안 역사가들은 다이묘 오다 노부나가가 1575년 나가시노 전투에서 순차적 일제사격을 최초로 사용했다고 믿어왔지만, 근래 연구는 이 주장에 의문을 제기한다. 그렇지만 일본인은 다른 전투들에서 순차적 일제사격 전법을 사용했으며, 유럽인보다 먼저 이 전법을 발견했을 것이다. 이에 관해서는 Lamers 2000, 111-115; Andrade 근간, 219, 236 참조.

32. Berry 1892, 237-239; Hall and McClain 1991, 1-12, 128-129; Philip Brown(사적인 연락).

33. 도쿠가와 막부는 침략을 받았더라도 거액을 지출했겠지만, 그런 시도는 아무도 하지 않았다. 이 점은 고맙게도 Philip Brown이 지적해주었다.

34. Berry 1982, 82, 207-234; Hall and McClain 1991, 70-76, 265-290; Turnbull 2008; Swope 2009, 10-12, 45-67, 170-172.

35. Boxer 1951, 373-374; Toby 1991, xxx, 45-46; Andrade 2010. Boxer가 지적하듯이, 명조 후기에 일본은 마카오가 요새화되어서였는지, 아니면 마카오 공격이 중국에 대한 공격으로 간주될까 우려해서였는지 확실히 밝혀지지는 않았으나, 마카오를 공격하는 방안을 보류했다.

36. Hawley 2005, 234-251, 328-331, 552-555; Lorge 2008, 81-86; Turnbull 2008; Swope 2009, 114-121, 171-172, 234-237, 364-365. 일본을 통일한 세 다이묘 중 첫 번째 인물인 오다 노부나가는 함선 무장을 진일보시키고 1638년 시마바라(島原)의 난을 진압했으며, 세 번째 인물인 도쿠가와 쇼군은 네덜란드 함선 한 척을 이용해 성채를 포격했다. 그렇지만 함선 한 척을 이용하려고 네덜란드에 의존했다는 사실은 일본 해군이 결코 강하지 않았다는 증거이며(실제로 반란군은 네덜란드의 함선과 포를 이용한 일을 가리켜 약함의 표지라며 조롱했다. Boxer 1951, 375-383), 여하튼 일본의 소함대들은 임진왜란 기간에 보급선을 지키는 과제를 완수하기에 역부족이었다.

37. 일본은 시마바라 반란을 진압하는 데 애를 먹는 바람에 마닐라 원정의 비용을 재고하게 되었다(Boxer 1951, 382-383). 마닐라의 방어 시설은 Parker 1996, 124-125 참조.

38. Hall and McClain 1991, 1-19, 42-48, 286-290; Toby 1991, xiii-xxxviii, 23; Philip Brown and Mary Elizabeth Berry(사적인 연락).

39. Totman 1988, 47-53; Parker 1996, 18-19, 140-143; Chase 2003, 175-196; Berry 2005.

40. Smith 1958; Totman 1988, 64-65. 도쿠가와 막부가 실제로 세금을 낮추지는 않았다. 그들의 세수가 감소한 것은 실상과 동떨어진 낡은 토지대장에 근거하여 세금을 산정한 탓이었다. 그렇지만 그들이 토지에, 또는 경제의 다른 부문들에 더 무겁게 과세하지 않았다는 점이 중요하다. 나는 토지대장과 다른 경제 부문들에 관한 정보를 제공해준 Mary Elizabeth Berry에게 감사드리고 싶다. 그녀는 우리가 주고받은 이메일에서 소출의 일부인 세금이 감소하는 데 그치지 않았다고 지적했다. 여기에 더해 막부는 다이묘들에게 실제로 군사세를 과세한 적이 없고, 처음 세 세대 이후로는 부역을 적극적으로 부과하지 않았으며, 상업과 도시 부동산에서 무시해도 좋을 만큼의 세금만 징수했다.

41. 유럽인 관찰자들은 무예의 가치에 일본인이 지녔던 애착에 깊은 인상을 받았다. 포르투갈 인들은 일본인 사무라이에게 감탄했고, 16세기에 선교를 위해 아시아로 파견된 예수회 수사들은 일본에 대해 언급할 때 "일본인은 정녕 다른 무엇보다도 무기에 헌신한다(Armis vero apprime dedita gens est)"라고 했다(Maffei 1590, 558); Diffie and Winius 1977, 395-396. Maffei에 관해서는 Lach 1965, vol. 1: 323-326 참조. 17세기 후반(사례는 Kaempfer and Bodart-Bailey 1999, 28 참조)부터 19세기까지 비슷한 관찰이 이어졌고, 18세기 일본 문헌에서도 무예를 높이 사는 일본인의 가치관이 두드러지게 나타난다(Philip Brown, 사적인 연락).

42. 그 이야기의 출처(Noel Perrin의 *Giving Up the Gun*)와 사실을 바로잡는 논평은 Totman 1980 참조. 일본 인구가 무장을 해제한 수준 역시 과장되었을지 모른다. Philip Brown에 따르면, 도쿠가와 시대 내내 농민들은 총으로 사냥을 했다.

43. Kolff 1990; Gommands and Kolff 2011; Gommans 2003. 무굴 제국은 화약 무기를 사용하긴 했지만 유럽인보다 기병에 더 의존했고(Roy 2014, 7-8), 따라서 화약 기술의 발전에서 조금 뒤졌을 것이다.

44. Stein 1984; Washbrook 1988; Alam and Subrahmanyam 1994; Barua 1994.

45. Subrahmanyam 1989; Roy 2011b, 72-73, 167.

46. Gommans 2003.

47. 우리의 모델에 입각해서 보면 인도 지도자들은 상 dP를 위해 싸웠던 셈이며, 상의 가치는 한 지도자가 계승 분쟁에서 살아남아 왕위를 유지할 확률 d로 인해 감소했다. 그 결과 군사비가 dP/C로 줄었을 것이다. 무굴 제국뿐 아니라 중앙아시아에서도 계승 분쟁은 통례였다. 이에 대해서는 Finer 1997, vol. 3: 1233; Burbank and Cooper 2010, 96을 보라.

48. Bidwell 1971, 11-15; Kolff 1990; Gommans and Kolff 2001; Gommans 2003; Roy 2011a. 분명 인도에서 유래한 혁신도 몇 가지 있었다. 개중에는 뒤에서 논할 화전(火箭)이 포함된다. 인도의 무용(武勇)을 옹호하는 이들마저 화약 기술의 혁신이 대부분 서양에서 유래했음을 인정한다. 다음을 보라. Subrahmanyam 1987; Barua 1994; Alavi 1995, 24-25; Cooper 2003, 31-32, 42-44, 289-294; Parthasarathi 2011, 206-213; Roy 2011b.

49. 대체로 보아 동인도회사의 인도 장악을 추동한 것은 회사 자체의 현지 이해관계였다. 그렇다고 해서 동인도회사를 영국 외교 정책의 대리인이라는 지위에서 배제할 수는 없다. 역사가들 사이에 논쟁이 분분한 이 논점에 관해서는 Vaughn 2009를 참조하라.

50. 이 문단과 다음 두 문단에 관해서는 Marshall 1987, 45-54, 67-95, 104-144; Bayly 1988, 44-67, 79-103; Alavi 1995; Gommans and Kolff 2001; Cooper 2003; Gommans 2003; Roy 2010; Roy 2011b 참조. 동인도회사가 지녔던 또 다른 이점은 18세기 후반에 제정된 법률에서 비롯되었는데, 그 법률은 이 회사를 인도 세력들이 신뢰할 만한 동맹으로 만들어주었다(Oak and Swamy 2012).

51. (가변비용이 c_1인) 동인도회사는 승리하면 P를 얻고, (가변비용이 c_2인) 인도 경쟁자는 설령 이기더라도 가치가 더 적은 상인 dP밖에 얻지 못한다고 가정하자. 여기서 d는 인도 지도자가 계승 분쟁을 견디고 살아남아 자기 왕위를 유지할 확률이다. 전쟁이 발발할 경우 동인도회사가 승리할 확률은 $c_2/(d\,c_1)$일 것이고, d가 낮아질수록 이 확률은 높아질 것이다. d가 충분히 낮다면 인도 경쟁자는 싸움을 거부할 것이다.

52. Taagepera 1997, 498; Burbank and Cooper 2010, 130, 192, 253.

53. McNeill 1964, 1-14, 176-179; Esper 1969, 189-197; Hellie 1971, 24-34, 93, 155-180; Guilmartin 1988, 732; Pryor 1988, 177-187; Glete 1993, 114-115, 139-146, 310, 706-712; Lynn 1997, 528-529; Guilmartin 2002, 106-125; Paul 2004; Agoston 2005, 191, 201-203; Agoston 2011; Agoston 2014, 123. 이 책에서 Agoston은 시간이 흐름에 따라 적에게 맞추어 보병과 기병의 균형이 어떻게 변했는지 적절한 사례를 제시하며 설명한다. 일례로 1690년대 말에 전투를 치른 오스만 제국과 합스부르크 제국의 경우, 보병과 기병의 비율이 비슷했다.

54. Finer 1997, 3: 1200-1209; Agoston 2011; Agoston 2014; Gabor Agoston(사적인 연락). 황제가 지역의 수입과 자원에 대한 통제력을 잃게 된 맥락에 대해 더 알고 싶으면 4장을 참조하라.

55. Pamuk 2009, ix, 9-11(차입); Pamuk and Karaman 2010(조세). 18세기에 오스만 황제들은 금융업자들로부터 한정된 액수의 단기 자금을 빌리거나 징세 청부업자들에게 장기 자금을 빌릴 수 있었고, 18세기 후반에 세금 수령액의 지분을 공중에게 팔아서 자금을 마련하기도 했다. 그럼에도 세금 징수에 제약을 받은 탓에 이 모든 차입은 한정되었을 것이다. 집단으로 뭉쳐 정부의 활동을 속박한 징세 청부업자들도 차입을 제한했다(Balla and Johnson 2009).

56. 유럽인과의 전쟁에서 오스만 황제들은 균형상태에서 $z_i = P(1 - c_i/C)/C$를 지출했을 것이다. 여기서 c_i는 자원을 동원하는 정치적 비용이다. 그들이 세수를 전부 전쟁에 지출한다고 타당하게 가정하면(직접 지출하든, 군대에 자금을 대는 징세 청부업자들에게 보상을 하든) 한정된 세수는 한정된 군사비를 의미하며, 균형상태에서 그들의 군사비 수식은 P가 작든지 c_i가 클 것임을 함의한다. 오스만의 P는 유럽인

의 *P*와 동일하므로 작을 수 없고, 따라서 오스만 황제들은 자원을 동원하는 정치적 비용을 인상할 수밖에 없다. 그런데 가변비용이 높으면 그들이 유럽인을 이길 확률은 낮을 것이다('부록 A'의 수식 (6)). 물론 패전에 관한 예측은 확률적이다. 그들이 이길 확률이 조금 있긴 했지만(그리고 실제로 이기기도 했지만), 그 확률은 높은 가변비용 탓에 낮아졌을 것이다.

57. Hellie 1971; Pintner 1984; Agoston 2011.

58. Cipolla 1965, 59-60; Hellie 1971, 169-173; Anisimov 1993, 66-69; Kotilaine 2002.

59. Lewis 2001, 223-225.

60. Levy 1983; Murphey 1983; Guilmartin 1988, 734-736; Lewis 2001, 225-227; Agoston 2005, 10-12, 193-194, 201. 오스만은 1500-1699년에 벌어진 23회의 전쟁에서 30퍼센트를 패했고, 1700-1799년에 벌어진 9회의 전쟁에서 56퍼센트를 패했다 (일방적으로 패한 확률 *p* =0.09).

61. Cipolla 1965, 59-60; Hellie 1971, 169-173; Levy 1983; Pinter 1984; Anisimov 1993, 66-69, 250; Kotilaine 2002; Paul 2004. 러시아는 17세기와 18세기에 군수 산업을 발전시켰으나 1780년대까지 병기를 계속 수입했다. 러시아는 1500-1699년에 치른 11회의 전쟁에서 36퍼센트를 패했고, 1700-1799년에 치른 17회의 전쟁에서 12퍼센트를 패했다(일방적으로 패한 확률 *p* =0.06).

62. 유럽이 패배한 사례들은 Marshall 1980; Andrade 2010 참조.

63. Parker 2000, 398; Andrade 2011, 6-13; Sun 2012.

64. Do Couto 1673, 67-84; Irwin 1962; Manguin 1988; Parker 1996, 122.

65. Diffie and Winius 1977, 298-299; Parker 1996, 122-123, 131, 227.

66. Subrahmanyam 1993, 133-136.

67. Irwin 1962; Parker 2000; Zandvliet 2002, 156-163.

68. Boxer 1951, 267, 373-374; Bidwell 1971, 7-15; Subrahmanyam 1987; Alavi 1995, 24-25; Cooper 2003, 289, 294; Agoston 2005, 45-46; Agoston 2009; Agoston 2010; Parthasarathi 2011, 206-207, 211.

69. 서유럽인이 유럽 외부에서 사병을 고용했던 것은 사실이다. 이를테면 영국은 인도인 세포이들을 제국 전역에서 활용했다. 그렇지만 여기서 쟁점은 전문 지식이다.

70. 이와 관련된 교역 문헌을 개괄하려면 Helpman 1999 참조.

71. 화전에 관해서는 Parthasarathi 2011, 213 참조.

72. Subrahmanyam 1987, 111.

73. 명조의 관료들은 유럽 전함의 삭구(索具: 배에서 쓰는 로프나 쇠사슬)와 바람을 비스듬히 맞으며 항해하는 능력에 감탄했다. 이 모두가 서양에서 범선이 진화함에 따라 함께 발달한 특징들로, 모방하거나 사용하려면 기술이 필요했다(Needham 1954, vol. 4, part 3: 594-617; Andrade 근간, 260-270).

74. Roy 2011b, 77, 95-130, 168-169.

75. Inikori 1977.

76. Thornton 1988.

77. 1763년에 서유럽인이 보유하고 있던 영토와 1763년부터 1830년 사이에 획득한 영토에 관해서는 Darby and Fullard 1970, 10-13, 267 참조. 이 책은 러시아 제국의 성장도 기술한다. 러시아의 팽창에 쓰인 화약 기술과 관련해서는 Black 1998, 70; Hellie 2002; Witzenrath 2007; Perdue 2009, 90; Stanziani 2012, 27-28, 110-116 참조.

78. Maggiorotti 1933-1939, 3: 273-275; Hanlon 1998, 73-74, 90-92, 227. 1580년 이후 포르투갈은 에스파냐 왕의 통치를 받았고, 카이라토(Cairato)는 에스파냐의 신민이었다.

79. Hoffman 1980; Bethell 1984-2008, vol. 1: 326-335, 376-379; Kamen 2004, 258-263; Parker 2005, 146-147.

80. Wills 1998; Andrade 2010.

81. Chaudhuri 1982; Disney 2009, vol. 2: 146-147, 168-170; Coclanis 2010.

82. 이와 관련하여 나는 Stanziani 2012와 의견을 달리한다.

4장 궁극 원인들: 서유럽과 나머지 유라시아의 차이 설명하기

1. 역사가 결과에 영향을 미치는 다른 방식들에 관해서는 Greif 2006을 참조하고, 경로 의존성과 그에 따라 역사가 제도에 영향을 미치는 방식에 관해서는 David 1994를 참조하라.

2. 제정 중국의 크기는 변했고 특히 청대(1644-1912년)에 팽창했다.

3. 물론 서유럽이 유목민의 침공을 받지 않은 데에는 다른 요인들도 작용했다. 이를테면 유라시아의 다른 곳에 더 탐나는 표적들이 있었고, 유목민 집단들 사이에 분쟁이 있었다.

4. Alesina and Spolaore 2003, 특히 p. 106. 그런 국가의 정확한 면적은 군사 기술과 운송비에 달려 있을 것이다. 중세 유럽처럼 운송비가 많이 들고 방어 시설이 효과적인 시대의 국가라면 면적이 작을 것이고, 유목민을 막아내는 시대의 국가라면 면적이 클 것이다. 그러나 역으로, 국가의 크기가 군사 기술과 운송비에 영향을 미치기도 한다. 큰 국가는 공격해오는 유목민에게 취약한 지역들과 인접할 가능성이 더 크고, 방위를 강화함으로써 넓은 영역에서 운송비를 줄일 수 있다. Dudley 1991과 비교하라. Levine and Modica 2013은 국가 크기에 관한 유망한 진화 모델을 제시하는데, 이 모델 역시 외부 위협이 있을 때를 빼면 큰 국가가 패권을 잡는 경향이 있다고 본다. 그들의 모델은 내가 문화적 진화를 통해 도달한 결론에 이르는 다른 길을 제시할 것이다.

5. Turchin, Adams, et al. 2006에 따르면 1790년 청나라의 면적은 약 1470만 제곱킬

로미터였다. 18세기 후반 서유럽에서 가장 컸던 두 나라인 프랑스와 오스트리아령의 면적은 70만 제곱킬로미터 이하였다. 이 비교에서 식민지는 배제했는데, 만약 포함했다면 에스파냐 제국이 청나라보다도 클 것이다. 중국은 면적은 명대에 더 작았지만—1450년 중국 제국의 면적은 약 650만 제곱킬로미터였다—그마저도 당대 유럽의 어떤 국토보다도 한 자릿수 차이로 큰 것이었다. 이는 오스만 제국과 무굴 제국도 마찬가지였다.

6. 운송비가 비싼 시대에는 작은 나라에서 대의원들을 감독하기가 더 쉬웠고, 따라서 작은 나라에서 대의제를 갖추기가 더 쉬웠다. 근대 초기 유럽에서 대의제를 갖춘 국가들은 임금, 도시화, 전비의 차이를 고려하더라도 1인당 세수를 더 많이 거두어들일 수 있었다. Hoffman and Norberg 1994; Dincecco 2009; Stasavage 2010; Dincecco 2011; Stasavage 2011 참조.

7. Kennedy 1987, 16-23; Cosandey 1997; Lang 1997; Diamond 2005, 454-456, 496.

8. 강우량과 수계(水系)도 한몫했을 것이다. Lang 1997은 중국 안에서 큰 국가들이 관개와 치수(治水)에 유리했다고 지적한다. 본질적으로 이 논증은 큰 국가가 규모의 경제를 활용하고 외부 효과를 내부화하여 치수 기반 시설을 제공할 수 있다는 것이다. 그러나 Lang은 이런 이점이 중국의 통일에 대한 궁극적 설명이 될 수 없다고 말한다. 그는 대개 중국에서 치수 기반 시설은 지역 수준에서 발달하고 지역 수준에서 유지되었다고 본다.

9. Yang 2011. 역사가 John K. Fairbank도 이와 비슷한 결론에 도달했고(Fairbank 1974, 3), 통일 초기 중국의 전쟁 및 정치와 근대 초기 유럽의 군사 혁명을 비교한 정치학자 Hui의 2005년 저서의 결론도 그러하다.

10. Yang 2011.

11. 코상디가 고안한 척도도 같은 결론을 향한다(Cosandey 1997, 299-307).

12. 예를 들어 Hucker 1974, 275-276; Deng 1997, 4-8 참조.

13. Coupland 1995; Kennedy 1995; Rodger 2004, lxv.

14. Lang 1997. 이런 논증들보다 한층 유익한 접근법은 지리적 환경과 국가가 어떻게 상호 작용을 했는지 검토하는 것이리라. 예컨대 McNeill 1998 참조.

15. Barfield 1989; Turchin 2009.

16. 기술 변화는 Headrick 2010, 12-25, 포르투갈 선박과 아시아 선박 비교는 Needham 1954, vol. 4. part 3: 508-514; Reischauer, Fairbank, et al. 1960, vol. 2: 13-14를 참조했다.

17. Disney 2009, 2, 27-43; Headrick 2010, 20-42.

18. Bartlett 1993, 39-43.

19. 이 가정은 틀렸을지 모른다. 다시 말해 나머지 유라시아의 통치자들도 서유럽 통치자들과 비슷한 정도의 친족 관계였을지도 모른다. 그렇다면 서유럽에서 점점 더 중요시된 기독교적 덕목인 자비를 논거로 내세울 수도 있겠다(이 덕목은 뒤에서 논하

겠다). 서유럽에서 승전한 통치자들은 패한 친족 통치자만이 아니라 모든 상대에게 자비를 베풀어 목숨을 살려주리라는 기대를 받았을 것이다. 다른 한편, 아시아의 일부 지역들에서 형제간인 왕위 주장자들은 서로를 살해하는 투쟁(예컨대 Burbank and Cooper, 2010, 96 참조)을 벌이곤 했고, 그 결과 아시아 통치자들은 서유럽 군주들보다 친족 관계일 가능성이 더 낮았을 것이다.

20. 가장 단순한 모델은 2단계 게임일 것이다. 제1단계에서 이긴 승자는 패자를 제거함으로써 제2단계에서 대결하지 않고도 상을 재차 획득할 수 있다.

21. Hui 2005; Anton 2006; Eisner 2011; Blaydes and Chaney 2013.

22. 카를 5세는 프랑수아 1세가 치욕적인 조약에 서명할 때까지 그를 포로로 잡아두었다.

23. 식민 전쟁을 배제하거나 중학교 수준의 수학으로 변수들을 변환하면 서유럽과 나머지 유라시아에서 결과가 비슷하게 나온다. 패전의 내생성(endogeneity)과 패전이 포함하는 상호작용항을 우려하는 사람이 있을지 모르지만, 도구변수 추정(전쟁들의 개전일과 종전일 데이터를 활용했고, Levy가 말한 강대국들을 도구변수들로 보았다)을 해도 같은 결론이 나온다.

24. 이 한계에 관한 통찰력 있는 분석, 이 한계와 군사 기술의 상호 작용에 관해서는 Dudley 1991 참조. 안타깝게도 Dudley가 지목하는 기술들로는 서유럽과 중국의 차이를 설명할 수 없다. 그 기술들이 양쪽에서 다 쓰였기 때문이다. 더욱이 Dudley는 중세 유럽이 조각나는 과정에서 중기병이 수행한 역할을 과장했는지도 모른다. 적어도 Bernard Bachrach의 연구에 따르면 그러하다. Parker 2005 참조.

25. Guenée 1971, 167-180, 254-257; *Lexikon des mittelaters 1977-*, sv "Steuer, Steuerwesen"; Collins 1991, 154.

26. 이 대목의 서술은 주로 Greary 1988, 특히 pp. 43-80, 112-113, 226-231; Bartlett 1993, 45-47; van Dam 2005; Wormald 2005를 참고했다.

27. Fouracre 1995, 99-100.

28. 1300년경 유럽의 정치적 분열상은 http://www.euratlas.net/history/europe/1300/index.html(2012년 10월 1일 접속) 참조. Charles Tilly는 정치체가 1200년 이탈리아에서만 약 200개에서 300개가 있었고, 1500년 유럽 전역에 대략 500개가 있었을 것으로 본다(Tilly, 1990, 40-46).

29. Bartlett 1993, 39, 45-51, 60-84; De Charnay and Kaeuper 2005, 22, 34-35, 40-41, 47-50.

30. 중세 군주들은 각자의 개인 재산에 더해 마침내 통행, 화폐 주조, 사법 집행에서 세금을 징수했고, 간혹 전쟁 자금으로 써달라는 기부금을 받기도 했다. 그러나 그들은 영구 소비세나 재산세를 걷지는 못했다.

31. De Charnay and Kaeuper 2005, 70.

32. Bartlett 1993, 39-43, 48-51, 85-105, 243-260. 전령 비둘기 이야기는 Bartlett 86-87, Malaterra 2007, vol. 2: 41-42에 나온다.

33. Bartlett 1993, 85-90; Malaterra 2007, vol. 1: 9.

34. Tacitus 1970, vol. 12: 11, "transfugas ⋯ ignavos et imbelles".

35. 내가 말한 실험들과 경제학자들이 실제 결과를 이해하기 위해 시도한 다양한 방법들에 관한 명료한 개관은 Arifovic and Ledyard 2012 참조. 실험 데이터와 일치하는 Arifovic와 Ledyard의 설명은 참가자들이 세 항에 대해 선형(線型) 효용함수들을 가진다고 가정한다. 그 세 항은 그들 자신의 보수, 집단의 평균 보수, 그들의 보수가 집단의 평균 보수보다 적을 경우에는 그 차액이다. 셋째 항은 참가자들이 자신이 이용당하고 있다고 느낄 때의 비효용(내가 말한 불공정 결과에 대한 분노)이라는 의미를 담고 있다. 세 항의 가중치들은 외생확률변수들이다. 다른 한편 Arifovic와 Ledyard는 피실험자들이 새로운 전략들을 무작위로 시도하고 기존 전략들을 평가함으로써 학습을 한다고 설명한다. 따라서 그들의 모델에서는 공익 실험에서 협력이 내생적으로 생겨날 수 있다. 실험들에 대한 더 많은 설명과 감정이 피실험자들의 행동에 미치는 영향에 관해서는 Bowles and Gintis 2011 참조.

36. Herrmann, Thöni et al. 2008; Bowles and Gintis 2011, 24-29.

37. Henrich 2004; Boyd and Richerson 2006; Bowles and Gintis 2011.

38. Henrich and Boyd 2001; Boyd and Richerson 2006; Choi and Bowles 2007; Lehmann and Feldman 2008; Mathew and Boyd 2008; Boyd, Gintis, et al. 2010; Bowles and Gintis 2011. 한 가지 우려스러운 점은 기피자를 처벌할 이타주의자가 사회에서 소수에 불과하다면 어떻게 처벌을 시작할 수 있느냐 하는 것이다. 그러나 이타주의자들이 서로의 노력을 조정하고 규모의 경제를 활용해 방어라는 공익을 제공할 수 있다면 문제될 것이 없다. 처벌의 역할을 회의적으로 보는 견해로는 Dreber, Rand, et al. 2008; Ohtsuki, Iwasa, et al. 2009; Rand, Dreber, et al. 2009 참조.

39. Geary 1988, 특히 p. 74; Fouracre 1995.

40. 여기서 말하는 장애물은 나무와 버들가지를 얽어 만든 덮개로, 처벌되는 이를 익사시켰다. Tacitus 1970, 12; Geary 1988, 52-57.

41. McCormick 2001, 732-733.

42. Turchin은 강한 종족 집단들이 경계를 따라 세력을 키웠을 것이라는 다른 논점도 제시한다. 그들은 다른 집단들을 정복하거나 흡수하여 결국 강한 국가들을 세웠을 것이다. 이 국가들은 단명할 수도 있었으나 살아남을 수도 있었고, 살아남을 경우 콘스탄티노플처럼 중요한 종족적·정치적 변경에서 그랬을 공산이 가장 클 것이다. Turchin은 이것을 동로마 제국, 즉 비잔티움이 살아남은 이유로 든다(Turchin 2009, 51-63, 83-92).

43. Soltis, Boyd, et al. 1995; Boyd and Richerson 2006, 209-210.

44. Barth 1956; Lindholm 1981; Gray, Sundal, et al. 2003; Fratkin 2006; Beckerman, Erickson, et al. 2009; Mathew and Boyd 2011.

45. Mathew and Boyd 2011. Gray, Sundal, et al. 2003; Fratkin 2006도 참조.

46. 인도와 일본 모두 군사적 가치를 중히 여겼다. 인도에 관해서는 Gommans 2003, chapter 2를, 일본에 관해서는 18세기 일본 문헌과 16세기 이래 유럽인의 관찰을 언급하는 chapter 3의 각주를 참조하라.

47. 종교개혁으로 유럽인이 토박이말을 우선시하고 라틴어를 포기한 것도 분열을 가중시킨 한 가지 원인이었다.

48. 이 문단에서 나의 주장을 뒷받침하는 논거는 Strayer 1971, 321-328; Gernet 1987; Hall and McClain 1991, 13, 28, 43-45, 160; Anisimov 1993, 216; Downing 1993, 34-35; Finer 1997, 3: 1079, 1163-1175, 1198-1199, 1216-1221; Lewis 2001, 178-179; Burbank and Cooper 2010, 196-198, 280; Conlan 2010; Fukuyama 2011, 167, 263-267, 280; Timur Kuran과의 사적인 연락에서 얻었다.

49. Mokyr 2007.

50. Henneman 1976. p. 263에 수록된 세금 수치는 두 시기에 실제로 징수한 총액이다. Henneman이 보여주듯이, 두 총액이 크게 달랐던 이유는 통화를 조정해서가 아니었다.

51. Carsten 1954, 189-201, 266-276; Vierhaus 1984, 133-134, 142-144; Volckart 2000, 279-284.

52. 이 문단 및 앞 문단과 관련해서는 다음을 참조하라. Brewer 1989; O'Brien and Hunt 1993; Hoffman and Norberg 1994; Hoffman and Rosenthal 2002; O'Brien 2008; Cox 2011; Dincecco 2009; Pincus 2009; Dincecco 2011; Cox 2012; Pincus 2012; Pincus and Robinson 2012.

53. North and Weingast 1989; Cox 2012. North와 Weingast가 획기적인 저작을 발표한 이후 명예혁명에 관한 글이 숱하게 쓰였지만, 명예혁명이 국가 채무에 미친 영향에 관한 가장 설득력 있는 분석은 Cox의 저작(pp. 576-584)이다. Cox의 저작은 장기 부채 수치들의 출처다. 명목 GDP 추정치(1700년 잉글랜드)는 Global Price and Income History의 웹사이트 http://gpih.ucdavis.edu(2014년 3월 5일 접속)에서 얻었다. 잉글랜드의 GDP가 아닌 영국의 GDP에 견주면, 장기 부채는 GDP의 39퍼센트였다.

54. Neal 1990b, 90, 117.

55. Drelichman and Voth 2014. Drelichman과 Voth에 따르면, 역사가들이 오랫동안 믿어온 바와 달리 이 재교섭은 채무 불이행이 아니었다. 펠리페 2세는 넉넉한 장기 부채에 의존할 수도 있었다. 도시들이 장기 부채를 발행했고, 도시가 통제하는 세수로 자금을 조달했다. 이처럼 차입 조건이 안전했던 까닭에 펠리페 2세가 지불해야 하는 이자율은 낮았다(Álvarez-Nogal and Chamley 2014).

56. Hoffman, Postel-Vinay, et al. 2000, 21, 27-28, 48, 93-94, 111; Béguin 2012, 318-321.

57. 프랑스 국립기록보관소, Marine, Armements B/5/3 ("Observations sur … vaisseaux de France et d'Angleterre," 1672); Rodger 2004, 411. 이와 관련된 산업

스파이 행위는 Harris 1998 참조.

58. Hoffman, Postel-Vinay, et al. 2000, 100, 110-111. 1789년 프랑스의 부채 중 18퍼센트만이 파리 금융거래소에서 호가되었다.

59. 재정 혁신은 간혹 모방할 수 있었으며, 그런 모방은 정치적 학습과 동일한 영향을 미쳤을 것이다. 재정 개혁도 마찬가지였다. 예를 들어 나폴레옹은 자신이 점령한 나라들에 균일한 재정 제도를 강요했고, 프로이센은 나폴레옹이 두려워 즉각 균일한 세제를 마련했다(Dincecco 2011, 22). 그러나 앞서 말한 대로 이렇게 모방하기란 적잖이 어려웠다. 예컨대 18세기 영국의 낮은 자원 동원 비용은 균일한 세제, 의회의 자금 통제력, 정부 채무를 재판매하는 대단히 유동적인 시장에 의존했다. 심지어 네덜란드조차 균일한 세제를 갖추지 못했고, 네덜란드 정부 채무를 재판매하는 시장은 제한되었다. 다음을 보자. Neal 1990b, 5, 90, 117; Dincecco 2009; Dincecco 2011; Larry Neal(개인적인 연락).

60. Dincecco 2011은 1650년부터 1913년까지 일군의 유럽 국가들의 1인당 조세 수령액을 연구해 이 점을 분명하게 입증했다. 정치적 변화, 특히 대의 기구 창설도 차입 비용을 낮추었다. 1인당 조세 수령액의 변화와 세수 차이에 대한 분석, 전쟁에 영향을 미치는 이 두 변수와 정치적 변수들, 경제 발전 수치들에 대한 회귀분석은 tables 6.4, 6.5, 7.4, 7.5; pp. 72-82, 99-107 참조.

61. Tilly 1990, 38-47, 170-181.

62. Hoffman and Norberg 1994, 299-301; Dincecco 2009; Pamuk and Karaman 2010, figures 4, 5; Stasavage 2010; Dincecco 2011; Stasavage 2011.

63. Fairbank 1974, 11-13; Barfield 1989, 62-63, 230-231; Rossabi 1998, 228-235; Burbank and Cooper 2010, 96; Stanziani 2012, 70-71.

64. Alesina and Spolaore 2003; Levine and Modica 2013.

65. Hui 2005, 85-87, 96-98, 141-142. 통찰력이 돋보이는 Hui의 책을 권한 Peter Perdue에게 감사드린다.

66. Hui 2005, 35, 66-71, 96-98, 127-128, 141-142; Fukuyama 2011, 110-136. 진의 성취에 관한 간략하고도 통찰력 있는 서술은 Tetlock, Lebow, et al. 2006, 210-212 참조.

67. 이 문단 및 앞 문단과 관련하여 로마 제국과 중국의 초기 제국들을 통찰력 있게 비교한 서술은 Burbank and Cooper 2010, 54-59를, 중요한 비교는 Fukuyama 2011, 149를 보라.

68. Fairbank 1974, 2-9.

69. Hsiao 1979, 9-21, 148-153.

70. 군사 개혁을 주도한 유교 관료들의 사례와 그들과 정적들 사이에 발생했을 법한 문제에 관해서는 Andrade 근간, 143-173, 181, 276-278 참조. 청대의 군사적 기풍과 서역 정복에 관해서는 Perdue 2005; Waley-Cohen 2006 참조.

71. Garnet 1987. 물론 중국 내 분쟁은 제국을 통일할 최적임자가 누구냐는 의문을 불러

일으킬 수 있었다.

72. Elvin 1973, 21, 69, 83; Gernet 1987; Hui 2005; Michalopoulos 2008(민족언어학적 다양성 측면에서). Michalopoulos가 보여주듯이, 중국에서 토질과 고도가 같은 인접 지역들은 종족 면에서 89퍼센트 유사한데, 이는 예측치인 71퍼센트보다 훨씬 높은 수치다.

73. 다른 조치로는 선물 교환, 다이묘의 가족 유대를 교란하는 것 등이 있었다. 시간이 지나면서 도쿠가와 가문은 다이묘들에게 도량을 더 넓게 베풀어(예를 들어 후계자가 없어도 영지를 회수당하지 않을 길을 열어주었다) 그들의 기득권을 강화하기도 했다. 다음을 보자. Berry 1982, 1-7, 50-51, 66-67, 164-166, 237-239; Hall and McClain 1991, 1-14, 49-50, 151-159, 207-210; Ferejohn and Rosenbluth 2012; Philip Brown(개인적인 연락).

74. Machiavelli 1977, 129; Fukuyama 2011, 214-215.

75. Finer 1997, vol. 3: 1206-1209; Sahin 2005; Agoston 2011, 306-309; Agoston 2014, 120-122. Sahin은 통제력 상실을 보여주는 인상적인 사례를 제시한다. 나는 Sevket Pamuk, Gabor Agoston과 주고받은 유익한 이메일에도 의존했다.

76. Pamuk 2008.

77. Ralston 1990, 48-56; Faroqhi, McGowan, et al. 1994, vol. 2: 640; Fukuyama 2011, 214-215, 223-228('단단히 뿌리내린 이익집단'이라는 표현의 출처). 예니체리는 초기에 기독교도 소년들로 충원했지만 차차 무슬림으로 완전히 대체되었다.

78. Blaydes and Chaney 2013.

79. Anisimov 1993, 60-61; Lieven 2006, 10-11; Burbank and Cooper 2010, 185-199; Stanziani 2012, 131.

80. 인도에 관해서는 Stein 1984; Marshall 1987, 48-54; Alam and Subrahmanyam 1994; Finer 1997, vol. 3: 1228-1231; Subrahmanyam 2001, 349-351; Gommans 2003, chapter 3 and 4; Parthasarathi 2011, 56-57; Streusand 2011, 284-288 참조. 인도와 유럽의 비교에 관해서는 Guenée 1971, 148-150; O'Brien 2012 참조.

81. Subrahmanyam 2001, 359-364; Tetlock, Lebow, et al. 2006, 376-378. 통찰력 있는 이 두 저작을 권해준 출판사 고문에게 감사드린다.

82. Downing 1993; Hoffman and Norberg 1994, 299-300; Dincecco 2009; Dincecco 2011; Fukuyama 2011; O'Brien 2012; Blaydes and Chaney 2013.

83. Hoffman, Rosenthal, et al. 2007, 16-17; Brandt, Ma, et al. 2014, table 3. 중국의 거대한 크기는 공채가 없었던 한 가지 이유였다. 중국 정부는 이를테면 평화로운 지방에서 전쟁 중인 다른 지방으로 공간을 가로질러 자원을 옮길 수 있었다. 더 작은 유럽 국가들은 차입을 통해 시간을 가로질러 자원을 옮겨야 했다.

84. Tilly 1990.

1. 18세기에도 네덜란드에서 동남아시아까지 항해하는 선박들에 승선한 사람들의 사망률은 17세기 후반 브로츠와프의 성인(15세에서 59세) 사망률의 열다섯 배가 넘었다. 이는 근대 초기 유럽의 다른 생명표들에 보이는 사망률과 비교해도 훨씬 높은 수치였다(Riley 1981). 유럽인이 아프리카 인 약 1100만 명을 아메리카 대륙으로 보내 노예로 삼기는 했지만, 오스만 제국이 활용한 노예군은 서유럽에서 고려 사항이 아니었다. 노예노동은 농업에서 더 가치가 있었고, 오스만 황제가 예니체리에게 주었던 것과 같은 값비싼 보상을 제공하지 않는 한 노예군을 통제하기 어려웠을 것이다.

2. Cortés, Elliott, et al. 1971, li-lii. 라틴아메리카와 아시아에서 소수였던 유럽인에 관해서는 Subrahmanyam 1993, 217-224; Kamen 2004, 42-44, 95-96 참조. 심지어 1570년대에도 에스파냐령 아메리카에서 에스파냐계 후손은 약 15만 명이었던 데 반해 토착민은 800-1000만 명이었다. 이에 대해서는 Bethell 1984-2008, vol. 2: 17-18; Livi-Bacci 2006, 199 참조.

3. 파나마 건설자들을 연구한 Gongora는 그들의 절반가량이 군인 출신이었다고 말하지만, 그는 군인을 대단히 넓게 정의한다. Gongora 1962, 79-82; Lockhart 1972, 20-22, 37-39; Grunberg 1993; Grunberg 1994 참조.

4. Gardiner 1956, 95-100; Díaz del Castillo 1963, 15-43, 57-84 (아스텍 제국 정복 이전의 전투 경험); Lockhart 1993, 20-23; Grunberg 1994; Guilmartin 1995a; Guilmartin 1995b. 전장에서 규율을 보여준 많은 사례들 중 하나는 Díaz del Castillo 1963, 148-149 참조.

5. Lockhart 1972, 20-23; Grunberg 1994; Guilmartin 1995a; Guilmartin 1995b; Kamen 2004, 7, 15-17, 23-28, 163-166. 카스티야 입법 기관이 1640-1745년에 편찬한 법전의 법률은 무기를 숨길 때나, 소유자가 무슬림이거나 최근에 기독교로 개종한 사람일 때만 무기 소유를 금했다. 신민은 베는 무기로 무장하고 총포 사용법을 연습할 의무도 있었다(Recopilacion de las leyes destos Reynos 1982[1640-1745], vol. 1: 319; vol. 2: 121-124, 292-293, 352-353). 에스파냐 다른 지방들의 입법 기관과 법률은 무기 소유를 더 통제했지만, (접경 지대에 위치한) 바르셀로나를 사례로 들자면 무기 소유권을 없애지 않았다. 민병대를 둔다는 것은 신민의 총기 소유를 의미했기 때문이다(López 2003). 이와 관련하여 나는 Mauricio Drelichman, Carla Rahn Philips, J. B. Owen과 주고받은 유익한 이메일의 도움을 받았다.

6. 유럽 군대들이 인구의 1퍼센트를 모병했고 성인 남성이 인구의 30퍼센트였다면, 무작위로 뽑은 167명 중에 참전 군인이 전혀 없을 확률은 0.3퍼센트에 불과했을 것이다.

7. Jourdan, Isambert, et al. 1966, vol. 10: 805-808; vol. 11: 170-171; vol. 12: 377-378, 910-912; vol. 13: 66-67; vol. 19: 222; vol. 27: 410-412; Willers 1973, 27-28; Bercé 1976, 105-111; Hoffman 1984, 62-63; Goubert 1986, 41-42; Dewald

1987, 26; Baulant, Schuurman, et al. 1988; Malcolm 1992; Malcolm 1993; Malcolm 2002. 프랑스 입법 기관은 학생과 여행자의 무기 소지를 금했고(1478년), 귀족이 아닌 사람이 검과 석궁을 휴대하는 것을 막았다(1487년). 또한 화기 일반 (1546, 1548, 1679년)을 금했지만, 귀족, 군인, 도시 민병대, 접경 지대 주민은 예외였다.

8. 화승총 구입을 위해 파리의 날품팔이는 1601-1625년에는 14일을, 1626-1650년에는 19일을 일해야 했을 것이고, 런던의 날품팔이는 1620-1621년에 10일을 일해야 했을 것이다. 화승총 가격의 출처는 이 책의 〈표 3-2〉(115쪽)와 Global Price and Income History Project의 웹사이트 http://gpih.ucdavis.edu이다(런던의 임금은 Allen이, 파리의 임금은 내가 계산했다).

9. Diffie and Winius 1977, 185-187, 198, 220-223, 301; Glete 1993, 108-109; Subrahmanyam 1993, 47-51, 67-73, 97-98; Guilmartin 1995b; Subrahmanyam 1997; Guilmartin 2002, 77-83; Guilmartin 2007; Disney 2010.

10. Redlich 1964-1965; Hanlon 1998; Hillmann and Gathmann 2011; Parrott 2012. 공급이 얼마나 풍부했는지 감을 잡기 위해 실례를 하나 들자면, (Redlich에 따르면) 30년전쟁이 한창일 때 독일에서 활동한 군사 사업가가 약 400명이었다.

11. Díaz del Castillo 1963, 15-17, 27, 44-50; Bethell 1984-2008, 176-178; Kamen 2004, 95-106.

12. Boxer 1965, 86-105, 187-220; Boxer 1969, 106-115; Chaudhuri 1982; Neal 1990a; Subrahmanyam 1993, 144-147, 169; Gelderblom, der Jong, et al. 2010. Neal이 보여주듯이, 영국 동인도회사와 네덜란드 동인도회사의 주식 수익률은 그들의 상업적 목표와 군사적 목표 사이에 밀접한 연관성이 있었음을 입증한다. 예를 들어 두 회사 모두 7년전쟁에서 프랑스가 패했을 때 이익을 얻었다.

13. Hemming 1970, 135; Lockhart 1993, 16.

14. 일례로 민간 사업가들 가운데 가장 큰 축에 들었던 네덜란드 동인도회사를 살펴보자. 1609년 동인도회사는 아시아에서 군사에 연간 42만 길더를 지출하고 있었다. 1609년 네덜란드 정부는 에스파냐와 교전하던 중에 12년간 휴전에 들어갔다. 그런데도 네덜란드 정부의 연간 군사비(대략 700만 길더)는 동인도회사 군사비의 열여섯 배가 넘었다. 더구나 이 700만 길더는 지난 전쟁들을 치르느라 급증한 부채의 이자와 모든 해군 지출액을 포함하지 않은 액수였다. 그리고 1630년대에 교전이 재개되자 정부의 군사비는 연간 약 2000만 길더로 치솟았는데, 이는 1609년 네덜란드 동인도회사 군사비의 거의 50배에 해당했다. De Vries and van der Woude 1997, 100; Gelderblom, de Jong, et al. 2013, table 2.

15. Glete 1993, 179-180; O'Brien 1998; Rodger 2004.

16. Mallett 1974, 36-38, 196-197; Parrott 2012. 도시국가들의 재정 제도가 초기에 어떻게 발전했는지는 Guenée 1971, 168-180 참조.

17. Redlich 1964-1965; Parker 1996, 64-67; Hanlon 1998, 241-260; Parrott 2012.

18. André 1942; Corvisier 1983; Lynn 1997; Parrott 2012, 122, 264-306. Parrott이 지 적하듯이, 프랑스는 유럽의 다른 주요 강국들보다 먼저 용병과 민간 공급자를 경시 했다. 그들이 종교 전쟁 기간에 무정부 상태에 가담했기 때문이다. 그러나 프랑스마 저 그들을 완전히 포기한 것은 아니었다.

19. Rodger 2004; Benjamin and Thornberg 2007; Benjamin and Tifrea 2007; Benjamin 2009.

20. Brauer and van Tuyll 2008, 117-118.

21. Rodger 2004, 172.

22. 대포 주조공 장 마리츠(Jean Maritz)는 두 딸에게 지참금으로 각각 12만 5000리브 르를 준 이후인 1790년, 리옹 인근에서 1400만 리브르의 재산을 남기고 죽었다. 파 리의 부유한 귀족들과 금융업자들이 분명 마리츠보다 훨씬 부자이긴 했지만, 두 딸 의 지참금 규모로 보아 그는 리옹의 재산 분포에서 상위 1퍼센트에 들었을 것이고, 이는 지역 귀족들과 같은 수준이며 성공한 상인들보다 높은 수준이다. 리옹 인구의 95퍼센트가 결혼 계약을 했으므로 이 계약은 재산의 지표로서 적절하다. 1780년대 결혼 계약 중에 지참금이 10만 리브르를 상회한 계약은 1.1퍼센트(등기소에 기재된 '계약' 8021건 중 89건)에 불과했다. 다음을 보라. Garden 1970, 213, 357-358, 737; Minost 2005, 264.

23. Cortés, Elliott, et al. 1971, 1; Diffie and Winius 1977, 196-198; Wey Gomez 2008; Disney 2009, 2: 1-2, 17.

24. Cortés, Elliott, et al. 1971, xxv, 40-46; Lockhart 1972, 13; Grunberg 1993; Kamen 2004, 82-89, 98, 109-110, 285-286. 전비 마련과 관련해서는 Drelichman and Voth 2014도 참조.

25. Diamond and Keegan 1984; Keegan and Diamond 1987.

26. Williams 2000, 201-207, 216-223; Rodger 2004, 238-239, 260-261.

27. Boxer 1965, 86-87; Boxer 1969, 106-115; Chaudhuri 1982; Findlay and O'Rourke 2007, 230-256.

28. Boxer 1965, 201-206; Marshall 1987, 75-106, 135; Vaughn 2009, 396-573.

29. Disney 2009.

30. 정복자들에 관해서는 Bethell 1984-2008, 176-188 참조.

31. Berry 1982, 133-134; Hall and McClain 1991, 50-51, 66-67, 195-198, 261-262; Toby 1991, xxiii-xxv.

32. Geiss 1988, 491-505; Toby 1991, xiii-xx, 11-13; Wills 1993; Deng 1999, 117-138; So 2000, 126-127; Tetlock, Lebow, et al. 2006, 250-252, 266; Dreyer 2007, 40, 175, 184.

33. Guignes 1808, 18; Boxer 1953, 146; Cipolla 1965, 118; Toby 1991, 11-13; Waley-Cohen 1993; Chase 2003, 87-89, 151-154, 183, 195. 그에 반에 인도의 일부 지역 들에서는 총기 소유가 흔했던 듯하다.

34. Elia and Ricci 1942, 1: 69-70. Li Bozhong은 나와 나눈 대화에서 청조가 총기 소유를 단속한 까닭은 당시 통치하고 있던 만주족이 소수였기 때문이라고 강조했다. 그런 이유로 총기 소유는 청대보다 명대에 더 흔했다. 그럼에도 우리가 리치의 발언을 믿는다면 총기 소유는 서유럽에서 더 흔했던 듯하며, 그렇게 관찰한 사람이 리치만은 아니었다. 명나라에서 무기가 얼마나 드물었는지 발언한 다른 서양인들에 관해서는 Boxer 1953, 146, 271 참조. 다시 말하지만, 리치의 감탄 어린 관찰은 초기에 중국을 방문한 서양인들 사이에서 흔했던 정형화의 사례가 결코 아니다. 특히 일부 서양인들과 달리 리치는 중국을 침공하기 쉽다는 점을 독자들에게 납득시키고자 한 것이 아니다. 근대 초기 유럽에서는 무기 소지가 군사적 영광과 결부되었고, 군사 전문직의 영광은 좀처럼 비판받지 않았다(Dewald 1996, 35).

35. Elvin 1973, 217-218; Langlois 1988, 168-169(인용의 출처); Deng 1999, 117-118; So 2000, 126-127.

36. Berry 1982, 149-150; Hall and McClain 1991, 66-70, 198; Toby 1991, xiii-xxxviii; Ferejohn and Rosenbluth 2012.

37. 일본의 히데요시는 평화를 증진하고 민란을 끝내고자 농민의 무장을 해제했다. 다이묘들이 여전히 무기를 가지고 있었으므로 이 정책은 그들의 지역 권력에 대한 저항을 예방하는 추가 이점이 있었다(Berry 1982, 102-106). 중국 황제들은 반란을 예방하고 서양의 기술이 우월하다는 사실이 훤히 드러나지 못하게 하려고 총기 접근을 제한했던 것으로 보인다(Cipolla 1965, 117-118; Waley-Cohen 1993).

38. 사략 행위에 관해서는 Hillmann and Gathmann 2011 참조.

39. Kuran 2011. 법인 자체는 우연의 산물이었다. 본래 법인은 서유럽의 정치권력이 약했던 시기에 서방 교회가 오래 존속한 종교 기관들을 관리하기 위해 만들어낸 것이다. 서방 교회가 정치적으로 독립적이지 못했거나 중세 유럽에서 강력한 국가들이 대두했다면 서유럽에서 법인이 출현하지 않았을지도 모른다. 이 중대한 사안과 관련해서는 Goldstone 2012 참조.

40. Subrahmanyam 1993, 64-66, 238-244; McCormick 2001, 584-587, 708-716; Freedman 2008, 140-145; Wey Gomez 2008; Disney 2010.

41. Chan 1988, 232-236, 275, 302-303; Gungwu 1998, 319-326; Dreyer 2007. 이국적인 물품의 증거와 황제들이 감명하지 않았다는 주장의 증거는 Dreyer, pp. 157-163을 보라. Dreyer는 마지막 원정에서 가져온 공물에 선덕제(宣德帝)가 보인 반응을 이렇게 인용한다. "우리는 먼 지역에서 가져온 물품들을 일절 원하지 않지만, 그것들을 진심으로 바쳤다는 점은 알겠다." 물론 이국적 물품에 대한 황제의 심드렁한 반응은 천자(天子)가 외국 물품을 받을 때 일반적으로 보여야 하는 태도가 단순히 반영된 것인지도 모른다.

42. Chaunu 1951; Diamond and Keegan 1984; Keegan and Diamond 1987; Headrick 2010, 39-41.

43. 그중에서 특히 설득력 있는 시나리오는 Morris 2010, 3-6; Tetlock, Lebow, et al.

2006에서 찾을 수 있다. 후자는 반사실적 추론을 어떻게 판단해야 하는가 하는 문제도 논한다. 물론 경제사가들은 오래전부터 반사실적 추론을 이용해왔다.

44. Subrahmanyam 2001, 359-377; Tetlock, Lebow, et al. 2006, 375-377. 이 논증의 한 가지 문제는 (수브라마니암이 인정하듯이) 이미 중앙정부의 통제력에서 벗어나기 시작한 무굴의 재정 제도를 나디르가 넘겨받아야 했으리라는 것이다. 또한 나디르가 인도에 머무르기로 결정했다면 정복지를 약탈한 뒤에 고국으로 돌아가는 그의 습성을 버려야 했을 것이다.

45. Roy 2011b, 93, 105, 128-130, 170

46. '뚱보왕' 샤를이 884년에 카롤링거 제국을 잠시 재통일하긴 했으나 금세 다시 분열되었다. 이와 관련해 나는 Warren Brown과 Ian Morris에게 유익한 논평을 빚졌다. Morris는 6세기에 유스티니아누스가 재통합한 이후 로마 제국이 온전히 존속할 수 있었을지를 고찰하지만, 그의 말마따나 그럴 공산은 크지 않았을 것이다(Morris 2010, 343-349).

47. 통찰력 있는 사례들은 Tetlock, Lebow, et al. 2006, 1-3, 206-231, 241-276; Morris 2010, 1-5 참조. Tetlock의 책에는 진나라가 중국을 통일하지 않았다면 발생했을 결과에 관한 Robin D. S. Yates의 추론이 포함되어 있다.

48. Tetlock, Lebow, et al. 2006, 250-252에 실린 청조에 관한 설득력 있는 반사실적 추론에서, Kenneth Pomeranz는 이 정치적 통일의 함의를 인식한다. 중국의 정치적 통일은 군사적 압력을 덜 받고 그리하여 식민화를 추진하거나 재정 제도를 발전시킬 이유가 더 적음을 의미했을 것이다.

49. 예컨대 Needham 1954, vol. 4, part 3: 487, 503, 533; McNeill 1984, 42-48 참조. Morris 2010의 탁월한 논의도 참조.

50. 이 문단과 다음 문단은 Di Cosmo 1999; Ai 2009; Davis 2009a; Davis 2009b; Jingshen 2009 참조.

51. 화약 무기의 초기 혁신과 관련해 나는 당시 상황을 명확히 밝혀주는 Andrade의 근간 pp. 22-73에 의존했다.

52. 1800년 영국의 대륙 간 총무역량만큼 남송의 무역량이 증가했고, 남송 인구가 7500만 명에 불과했다고 가정하자(남송 인구는 이보다 훨씬 많았겠지만, 적은 인구는 무역의 효과를 증대한다). 이처럼 낙관적인 시나리오를 가정하더라도, Robert Allen이 유럽의 증거를 바탕으로 무역을 비롯한 변수들과 임금의 상관관계를 추정한 모델에 따르면, 남송의 임금은 불과 1퍼센트 올랐을 것이다(Allen 2003; Allen 2009, 130-131). 이 정도 영향은 산업혁명기에 무역이 영국에 미친 것으로 추정되는 영향을 한참 밑도는 수준이다.

53. (캐나다와 미국을 포함해) 옛 유럽 식민지들에서 석탄 매장량은 뒤이어 나타난 경제성장과 산업화에 영향을 미치지 않았다(Acemoglu, Johnson, et al. 2002, 1234, 1261). 여하튼 중국에 상당히 큰 석탄 광상(鑛床)들이 있었다는 사실을 유념하라. 그중 일부(예컨대 카이펑(開封)의 광상)는 우리의 반사실적 추론에서 남송의 국경 밖

에 있었지만, 그런 곳의 석탄은 선박을 이용해 석탄 제조업 중심지로 운송할 수 있었을 것이다. 그렇다면 유일한 쟁점은 석탄 가격일 것이다. Allen 2009는 임금 수준이 높은 동시에 에너지가 값싸지 않았다면 초기 기계류로 수익을 내지 못했을 거라고 주장하면서도 자신의 논증이 19세기 중엽 이후로는 적용되지 않는다고 말한다. 우리의 반사실적 추론은 19세기 산업화를 포함하므로, 값싼 석탄은 대체로 무관했을 것이다.

54. Rosenthal and Wong 2011.
55. Tetlock, Lebow, et al. 2006, 255-256에서 Kenneth Pomeranz는 석탄을 배로 실어 나를 가능성을 고찰한다. 평평한 양쯔 강 삼각주처럼 수력 에너지를 많이 얻을 수 없는 장소들이 있었을 것이다. 그런 곳이 산업화되었다면 수입한 석탄에 의존할 수 있었을 것이다.
56. 물론 결과가 다르게 나타났을 수도 있다. 몽골족이 흥기하지 않았다면 흑사병이 서유럽에 도달하지 않았을지도 모른다. 그랬다면 영국은 새로운 직물류를 얻지 못했을 것이고, 어쩌면 산업혁명까지도 겪지 않았을 것이다.

6장 19세기 유럽의 기술 변화와 무장평화

1. Schroeder 1994, vii-ix, 391-395, 574-581, 799-803과 나의 이 책 〈표 6-3〉의 논의 참조.
2. Headrick 2010.
3. Schroeder 1994, ix, 578-581, 799-803; Bell 2007, 232, 237, 307-309.
4. Dincecco 2009; 2011.
5. 동원 자원 $Z = P/C$에서 P는 상의 가치이고 $C = c_1 + c_2$는 '부록 A'의 모델에서 총비용이다.
6. Mokyr 2002.
7. 84퍼센트라는 수치는 유럽 대륙을 포함하며, 남극 대륙을 뺀 세계 육지 가운데 유럽인이 장악한 면적을 가리킨다. 상세한 내용은 1장 참조.
8. 미국 정부는 전장에서 부품을 교체하기 위해 무기 제조업의 호환 부품 개발에 보조금을 지급했다(Smith 1977). 보병이 자기 위치를 노출하지 않고도 표적을 볼 수 있게 해준 무연 화약, 전신과 야전 전화를 비롯한 초기 전자통신 등 우리 목록에 추가할 만한 더 중요한 군사 혁신도 있다(Dupuy 1984, 213, 296-297).
9. 1959년부터 2006년까지 미국 경제 전체의 평균 노동생산성 증가율은 연간 2.14퍼센트였다.
10. Stevenson 2005, 149.
11. Showalter 1976, 76-96, 105-113, 121-130; Dupuy 1985, 8-10; Clodfelter 2002, 205-207.

12. Baxter 1933, 69-70; Clodfelter 2002, 200.

13. Clodfelter 2002, 255; Headrick 2010, 170, 177, 199-206, 257-292; Hall and Bernard 2013, 374-450. 예를 들어 18세기 후반에 에스파냐 인들은 아메리카 제국의 북부 변경을 습격하는 코만치족을 상대로 화기가 무용지물임을 알아챘다 (Hämäläinen 2008, 131-133). 그래서 그들은 중국인이 유목민에 대처한 방식과 흡사하게 휴전과 교역을 맞바꾸는 거래에 의존했다.

14. Schroeder 1994, vii-ix, 391-395, 578-581, 799-803; Bell 2007, 57-80, 212-217, 232-250, 307-309.

15. Findlay and O'Rourke 2007, 388-402; Solar 2013.

16. 주요 식민 열강이었던 잉글랜드와 프랑스의 경우, 식민 전쟁을 포함하면, 1815년 이후 100년당 싸우며 보낸 기간의 비율은 크게 감소하지 않았다(각각 37퍼센트와 45퍼센트). 식민 전쟁을 빼면, 각각 77퍼센트와 75퍼센트 감소해 〈표 6-3〉의 평균에 가까워진다. 내전을 치르고 민간 소요를 진압하며 보낸 시간은, 적어도 〈표 6-3〉의 근거로 사용한 출처에 따르면 1816-1913년에 극적으로 증가하진 않았지만, 여전히 중요하게 작용했다.

17. 그러므로 통치자들은 재임 중에 의견을 바꾸지 못한다. 이는 분명 지나친 단순화이지만 유용한 가정이다.

18. 이곳과 '부록 E'에서 나는 더 현실적인 변동을 포함하는 Garfinkel and Skaperdas 2007의 모델을 적절히 변경해 모델을 확장했다. McBride and Skaperdas 2007도 참조하라.

19. Dincecco 2009; 2011.

20. Onorato, Scheve, et al. 2014.

21. 전쟁이나 무장평화에 지출하는 군사비는 dP/C다. 여기서 C는 총비용, P는 상, $d(0 < d < 1)$는 전쟁으로 인한 손실이다. 영광을 배제하면 P는 작아질 것이고, 손실 d 때문에 이 분수에서 분자는 더 작아질 것이다. 반대로 총비용 C가 감소하면 분수가 커질 것이다. 상세한 내용은 '부록 E' 참조.

22. 〈표 6-4〉에서는 군사 채무를 제외했다. 채무 가운데 얼마를 지난 전쟁에서 빚졌는지 여부가 증거에 명시되어 있지 않기 때문이다. 1780년대에 군사 채무 전액이 지난 전쟁들을 치르느라 빚진 것이고 그 후로는 빚지지 않았다고 극단적으로 가정하면, 1780년대에 군사비는 영국에서 은 21억 9600그램, 프랑스에서 은 21억 1800그램 증가했을 것이다. 그렇다 해도 1855-1864년에 두 나라 모두 이 수준을 크게 웃도는 군사비를 지출했다.

23. Eloranta 2007.

24. 연간 1.7퍼센트라는 수치는 시간 경과에 따른 군사비(금화 그램 수로 측정)를 로그 변환한 뒤 회귀분석을 해서 얻었으며, 전시의 지출 증가를 통제하기 위해 전사자 수를 인구로 나누었다. 회귀분석은 http://www.correlatesofwar.org(2012년 4월 6일 접속)의 COW(Correlates of War) 4.0 물질역량 데이터베이스의 데이터를 사용해

1816년부터 1913년까지 유럽의 여섯 강대국(오스트리아-헝가리 제국, 영국, 프랑스, 독일, 이탈리아, 러시아)에 대해 실행했다. 이 데이터는 Singer, Bremer, et al. 1972; Singer 1987에 실려 있다. 회귀분석한 결과는 내게서 구할 수 있다. 아울러 민주주의 실행 수준과 도시 인구 비율(경제성장의 대용변수)을 통제하기 위한 변수들과 고정 효과를 회귀분석에 포함했다. 이 두 가지 통제변수는 대의제와 경제성장의 효과를 제거하므로, 연간 1.7퍼센트는 과소 추정일 공산이 크다.

25. 유용한 지식과 계몽주의는 Mokyr 2002; 2005 참조.

26. 지도자들이 구식 기술과 신식 기술에 자금을 지출해 군사 자원을 생산할 수 있다고 가정함으로써 우리 모델에 연구 수행을 포함할 수 있다. 그러려면 이제까지 단순히 총군사비로 여겨온 군사 자원을 재정의해야 한다. 군사 자원을 생산할 가능성은 지도자들에게 연구를 진행할 유인이 될 것이고, 그들이 연구를 통해 더 뛰어난 기술을 생산한다면 토너먼트에서 다음 통치자 쌍들이 그것을 사용할 수 있을 것이다. 이 모든 논의는 '부록 E' 참조.

27. Baxter 1933, 11–16; Lavery 1983–1984, vol. 1: 155; Glete 1993, 443–455; Gardner 1995; Corvisier, Blanchard et al. 1997, vol. 2: 490–492. 크림전쟁(1853–1856년)의 결과는 마지막 회의론자들을 설득하는 데 한몫했다.

28. 예컨대 Corvisier, Blanchard et al. 1997, vol. 2: 476–477, 483–499 참조.

29. 모든 군사비가 혁신을 낳는다고 가정하자. 그러면 혁신은 균등분포일 것이고, 무장평화 상태에서 토너먼트를 제1회 실행한 이후 기대되는 최고 혁신 x_i은 $a Z/(Z + 1)$일 것이다. 여기서 a는 지식의 한계이고, Z는 두 지도자가 지출하는 총군사비다. 19세기에 a와 Z 모두 증가했으므로 x_i 또한 증가할 것이고, 다음 통치자 쌍이 토너먼트 제2회에서 기대할 수 있는 효과성 $A_{2,i} = (1 + x_i)$도 증가할 것이다. 상세한 논의는 '부록 E' 참조.

30. 혁신을 추동하는 것이 연구비뿐일 때 지식 발전과 연구비 증액의 효과가 어떠한지는 '부록 E' 참조.

31. 국방 예산에서 신형 함선과 무기를 비롯한 군사 장비를 획득하는 데 배정한 액수를 계산해서 연구비의 비중을 대략 추정할 수 있다. 이렇게 획득한 것들이 모두 연구를 통해 개선되었다면, 그리고 연구가 이들 군사 장비의 비용에서 주요 항목이었다면, 군사 장비에 지출한 비용이 연구비의 대부분을 차지했을 것이다. 그리고 신기술을 획득하는 것을 연구라고 정의한다면, 군사 장비 비용과 연구비가 동일했을 것이다. 여하튼 계산을 해보면 연구비 추정액이 적게 나온다. 예를 들어 프랑스에서 연구비는 1820–1864년 국방 예산에서 6퍼센트에 불과했다(Corvisier, Blanchard, et al. 1997, vol. 2: 428).

32. Eloranta 2007과 앞서 논한 회귀분석 참조.

33. 이 문단과 다음 문단은 Baxter 1933; Lautenschläger 1983; van Creveld 1989, 223; Corvisier, Blanchard, et al. 1997, vol. 2: 483–501; Lambert 1998; Eloranta 2007 참조. Lambert는 프랑스 장갑함대와 그에 대응한 영국에 관한 서술의 주요 출처다.

34. van Creveld 1989, 220-221.

35. Goodman 1988.

36. 이 책의 2장 참조. Stanley Engerman에 따르면(사적인 연락), 노예무역상들도 자기 배에 구리를 입혔다.

37. Blane 1785; Rodger 2004, 281, 307-308, 399-400.

38. Robins and Euler 1783; Steele 1994; Alder 1997, 90-107. Robins의 저술과 Euler 의 논평을 번역한 프랑스어 저작(pp. 114, 380-381, 427)에 따르면, 탄도 진자는 질 량이 4온스 이하인 발사체만 시험할 수 있고, 따라서 포탄의 속도는 이론적으로 추 정해야 한다.

39. Ames and Rosenberg 1968; Smith 1977.

40. Showalter 1976; *Neue Deutsche Biographie* 1982, sv "Krupp, Alfred," vol. 13: 130-135; Corvisier, Blanchard et al. 1997, vol. 2: 498; Mokyr 2003, sv "Arms Industry," vol. 1: 159-167.

41. Trebilcock 1973.

42. Baxter 1933, 98-133, 165-181; Lambert 1998.

43. 이리 운하(Erie Canal) 같은 수송 혁신 덕분에 대규모 시장이 출현한 19세기 미국이 전형적인 사례다(Sokoloff 1988; Romer 1996).

44. Encyclopedia Britannica 1911, sv "Armour Plate," 2: 578-582; Trebilcock 1973; Johnson 1988; Mokyr 2003, sv "Arms Industry," vol. 1: 159-167.

45. Baxter 1933, 4, 17-21, 40, 60-70, 92-133.

46. Showalter 1976; van Creveld 1989, 220-221; Corvisier, Blanchard, et al. 1997, vol. 2: 497-498.

47. Showalter 1976, 76, 95-96, 105-130.

48. 어뢰와 관련해서는 Lautenschläger 1983; Epstein 2014 참조. Epstein의 탁월한 책 은 어뢰 개발 과정에서 발생한 연구 문제들을 다루고, 영국과 미국에서 연구에 자금 을 대는 방식이 어떻게 변했는지 살펴본다. 이 책은 어뢰의 향상된 사거리와 속도의 출처(pp. 3-5)이기도 하다. 방위 조달에 따르는 경제적 문제에 대한 현대의 해결책, 즉 정부가 연구비를 직접 지불하는 한편, 또 다른 조치들을 취해 적절한 유인을 만들 어내는 해결책에 관해서는 Rogerson 1994 참조.

49. 계산은 〈표 6-1〉에서 사용한 데이터에 근거했다.

50. Lautenschläger 1983.

51. Onorato, Scheve, et al. 2014, figures 1 and 2 and table 1 참조.

52. 나는 여기서 Levy의 강대국 목록을 사용했다(Levy 1983). Tonio Andrade가 중국 의 공작 기계와 과학 지식을 논하며 입증하듯이, 유용한 관련 지식이 부족한 경우에 는 결정적으로 불리했다(Andrade 근간, 352-356).

53. Kennedy 1987, 195-197, 211; Pakenham 1991, xxi-xxiii; Schroeder 1994, 18, 574-575; Engerman 2006; Darwin 2009, 3, 106-108. Darwin과 Pakenham이 분

명히 보여주듯이, 개인들은 상업 이익, 종교적 신념, 유럽 문명을 전파하려는 인도주의적 바람 등 다양한 동기에서 로비 활동을 했다.

54. Headrick 1981; 2010, 111-123, 170-187, 196-228, 250-292.
55. Hanson 2002, 279-288.
56. Clodfelter 2002, 252-253; Headrick 2010, 158-162, 216, 308-309.
57. Pakenham 1991, 489-503; Clodfelter 2002, 235; Headrick 2010, 273.
58. Burbank and Cooper 2010, 287-289, 307, 312-335; Huillery 2014. Huillery가 지적하듯이, 프랑스령 서아프리카를 식민화하는 데 들어간 비용은 프랑스 연간 예산에서 0.29퍼센트에 지나지 않았다.

7장 결론: 정복의 대가

1. Broadberry and O'Rourke 2010, vol. 2: 136.
2. Kennedy 1987, 368-369, 384-388; Dooris 2014. 유권자들의 관심사와 관련하여 나는 영국의 선거, 여론조사, 독자 투석에 관한 Dooris의 탁월한 분석에 의존했다. Dooris는 평화와 번영이 최우선 관심사였음을 입증할 뿐 아니라, 선거에서 영국 제국이 거의 언급되지는 않았어도 식민지에 위기가 발생했을 때 영국 제국이 첨예한 쟁점이 될 수 있었음을 보여준다. 그런 순간에 영국 공중은 해외로 병력이나 돈을 보내고 싶지 않다는 의사를 아주 분명하게 표명했다.
3. Hanson 2002.
4. Birch 1875-1884, vol. 3: 169-187, 258; Díaz del Castillo 1963; Stern 1992; Grunberg 1993; Lockhart 1993; Grunberg 1994; Subrahmanyam 1997; Disney 2010. 잉카족은 적을 죽이기 위해 싸웠고, 아스텍족은 분명 유럽 정복자들과의 전투에서 전술을 상황에 맞게 조정했다. 게다가 핸슨의 논증에 대한 반례가 이것만은 아니다.
5. 16세기 후반과 17세기 전반에 일본인을 용병으로 고용한 서양인에 관해서는 Boxer 1951, 269; Reischauer, Fairbank, et al. 1960, vol. 2: 26 참조. 전쟁에 헌신하는 일본인에 대한 서양인의 감탄은 프랑시스 사비에르(Francis Xavier)의 서한, 예수회의 16세기 아시아 선교 역사, 평신도 서양인의 관찰에서 찾아볼 수 있다(Maffei 1590, 558); Boxer 1951, 74, 267-268, 401; Lach 1965, vol. 1, part 2: 664, 669; Kaempfer and Bodart-Bailey 1999, 28.
6. Gutmann 1980; Hoffman 1996, 185-186; Lynn 1997, 415-434; Engerman 2005; Solar 2013.
7. Davis and Huttenback 1986.
8. Hochschild 1999; Nunn 2008; Dell 2010; Nunn and Wantchekon 2011.
9. Engerman and Sokoloff 1994; Acemoglu, Johnson, et al. 2001; Acemoglu,

Johnson, et al. 2002; Acemoglu and Robinson 2006; Glaeser, Ponzetto, et al. 2007; Austin 2008; Acemoglu and Robinson 2012; Easterly and Levine 2012.

10. Allen 2003; O'Brien 2006; Findlay and O'Rourke 2007, 308-310, 339-345, 350-352; O'Brien 2008; Allen 2009; O'Brien 2010.

11. Ram 1995, 266-267. Mokyr 1990, 183-186도 참조.

12. 1780년대에 GDP에서 군사비 비율에 관해서는 2장을 보라. 발명가들에 관한 데이터는 Allen 2009의 '부록 A'와 2004년판 '영국 인명사전(Dictionary of National Biography)'에서 얻었다.

13. 헨리 코트(Henry Cort)에 관해서는 Mokyr 1990, 93; 2004년판 영국 인명사전, sv "Henry Cort" 참조. 제철업에서 군대와 분명하게 연계된 다른 발명가들로는 대포를 생산하고 새로운 통합 제철소를 창안한 에이브러햄 다비 2세(Abraham Darby II), 포와 증기기관 실린더를 제조한 아이작 윌킨슨(Isaac Wilkinson)과 그의 아들들인 존과 윌리엄 등이 있다. 금속 가공의 발전과 군대의 연관성에 관해 더 알고 싶다면 Mokyr 1990, 183 참조.

14. Mokyr 2003, sv "Total Factor Productivity," Harley 1993의 데이터에 근거함. 여기서 제철업만이 아니라 금속가공업 전체를 고려한다 해도 결론은 달라지지 않을 것이다.

15. 예외에 가까운 유일한 인물은 섬유 산업용 증기기관과 기계류를 제조한 매튜 머레이(Matthew Murray)다. 그는 해군용 케이블을 시험하는 압착기도 설계했다(Scott 1928, 55-56, 103).

16. Rosenthal and Wong 2011.

17. 이 문단과 앞 문단의 반사실적 추론은 Allen 2009, 130-131과 Allen 2003의 데이터에 근거했다. 나는 우선 Allen의 모델에서 1차연립방정식을 풀어 내생변수들을 외생변수들로 표현하는 축소형을 구했다. 그런 다음 1800년에 핵심 외생변수들 중 하나인 1인당 국제 무역이 바뀌었다면 어떻게 되었을지를 추정했다. 영국의 경우, 두 가지 반사실적 추론을 했다. 첫째로 1800년에 영국이 아시아 및 서인도 제도와의 무역을 모두 상실한 상태라고 가정했다. 둘째로 1800년 영국의 무역이 1750-1751년 수준으로 축소되었다고 가정했다. 두 시나리오에서 나는 1800년의 노예무역과 영국의 대미 무역에는 변화가 없다고 가정했다. 프랑스의 경우, 1800년 총 교역량이 같은 해 영국의 교역량과 같았다고 가정했다.

18. O'Brien 2006.

19. Acemoglu 2002. 생산요소에 노동과 자본만 포함하고 자본을 보완하는 혁신을 배제하는 Acemoglu의 모델(p. 803 참조)에서, 노동의 부족은 노동과 자본 사이 대체 탄력성이 충분히 낮을 경우에만 혁신을 추동할 것이다. 더 일반적인 결론은 Acemoglu 2010 참조. Acemoglu는 생산요소에 숙련 노동을 더하면 상황이 크게 달라질 수 있음을 지적한다. McCloskey 2010, 186-192, 346-348의 중요한 비판도 참조하라.

20. 이 논증과 증거에 관해서는 Kelly, Mokyr, et al. 2012 참조. 숙련 노동자들이 프랑

스로 이주하지 못하게 막는 한편, 이미 외국으로 이주한 숙련공들을 다시 불러들이려던 영국의 노력은 이 논증의 결론을 뒷받침한다(Harris 1998, 2, 9-12, 28-29). Jacob 2014의 증거 및 그와 비슷한 논증도 마찬가지다.

21. Acemoglu, Johnson, et al. 2005. 이들의 회귀분석에서 무역과 제도를 고려할 경우 전쟁은 도시화(1인당 GDP의 대용변수)에 직접적인 영향을 미치지 않는다. 영국과 네덜란드를 표본에서 빼더라도 그들의 결과는 대체로 변하지 않으며, 따라서 이는 그들의 결과가 특히 영국에 적용된다는 것을 시사한다.

22. Acemoglu, Johnson, et al. 2005에서 분석한 경험적 모델은 국왕이나 군주에 대한 의회의 통제만을 고려하고 각료의 책임이나 균일한 재정·사법 제도는 고려하지 않는다. 그러나 균일한 재정·사법 제도 또한 경제성장을 촉진했다는 풍부한 증거가 있다. 특히 그 제도는 개인이 재산권을 재조정하거나 하부구조를 개선할 수 있도록 해주었다. Bogart and Richardson 2011 참조.

23. 나름대로 설득력이 있으나 나는 동의하지 않는 베버주의적 논증에 관해서는 Landes 1999 참조.

부록 A: 실행학습을 통한 전쟁과 기술 변화 모델

1. Garfinkel and Skaperdas 2007.

부록 B: 가격을 이용해 군사 부문의 생산성 증가 측정하기

1. 등호 좌변의 수식은 $ln[p/((w_0 \wedge s_0)*(w_1 \wedge s_1)*\cdots(w_n \wedge s_n))]$이며, 여기서 $s_0 = 1 - (s_1 + \cdots + s_n)$은 노동의 요소 비율이고, 다른 요소 비율들 $s_i(i > 1)$는 합계가 1 이하인 양수들이다. 이와 관련된 다른 가정들에 관해서는 Hoffman 2006 참조.

2. 세부 내용은 Hoffman 2006 참조.

부록 E: 무장평화와 연구를 통한 기술 변화 모델

1. 여기서 나는 더 현실적인 변동을 포함하는 Garfinkel and Skaperdas 2007의 모델을 적절히 변경해 우리 모델을 확장한다. McBride and Skaperdas 2007도 참조.

2. $Z = dP/C$는 역진귀납법을 사용하는 간단한 계산을 통해 구한다(세부 내용은 내게서 구할 수 있다).

Acemoglu, D. (2002). "Directed Technical Change." *Review of Economic Studies* 69(4): 781-809.

_____ (2010). "When Does Labor Scarcity Encourage Innovation?" *Journal of Political Economy* 118(6): 1037-1078.

Acemoglu, D., S. Johnson, et al. (2001). "The Colonial Origins of Comparative Development: An Empirical Investigation." *American Economic Review* 91 (December): 1369-1401.

_____ (2002). "Reversal of Fortune: Geography and Institutions in the Making of the Modern World Income Distribution." *Quarterly Journal of Economics* 117(4): 1231-1294.

_____ (2005). "The Rise of Europe: Atlantic Trade, Institutional Change, and Economic Growth." *American Economic Review* 95(3): 546-579.

Acemoglu, D., and J. Robinson (2006). *Economic Origins of Dictatorship and Democracy*. Cambridge, Cambridge University Press.

_____ (2012). *Why Nations Fail: The Origins of Power, Prosperity, and Poverty*. New York, Crown.

Agoston, G. (2005). *Guns for the Sultan: Military Power and the Weapons Industry in the Ottoman Empire*. Cambridge, Cambridge University Press.

_____ (2009). "Contraband." *Encyclopedia of the Ottoman Empire*. Ed. G. Agoston and B. A. Masters. New York, Infobase, 145.

_____ (2010). "The Ottoman Empire and the Technological Dialogue between Europe and Asia: The Case of Military Technology and Know-How in the Gunpowder Age." *Science between Europe and Asia: Historical Studies on the Transmission, Adoption and Adaptation of Knowledge*. Ed. F. Gunergun and D. Raina. Dordrecht, Springer, 27-40.

_____ (2011). "Military Transformation in the Ottoman Empire and Russia, 1500-1800." *Kritika: Explorations in Russian and Eurasian History* 12(2): 281-319.

_____ (2014). "Firearms and Military Adaptation: The Ottomans and the European Military Revolution, 1450-1800." *Journal of World History* 25(1): 85-124.

Ai, G. W. (2009). The Reign of Hsiao-Tsung(1162-1189). *The Cambridge History of*

China. Ed. D. C. Twitchett and P. J. Smith. Cambridge, Cambridge University Press, vol. 5, part 1: 710-755.

Alam, M., and S. Subrahmanyam (1994). "L'état moghol et sa fiscalité (XVIe-XVIIIe siècles)." *Annales: Histoire, sciences sociales* 49(1): 189-217.

Alavi, S. (1995). *The Sepoys and the Company: Tradition and Transition in Northern India 1770-1830*. Oxford, Oxford University Press.

Alder, K. (1997). *Engineering the Revolution: Arms and Enlightenment in France, 1763-1815*. Princeton, NJ, Princeton University Press.

Alesina, A., and E. Spolaore (2003). *The Size of Nations*. Cambridge, MIT Press.

Allen, R. C. (2003). "Progress and Poverty in Early Modern Europe." *Economic History Review* 56(3): 403-443.

Allen, R. C. (2009). *The British Industrial Revolution in Global Perspective*. Cambridge, Cambridge University Press.

Allen, R. C., J.-P. Bassino, et al. (2005). "Wages, Prices, and Living Standards in China, Japan, and Europe, 1738-1925." Global Price and Income History Working Paper. University of California, Davis, Global Price and Income History Group.

_____ (2011). "Wages, Prices, and Living Standards in China, 1738-1925: In Comparison with Europe, Japan, and India." *Economic History Review* 64(S1): 8-38.

Álvarez-Nogal, C., and C. Chamley (2014). "Debt Policy under Constraints: Philip II, the Cortes, and Genoese Bankers." *Economic History Review* 67(1): 192-213.

Ames, E., and N. Rosenberg (1968). "The Enfield Arsenal in Theory and History." *Economic Journal* 78: 827-842.

Andrade, T. (2010). "Beyond Guns, Germs, Steel: European Expansion and Maritime Asia, 1400-1750." *Journal of Early Modern History* 14: 165-186.

_____ (2011). *Lost Colony: The Untold Story of China's First Great Victory over the West*. Princeton, NJ, Princeton University Press.

_____ (forthcoming). *The Gunpowder Age: China, Military Innovation, and the Rise of the West in World History, 900-1900*. Princeton, NJ, Princeton University Press.

André, L. (1942). *Michel Le Tellier et Louvois*. Paris, Armand Colin.

Anisimov, E. V. (1993). *The Reforms of Peter the Great: Progress through Coercion in Russia*. London, M. E. Sharpe.

Anton, H. H., ed. (2006). *Fürstenspiegel des frühen und hohen Mittelalters*. Darmstadt, Wissenschaftliche Buchgesellschaft.

Archives nationales, Paris. Marine, Armements.

Arifovic, J., and J. Ledyard (2012). "Individual Evolutionary Learning, Other-regarding Preferences, and the Voluntary Contributions Mechanism." *Journal of Public Economics* 96: 808-823.

Atwell, W. (1988). "The T'ai-ch'ang, T'ien-ch'i, and Ch'ung-chen Reigns, 1620-1644. "*The Cambridge History of China.* Ed. J. K. Fairbank and D. C. Twitchett. Cambridge, Cambridge University Press, vol. 8: 585-640.

Austin, G. (2008). "The 'Reversal of Fortune' Thesis and the Compression of History: Perspectives from African and Comparative Economic History." *Journal of International Development* 20(8): 996-1027.

Balla, E., and N. D. Johnson (2009). "Fiscal Crisis and Institutional Change in the Ottoman Empire and France." *Journal of Economic History* 69(3): 809-845.

Barfield, T. J. (1989). *The Perilous Frontier: Nomadic Empires and China.* Oxford, Blackwell.

Barth, F. (1956). "Ecologic Relationships of Ethnic Groups in Swat, North Pakistan." *American Anthropologist* 58(6): 1079-1089.

Bartlett, R. (1993). *The Making of Europe: Conquest, Colonization, and Cultural Change, 950-1350.* Princeton, NJ, Princeton University Press.

Barua, P. (1994). "Military Developments in India, 1750-1850." *Journal of Military History* 58(4): 599-616.

Baulant, M., A. J. Schuurman, et al., eds. (1988). *Inventaires après décès et ventes de meubles: Apports à une histoire de la vie économique et quotidienne (XIVᵉ-XIXᵉ siecle).* Louvain-la-Neuve, Academia.

Baxter, J. P. (1933). *The Introduction of the Ironclad Warship.* Cambridge, MA, Harvard University Press.

Bayly, C. A. (1988). *Indian Society and the Making of the British Empire.* Cambridge, Cambridge University Press.

Beckerman, S., P. I. Erickson, et al. (2009). "Life Histories, Blood Revenge, and Reproductive Success among the Waorani of Ecuador." *Proceedings of the National Academy of Sciences* 106(20): 8134-8139.

Béguin, K. (2012). *Financer la guerre au XVIIᵉ siècle: La dette publique et les rentiers de l'absolutisme.* Paris, Champ Vallon.

Bell, D. A. (2007). *The First Total War: Napoleon's Europe and the Birth of Warfare as We Know It.* New York, Houghton Mifflin.

Benjamin, D. K. (2009). "Golden Harvest: The British Naval Prize System." Unpublished paper delivered at the World Economic History Congress, August 3-7, 2009, Utrecht.

Benjamin, D. K., and C. Thornberg (2007). "Organization and Incentives in the

Age of Sail." *Explorations in Economic History* 44(2): 317–341.

Benjamin, D. K., and A. Tifrea (2007). "Learning by Dying: Combat Performance in the Age of Sail." *Journal of Economic History* 67(4): 968–1000.

Bercé, Y.-M. (1976). *Fête et révolte*. Paris, Hachette.

Berry, M. E. (1982). *Hideyoshi*. Cambridge, MA, Harvard University Press.

_____ (2005). "Presidential Address: Samurai Trouble: Thoughts on War and Loyalty." *Journal of Asian Studies* 64(4): 831–847.

Bethell, L., ed. (1984–2008). *The Cambridge History of Latin America*. Cambridge, Cambridge University Press.

Beveridge, W.H.B. (1965). *Prices and Wages in England from the Twelfth to the Nineteenth Century*. London/New York, Longmans, Green.

Bibliothèque nationale, Paris. Manuscrits français. Mèlanges Colbert.

Bidwell, S. (1971). *Swords for Hire: European Mercenaries in Eighteenth-Century India*. London, John Murry.

Birch, W.D.G., ed. (1875–1884). *Commentaries of the Great Afonso Dalboquerque Second Viceroy of India*. London, Hakluyt Society.

Black, J. (1991). *A Military Revolution? Military Change and European Society, 1550–1800*. Atlantic Highlands, NJ, Humanities Press.

_____ (1998). *War and the World: Military Power and the Fate of Continents, 1450–2000*. New Haven, CT, Yale University Press.

Blane, G. (1785). *Observations on the Diseases Incident to Seamen*. London, Joseph Cooper.

Blaydes, L., and E. Chaney (2013). "The Feudal Revolution and Europe's Rise: Political Divergence of the Christian and Muslim Worlds before 1500 CE." *American Political Science Review* 107(1): 16–34.

Bogart, D., and G. Richardson (2011). "Property Rights and Parliament in Industrializing Britain." *Journal of Law and Economics* 54(2): 41–74.

Bonaparte, N.-L., and I. Favé (1846–1872). *Etudes sur le passé et l'avenir de l'artillerie*. Paris, J. Dumaine.

Bonney, R. (2007). "Vindication of the Fronde? The Cost of Louis XIV's Versailles Building Programme." *French History* 21(2): 205–225.

Boudriot, J., and H. Berti (1994). *Les vaisseaux de 50 et 64 canons: Etude historique 1650–1780*. Paris, ANCRE .

Bowles, S., and H. Gintis (2011). *A Cooperative Species: Human Reciprocity and Its Evolution*. Princeton, NJ, Princeton University Press.

Boxer, C. R. (1951). *The Christian Century in Japan, 1549–1650*. Berkeley, University of California Press.

Boxer, C. R. (1965). *The Dutch Seaborne Empire 1600-1800.* New York, Knopf.

———— (1969). *The Portuguese Seaborne Empire 1415-1825.* New York, Knopf.

Boxer, C. R., ed. (1953). *South China in the Sixteenth Century: Being the Narratives of Galeote Pereira, Fr. Gaspar da Cruz, O.P., Fr. Martin de Rada, O.E.S.A (1555-1575).* London, Hakluyt Society, second series, number 106.

Boyd, R., H. Gintis, et al. (2010). "Coordinated Punishment of Defectors Sustains Cooperation and Can Proliferate When Rare." *Science* 30(April): 617-620.

Boyd, R., and P. J. Richerson (2006). *Not by Genes Alone: How Culture Transformed Human Evolution.* Chicago, University of Chicago Press.

Brandt, L., D. Ma, et al. (2014). "From Divergence to Convergence: Re-evaluating the History Behind China's Economic Boom." *Journal of Economic Literature* 52(1): 45-123.

Brauer, J., and H. van Tuyll (2008). *Castles, Battles, and Bombs: How Economics Explains Military History.* Chicago, University of Chicago Press.

Brewer, J. (1989). *The Sinews of Power: War, Money, and the English State, 1688-1783.* New York, Knopf.

Brito, D. L., and M. D. Intriligator (1985). "Conflict, War, and Redistribution." *American Political Science Review* 79(4): 943-957.

Broadberry, S., B. Campbell, et al. (2014). "British Economic Growth, 1270-1870: An Output-based Approach." Available at http://gpih.ucdavis.edu (accessed March 5, 2014).

Broadberry, S., and K. H. O'Rourke, eds. (2010). *The Cambridge Economic History of Modern Europe.* Cambridge, Cambridge University Press.

Brooks, F. J. (1993). "Revising the Conquest of Mexico: Smallpox, Sources, and Populations." *Journal of Interdisciplinary History* 24(1): 29.

Brown, D. M. (1948). "The Impact of Firearms on Japanese Warfare, 1543-1598." *Far Eastern Quarterly* 7(3): 236-253.

Bruijn, J. R. (1993). *The Dutch Navy of the Seventeenth and Eighteenth Centuries.* Columbia, University of South Carolina Press.

Brzoska, M. (1995). "World Military Expenditures." *Handbook of Defense Economics.* Ed. K. Hartley and T. Sandler. Amsterdam, Elseviervol. 1: 45-67.

Burbank, J., and F. Cooper (2010). *Empires in World History: Power and the Politics of Difference.* Princeton, NJ, Princeton University Press.

Carlos, A. M., and F. D. Lewis (2012). "Smallpox and Native American Mortality: The 1780s Epidemic in the Hudson Bay region." *Explorations in Economic History* 49(3): 277-290.

Carsten, F. L. (1954). *The Origins of Prussia.* Oxford, Oxford University Press.

Carter, S. B., ed. (2006). *Historical Statistics of the United States, Colonial Times to 1970*. Cambridge, Cambridge University Press.

Chaloner, W. H., D. A. Farnie, et al. (1989). *Industry and Innovation: Selected Essays*. London, Routledge.

Chan, H.-L. (1988). The Chien-wen, Yung-lo, Hung-hsi, and Hsuan-te Reigns, 1399-1435. *The Cambridge History of China*. Ed. F. W. Mote and D. C. Twitchett. Cambridge, Cambridge University Press, vol. 7: 182-304.

Chandler, D. (1970). "The Art of War on Land." *The New Cambridge Modern History*, vol. 6: *The Rise of Great Britain and Russia 1688-1715/25*. Ed. J. S. Bromley. Cambridge, Cambridge University Press, 741-761.

Chase, K. W. (2003). *Firearms: A Global History to 1700*. Cambridge, UK/New York, Cambridge University Press.

Chaudhuri, K. N. (1982). "European Trade with India." *The Cambridge Economic History of India*. Ed. T. Raychaudhuri and I. Habib. Cambridge, Cambridge University Press, vol. 1: 382-406.

Chaunu, P. (1951). "Le galion de Manille." *Annales. Économies, Sociétés, Civilisations* 6(4): 447-462.

Cheng, W.-C. (2012). "War, Trade and Piracy in the China Seas (1622-1683)." PhD Dissertation. University of Leiden, Institute of History, Faculty of Humanities.

Choi, J.-K., and S. Bowles (2007). "The Coevolution of Parochial Altruism and War." *Science* 318(5850): 636-640.

Cipolla, C. M. (1965). *Guns, Sails and Empires: Technological Innovation and the Early Phases of European Expansion, 1400-1700*. New York, Pantheon Books.

Clark, G. (1988). "The Cost of Capital and Medieval Agricultural Technique." *Explorations in Economic History* 25: 265-294.

_____ (2002). "The Agricultural Revolution and the Industrial Revolution: England, 1500-1912," Working paper. University of California, Davis, Department of Economics.

_____ (2007). *A Farewell to Alms: A Brief Economic History of the World*. Princeton, NJ, Princeton University Press.

Clark, H. R. (2009). "The Southern Kingdoms between the T'ang and the Sung, 907-979." *The Cambridge History of China*. Ed. D. C. Twitchett and P. J. Smith. Cambridge, Cambridge University Press, vol. 5, part 1: 133-205.

Clodfelter, M. (2002). *Warfare and Armed Conflicts: A Statistical Guide to Casualty and Other Figures, 1500-2000*. Jefferson, NC, McFarland.

Coclanis, P. A. (2010). "The Hidden Dimension: 'European' Treaties in Global Perspective, 1500-1800." *Historically Speaking: The Bulletin of the Historical*

Society 11(1): 12-14.

Collins, R. (1991). *Early Medieval Europe, 300-1000.* London, Macmillan.

Comentale, C. (1983). *Matteo Ripa, peintre-graveur-missionnaire à la Cour de Chine: Mémoires traduits, présentés et annotés par Christophe Comentale.* Taipei, V. Chen.

Conlan, T. (2010). "Instruments of Change: Organizational Technology and the Consolidation of Regional Power in Japan, 1333-1600." *War and State Building in Médieval Japan.* Ed. J. Ferejohn and F. Rosenbluth. Palo Alto, CA, Stanford University Press, 124-158.

Cooper, R.G.S. (2003). *The Anglo-Maratha Campaigns and the Contest for India.* Cambridge, Cambridge University Press.

Cornétte, J. (1993). *Le roi de guerre: Essai sur la souveraineté dans la France du Grand Siècle..* Paris, Payot et Rivages.

Cortés, H., J. H. Elliott, et al. (1971). *Letters from Mexico.* New York, Grossman Publishers.

Corvisier, A. (1983). *Louvois.* Paris, Fayard.

Corvisier, A., A. Blanchard, et al. (1997). *Histoire militaire de la France.* Paris, Presses Universitaires de France.

Cosandey, D. (1997). *Le secret de l'Occident: Du miracle passé au marasme présent.* Paris, Arléa.

Coupland, S. (1995). "The Vikings in Francia and Anglo-Saxon England to 911." *The New Cambridge Medieval History.* Ed. P. Fouracre, R. McKitterick, T. Reuter, et al. Cambridge, Cambridge University Press, vol. 2: 190-201.

Cox, G. W. (2011). "War, Moral Hazard and Ministerial Responsibility: England after the Glorious Revolution." *Journal of Economic History* 71(1): 133-161.

_____ (2012). "Was the Glorious Revolution a Constitutional Watershed?" *Journal of Economic History* 72(3): 567-600.

Crosby, A. W. (2004). *Ecological Imperialism: The Biological Expansion of Europe, 900-1900.* Cambridge, Cambridge University Press.

Darby, H. C., and H. Fullard, eds. (1970). *Atlas.* The New Cambridge Modern History, vol. 14. Cambridge, Cambridge University Press.

Darwin, J. (2009). *The Empire Project: The Rise and Fall of the British World-System, 1830-1970.* Cambridge, Cambridge University Press.

d'Avenel, G. (1968). *Histoire économique de la propriété, des salaires, des denrées et de tous les prix en général, depuis l'an 1200 jusqu'en l'an 1800.* New York, B. Franklin.

David, P. A. (1994). "Why Are Institutions the 'Carriers of History'? Path Dependence and the Evolution of Conventions, Organizations, and Institutions." *Structural Change and Economic Dynamics* 5(2): 205-220.

Davis, L. E., and R. A. Huttenback (1986). *Mammon and the Pursuit of Empire: The Political Economy of British Imperialism, 1860-1912*. Cambridge, Cambridge University Press.

Davis, R. W. (2009a). "The Reign of Li-tsung(1224-1264)." *The Cambridge History of China*. Ed. D. C. Twitchett and P. J. Smith. Cambridge, Cambridge University Press, vol. 5, part 1: 839-912.

_____ (2009b). "The Reigns of Kuang-tsung(1189-1194) and Ning-tsung(1194-1224)." *The Cambridge History of China*. Ed. D. C. Twitchett and P. J. Smith. Cambridge, Cambridge University Press, vol. 5, part 1: 756-838.

De Charnay, G., and R. W. Kaeuper (2005). *A Knight's Own Book of Chivalry*. Philadelphia, University of Pennsylvania Press.

Dell, M. (2010). "The Persistent Effects of Peru's Mining Mita." *Econometrica* 78(6): 1863-1903.

Deng, G. (1997). *Chinese Maritime Activities and Socioeconomic Development, ca. 2100 B.C.-1900 A.D.* Westport, CT, Greenwood.

_____ (1999). *Maritime Sector, Institutions, and Sea Power of Premodern China*. Westport, CT, Greenwood.

De Vries, J. D., and A. van der Woude (1997). *The First Modern Economy: Success, Failure, and Perseverance of the Dutch Economy, 1500-1815*. Cambridge, Cambridge University Press.

De Vries, K. (2002). *Guns and Men in Medieval Europe, 1200-1500*. Aldershot, Ashgate.

De Vries, K., and R. D. Smith (2012). *Medieval Military Technology*. Toronto, University of Toronto Press.

Dewald, J. (1987). *Pont-St-Pierre 1398-1789: Lordship, Community, and Capitalism in Early Modern France*. Berkeley, University of California Press.

_____ (1996). *The European Nobility, 1400-1800*. Cambridge, Cambridge University Press.

Diamond, J. M. (2005). *Guns, Germs, and Steel: The Fates of Human Societies*. New York, Norton.

Diamond, J. M., and W. F. Keegan (1984). "Supertramps at Sea." *Nature* 311: 704-705.

Di Cosmo, N. (1999). "State Formation and Periodization in Inner Asian History." *Journal of World History* 10(1): 1-40.

_____ (2000). "European Technology and Manchu Power: Reflections on the 'Military Revolution' in Seventeenth-Century China." Unpublished paper delivered at International Congress of Historical Sciences, Oslo.

Díaz del Castillo, B. (1963). *The Conquest of New Spain*. Baltimore, Penguin.

Dictionary of National Biography (2004). Ed. H.C.G. Matthew and B. Harrison. Oxford, Oxford University Press.

Diffie, B. W., and G. D. Winius (1977). *Foundations of the Portuguese Empire, 1415-1580*. Minneapolis, University of Minnesota.

Dincecco, M. (2009). "Fiscal Centralization, Limited Government, and Public Revenues in Europe, 1650-1913." *Journal of Economic History* 69: 48-103.

_____ (2011). *Political Transformations and Public Finances: Europe, 1650-1913*. Cambridge, Cambridge University Press.

Disney, A. (2009). *A History of Portugal and the Portuguese Empire*. Cambridge, Cambridge University Press.

_____ (2010). "Prince Henry of Portugal and the Sea Route to India." *Historically Speaking: Bulletin of the Historical Society* 11(3): 35-38.

Do Couto, D. (1673). *Decada Outava da Asia*. Lisbon, Koam da Costa and Dogo Soarez.

Dooris, W. (2014). "Domestic Politics, Foreign Crises, and the Fall of the British Empire." Undergraduate thesis. California Institute of Technology, Pasadena.

Downing, B. (1993). *The Military Revolution and Political Change: The Origins of Democracy and Autocracy in Early Modern Europe*. Princeton, NJ, Princeton University Press.

Dreber, A., D. G. Rand, et al. (2008). "Winners Don't Punish." *Nature* 452: 348-351.

Drelichman, M., and H.-J. Voth (2014). *Lending to the Borrower from Hell: Debt, Taxes, and Default in the Age of Philip II*. Princeton, NJ, Princeton University Press.

Drevillon, H. (2005). *L'impôt du sang : Le métier des armes sous Louis XIV*. Paris, Talandier.

Dreyer, E. L. (1974). "The Poyang Campaign, 1363: Inland Naval Warfare in the Founding of the Ming Dynasty." *Chinese Ways in Warfare*. Ed. F. A. Kiernan and J. K. Fairbank. Cambridge, MA, Harvard University Press, 202-242.

_____ (2007). *China and the Oceans in the Early Ming Dynasty, 1405-1433*. New York, Pearson.

Dudley, L. M. (1991). *The Word and the Sword: How Techniques of Information and Violence Have Shaped Our World*. Cambridge, MA, Blackwell.

Dupuy, T. N. (1984). *The Evolution of Weapons and Warfare*. New York, Da Capo.

_____ (1985). *Numbers, Predictions, and War: Using History to Evaluate Combat*

Factors and Predict the Outcome of Battles. Fairfax, VA, Hero.

Easterly, W., and R. Levine (2012). "The European Origins of Economic Development." Working paper 18162. National Bureau of Economic Research, Cambridge, MA.

Eisner, M. (2011). "Killing Kings: Patterns of Regicide in Europe." *British Journal of Criminology* 51: 556-577.

Elia, P.M.D., and M. Ricci (1942). *Fonti ricciane; documenti originali concernenti Matteo Ricci e la storia delle prime relazioni tra l'Europa e la Cina (1579-1615).* Roma, Libreria dello Stato.

Eloranta, J. (2007). "From the Great Illusion to the Great War: Military Spending Behaviour of the Great Powers, 1870-1913." *European Review of Economic History* 11(2): 255-283.

Elvin, M. (1973). *The Pattern of the Chinese Past.* Stanford, CA, Stanford University Press.

Encyclopedia Britannica (1911). Ed. H. Chisolm Cambridge/New York, Cambridge University Press.

Engerman, S. J. (2005) "Review of Berhnolz and Vaubel, eds., *Political Competition, Innovation and Growth in the History of Asian Civilizations.*" Available at http://eh.net/book_reviews (accessed December 7, 2014).

_____ (2006). "European State Rivalries: Essays on Economic Warfare and Colonization." Unpublished paper. University of Rochester, NY, Department of Economics.

Engerman, S. J., and N. Rosenberg (2015). "Innovation in Historical Perspective." *Handbook of Cliometrics.* Ed. C. Diebolt and M. Haupert. Berlin, Springer Verlag.

Engerman, S. J., and K. L. Sokoloff (1994). "Factor Endowments: Institutions, and Differential Paths of Growth among New World Economies: A View from Economic Historians of the United States." Historical Working Paper 66. National Bureau of Economic Research, Cambridge, MA.

Epstein, K. (2014). *Torpedo: Inventing the Military-Industrial Complex in the United States and Great Britain.* Cambridge, MA, Harvard University Press.

Epstein, S. R. (2013). "Transferring Technical Knowledge and Innovation in Europe, ca. 1200-ca. 1800." *Technology, Skills and the Pre-Modern Economy in the East and the West.* Ed. M. Prak and J. L. van Zanden. Leiden, Brill, 25-68.

Esper, T. (1969). "Military Self-Sufficiency and Weapons Technology in Muscovite Russia." *Slavic Review* 28(2): 185-208.

Fairbank, J. K. (1974). "Introduction: Varieties of the Chinese Military Experience."

Chinese Ways in Warfare. Ed. F. A. Kiernan and J. K. Fairbank. Cambridge, MA, Harvard University Press, 1-26.

Faroqhi, S., B. McGowan, et al. (1994). *An Economic and Social History of the Ottoman Empire: Volume Two, 1600-1914*. Cambridge, Cambridge University Press.

Fearon, J. D. (1995). "Rationalist Explanations for War." *International Organization* 49: 379-414.

Ferejohn, J., and F. Rosenbluth (2012). "War and Territorial Consolidation: Medieval Japan in Comparative Context." Unpublished paper delivered at Conference on War and Political Change, October 26-27, 2012, Yale University, New Haven, CT.

Field, A. J. (2010). "Behavioral Economics: Lessons from the Military." Working paper. Santa Clara University, Department of Economics.

Fieldhouse, D. K. (1973). *Economics and Empire, 1830-1914*. Ithaca, NY, Cornell University Press.

Findlay, R., and K. H. O'Rourke (2007). *Power and Plenty: Trade, War, and the World Economy in the Second Millennium*. Princeton, NJ, Princeton University Press.

Finer, S. E. (1997). *The History of Government*. Oxford, Oxford University Press.

Fletcher, E., and M. Iyigun (2010). "The Class of Civilizations: A Cliometric Investigation." Working paper. Institute for the Study of Labor, University of Colorado.

Fouracre, P. (1995). "Frankish Gaul to 814." *The New Cambridge Medieval History*. Ed. P. Fouracre, R. McKitterick, T. Reuter, et al. Cambridge, Cambridge University Press, vol. 2: 85-109.

Frank, R. H. (2005). "Positional Externalities Cause Large and Preventable Welfare Losses." *American Economic Review* 95(2): 137-141.

Franke, H. (1974). "Siege and Defense of Towns in Medieval China." *Chinese Ways in Warfare*. Ed. F. A. Kiernan and J. K. Fairbank. Cambridge, MA, Harvard University Press, 151-201.

Fratkin, E. (2006). "'Cattle Bring Us to Our Enemies': Turkana Ecology, Politics, and Raiding in a Disequilibrium System." *Human Ecology* 34(1): 147-149.

Freedman, P. (2008). *Out of the East: Spices and the Medieval Imagination*. New Haven, CT, Yale University Press.

Frye, G. (2011). "From Lance to Pistol: The Evolution of Mounted Soldiers from 1550 to 1600." http://www.myarmoury.com/feature_lancepistol.html and lancetopistol.pdf (accessed April 10, 2011).

Fukuyama, F. (2011). *The Origins of Political Order: From Prehuman Times to the French Revolution*. New York, Farrar, Straus and Giroux.

Fullerton, R. L., and R. P. McAfee (1999). "Auctioning Entry into Tournaments." *Journal of Political Economy* (3): 573-605.

Garden, M. (1970). *Lyon et les lyonnais au XVIIIe siècle*. Paris, Les belles lettres.

Gardiner, C. H. (1956). *Naval Power in the Conquest of Mexico*. Austin, University of Texas Press.

Gardner, W.J.R. (1995). "Review: The State of Naval History." *Historical Journal* 38(3): 695-705.

Garfinkel, M. R., and S. Skaperdas (2007). "Economics of Conflict: An Overview." *Handbook of Defense Economics*. Ed. T. Sandler and K. Hartley. Amsterdam, Elsevier, vol. 2: 649-709.

Geary, P. J. (1988). *Before France and Germany: The Creation and Transformation of the Merovingian World*. Oxford, Oxford University Press.

Geiss, J. (1988). "The Chia-ching Reign, 1522-1566." *The Cambridge History of China*. Ed. F. W. Mote and D. C. Twitchett. Cambridge, Cambridge University Press, vol. 7: 440-510.

Gelderblom, O., A. de Jong, et al. (2010). "An Admiralty for Asia: The Corporate Governance of the Dutch East India Company." Unpublished paper presented at May 14 meeting of Early Modern Group, California Institute of Technology, Pasadena.

_____ (2013). "The Formative Years of the Modern Corporation: The Dutch East India Company VOC, 1602-1623." *Journal of Economic History* 73(4): 1050-1076.

Gernet, J. (1987). "Introduction." *Foundations and Limits of State Power in China*. Ed. S. R. Schram. London, School of Oriental and African Studies, xv-xxvii.

Gheyn, J. D. (1607). *Maniement d'armes, d'arquebuses, mousqvetz, et piqves. En conformite de l'ordre de monseigneur le prince Maurice, prince d'Orange*. Amsterdam, R. de Baudous.

_____ (1971). *Wapenhandelinghe van roers, mvsqvetten ende spiessen. Achtervolgende de odre van Sÿn Excellentie Maurits, Prince van Orangie, Graue van Nassau, etc., Gouverneur ende Capiteÿn Generael ouer Gelderlant, Hollant, Zeelant, Vtrecht, Overÿessel, etc. Figvirlyck vutgebeelt, door Jacob de Gheÿn ⋯ Gedruckt int SGrauen Hage, 1607*. New York, McGraw-Hill.

Glaeser, E. L., G. A. Ponzetto, et al. (2007). "Why Does Democracy Need Education?" *Journal of Economic Growth* 12(2): 77-99.

Glete, J. (1993). *Navies and Nations: Warships, Navies and State Building in Europe and America, 1500-1800.* Stockholm, Almqvist & Wiksell International.

Goldstone, J. (2012). "Review Essay: Is Islam Bad for Business?" *Perspectives on Politics* 10(1): 97-102.

Gommans, J. (2003). *Mughal Warfare: Indian Frontiers and High Roads to Empire, 1500-1700.* London, Taylor and Francis.

Gommans, J., and D.H.A. Kolff, eds. (2001). *Warfare and Weaponry in South Asia 1000-1800.* Oxford, Oxford University Press.

Gongora, M. (1962). *Los grupos de conquistadores en Tierra Firme (1509-1530).* [Santiago], University of Chile.

Goodman, D. C. (1988). *Power and Plenty: Government, Technology and Science in Philip II's Spain.* Cambridge, Cambridge University Press.

Goubert, P. (1986). *The French Peasantry in the Seventeenth Century.* Cambridge, Cambridge University Press.

Gray, S., M. Sundal, et al. (2003). "Cattle Raiding, Cultural Survival, and Adaptability of East African Pastoralists." *Current Anthropology* 44(December Supplement: Multiple Methodologies in Anthropological Research): S3-S30.

Greif, A. (2006). *Institutions and the Path to the Modern Economy: Lessons from Medieval Trade.* Cambridge, Cambridge University Press.

Grunberg, B. (1993). "L'univers des conquistadores dans la conquête de la Nouvelle Espagne pendant la première moitié du XVIe siècle." *Histoire, économie et société* 12(3): 373-379.

_____ (1994). "The Origins of the Conquistadores of Mexico City." *Hispanic American Historical Review* 74(2): 259-283.

Guenée, B. (1971). *L'occident aux XIVe et XVe siècles: Les états.* Paris, Presses Universitaires de France.

Guignes, C.-L.-J.D. (1808). *Voyages a Peking, Manille et l'Ile de France faits dans l'intervalle des annees 1784 à 1801.* Paris, Imprimerie Imperiale.

Guilmartin, J. F. (1974). *Gunpowder and Galleys: Changing Technology and Mediterranean Warfare at Sea in the Sixteenth Century.* Cambridge, Cambridge University Press.

_____ (1983). "The Guns of the Santissimo Sacramento." *Technology and Culture* 24(4): 559-601.

_____ (1988). "Ideology and Conflict: The Wars of the Ottoman Empire, 1453-1606." *Journal of Interdisciplinary History* 18(4): 721-747.

_____ (1995a). "The Cutting Edge: An Analysis of the Spanish Invasion and Overthrow of the Inca Empire, 1532-1539." *The Military Revolution Debate: Readings on the Military Transformation of Early Modern Europe.* Ed. C. J.

Rogers. Boulder, CO , Westview, 299-333.

Guilmartin, J. F. (1995b). "The Military Revolution: Origins and First Tests Abroad." *The Military Revolution Debate*. Ed. C. J. Rogers. Boulder, CO , Westview, 299-333.

_____ (2002). *Galleons and Galleys*. London, Cassell.

_____ (2007). "The Earliest Shipboard Gunpowder Ordnance: An Analysis of Its Technical Parameters and Tactical Capabilities." *Journal of Military History* 71(July): 649-669.

Gungwu, W. (1998). Ming Foreign Relations: Southeast Asia. *The Cambridge History of China*. Ed. F. W. Mote and D. C. Twitchett. Cambridge, Cambridge University Press, vol. 8: 301-332.

Gutmann, M. P. (1980). *War and Rural Life in the Early Modern Low Countries*. Princeton, NJ, Princeton University Press.

Guyot, C. (1888). "Essai sur l'aisance relative du paysan lorrain à partir du XVe siècle." *Mémoires de l'Académie de Stanislas*, series 5, 6(1888): 1-130.

Guyot, P.-J.(1784-1785). *Répertoire universel et raisonné de jurisprudence civile, criminelle, canonique et bénéficiale*. Paris, Panckoucke and Visse.

Hale, J. R. (1983). *Renaissance War Studies*. London, Hambledon Press.

_____ (1985). *War and Society in Renaissance Europe, 1450-1620*. Baltimore, Johns Hopkins University Press.

Hall, B. S. (1997). *Weapons and Warfare in Renaissance Europe: Gunpowder, Technology, and Tactics*. Baltimore, MD, Johns Hopkins University Press.

Hall, J. W., and J. L. McClain, eds. (1991). *Early Modern Japan*. The Cambridge History of Japan, vol. 4. Cambridge, Cambridge University Press.

Hall, W. H., and W. D. Bernard (2013). *Narrative of the Voyages and Services of the Nemesis from 1840 to 1843*. Ed. M. Ben-Ari. Salt Lake City, Project Gutenberg.

Hämäläinen, P. (2008). *The Comanche Empire*. New Haven, CT, Yale University Press.

Hanlon, G. (1998). *The Twilight of a Military Tradition: Italian Aristocrats and European Conflicts, 1560-1800*. New York, Holmes and Meier.

Hanson, V. D. (2002). *Carnage and Culture: Landmark Battles in the Rise of Western Power*. New York, Random House.

Harding, R. (1991). *Amphibious Warfare in the Eighteenth Century: The British Expedition to the West Indies, 1740-1742*. Woodbridge, UK, The Royal Historical Society.

Harley, C. K. (1993). "Reassessing the Industrial Revolution: A Macro View." *The British Industrial Revolution: An Economic Perspective*. Ed. J. Mokyr. Boulder,

CO, Westview, 171-226.

Harris, J. R. (1998). *Industrial Espionage and Technology Transfer: Britain and France in the Eighteenth Century.* Aldershot, Ashgate.

Hassig, R. (2006). *Mexico and the Spanish Conquest.* Norman, University of Oklahoma Press.

Hawley, S. (2005). *The Imjin War: Japan's Sixteenth-Century Invasion of Korea and Attempt to Conquer China.* Seoul/Berkeley, Royal Asiatic Society Korea Branch and The Institute of East Asian Studies, University of California, Berkeley.

Headrick, D. R. (1981). *The Tools of Empire: Technology and European Imperialism in the Nineteenth Century.* New York/Oxford, Oxford University Press.

_____ (2010). *Power over Peoples: Technology, Environments, and Western Imperialism, 1400 to the Present.* Princeton, NJ, Princeton University Press.

Hellie, R. (1971). *Enserfment and Military Change in Muscovy.* Chicago, University of Chicago Press.

_____ (2002). "The Costs of Muscovite Military Defense and Expansion." *The Military and Society in Russia: 1450-1917.* Ed. E. Lohr and M. Poe. Leiden, Brill, 41-66.

Helpman, E. (1999). "The Structure of Foreign Trade." *Journal of Economic Perspectives* 13(2): 121-144.

Hemming, J. (1970). *The Conquest of the Incas.* New York, Harcourt Brace Jovanovich.

Henneman, J. B. (1976). *Royal Taxation in Fourteenth-Century France: The Captivity and Ransom of John II, 1356-1370.* Philadelphia, American Philosophical Society.

Henrich, J. (2004). "Cultural Group Selection, Coevolutionary Processes and Large-Scale Cooperation." *Journal of Economic Behavior and Organization* 53: 3-35.

Henrich, J., and R. Boyd (2001). "Why People Punish Defectors: Weak Conformist Transmission Can Stabilize Costly Enforcement of Norms in Cooperative Dilemmas." *Journal of Theoretical Biology* 208(1): 79-89.

Herrmann, B., C. Thöni, et al. (2008). "Antisocial Punishment across Societies." *Science* 319(5868): 1362-1367.

Heywood, C. (2002). "Notes on the Production of Fifteenth-Century Ottoman Cannon." *Writing Ottoman History: Documents and Interpretations.* Ed. C. Heywood. Aldershot, UK/Burlington, VT, Ashgate, 1-22.

Hillmann, H., and C. Gathmann (2011). "Overseas Trade and the Decline of Privateering." *Journal of Economic History* 71(3): 730-761.

Hobbes, T. (1651). *Leviathan or the Matter, Forme and Power of a Commonwealth*

Ecclesiasticall and Civil. London, Andrew Crooke.

Hochschild, A. (1999). *King Leopold's Ghost: A Story of Greed, Terror, and Heroism in Colonial Africa.* New York, Houghton Mifflin.

Hoffman, P. E. (1980). *The Spanish Crown and the Defense of the Caribbean, 1535-1585: Precedent, Patrimonialism, and Royal Parsimony.* Baton Rouge, Louisiana State University Press.

Hoffman, P. T. (1984). *Church and Community in the Diocese of Lyon, 1500-1789.* New Haven, CT, Yale University Press.

———— (1996). *Growth in a Traditional Society.* Princeton, NJ, Princeton University Press.

———— (2006). "Why Is It That Europeans Ended Up Conquering the Rest of the Globe? Prices, the Military Revolution, and Western Europe's Comparative Advantage in Violence." Global Price and Income History Working Paper 3. University of California, Davis.

———— (2011). "Prices, the Military Revolution, and Western Europe's Comparative Advantage in Violence." *Economic History Review* 64(S1): 39-59.

Hoffman, P. T., and K. Norberg, eds. (1994). *Fiscal Crises, Liberty, and Representative Government, 1450-1789.* Stanford, CA, Stanford University Press.

Hoffman, P. T., G. Postel-Vinay, et al. (2000). *Priceless Markets: The Political Economy of Credit in Paris, 1660-1870.* Chicago, University of Chicago.

———— (2007). *Surviving Large Losses: Fiscal Crises, the Middle Class, and the Development of Capital Markets.* Cambridge, MA, Harvard University Press.

Hoffman, P. T., and J.-L. Rosenthal (1997). "The Political Economy of Warfare and Taxation in Early Modern Europe: Historical Lessons for Economic Development." *The Frontiers of the New Institutional Economics.* Ed. J. N. Drobak and J.V.C.N. Nye. San Diego, Academic Press, 31-55.

———— (2002). "Divided We Fall: The Political Economy of Warfare and Taxation." Unpublished paper. California Institute of Technology, Pasadena.

Hsiao, K.-C. (1979). *A History of Chinese Political Thought.* Princeton, NJ, Princeton University Press.

Huang, R. (1970). "Military Expenditures in Sixteenth-Century Ming China." *Oriens extremus* 17: 39-62.

———— (1998). "The Ming Fiscal Administration." *The Cambridge History of China.* Ed. F. W. Mote and D. C. Twitchett. Cambridge, Cambridge University Press, vol. 8: 106-171.

Huang, Y.-L. (2001). "Sun Yanhua (1581-1632): A Christian Convert Who Put Xu Guangqi's Military Reform Policy into Practice." *Statecraft and Intellectual*

Renewal in Late Ming China: The Cross-Cultural Synthesis of Xu Guangqi (1562-1633). Ed. C. Jami, P. Engelfriet, and G. Blue. Leiden, Brill, 225-259.

Hucker, C. (1974). "Hu Tsung-hsien's Campaign against Hsu Hai, 1556." Chinese Ways in Warfare. Ed. F. A. Kiernan and J. K. Fairbank. Cambridge, MA, Harvard University Press, 273-307.

Hughes, B. P. (1974). Weapons Effectiveness on the Battlefield, 1630-1850. London, Arms and Armour.

Hui, V. T.-B.(2005). War and State Formation in Ancient China and Early Modern Europe. Cambridge, Cambridge University Press.

Huillery, E. (2014). "The Black Man's Burden: The Cost of Colonization of French West Africa." Journal of Economic History 74(1): 1-38.

Inalcik, H. (1975). "The Socio-Political Effects of the Diffusion of Firearms in the Middle East." War, Technology and Society in the Middle East. Ed. V. J. Parry and M. E. Yapp. London/Oxford, Oxford University Press: 195-217.

Inikori, J. E. (1977). "The Import of Firearms into West Africa 1750-1807: A Quantitative Analysis." Journal of African History 18(3): 339-368.

Irwin, G. (1962). "Malacca Fort." Journal of Southeast Asian History 3(2): 19-44.

Israel, J. (1995). The Dutch Republic: Its Rise, Greatness, and Fall 1477-1806. Oxford, Oxford University Press.

Iyigun, M. (2015). War, Peace, and Prosperity in the Name of God: The Ottoman Role in Europe's Socioeconomic Evolution. Chicago, University of Chicago.

Jackson, M. O., and M. Morelli (2009). "Strategic Militarization, Deterrence, and Wars." Quarterly Journal of Political Science 4: 279-313.

_____ (2011). "The Reasons for Wars—An Updated Survey." Handbook on the Political Economy of War. Ed. C. Coyne and R. Mathers. New York, Elgar, 34-57.

Jacob, M. C. (2014). The First Knowledge Economy: Human Capital and the European Economy, 1750-1850. Cambridge, Cambridge University Press.

Jing-shen, T. (2009). "The Move to the South and the Reign of Kao-Tsung (1127-1162)." The Cambridge History of China. Ed. D. C. Twitchett and P. J. Smith. Cambridge, Cambridge University Press, vol. 5, part 1: 644-709.

Johnson, W. (1988). "Some Conspicuous Aspects of the Century of Rapid Changes in Battleship Armours, ca. 1845-1945." International Journal of Impact Engineering 7(2): 261-284.

Jorgenson, D. W., M. S. Ho, et al. (2008). "A Retrospective Look at the U.S. Productivity Growth Resurgence." Journal of Economic Perspectives 22(1): 3-24.

Josson, H., and L. Willaert, eds. (1938). Correspondance de Ferdinand Verbiest *de la compagnie de Jésus (1623-1688), Directeur de l'obervatoire de Pékin.* Brussels, Palais des académies.

Jourdan, A.J.L., M.F.A. Isambert, et al. (1966). *Recueil général des anciennes lois françaises, depuis l'an 420 jusqu'à la révolution de 1789.* Farnborough, UK, Gregg Press.

Jourdan, A.J.L., M.F.A. Isambert, et al. (1966). *Recueil general des anciennes lois francçaises, depuis l'an 420 jusqu'à la révolution de 1789.* Farnborough, UK, Gregg Press.

Kaempfer, E., and B. M. Bodart-Bailey(1999). *Kaempfer's Japan: Tokugawa Culture Observed.* Honolulu, University of Hawai'i Press.

Kamen, H. (2004). *Empire: How Spain Became a World Power, 1492-1763.* New York, Harper Collins.

Keegan, W. F., and J. M. Diamond (1987). "Colonization of Islands by Humans: A Biogeographical Perspective." *Advances in Archaeological Method and Theory* 10: 49-92.

Kelly, M., J. Mokyr, et al. (2012). "Precocious Albion: Human Capability and the British Industrial Revolution." Working paper. Centre for Economic Policy Research, Brussels.

Kennedy, H. (1995). "The Muslims in Europe." *The New Cambridge Medieval History.* Ed. P. Fouracre, R. McKitterick, T. Reuter, et al. Cambridge, Cambridge University Press, vol. 2: 249-271.

_____ (2004). "Muslim Spain and Portugal: Al-Andalus and Its Neighbours." *The New Cambridge Medieval History.* Ed. D. Luscombe and J. Riley-Smith. Cambridge, Cambridge University Press, vol. 4, part 1: 599-622.

Kennedy, P. M. (1987). *The Rise and Fall of the Great Powers: Economic Change and Military Conflict from 1500 to 2000.* New York, Random House.

Kist, J. B. (1971). *Jacob de Gheyn: The Exercise of Arms.* New York, McGraw-Hill.

Kolff, D.H.A. (1990). *Naukar, Rajput and Sepoy: The Ethnohistory of the Military Labour Market in Hindustan, 1450-1850.* Cambridge, Cambridge University Press.

Kotilaine, J. T. (2002). "In Defense of the Realm: Russian Arms Trade and Production in the Seventeenth and Early Eighteenth Century." *The Military and Society in Russia: 1450-1917.* Ed. E. Lohr and M. Poe. Leiden, Brill, 67-96.

Kung, J. K.-S., and C. Ma (2014). "Autarky and the Rise and Fall of Piracy in Ming China." *Journal of Economic History* 74(2): 509-534.

Kuran, T. (2011). *The Long Divergence: How Islamic Law Held Back the Middle East.* Princeton, NJ, Princeton University Press.

Labande-Mailfert, Y. (1975). *Charles VIII et son milieu (1470-1498)*. Paris, C. Klincksieck.

Lach, D. F. (1965). *Asia in the Making of Europe*. Chicago, University of Chicago Press.

Lambert, A. (1998). "Politics, Technology and Policy-Making, 1859-1865: Palmerston, Gladstone and the Management of the Ironclad Naval Race." *Northern Mariner* 8: 9-38.

Lamers, J. P. (2000). *Japonius Tyrannus: The Japanese Warlord Oda Nobunaga Reconsidered*. Leiden, Hotei.

Lamouroux, C. (1995). "Crise politique et développement rizicole en Chine: la région du Jiang-Huai(VIIIe-Xe siècles)." *Bulletin de l'Ecole française d'Extrême-Orient* 82: 145-184.

Landers, J. (2003). *The Field and the Forge: Population, Production, and Power in the Pre-Industrial West*. Oxford, Oxford University Press.

Landes, D. S. (1999). *The Wealth and Poverty of Nations: Why Some Are So Rich and Some So Poor*. New York, Norton.

Lang, G. (1997). "State Systems and the Origins of Modern Science: A Comparison of Europe and China." *East-West Dialog* 2: 16-30.

Langer, W. L. (1968). *An Encyclopedia of World History*. Boston, Houghton Mifflin.

Langlois, J. D. (1988). "The Hung-wu Reign, 1368-98." *The Cambridge History of China*. Ed. F. W. Mote and D. C. Twitchett. Cambridge, Cambridge University Press, vol. 7: 107-181.

La Noue, F. D. (1587). *Discours politiques et militaires du seigneur de la Noue*. Basel, François Forest.

Lautenschläger, K. (1983). "Technology and the Evolution of Naval Warfare." *International Security* 8(2): 3-51.

Lavery, B. (1983-1984). *The Ship of the Line*. London, Naval Institute Press.

――――――― (1987). *The Arming and Fitting of English Ships of War, 1600-1815*. London, Naval Institute Press.

Lee, H.-C., and P. Temin (2010). "The Political Economy of Pre-Industrial Korean Trade." *Journal of Institutional and Theoretical Economics* 166(3): 548-571.

Lehmann, L., and M. W. Feldman (2008). "War and the Evolution of Belligerence and Bravery." *Proceedings of the Royal Society B* 275: 2877-2885.

Leng, R. (2002). *Ars belli: deutsche taktische und kriegstechnische Bilderhandschriften und Traktate im 15. und 16. Jahrhundert*. Wiesbaden, Reichert.

Levasseur, M. E. (1893). *Les prix: Aperçu de l'histoire économique de la valeur et du revenu de la terre en France du commencement du XIIIe siècle à la fin du*

XVIIIᵉ siècle. Paris.

Levine, D. K., and S. Modica (2013). "Conflict, Evolution, Hegemony and the Power of the State."Working paper 19221. National Bureau of Economic Research, Cambridge, MA.

Levy, J. S. (1983). *War in the Modern Great Power System, 1945-1975*. Lexington, University Press of Kentucky.

Lewis, B. (2001). *The Muslim Discovery of Europe*. New York, Norton.

_____ (2002). *What Went Wrong: Western Impact and Middle Eastern Response*. Oxford, Oxford University Press.

Lexikon des Mittelalters (1977). Ed. L. Lutz. Munich, Artemis.

Li, B. (2009). "The Late Ming Military Reform under the Shadow of Financial Crisis." Unpublished paper delivered at the World Economic History Congress, August 3-7, 2009, Utrecht.

_____ (2013). *Huŏ chòng yŭ chòng shŏu: Quánqiú shǐ shìyě zhōng de dōngyà shìjiè jūnshì jìshù jìnbù yŭ chuánbò (1550-1650)* (Muskets and Musketeers: Progresses and Transfers of Military Technology in the East Asian World in a Global History Perspective). Taipei, International Conference on Ming-Qing Studies, Academia Sinica, December 5-6, 2013.

Lieven, D. (2006). "Russia as Empire and Periphery." *Imperial Russia, 1689-1917*. Ed. D. Lieven. Cambridge, Cambridge University Press, vol. 2: 9-26.

Lindholm, C. (1981). "The Structure of Violence among the Swat Pukhtun." *Ethnology* 20(2): 147-156.

Liu, G. W. (2009). *The Nexus of Power: Warfare, Market, and State Formation in Late Imperial China, 1000-1600*. Unpublished paper delivered at the World Economic History Congress, August 3-7, 2009, Utrecht.

Livi-Bacci, M. (2006). "The Depopulation of Hispanic America after the Conquest." *Population and Development Review* 32(2): 199-232.

Lockhart, J. (1972). *The Men of Cajamarca: A Social and Biographical Study of the First Conquerors of Peru*. Austin, University of Texas Press.

Lockhart, J., ed. (1993). *We People Here: Nahuatl Accounts of the Conquest of Mexico*. Berkeley, University of California.

López, A. E. (2003). "La sociedad catalana y la posesión de armas en la Época Moderna, 1501-1652." *Revista de Historia Moderna: Anales de la Universidad de Alicante* 21: 7-67.

Lorge, P. (2005). *War, Politics and Society in Early Modern China: 900-1795*. London, Routledge.

_____ (2008). *The Asian Military Revolution: From Gunpowder to the Bomb*.

Cambridge, Cambridge University Press.

Louis XIV (1970). *Memoires for the Instruction of the Dauphin*. Ed. and trans. P. Sonnino. New York, Free Press.

Lucas, R. E. (1993). "Making a Miracle." *Econometrica* 61(2): 251-272.

Lynn, J. A. (1997). *Giant of the Grand Siècle: The French Army, 1610-1715*. Cambridge/New York, Cambridge University Press.

_____ (2000). "International Rivalry and Warfare." *The Eighteenth Century*. Ed. T.C.W. Blanning. Oxford, Oxford University Press, 178-217.

Machiavelli, N. (1977). *The Prince*. Indianapolis, Bobbs-Merrill.

Maffei, G. P. (1590). *Historiarum Indicarum libri XVI. Selectarum item ex India epistolarum libri IV*. Cologne, Birckmann.

Maggiorotti, L. A. (1933-1939). *Architetti e architetture militari*. Rome, La Libreria dello stato.

Malaterra, G. (2007). *De rebus gestis Rogerii Calabriae et Siciliae comitis et Roberti Guiscardi Ducis fratris eius*. Ed. E. Pontieri. Rome, Intratext. Available at www. intratext.com (accessed December 8, 2014).

Malcolm, J. L. (1992). "Charles II and the Reconstruction of Royal Power." *Historical Journal* 35(2): 307-330.

_____ (1993). "The Creation of a 'True and Antient and Indubitable' Right: The English Bill of Rights and the Right to Be Armed." *Journal of British Studies* 32(3): 226-249.

_____ (2002). *Guns and Violence: The English Experience*. Cambridge, MA, Harvard University Press.

Mallett, M. E. (1974). *Mercenaries and Their Masters: Warfare in Renaissance Italy*. Totowa, Rowman and Littlefield.

Manguin, P.-Y. (1988). "Of Fortresses and Galleys: The 1568 Acehnese Siege of Melaka, after a Contemporary Bird's Eye View." *Modern Asian Studies* 22(3 [special issue: Asian Studies in Honour of Professor Charles Boxer]): 607-628.

Marion, M. (1914-1931). *Histoire financière de la France depuis 1715*. Paris, Arthur Rousseau.

Marshall, P. J. (1980). "Western Arms in Maritime Asia in the Early Phases of Expansion." *Modern Asian Studies* 14(1): 13-28.

_____ (1987). *Bengal: The British Bridgehead Eastern India, 1740-1828*.

Martin, C., and G. Parker (1999). *The Spanish Armada*. Manchester, Manchester University Press.

Mathew, S., and R. Boyd (2008). "When Does Optional Participation Allow the Evolution of Cooperation?" *Proceedings of the Royal Society B* 276: 1167-1174.

Mathew, S., and R. Boyd (2011). "Punishment Sustains Large-Scale Cooperation in Prestate Warfare." *Proceedings of the National Academy of Sciences* 108(28): 11375-11380.

Mattingly, G. (1968). "International Diplomacy and International Law." *The New Cambridge Modern History.* Ed. R. B. Wernham. Cambridge, Cambridge University Press, vol. 3: 149-170.

_____ (1971). *Renaissance Diplomacy.* Boston, Houghton Mifflin.

McBride, M., and S. Skaperdas (2007). "Explaining Conflict in Low-Income Countries: Incomplete Contracting in the Shadow of the Future." *Institutions and Norms in Economic Development.* Ed. M. Gradstein and K. A. Konrad. Cambridge, MA, MIT Press, 141-161.

McCloskey, D. N. (2010). *Bourgeois Dignity: Why Economics Can't Explain the Modern World.* Chicago, University of Chicago Press.

McCormick, M. (2001). *Origins of the European Economy: Communications and Commerce, A.D. 300-900.* Cambridge, Cambridge University Press.

McLachlan, S. (2010). *Medieval Handgonnes: The First Black Powder Infantry Weapons.* Oxford, Osprey.

McNeill, J. R. (1998). "China's Environmental History in World Perspective." *Sediments of Time: Environment and Society in Chinese History.* Ed. M. Elvin and T.U.-J. Liu. Cambridge, Cambridge University Press, 31-49.

McNeill, W. H. (1964). *Europe's Steppe Frontier.* Chicago, University of Chicago Press.

_____ (1984). *The Pursuit of Power.* Chicago, University of Chicago Press.

Meijlink, B. (2010). "The Accidental Disappearance of the Dynastic Succession Crisis: The Causes of Dynastic Succession Crises in Early Modern Europe." Master's Thesis. University of Utrecht, Comparative History.

Michalopoulos, S. (2008). "The Origins of Ethnolinguistic Diversity: Theory and Evidence." Working paper. Brown University, Department of Economics.

Minost, L. (2005). "Jean II Maritz (1711-1790): La fabrication des canons au XVIIIe siècle." *Cahiers d'études et de recherches du Musée de l'Armée,* series 2: 1-287.

Mitchell, B. R., and P. Deane (1962). *Abstract of British Historical Statistics.* Cambridge, Cambridge University Press.

Mokyr, J. (1990). *The Lever of Riches: Technological Creativity and Economic Progress.* New York, Oxford University Press.

_____ (2002). *The Gifts of Athena: Historical Origins of the Knowledge Economy.* Princeton, NJ, Princeton University Press.

_____ (2005). "The Intellectual Origins of Modern Economic Growth." *Journal* of *Economic History* 65(2): 285-351.

Mokyr, J. (2007). "The Market for Ideas and the Origins of Economic Growth in Eighteenth-Century Europe." *Tijdschrift voor sociale en economische Geschiedenis* 4(1): 3-38.

Mokyr, J., ed. (2003). *The Oxford Encyclopedia of Economic History*. Oxford, Oxford University Press.

Monluc, B. D. (1864). *Commentaires et lettres de Blaise de Monluc Maréchal de France*. Paris, C. Lahure.

Mormiche, P. (2009). *Devenir prince: L'école du pouvoir en France XVIIe- XVIIIe siècles*. Paris, CNRS Editions.

Morris, I. (2010). *Why the West Rules—For Now: The Patterns of History, and What They Reveal about the Future*. New York, Farrar, Straus and Giroux.

_____ (2013). *The Measure of Civilization: How Social Development Decides the Fate of Nations*. Princeton, NJ, Princeton University Press.

Mundy, P. (1919). *The Travels of Peter Mundy in Europe and Asia, 1608-1667, vol. III, part 1: Travels in England, Western India, Achin, Macao, and the Canton River, 1634-1637*. London, Hakluyt Society.

Murphey, R. (1983). "The Ottoman Attitude toward the Adoption of Western Technology: The Role of Efrenci Technicians in Civil and Military Applications." *Contributions à l'histoire économique et sociale de l'Empire ottoman*. Ed. J. L. Bacqué-Gramont and P. Dumont. Louvain, Peeters, 287-298.

Myers, R. H., and Y.-C. Wang (2002). "Economic Developments, 1644-1800." *The Cambridge History of China*. Ed. J. K. Fairbank and D. C. Twitchett. Cambridge, Cambridge Univeristy Press, vol. 9: 563-646.

Neal, L. (1990a). "The Dutch and English East India Companies Compared: Evidence from the Stock and Foreign Exchange Markets." *The Rise of Merchant Empires: Long Distance Trade in the Early World, 1350-1750*. Ed. J. Tracy. Cambridge, Cambridge University Press, 195-223.

_____ (1990b). *The Rise of Financial Capitalism: International Capital Markets in the Age of Reason*. Cambridge, Cambridge University Press.

Needham, J. (1954). *Science and Civilisation in China*. Cambridge, Cambridge University Press.

Neue Deutsche Biographie (1982). Ed. H. G. Hockerts. Bayerischen Akademie der Wissenschaften. Berlin, Duncker and Humblot.

Nexon, D. H. (2009). *The Struggle for Power in Early Modern Europe: Religious Conflict, Dynastic Empires and International Change*. Princeton, NJ, Princeton University Press.

Nicollière-Teijeiro, S. D., and R. Blanchard (1899-1948). *L'Inventaire sommaire des archives communales antérieures à 1789: Ville de Nantes.* Nantes, Imprimerie du Commerce.

North, D. C., and B. Weingast (1989). "Constitutions and Commitment: Evolution of the Institutions Governing Public Choice in Seventeenth-Century England." *Journal of Economic History* 49: 803-832.

Nunn, N. (2008). "The Long-term Effects of Africa's Slave Trades." *Quarterly Journal of Economics* 123(1): 139-176.

Nunn, N., and L. Wantchekon (2011). "The Slave Trade and the Origins of Mistrust in Africa." *American Economic Review* 101(7): 3221-3252.

Oak, M., and A. V. Swamy (2012). "Myopia or Strategic Behavior? Indian Regimes and the East India Company in Late Eighteenth-Century India." *Explorations in Economic History* 49(3):352-366.

O'Brien, P. (1998). "Inseparable Connections: Trade, Economy, Fiscal State, and the Expansion of Empire, 1688-1815." *The Eighteenth Century*. Ed. P. J. Marshall. Oxford, Oxford University Press, 53-77.

_____ (2006). "Provincializing the First Industrial Revolution." Global Economic History Network Working Paper. London, London School of Economics, Department of Economic History.

_____ (2008). "The History, Nature and Economic Significance of an Exceptional Fiscal State for the Growth of the British Economy." Working Papers in Economic History. London, London School of Economics, Department of Economic History.

_____ (2010). "The Contributions of Warfare with Revolutionary and Napoleonic France to the Consolidation and Progress of the British Industrial Revolution." Unpublished working paper. London, London School of Economics, Department of Economic History.

_____ (2012). "Fiscal and Financial Preconditions for the Formation of Developmental States in the West and the East from the Conquest of Ceuta (1415) to the Opium War (1839)." *World History* 23(3): 513-553.

O'Brien, P., and X. Duran (2010). "Total Factor Productivity for the Royal Navy from Victory at Texal (1653) to Triumph at Trafalgar (1805)." Unpublished working paper. London, London School of Economics, Department of Economic History.

O'Brien, P., and P. A. Hunt (1993). "The Rise of a Fiscal State in England, 1485-1815." *Historical Research* 66: 129-176.

Ohtsuki, H., Y. Iwasa, et al. (2009). "Indirect Reciprocity Provides Only a Narrow

Margin of Efficiency for Costly Punishment." *Nature* 457: 79-82.

Onorato, M., K. Scheve, et al. (2014). "Technology and the Era of the Mass Army." *Journal of Economic History* 74(2): 449-481.

Ostwald, J. M. (2002). "Vauban's Siege Legacy in the War of the Spanish Succession, 1702-1712." PhD Dissertation. Ohio State University, Columbus, History.

_____ (2007). *Vauban under Siege: Engineering Efficiency and Martial Vigor in the War of the Spanish Succession.* Leiden, Brill.

Pakenham, T. (1991). *The Scramble for Africa.* New York, Random House.

Pamuk, S. (2008). "Evolution of Economic Institutions in the Ottoman Empire during the Early Modern Era." Unpublished paper delivered at the Political Economy of Early Modern Institutions Conference, April 11-12, Bogazici University, Istanbul.

_____ (2009). *The Ottoman Economy and Its Institutions.* Farnham, Ashgate.

Pamuk, S., and K. Karaman (2010). "Ottoman State Finances in European Perspective, 1500-1914." *Journal of Economic History* 70(3): 593-629.

Parker, G. (1996). *The Military Revolution: Military Innovation and the Rise of the West, 1500-1800.* Cambridge/New York, Cambridge University Press.

_____ (2000). "The Artillery Fortress as an Engine of European Overeas Expansion, 1480-1750." *City Walls: The Urban Enceinte in Global Perspective.* Ed. J. Tracy. Cambridge, Cambridge University Press, 386-416.

Parker, G., ed. (2005). *The Cambridge History of Warfare.* Cambridge, Cambridge University Press.

Parrott, D. (2001a). *Richelieu's Army: War, Government, and Society in France, 1624-1642.* Cambridge, Cambridge University Press.

_____ (2001b). "War and International Relations." *The Seventeenth Century: Europe 1598-1715.* Ed. J. Bergin. Oxford, Oxford University Press, 112-144.

_____ (2012). *The Business of War: Military Enterprise and Military Revolution in Early Modern Europe.* Cambridge, Cambridge University Press.

Parry, V. J. (1970). "Materials of War in the Ottoman Empire." *Studies in the Economic History of the Middle East from the Rise of Islam to the Present Day.* Ed. M. A. Cook. Oxford, London, Oxford University Press, 219-229.

Parthasarathi, P. (2011). *Why Europe Grew Rich and Asia Did Not: Global Economic Divergence, 1600-1850.* Cambridge, Cambridge University Press.

Paul, M. C. (2004). "The Military Revolution in Russia, 1550-1682." *Journal of Military History* 68(1): 9-45.

Perdue, P. C. (2005). *China Marches West: The Qing Conquest of Central Eurasia.* Cambridge, MA, Harvard University Press.

Perdue, P. C. (2009). "Qing Conquistadors: Frontier Colonialism in Eighteenth-Century China." Unpublished paper delivered at the World Economic History Congress, August 3-7, Utrecht.

Pettegree, A. (1988). "Elizabethan Foreign Policy." *Historical Journal* 31(4): 965-972.

Phelps Brown, E. H., and S. V. Hopkins (1955). "Seven Centuries of Building Wages." *Economica* 22(87): 195-206.

Pincus, S. (2009). *1688: The First Modern Revolution.* New Haven, CT, Yale University Press.

———— (2012). "The Pivot of Empire: Party Politics, Spanish America, and the Treaty of Utrecht(1713)." Unpublished paper. Yale University, New Haven, CT, History Department.

Pincus, S., and J. Robinson (2012). "What Really Happened during the Glorious Revolution." Unpublished paper. Yale University, New Haven, CT, History Department.

Pintner, W. M. (1984). "The Burden of Defense in Imperial Russia, 1725-1914." *Russian Review* 43(3): 231-259.

Pomeranz, K. (2014). "Weather, War, and Welfare: Persistence and Change in Geoffrey Parker's *Global Crisis.*" *Historically Speaking: The Bulletin of the Historical Society* 14(5): 30-33.

Powell, R. (1993). "Guns, Butter, and Anarchy." *American Political Science Review* 87(1): 115-132.

Pryor, J. R. (1988). *Geography, Technology, War: Studies in the Maritime History of the Mediterranean, 649-1571.* Cambridge, Cambridge University Press.

Ralston, D. B. (1990). *Importing the European Army: The Introduction of European Military Techniques and Institutions into the Extra-European World, 1600-1914.* Chicago, University of Chicago Press.

Ram, R. (1995). "Defense Expenditure and Economic Growth." *Handbook of Defense Economics.* Ed. K. Hartley and T. Sandler. Amsterdam, Elsevier, vol. 1: 251-274.

Rand, D. G., A. Dreber, et al. (2009). "Positive Interactions Promote Public Cooperation." *Science* 325: 1272-1275.

Rathgen, B. (1928). *Das Geschütz im Mittelalter; quellenkritische Untersuchungen.* Berlin, VDI. *Recopilacion de las leyes destos Reynos* 1982 [1640-1745]. 5 volumes. Valladolid, Editorial Lex Nova.

Redlich, F. (1964-1965). *The German Military Enterpriser and His Work Force: A Study in European Economic and Social History.* Wiesbaden, F. Steiner.

Reischauer, E. O., J. K. Fairbank, et al. (1960). *A History of East Asian Civilization.* Boston, Houghton Mifflin.

Riley, J. C. (1981). "Mortality on Long Distance Voyages in the Eighteenth Century." *Journal of Economic History* 41(3): 651-656.

Robins, B., and L. Euler (1783). *Nouveaux principes d'artillerie de M. Benjamin Robins, commentés par M. Léonard Euler.* Dijon, L. N. Frantin.

Rodger, N.A.M. (2004). *The Command of the Ocean: A Naval History of Britain, 1649-1815.* New York, Norton.

Rogers, C. J. (1993). "The Military Revolutions of the Hundred Years' War." *Journal of Military History* 57(2): 241-278.

Rogers, C. J., ed. (1995). *The Military Revolution Debate.* Boulder, CO , Westview.

Rogers, J.E.T.. and A.G.L. Rogers (1866-1902). *A History of Agriculture and Prices in England: From the Year after the Oxford Parliament (1259) to the Commencement of the Continental War (1793).* Oxford, Clarendon Press.

Rogerson, W. P. (1994). "Economic Incentives and the Defense Procurement Process." *Journal of Economic Perspectives* 8(4): 65-90.

Romer, P. M. (1996). "Why, Indeed, in America? Theory, History, and the Origins of Modern Economic Growth." *American Economic Review* 86(2): 202-206.

Rosenthal, J.-L., and R. B. Wong (2011). *Before and Beyond Divergence: The Politics of Economic Change in China and Europe.* Cambridge, MA, Harvard University Press.

Rossabi, M. (1998). "The Ming and Inner Asia." *The Cambridge History of China.* Ed. D. C. Twitchett and F. W. Mote. Cambridge, Cambridge University Press, vol. 8: 221-271.

Roy, K. (2011a). "The Hybrid Military Establishment of the East India Company in South Asia: 1750-1849." *Journal of Global History* 6: 195-218.

_____ (2011b). *War, Culture and Society in Early Modern South Asia, 1740-1849.* London, Routledge.

_____. (2014). *Military Transition in Early Modern Asia, 1400-1750.* London, Bloomsbury.

Roy, T. (2010). "Rethinking the Origins of British India: State Formation and Military-fiscal Fiscal Undertakings in an Eighteenth Eighteenth-Century World Region." Working paper 142/10. London School of Economics, Department of Economic History.

Sahin, C. (2005). "The Economic Power of the Anatolian Ayans of the Late Eighteenth Century." *International Journal of Turkish Studies* 11: 29-47.

Schroeder, P. (1994). *The Transformation of European Politics, 1763-1848.* Oxford,

Oxford University Press.

Schropp, E. (2012). "The Contribution of Coastline Irregularities to Warfare and Politics in China and Europe." Undergraduate paper. California Institute of Technology, Pasadena.

Scott, E. K. (1928). *Matthew Murray, Pioneer Engineer: Records from 1765 to 1826.* Leeds, E. Jowett.

Showalter, D. E. (1976). *Soldiers, Technology, and the Unification of Germany.* Hamden, CT, Archon.

Singer, J. D. (1987). "Reconstructing the Correlates of War Dataset on Material Capabilities of States, 1816-1985." *International Interactions* 14: 115-132.

Singer, J. D., S. Bremer, et al. (1972). "Capability Distribution, Uncertainty, and Major Power War, 1820-1965." *Peace, War, and Numbers.* Ed. B. Russett. Beverly Hills, CA, Sage.

Skinner, Q. (1978). *The Foundations of Modern Political Thought.* Cambridge, Cambridge University Press.

Smith, M. R. (1977). *Harpers Ferry Armory and the New Technology: The Challenge of Change.* Ithaca, NY, Cornell University Press.

Smith, P. J. (2009). "Introduction: The Sung Dynasty and Its Precursors, 907-1279." *The Cambridge History of China.* Ed. D. C. Twitchett and P. J. Smith. Cambridge, Cambridge University Press, vol. 5, part 1: 1-37.

Smith, T. C. (1958). "The Land Tax in the Tokugawa Period." *Journal of Asian Studies* 18(1): 3-19.

Sng, T.-H. (2014). "Size and Dynastic Decline: The Principal Agent Problem in Late Imperial China 1700-1850." *Explorations in Economic History* 54(October): 107-127.

So, B.K.L. (2000). *Prosperity, Region, and Institutions in Maritime China: The South Fukien Pattern, 946-1368.* Cambridge, MA, Harvard University Press.

Sokoloff, K. L. (1988). "Inventive Activity in Early Industrial America: Evidence from Patent Records, 1790-1846." *Journal of Economic History* 48(4): 813-850.

Solar, P. (2013). "Opening to the East: Shipping between Europe and Asia, 1770-1830." *Journal of Economic History* 73(3): 625-661.

Soltis, J., R. Boyd, et al. (1995). "Can Group-Functional Behaviors Evolve by Cultural Group Selection? An Empirical Test." *Current Anthropology* 36(3): 473-494.

Spence, J. D. (1969). *To Change China: Western Advisers in China, 1620-1960.* Boston, Little.

Stanziani, A. (2012). *Bâtisseurs d'empires: Russie, Chine et Inde à la croisée des* *mondes, XVe-XIXe siècle.* Paris, Raisons d'agir.

Stasavage, D. (2010). "When Distance Mattered: Geographic Scale and the Development of European Representative Assemblies." *American Political Science Review* 104(4): 625-643.

_____ (2011). *States of Credit: Size, Power, and the Development of European Polities.* Princeton, NJ, Princeton University Press.

Stearns, P. N. (2001). *The Encyclopedia of World History.* Boston, Houghton Mifflin.

Steele, B. D. (1994). "Muskets and Pendulums: Benjamin Robins, Leonhard Euler, and the Ballistics Revolution." *Technology and Culture* 35: 348-382.

Stein, B. (1984). "State Formation and Economy Reconsidered: Part One." *Modern Asian Studies* 19(3): 387-413.

Stern, S. J. (1992). "Paradigms of Conquest: History, Historiography, and Politics." *Journal of Latin American Studies* 24(Quincentenary Supplement): 1-34.

Stevenson, D. (2005). *Cataclysm: The First World War as Political Tragedy.* New York, Basic Books.

Strayer, J. R. (1971). *Medieval Statecraft and the Perspectives of History.* Princeton, NJ, Princeton University Press.

Streusand, D. E. (2011). *Islamic Gunpowder Empires: Ottmans, Safavids, and Mughals.* Boulder, CO , Westview.

Subrahmanyam, S. (1987). "The Kagemusha Effect: The Portuguese Firearms and the State in Early Modern South India." *Moyen orient et océan indien, XVIe-XIXe siècles* 4: 97-123.

_____ (1989). "Warfare and State Finance in Wodeyar Mysore, 1724-25: A Missionary Perspective." *Indian Economic and Social History Review* 26(2): 203-233.

_____ (1993). *The Portuguese Empire in Asia, 1500-1700: A Political and Economic History.* London, Longman.

_____ (1997). *The Career and Legend of Vasco da Gama.* Cambridge, Cambridge University Press.

_____ (2001). "*Un grand dérangement:* Dreaming an Indo-Persian Empire in South Asia, 1740-1800." *Journal of Early Modern History* 4(2001): 337-378.

Sun, L. (2003). "Military Technology Transfers from Ming China and the Emergence of Northern Mainland Southeast Asia (ca. 1390-1527)." *Journal of Southeast Asian Studies* 34(3): 495-517.

_____ (2012). "Review of *Lost Colony: The Untold Story of China's First Great Victory over the West* by Tonio Andrade." *The Journal of Asian Studies* 71(3): 759-761.

Sun, L. (2013). *Tán bīng de shídài: Dōngbù ōu yà dàlù zhànzhēng shìjì qíjiān (1550-1683) bīngshū de biānzhuàn yǔ chuánbō* (The Age of 'Talking about War' [Tanbing]: The Compilation and Transmission of Military Treatises in Eastern Eurasia during the Century of Warfare[1550-1683]). Taipei, International Conference on Ming-Qing Studies, Academia Sinica on December 5-6, 2013.

Swerdlow, N. M. (1993). "The Recovery of the Exact Sciences of Antiquity: Mathematics, Astronomy, Geography." *Rome Reborn: The Vatican Library and Renaissance Culture*. Ed. A. Grafton. Washington, DC , Library of Congress, 125-167.

Swope, K. M. (2005). "Crouching Tigers, Secret Weapons: Military Technology Employed during the Sino-Japanese-Korean War, 1592-1598." *Journal of Military History* 69(1): 11-41.

_____ (2009). *A Dragon's Head and a Serpent's Tail: Ming China and the First Great East Asian War, 1592-1598*. Norman, University of Oklahoma.

Taagepera, R. (1997). "Expansion and Contraction Patterns of Large Polities: Context for Russia." *International Studies Quarterly* 41(3): 475-504.

Tacitus, C. (1970). *Germania*. Cambridge, MA, Harvard University Press.

Tetlock, P. E., R. N. Lebow, et al., eds. (2006). *Unmaking the West: "What If?" Scenarios That Rewrite World History*. Ann Arbor, University of Michigan.

Thornton, J. K. (1988). "The Art of War in Angola, 1575-1680." *Comparative Studies in Society and History* 30(2): 360-378.

Tiberghien, F.D.R. (2002). *Versailles, le chantier de Louis XIV: 1662-1715*. Paris, Perrin.

Tilly, C. (1990). *Coercion, Capital and European States, A.D. 990-1990*. Cambridge, MA, Blackwell.

Toby, R. (1991). *State and Diplomacy in Early Modern Japan: Asia in the Development of the Tokugawa Bakufu*. Stanford, CA, Stanford University Press.

Totman, C. (1980). "Review of *Giving Up the Gun: Japan's Reversion to the Sword, 1543-1879* by Noel Perrin." *Journal of Asian Studies* 39(3 [May]): 599-601.

_____ (1988). *Politics in the Tokugawa Bakufu, 1600-1843*. Berkeley, University of California.

Tout, T. F. (1911). "Firearms in England in the Fourteenth Century." *English Historical Review* 26(104): 666-702.

Toutain, J. C. (1987). *Le produit intérieur brut de la France de 1789 à 1982*. Paris, Cahiers de l'Institut de sciences mathématiques et économiques appliquées.

Trebilcock, C. (1973). "British Armaments and European Industrialization, 1890-1914." *Economic History Review*, new series, 26(2): 254-272.

Turchin, P. (2009). "A Theory for Formation of Large Empires." *Journal of Global History* 4: 191-217.

Turchin, P., J. M. Adams, et al. (2006). "East-West Orientation of Historical Empires and Modern States." *Journal of World-Systems Research* 12(11): 219-229.

Turnbull, S. R. (2008). *The Samurai Invasion of Korea, 1592-98.* Oxford, Osprey.

van Creveld, M. (1989). *Technology and War: From 2000 B. C. to the Present.* New York, Free Press.

van Dam, R. (2005). "Merovingian Gaul and the Frankish Conquests." *The New Cambridge Medieval History.* Ed. P. Fouracre, R. McKitterick, T. Reuter, et al. Cambridge, Cambridge University Press, vol. 1: 193-231.

Väth, A. (1991). *Johann Adam Schall von Bell S. J. Missionar in China, kaiserlicher Astronom und Ratgeber am Hofe von Peking 1592-1666.* Nettetal, Steyler Verlag.

Vauban, S.L.P.D. (1740). *Mémoire pour servir d'instruction dans la conduite des sièges et dans la défense des places.* Leiden, Jean and Herman Verbeek.

Vaughn, J. M. (2009). "The Politics of Empire: Metropolitan Socio-Political Development and the Imperial Transformation of the British East India Company, 1675-1775." PhD Dissertation. University of Chicago, History.

Vierhaus, R. (1984). *Deutschland im Zeitalter des Absolutismus.* Göttingen, Vandenhoeck and Ruprecht.

Volckart, O. (2000). "State Building by Bargaining for Monopoly Rents." *Kyklos* 53(3): 265-293.

Waley-Cohen, J. (1993). "China and Western Technology in the Late 18th Century." *American Historical Review* 98(5): 1525-1544.

_____ (2006). *The Culture of War in China.* London, IB Tauris.

Washbrook, D. (1988). "Progress and Problems: South Asian Economic and Social History ca. 1720-1860." *Modern Asian Studies* 22(1): 57-96.

Wey Gomez, N. (2008). *The Tropics of Empire: Why Columbus Sailed South to the Indies.* Cambridge, MA, MIT Press.

Willers, J.K.W. (1973). *Die Nürnberger Handfeuerwaffe bis zur Mitte des 16. Jahrhunderts: Entwicklung, Herstellung, Absatz nach archivalischen Quellen.* Nürnberg, Stadtarchiv Nürnberg.

Williams, G. (2000). *The Prize of All the Oceans.* London, Harper Collins.

Williams, R. (1972). *The Works of Sir Roger Williams.* Oxford, Oxford University Press.

Wills, J. E. (1993). "Maritime Asia, 1500-1800: The Interactive Emergence of European Domination." *American Historical Review* 98(1): 83-105.

Wills, J. E. (1998). "Relations with Maritime Europeans, 1514-1662." *The Cambridge History of China*. Ed. F. W. Mote and D. C. Twitchett. Cambridge, Cambridge University Press, vol. 8: 333-375.

Witzenrath, C. (2007). *Cossacks and the Russian Empire, 1598-1725: Manipulation, Rebellion, and Expansion into Siberia*. London, Routledge.

Wong, R. B. (1997). *China Transformed: Historical Change and the Limits of European Experience*. Ithaca, NY, Cornell University Press.

Wormald, P. (2005). "Kings and Kingship." *The New Cambridge Medieval History*. Ed. P. Fouracre, R. McKitterick, T. Reuter, et al. Cambridge University Press, vol. 1: 571-604.

Wright, Q. (1942). *A Study of War*. Chicago, University of Chicago Press.

Wrigley, E. A., R. S. Schofield, et al. (1989). *The Population History of England, 1541-1871: A Reconstruction*. Cambridge, Cambridge University Press.

Yang, L. (2011). "Economics and the Size of States." Undergraduate paper. California Institute of Technology, Pasadena.

Zandvliet, K. (2002). "Vestingbouw in de Oost." *De Verenigde Oost-Indische compagnie: tussenoorlog en diplomatie*. Ed. G. Knaap and G. Teitler. Leiden, KITLV Press, 151-180.

찾아보기

정복의 조건
유럽은 어떻게 세계 패권을 손에 넣었는가

1판 1쇄 2016년 10월 31일

지은이 | 필립 T. 호프먼
옮긴이 | 이재만
감수자 | 김영세

펴낸곳 | (주)도서출판 **책과함께**
　　　　주소 (04022) 서울시 마포구 동교로 70 소와소빌딩 2층
　　　　전화 (02) 335-1982~3
　　　　팩스 (02) 335-1316
　　　　전자우편 prpub@hanmail.net
　　　　블로그 blog.naver.com/prpub
　　　　등록 2003년 4월 3일 제25100-2003-392호

ISBN 979-11-86293-63-8 03900

이 도서의 국립중앙도서관 출판시도서목록(CIP)은
서지정보유통지원시스템 홈페이지(http://seoji.nl.go.kr)와
국가자료공동목록시스템(http://www.nl.go.kr/kolisnet)에서 이용하실 수 있습니다.
(CIP제어번호 : CIP2016024579)